植民地台湾の
経済基盤と産業

須永徳武 編著

日本経済評論社

目　　次

序　章　課題と視角 …………………………………… 須永　徳武　1

　　第1節　課題と視角　1
　　第2節　本書の概要　10

第Ⅰ部　物流の形成

第1章　鉄道業の展開——推計と実態—— ……………… 林　　采成　23

　　はじめに　23
　　第1節　鉄道投資と輸送動態　25
　　第2節　鉄道運営方式の形成とその特徴　32
　　第3節　台湾鉄道の収支構造と利潤動向　38
　　おわりに　42

第2章　鉄道貨物輸送と地域間分業 ………………… 竹内　祐介　47

　　はじめに　47
　　第1節　鉄道敷設の特徴　50
　　第2節　貨物輸送の内容と地域間分業　52
　　　(1)「鉄道輸送額」の推計　52
　　　(2) 貨物輸送の実態と地域間分業の比較　53

第3節　セメント需要と「都市化」の特徴　59
　　おわりに　62

第3章　糖業鉄道の成立と展開 ……………………… 渡邉 恵一　69

　　はじめに　69
　　第1節　糖業鉄道の成立　70
　　　（1）領台後の鉄道建設　70
　　　（2）台湾製糖における糖業鉄道の導入　71
　　　（3）後発製糖会社の参入と総督府の鉄道政策　73
　　第2節　糖業鉄道の展開　75
　　　（1）専用線と営業線　75
　　　（2）輸送実態　79
　　　（3）経営動向　84
　　おわりに　88

第4章　海上輸送の変容 ……………………………… 谷ヶ城 秀吉　93

　　はじめに　93
　　第1節　神戸～基隆間航路の開設　95
　　　（1）海上輸送サービスの需給状況　95
　　　（2）神戸～基隆間航路の開設　97
　　第2節　海上輸送サービスの供給拡大　99
　　　（1）船舶大型化競争の展開と「南北運賃問題」　99
　　　（2）新興海運企業の参入と前提条件　101
　　第3節　戦間期における競争の展開　105
　　　（1）台湾航路の問題点　105

(2) 積取シェアの変化　108

　　　(3) 航路収益性の変化　111

　おわりに　116

第Ⅱ部　制度の移植

第5章　鉄道建設と鹿島組 ……… 蔡　　龍保・(鈴木哲造・訳)　129

　はじめに　129

　第1節　明治期日本の土木請負業　132

　　　(1) 土木事業と建築事業　132

　　　(2) 鹿島組渡台前の発展概況　134

　第2節　鹿島組の渡台と産官協力関係の移植　137

　　　(1) 内地の景気変動と会計法の実施　137

　　　(2) 長谷川謹介の愛顧と産官協力関係の移植　140

　　　(3) 随意契約制度の実施と産官協力関係の強化　142

　第3節　鹿島組の在台事業の展開
　　　　　　　　――人員の派遣、募集と人脈の活用――　146

　　　(1) 台湾出張所の組織と人事　146

　　　(2) 下請業者の渡台協力　148

　　　(3) 建設労働者の募集と管理　150

　　　(4) 官僚の吸収　151

　第4節　鹿島組の在台事業の展開
　　　　　　　　――事業の取得とその推進――　156

　　　(1) 鉄道事業の請負　156

（2）政府（鉄道部）と業者との関係　157

　　　（3）事業推進上の障害　159

　　　（4）在台請負事業の特色およびその意義　160

　　おわりに　161

第6章　甘蔗作における「施肥の高度化」と殖産政策
　　　　　………………………………………………………… 平井　健介　173

　　はじめに　173

　　第1節　糖業保護政策の展開と肥料奨励　175

　　　（1）製糖補助から蔗作補助へ　175

　　　（2）肥料補助　177

　　第2節　政策アプローチの転換　179

　　　（1）保護政策への批判と対応　179

　　　（2）農事会議の開催　182

　　第3節　農事会議と「施肥の高度化」　188

　　　（1）肥料の最適化　188

　　　（2）肥料の多投化　190

　　　（3）講演：農学知の分散　193

　　おわりに──「保護」の時代から「自立」の時代へ──　196

第7章　農業技術の移植と人的資源 ……………… 岡部　桂史　201

　　はじめに　201

　　第1節　台湾と北海道帝国大学　202

　　　（1）台湾総督府　202

　　　（2）農事試験場　204

第2節　農事試験場の諸活動　205
　　　(1) 事業内容　205
　　　(2) 農機具研究　206
　　　(3) 農業講習生養成事業　209
　　第3節　教育機関　211
　　　(1) 帝国大学と高等農林学校　211
　　　(2) 州立農林学校　213
　　第4節　上級技術者のキャリア形成　214
　　おわりに　216

第8章　商工会議所議員の植民地的特質 ………… 須永　徳武　221

　　はじめに　221
　　第1節　制度的特質　225
　　　(1) 制度導入と会員資格　225
　　　(2) 会員の級別区分　228
　　　(3) 官選議員制度　230
　　第2節　台北商工会議所議員の特性　232
　　　(1) 属性別の議員数と役員選挙　232
　　　(2) 日本人地場企業家　234
　　　(3) 日本企業・国策企業　242
　　　(4) 台湾人企業家　243
　　第3節　高雄商工会議所議員の特性　246
　　　(1) 役員選挙　246
　　　(2) 日本人地場企業家　247
　　　(3) 日本企業・国策企業　252

（4）台湾人企業家　253

　おわりに　255

第Ⅲ部　産業化と市場

第9章　汽車会社台北支店の製作事業──汽車会社と台湾── ………………………………………………… 老川　慶喜　267

　はじめに　267

　第1節　台湾分工場の開設　269

　　（1）随意契約と台湾縦貫鉄道　269

　　（2）台北砲兵工廠工場の撤収と汽車会社台湾分工場の開設　272

　第2節　汽車会社の経営と台湾分工場（台北支店）　276

　　（1）営業収支と主要製造品　276

　　（2）台湾分工場（台北支店）の動向　282

　おわりに　288

第10章　石炭産業の発展 ……………………………… 島西　智輝　293

　はじめに　293

　第1節　需給動向の概観と時期区分　294

　第2節　緩慢な産業発展　295

　　（1）ジャンク船貿易と石炭　295

　　（2）島内需要の分散　298

　　（3）炭鉱開発の制約　301

　第3節　輸出産業化の進行　303

(1) 輸移出の拡大と仕向先の分散　303
　　　(2) 島内需要の不安定性　305
　　　(3) 炭鉱の「大規模化」　306
　　第4節　産業構造の維持　308
　　　(1) 輸出市場の縮小と島内需要産業の変化　308
　　　(2) 生産機械化の限界　310
　　おわりに　312

第11章　動力革命と工場立地 ……………………… 湊　照宏　321

　　はじめに　321
　　第1節　第1次世界大戦期における動力化　323
　　　(1) 籾摺・精米工場の勃興　323
　　　(2) 電気事業の進展　328
　　第2節　戦間期における工場の電化と立地　333
　　　(1) 配電網の整備　333
　　　(2) 工場の電化と立地　335
　　おわりに　347

第12章　中国人労働者の導入と労働市場 ………… 大島　久幸　353

　　はじめに　353
　　第1節　中国人労働者の渡台制度と南国公司　355
　　　(1) 中国人労働者の渡台制度　355
　　　(2) 南国公司について　356
　　　(3) 中国人労働者の渡台状況の推移　356
　　第2節　糖業連合会による中国人労働者の導入　360

第3節　1930年代における中国人労働者の動向　367
　　　（1）日月潭事業の再興にともなう労銀統制会議の開催　367
　　　（2）労力と労銀問題に関する座談会　369
　　　（3）中国人労働者の雇用状況　372
　　おわりに　375

終　章　総括と展望……………………………須永　徳武　379

あとがき　389

索引　397

序　章　課題と視角

須　永　徳　武

第1節　課題と視角

　本書の課題は、植民地期台湾の経済発展過程を、物流の形成（第Ⅰ部）、制度の移植（第Ⅱ章）、産業化と市場（第Ⅲ部）の三つの視点から検証し、日本による植民地統治の過程で台湾の市場経済化がどのような偏差を有して進展したのか、その一端を具体的かつ立体的に描き出すことにある。

　これまでの日本植民地研究の発展を振り返ってみれば、それは日本帝国主義史研究に随伴する形で進展してきたと言ってよい。欧米に比較して後発であったがゆえに、日本の資本主義化とその対外的拡張は明確な政策的意図の下に短期間に進展した。こうした日本資本主義の特質把握に際して、帝国主義の論理が有効と考えられてきたからである。ホブソンは国民の全体的利益に反して独占的な国際金融資本の利益を追求する政策体系として帝国主義を把握し、その特徴を多角的な観点から検証した。そして、帝国主義国による植民地獲得の要因として商品と資本の過剰を指摘した[1]。また、ヒルファーディングは銀行資本と独占的産業資本の結合による金融資本の形成とそれによる競争的市場の収縮を近代資本主義の特徴と捉えた。これに対し、レーニンは、生産力の上昇と消費水準の乖離に起因する商品および資本の過剰化が、帝国主義化の経済的要因と捉えるホブソンを批判し、帝国主義の経済的本質は独占資本主義であると規定した[2]。こうしたレーニンによる帝国主義化の論理に強い影響を受けつつ

日本の帝国主義史研究は進展し、植民地獲得は帝国主義政策の結実として、日本植民地研究もまた同様にレーニン帝国主義論を論理的下敷きとして研究が進められてきた。

しかし、これまでの研究で議論されてきたように、レーニン帝国主義論に示された「基本的標識」や「帝国主義」定義を前提とする限り、早期的な日本の対アジア膨張政策や植民地獲得に関して、レーニン帝国主義論の論理を直接的に適用することには難点があった[3]。このため日本における独占資本主義の成立段階と帝国主義的な対外進出行動との時間的乖離を主に政治的・軍事的特質に求めながら、同時に独占形成にも着目する見解が有力となった。たとえば、石井寛治は「早くから対外的に帝国主義的活動を展開した動因と根拠が、なによりも天皇制権力固有の不安定性と独特の活動（たとえば軍事侵略や国家資本輸出）にあったことは周知のところであるが、同時に初期独占から近代的独占への性格転化をはかりつつあった政商＝財閥資本の存在や、急速な資本の集中→独占化を進めつつあった綿紡績資本の役割が無視されてはなるまい」、「資本輸出が、確立しつつある産業資本の力で可能であったとは思われず、やはりなんらかの意味での独占形成の論理が不可欠であろう」と述べている[4]。しかし、こうした見解に対して、村上勝彦は「資本主義確立＝帝国主義転化」の「時間的同時性の確認にとどまることなく二者の有機的関連性」、すなわち「帝国主義転化が資本主義確立に果たした役割」を確認することが重要としたうえで、日本が帝国主義転化した時期の資本輸出は「独占資本の過剰資本化に起因するものではなかった」と指摘した。そして「帝国主義化の動因を独占資本に求める観点から、私的独占か国家独占かと設問するのは逆転した考えであり、国家資本に限定せず、経済政策を含む国家の経済的役割の大きさに牽引された日本資本主義発展の総体が帝国主義化と関連づけて考察されるべき」と述べ、独占形成との時間的整合性に拘泥する見解を批判した[5]。岡部牧夫はこの点の議論をさらに徹底化し「世界史の現実はすでに帝国主義の段階に達しており、その列国対峙の国際体制への参入を政策目標とした日本が、独占段階以前で金融資本も未成熟なうちに、意図的・早熟的に植民地を獲得し、資本輸出を策したと

してもなんら不思議はない。そのような後発帝国主義の存在を前提とする新しい帝国主義の定義を、必要に応じてつくればよい」と主張した[6]。こうした岡部の主張はやや極端ではあろうが、欧米帝国主義諸国による東アジアの分割支配が進展したのちに進出を図った日本帝国主義の検討に際しては、レーニンによる帝国主義概念の有効性はきわめて限定的である。特に、独占資本の形成や資本輸出の前提となる資本の過剰化現象、投資利潤率格差など日本経済の発展段階と帝国主義的政策の発動との整合性は実証的に困難と思われる[7]。

　こうした日本帝国主義史研究の進展にともない形成された問題意識は、帝国主義政策の具体的結果の一つである植民地支配に対しどのような分析視角を生み出しただろうか。植民地地主制研究からスタートし、抗日農民運動を中心とする民族革命運動史研究や植民政策学の学説史的研究を軸に、これまでの日本植民地史研究において中心的役割を果たしてきた浅田喬二を、帝国主義研究の研究視角を日本植民地史の研究方法に再構成して研究を進めた代表的研究者の一人と考えてよかろう。浅田は日本帝国主義による植民地支配の三本柱として土地支配、金融・財政支配、鉄道支配の果たした役割と重要性を強調し、日本植民地史研究はこれら三本柱の実態を実証的に検証し、帝国主義政策と植民地経済との関係性を明らかにすることが必要であると指摘した[8]。こうした浅田の三本柱論に対し、やはり帝国主義研究の視角から日本の植民地政策の展開と崩壊過程を研究してきた小林英夫は「この三本柱で分析できるほど当時の日本帝国主義の植民地支配は強固で永続的な柱を設定できたのか」を問い、こうした植民地支配の「柱」は各植民地域に課せられた課題により異なること、さらに帝国主義世界体制に規定された日本帝国主義の段階によって異なることを指摘した。そしてこの三本柱が「いかに設定しえないか」を示すことが重要であるとして、「植民地支配を可能にした条件」および植民地に課せられた課題とその推進者を問うことの必要性を強調した[9]。経済的支配を基軸に置き、その構造が型として固定化される浅田の三本柱論では、日本帝国と植民地間の相互関係の時期的変化や相互関係の下で生じる経済・社会の具体的変容が視野に入り難い難点がある。小林が浅田の固定的な三本柱の設定を不可能と指摘した意

図は、その分析視角の狭さと限界性の批判にあったと思われるが、その限りで的確な批判であったと評価できる。

　しかし、そうした対立点があったとはいえ、浅田や小林に代表される帝国主義研究を基盤とした日本植民地研究が、侵略性や収奪性の強調とそれに対する民族的抵抗を焦点化する傾向や、その経済・社会的停滞性や跛行性を過度に強調する傾向を共有していた点は否定し難い。浅田が植民地地主制研究において先駆的かつ優れて実証的な研究成果を提示した点は評価されるべき成果であるが、そこで浅田は「植民地の日本人地主と植民地小作人との対立」は「階級的矛盾に民族的矛盾が結合し、しかも、民族的矛盾が階級的矛盾を包摂しつくす、という構造をもつもの」であり、「これらの両矛盾の主要な側面（主導的役割を果たしている側面）は、土地所有者であり、かつ帝国主義支配者である日本人地主である」と論じた。そして「植民地の日本人地主と植民地小作人との生産関係の総体」は「日本人地主を基軸にして形成」されているがゆえに「植民地における日本地主制として設定することができる」と結論付けた。こうした浅田の研究視角からは、植民地における被支配民族地主の成長性や資本形成など検討対象にすらなり得ないものであった[10]。戦後のマルクス主義的歴史学研究の強い影響の下でこうした傾向が強められたことは否定できないが、同時に主観的には帝国主義本国の研究者として、戦前期における日本帝国主義の東アジア侵略や植民地支配に対し批判的かつ内在的な研究を自省して進めようとする意図が色濃くそこには投影されていた。

　しかし、こうした主観的な意図は帝国主義史研究や植民地研究に通底する視角の偏差、すなわち植民地支配を展開した日本を主体に措定し、その支配を受けた植民地を受動的客体として措定する論理を結果的に内在させることとなった。対外侵略と植民地支配を課した側の研究として、そうした侵略や支配がなぜ、どのようにして生じたのか。これを近代日本の歴史過程のなかに批判的に検証せんとする問題意識は、必然的に日本本国を基軸とした分析視角と分析対象を選択させることとなった。同時にマルクス主義の影響の下で自国の社会変革を志向する意識がこれに付加されたことで、こうした偏差はより強められる

傾向を示した。戦前期の対外侵略や植民地支配に対する内省と時代の思想的背景に鑑みれば、こうした問題意識や研究方法を一面的に否定することはできないが、この視角の偏差が日本中心主義の歴史観を無自覚的に創り出してきたことも事実であった。こうした植民地支配が課せられた地域や人々を、その濃淡はあれ、静態的かつ受動的存在として取り扱う研究視角に対して、批判的見解が提起されたことはある意味で当然のことであった。たとえば「満洲」を早くから近現代中国東北地域史として位置付けて研究を進めてきた西村成雄は、「近代における東北地域は一貫して、資本主義・帝国主義列強による争奪の地としてしか認識されず、そのため、政治的主権者としての中国民衆という視点を希薄にし、かつ領土分割を正当化する戦前期の支配的イデオロギーをつくりだし、戦後にあっては『植民地支配』が『近代化に貢献』したとする変革主体ぬきの『論理』に結びつけられた」と述べ、それまでの「満洲」植民地研究の分析視角を批判した[11]。同様の批判を経済史研究のコンテクストから明確かつ体系的に展開したのが塚瀬進であった。塚瀬は中国東北地域、いわゆる「満洲」に関する日本および中国の経済史研究を整理したうえで、「日本の植民地史研究では日本の支配政策との関連から、中国近代史研究の側では変革主体の経済的基盤などとのかかわりから東北経済の状況を検討しており、どちらの研究方向であれ、東北経済を一つの地域経済として、その変化を全体的に、かつ連続的に検討していこうとする視角に乏しかった」と指摘した[12]。また、「満洲国」研究についても「総じて日本が満洲国に対して何をしたのか、という方向から考察」が進められ、「満洲という地域の側の問題が軽視されたことから、満洲の人々が示した反応・反発を、日本の支配政策とのかかわりから説明する論法がとられている」と批判した[13]。こうした塚瀬の問題意識は、朝鮮史研究において梶村秀樹が提示した「内在的発展論」にも通底するものでもあった。梶村は「内在的発展論」を「一国史を停滞的・他律的なものとしてみるのではなく、国内的な契機の方法的展開に即して発展してきたものとしてとらえようとする方法論」と定義し、こうした視角から植民地期朝鮮を研究する必要性を強調した。そのうえで「日帝の側の資本の論理が朝鮮社会のすみずみまでを掌握しき

っていたといいつのることで、結果として内的諸契機を単なる受動的要因であるかのようなイメージに描き出す」ことを批判した[14]。梶村の「内在的発展論」に対しては、その前提となった「近代」の捉え方をめぐり朝鮮史研究において厳しい批判が提起されることになるが、こうした研究動向が並木真人や松本武祝らの「植民地近代」論あるいは「植民地公共性」論など、新たな研究視角を生み出すこととなったと言うことができる[15]。

　それまでの研究視角に対して提起された批判と研究動向に対応する形で、日本植民地研究の側にもその研究視角を修正する動きが現れる。たとえば、日本人商工会議所を中心にして東アジア各地に設立された経済団体を横断的に検討する共同研究を組織した波形昭一は、これまでの研究が「ややもすると日本人の対外進出状況や日本側経済団体の組織・活動状況の分析にとどまり、在地側の経済勢力ないし経済組織と日本側経済団体の対抗関係ないし共棲関係にまで踏みこむにいたらなかった」として、「在地側」経済からの規定性を新たな分析視角に導入する必要性を強調した[16]。さらに植民地都市史研究においても、「日本帝国勢力圏下東アジア都市の社会変容を、日本の経済政策・日系企業の進出と在来の経済勢力・社会規範の双方から明らかにする」分析視角が提示され、「在来の経済勢力の動向にいっそう留意し、欧米帝国主義による規定性にも注意しながら経済的変容を捉える」必要性が指摘されている[17]。ここでは被支配側の動向を注視する視角のみならず、そこを超えて欧米帝国主義の規定性にも目配りする研究視角の拡張が意識されていた。帝国論の観点から駒込武は、日本の植民地支配を欧米帝国主義中軸の世界体制に組み込んで評価する必要性を提起したが、こうした研究視角の拡張はそうした帝国論の成果を踏まえて意識的に導入されたものと思われる[18]。このようにマルクス主義歴史観の相対化と帝国論あるいはポスト・コロニアリズムなどの分析視角の多様化が相乗した結果、帝国主義史研究に内在した日本帝国中心主義的な分析視角は修正される方向で研究は進みつつあると言えよう。

　帝国主義国の侵略性や収奪性に着目し、濃淡の差はあれ帝国主義政策に起因する植民地経済構造の跛行性と停滞性を強調する傾向を内在させた植民地経済

史研究に対しても、そうした視角そのものを疑問視する問題提起が行われた。植民地おける産業化政策や工業化をどう評価するか、この問題である。これを最も直截に提起したのが松本俊郎であった。帝国主義論に基づく日本植民地研究が大勢を占めていた時期に、松本は『侵略と開発——日本資本主義と中国植民地化』を公刊し、大胆な問題提起を行った。松本は「これまでの日本植民地史研究は、戦前の日本資本主義が持っていたアジアに対する侵略性、植民地支配の野蛮性を批判し、あるいは戦前日本の植民地帝国としての脆弱性を戯画化することに課題を限定するということが、そしてアジアの今後の近代化に向けて現実的かつ建設的な歴史解釈を提起することを実質的に回避するということが、あまりにも多かった」と指摘し、「日本の植民地政策は一方における植民地経済の急速な発展と他方における民族経済に対しての抑圧、当該地域経済の対日従属化を、いずれの方向においても促進させるという役割を果たしていた」、そして「植民地において進められたさまざまな意味での近代化は、植民地支配者達の思惑を超えて、植民地が独立してからはかえって当該国の近代化にとって促進条件となることもあった」と主張した[19]。さらに「植民地時代の社会経済の客観的な実態を総合的に把握するということは、解放以後の近代化の問題を検討する上で独自の意義を持っている」と問題を提起した[20]。松本の主たる研究対象は「満洲」であったが、この問題提起は「近代性」をめぐって朝鮮史研究で展開された論争に連なる問題意識であり、その意味で日本植民地研究そのものに対する問題提起であった。

　提起されたこうした課題に対し「東アジア資本主義史」とする研究視角を体系的に提示し、貿易構造を軸として実証的研究を進展させてきたのが堀和生であった。堀は杉原薫の「アジア間貿易論」を「牧歌的な歴史観」と批判し、「帝国主義と無関係に東アジアの資本主義と経済発展を論じることはできない」とする一方で、植民地経済を包摂した日本帝国の高い貿易成長率を指摘し、「貿易成長率に表れたこのような特異な経済成長は、自然的条件によって規定される農水産品・鉱産品等の一次産品輸出の増加で説明できるものではなく、この地域において新産業の創設と技術革新が不可欠的である資本主義的生産が持続

的に発展してきたからにほかならない」と植民地経済の成長性を指摘する[21]。そのうえで堀は「日本帝国は、台湾、朝鮮、満洲等の社会の歴史的条件を、資本主義の発展と高度化をはかるために最大限に活用するようにつとめた。この資本主義は日本資本主義とよぶのではなく、日本帝国内の各社会全体を基盤としていたという意味で、東アジア資本主義と規定すべきである」として「東アジア資本主義」概念を提起した[22]。

　総じて言えば日本帝国統治下の植民地経済は1930年代以降に産業化と市場経済的発展を実現したと見ることができる。日本本国からの植民地投資や生産財投入が対日移出に向けた農産加工業や鉱工業などの産業を発展させるが、こうした産業化の進展はそれを支える消費財産業の発展も同時に引き起こしていた。このように植民地からの物資動員政策の展開は、植民地における産業構造や経済システムの再編を促す広範な契機であった。日本帝国は植民地固有の社会・経済制度と発展水準を前提としながら、物資動員を政策的目標として植民地経済と産業の市場主義的発展と高度化を進行させていった。植民地において動員・利用された経済的資源は、農産品や鉱工業資源に必ずしも限定されない。在来的な取引制度や産業構造、さらには労働力も市場主義的に再編され、その成果は別にして日本帝国経済の内部に組み込まれ、政策的に動員が企図されていた。植民地経済が日本本国の経済システムに結合・包摂されることで、伝統的あるいは在来的な経済体制が市場主義的システムに転換され、そうしたシステムの下で実現する産業発展の成果が部分的にではあれ日本本国に還流していた。こうして日本の市場経済システムは植民地に外延的に拡大され、他面で本国経済も植民地経済に対する依存度を高めながら、日本帝国の市場活動領域の拡張が図られていった。これを植民地経済に即して言い換えれば、各植民地は固有の歴史的条件と発展段階に規定されながらも、日本の帝国経済に包摂される過程で日本本国の市場経済システムに平準化した同質的システムの制度移入が図られたと言い換えられよう。このような市場経済原理の浸透を通じて植民地経済が内部化される帝国経済の構図を、堀和生は「東アジア資本主義」と規定したものと考えることができる。たとえば「日本からは機械をはじめとする

資本財や原材料が投入され、植民地社会内において資本主義的な生産と消費が起こり、その一部の中間財は日本内地に輸出された。日本内地から起こった資本主義は植民地を包摂再編成したことによって、その資本主義の活動領域を拡大した。日本から拡大をはじめた資本主義は、東アジア資本主義に成長転化した」と堀は述べている[23]。

　本書は植民地期台湾に対象を限定して、そこで構築された経済基盤と産業発展を市場経済システムの浸透・形成の観点から検討することを目的とするが、本書における植民地経済に関する問題意識と視角は、堀が「東アジア資本主義史」として提示した認識と視角を基本的に共有している。具体的には「日本の植民地は単なる一次産品の対内地輸出基地として再編成されたという旧来の認識とは異なり、日本よる法令制度の導入、金融機関の設置、インフラストラクチャーの整備、直接投資等によって、当該社会内において資本主義メカニズムにもとづく生産と流通が急速に勃興していた。それは資本主義の領域が従来の日本内地に止まるのではなく、帝国内朝鮮、台湾、満洲に広がったことである。日本帝国は植民地社会を権力的に編成替えしたが、それは同時に日本の資本主義が当該社会を包摂して資本主義に組み替えていく過程でもあった。多くの日本資本は植民地に進出したが、それのみによって植民地が資本主義化していったわけではない。あくまでも、植民地権力による資本主義適合化的政策が強力に推進されたからである」とする認識と視角である[24]。これまでの日本帝国主義史研究で明らかにされてきた植民地支配の実態、すなわち帝国主義国による植民地支配政策に本来的に内在する侵略性・収奪性によって植民地社会やそこに生きた人々を強く抑圧した事実は決して否定し得ない。また、帝国主義的な経済支配政策が被支配地域の商工業者や経済活動の末端にまで及ぶことなく、現地経済の固有性が相対的には維持されたとしても、被支配地域経済に内在した経路の本来的可能性を帝国主義的経済支配が拘束し、歪めたことは十分に認識される必要がある。しかし、同時にこれまでの帝国主義史研究において暗黙の前提とされてきた、帝国主義的経済支配の進展は必然的に植民地経済を停滞させ跛行的産業構造を生じさせたとするア・プリオリな認識は実証的に再検討

される必要がある。朝鮮近代史研究において提起された「内在的発展論」やその後の「植民地近代」をめぐる論争、あるいは松本俊郎の「侵略と開発」の両義性に関する問題提起は、そうした必要性を先駆けて提示したものと考えるべきである。

　日本帝国主義による経済支配下で植民地経済が成長パフォーマンスを示した事実は、堀和生をはじめとして金洛年の朝鮮経済分析、堀内義隆の台湾経済研究などを通じて次々と実証的に明らかにされてきた[25]。植民地経済の当初の成長性は日本からの植民地投資が生み出したものであり、日系企業と中小・零細な民族資本系企業では規模や経済活動に大きな格差が存在したことは事実である。しかし、植民地に展開された経済・産業政策の下で、そうした中小・零細な民族資本系企業・工場は淘汰されることなく、マクロ的に見ればむしろ成長性を示す。この事実は、植民地における経済基盤整備を通じて定着した市場経済システムが機能した成果を示すものではないか、これが本書の基本的な問題意識である。植民地において市場経済システムを浸透させるための経済基盤が整備され、その市場経済システムが機能して産業発展と成長パフォーマンスを生じさせたとする仮説が設定できるとすれば、その具体的事実を植民地経済に内在して検討する必要がある。帝国主義的支配を課せられた植民地経済の内部でマクロ的な成長性が観察されるとすれば、そこでは何が機能・実現し、何が拘束・阻害されていたか、ミクロ的な観点から検証されなければならない。本書は、植民地期台湾の経済基盤と産業分析を通じて、そうした課題に向き合った共同研究のささやかな成果である。

第2節　本書の概要

　帝国主義史の観点から進められた日本植民地研究の難点は、支配・従属関係を重視するあまり植民地経済の宗主国経済への従属性や停滞性を過度に強調してきた点にある。他方で文化的多様性や社会変容に着目する帝国史研究の難点は、分析対象や研究結果を統合的な視角から包括する問題意識が希薄な点にあ

り、結果としてア・プリオリかつ拡散的な研究状況を生じさせることとなった。こうした研究の現状に内在する方法論的課題を踏まえて、本書では〈植民地性〉と〈市場経済性〉の複合的視点を意識して植民地期台湾の経済を検討する。ただし、これまで〈植民地性〉に集約される植民地経済の従属的・停滞的側面が相対的に注目されてきたことを踏まえて、むしろ〈市場経済性〉に集約される植民地台湾経済への市場システムの浸透と資本主義的制度の定着過程に重点を置いて検討を進める。

　植民地台湾の経済に関しては、矢内原忠雄が「糖業帝国主義」と規定して以来、製糖業に関心が集中し、製糖業に主導されて植民地経済の発展が図られてきたとする理解が通説化した[26]。こうした通説自体を一概に否定することはできないし、本書でも製糖業は重要な分析対象となっている。しかし、矢内原が「糖業によって代表される日本の資本家的企業の発展」を「台湾の資本主義化」と同一視したとして矢内原を批判した涂照彦は、土地所有制度・農業経済・進出日本資本・台湾人民族資本など植民地期の台湾経済を網羅的かつ実証的に明らかにして、その研究水準を一気に引き上げた[27]。涂の研究は植民地期の台湾経済研究の「古典」としてその輝きを失っていないが、同時に時代的制約から過度な従属性・停滞性の強調から必ずしも免れ得ていない。たとえば涂は、日本帝国主義の規定性を強調し「総督府に代表される国家権力が植民地経済のあらゆる部分につよく浸透した」と結論付け、台湾工業化の「成果」も台湾に課せられた「諸負担の累積」により「より複雑な経済構造に変容」した結果と評価を下している[28]。しかし、植民地期末期の台湾産業と企業家の存在形態を検討した河原林直人は、日本本国の台湾工業化方針（軽工業を中心とした帝国内分業）と台湾総督府の工業化方針（産業構造高度化による南方圏に対する優位性の確立）のズレ、すなわち「国策」のズレを指摘する[29]。こうした河原林の指摘を踏まえれば、日本帝国主義の規定性も「国家権力」に一元化し得ない性格を有していたと思われる。

　涂が描き出した植民地期台湾の経済イメージの修正に向けては、市場経済の制度化と定着過程に着目した分析が必要と思われる。一般に植民地の産業は農

産品あるいは鉱産物の供給地としてモノカルチャー化され、その産業発展は宗主国への移出により牽引される形で発展が促されると想定されてきた。しかし、そうした想定は植民地における市場形成に対する視角を一面化し、植民地内部の自律的な市場システムの存在を過小評価する傾向を生じさせる。植民地期台湾において中小零細商工業者の成長が台湾工業化や市場発展に果たした役割を検討した堀内義隆は、こうした植民地期の経済変化を「資本主義という社会体制の中で自律的に運動する主体の形成」と指摘した。植民地期台湾は日本を中心とする帝国経済圏に組み込まれると同時に、それを契機に市場システムが導入・浸透し、市場経済的発展が進行した。堀内はこうして資本主義に適合的に変容した市場システムが戦後台湾の工業化と経済発展の基礎となったとも指摘している[30]。

　本書はそうした研究史の総括と方法論的課題を共通の前提として認識しながらも、同時に各章それぞれの検討対象に関しては実証性を重視し、ア・プリオリな認識を可能な限り排除して、その歴史的実態に接近することを意識した。本書全体を通じて設定される具体的なテーマは、日本の植民地統治体制に組み入れられた台湾が、その政治的支配下でいかなる産業開発と経済の発展過程をたどったかを経済基盤の形成と産業化に着目して明らかにすることである[31]。この全体テーマに相応する形で設定された本書各章の具体的課題を、ここであらかじめ提示しておきたい。

　第Ⅰ部の「物流の形成」は台湾域内における物流システムの根幹として機能した鉄道と域外物流システムとして海上輸送体制が取り上げられる。

　まず、第1章の「鉄道業の展開——推計と実態——」(林采成)では、植民地期台湾鉄道に関するこれまでの研究史を批判的に検討し、その資本ストック、生産性、利潤率などの推計を通して鉄道事業を分析することで、「植民地台湾」の鉄道としての特徴を見出すことを課題とする。本章の特徴は、推計手法を用いて資本ストック、生産性、費用構成、利潤率などの経営指標を推計し分析に利用する点にある。さらに林采成によるこれまでの研究成果を活用して、日本の国有鉄道との比較を試みる点も本章の特徴と言えよう。こうした比較史の観

点を導入することで、宗主国日本の国有鉄道との類似性を多く有した反面で、昭和恐慌に比較して第1次大戦後の戦後恐慌の影響の大きさなど新たな事実の提示に成功している。こうした特徴的な分析手法を採用することで、植民地期台湾の鉄道事業に内在した運営体制の特質を析出すること、さらにその歴史的意義を明示することを試みている。

　第2章の「鉄道貨物輸送と地域間分業」（竹内祐介）もまた、第1章と同様に植民地間比較の観点から分析を試みた点に特徴がある。本章で検討課題とする台湾に形成された地域間分業構造の特質は、言うまでもなく台湾のみを検討することでは明らかにし得ない。これまで植民地朝鮮の物流変化と域内分業構造の研究を進めてきた竹内祐介が、朝鮮経済研究を通じて蓄積した知見と台湾の分析結果を比較検討することにより、同じ日本の植民地であった台湾と朝鮮の差異性とその要因を追究した。また、データとして鉄道貨物輸送統計を利用した点も本章の特徴となっている。これにより鉄道輸送貨物の地域的変化を分析することで、台湾における市場形成とその拡大過程を具体的に提示し、その特質を析出することが狙いである。市場経済化あるいは都市化の進展とマクロ的に認識されてきた過程は、個別具体的な鉄道貨物輸送データから見るとどのような現象であったのか、日本の帝国内分業構造の視角から本章の検証は進められる。

　第3章の「糖業鉄道の成立と展開」（渡邉恵一）は、台湾の鉄道網形成に対し重要な構成要素となった製糖会社敷設の民営鉄道に関する全体像の把握を課題とし、まずは先駆的事例として台湾製糖会社の鉄道敷設を具体的に検討する。これまで植民地期台湾の鉄道研究は縦貫鉄道を中心とする官設鉄道を中心に進められてきた。しかし、台湾においては私設鉄道の総延長が官設鉄道を上回るなど、鉄道網全体に占める比率は大きい。渡邉恵一は主に製糖会社により敷設されたこれら私設鉄道を「糖業鉄道」と規定し、植民地台湾において地域交通を担う支線鉄道網の整備が製糖会社により代位された意義について本章で本格的に検討を加える。域内物流の基幹手段である鉄道業と台湾の最大産業である製糖業の交差点に課題を設定することで、本章は台湾鉄道業研究に新たな知見

と意義を有するのみならず、製糖業研究にもこれまで看過されてきた事実と分析結果を提供すると思われる。さらに私設鉄道の果たした役割と有した意義を再検討することで、植民地台湾の産業開発過程に内在した植民地行政と民間企業の関係、言い換えれば〈植民地性〉と〈市場経済性〉の関係の一端を明らかにすることも期待される。

第4章の「海上輸送の変容」(谷ヶ城秀吉) は、植民地を含む日本帝国経済の海上輸送の変容と海上輸送サービスを供給する海運企業の活動に関して、台湾航路に焦点を当てて分析することを課題として設定した。より具体的には、これまでの研究史の検討を踏まえて、①宗主国と植民地を経済的に結びつけた流通機構の基盤となる物流システムの形成過程と物流の主体であった海運企業の具体的行動を明らかにすること、②流通機構を拡張した海上輸送企業間の競争状況を明らかにすること、③流通機構の形成に対する台湾総督府の海運政策の規定性を明らかにすること、これら三つの論点が提示される。さらに海運企業間競争を検討するに際して、海運輸送に特有な市場構造、すなわち供給寡占体制にある定期船市場と激しい競争体制下にあった不定期船市場における競争構造の差異にも着目し、これら対照的な市場構造を踏まえて、その両面から分析を進める。

第Ⅱ部の「制度の移植」では、土木建築請負業、甘蔗栽培技術、農業技術者、商工会議所議員など産業発展を促進した制度的特質に関し植民地的学知とその担い手であった人材に着目して検討を進める。

第5章「鉄道建設と鹿島組」(蔡龍保) は、「産官学連繋関係」を念頭に、それが植民地台湾の産業開発や植民地経営に果たした役割を、個別具体的に明らかにすることを目的とする。これまで蔡龍保は、技術官僚養成学校と植民地政府との相互協力関係、言い換えれば「官学連繋関係」や植民地政府と民間企業の相互協力関係、同様に「産官連繋関係」が、日本の帝国経済圏拡大にいかなる役割を果たしてきたかを中心に研究を進めてきた。そうした研究成果を基礎にして、本章では具体的検討の対象を台湾と密接な関係を有して事業を展開した日本の代表的な土木請負企業である鹿島組に措定する。特に、その鉄道建設

事業は日本統治前期に台湾総督府が推進した最重要事業であり、産業開発と植民地統治政策に大きな影響を有した。鹿島組が実際に参画した事業の具体的分析を通じて「産官連繋」の果たした歴史的意義を考察し、台湾総督府がどのように台湾における企業発展を促進し、政策展開の一環に組み込んでいったのかを明らかにする。同時に、鹿島組の発展にとって台湾における事業展開がどのような意義を有したかについてもあわせて検討を加える。

　第6章「甘蔗作における『施肥の高度化』と殖産政策」（平井健介）は、植民地台湾の最重要産業である製糖業を対象に、「製糖会社農事主任会議」に象徴される1910年代の糖業政策を分析し、甘蔗作における肥料消費に対し台湾総督府が与えた影響を明らかにすることを課題とする。平井健介はすでに甘蔗作における施肥について検討し、生産が外延的に拡大した時期である1910年代にすでに、製糖会社により多投化と最適化からなる「施肥の高度化」が進められていたこと、さらに1910年代が台湾糖業の成長パターンとなる内包的深化が準備される重要な時期であったことを明らかにしている。しかし、糖業保護政策の重要性が指摘されてきた反面で、それが1910年代以降にどのように展開したかは具体的に明らかにされていない。こうした研究史を踏まえて、本章では、①農事主任会議が開催された背景、②同会議は「施肥の高度化」にどのように寄与したか、③台湾総督府と製糖会社の関係、これらの論点を中心に台湾総督府により三度にわたり大規模に開催された農事主任会議が、台湾製糖業の発展にどのような意義を有したかを検証する。

　第7章「農業技術の移植と人的資源」（岡部桂史）は、植民地台湾における農業技術の発展および人的ネットワークに関し、具体的に農事試験場や各種教育機関を中心として検討することを課題として設定する。これまで日本における農業技術と経済発展の関係を中心に研究を進めてきた岡部桂史は、本章において戦間期を対象に台湾の農事試験場と農業教育を農業技術者ネットワークの視角から分析し、農機具を事例に、植民地台湾と宗主国日本との比較を試みている。さらに、同時期の台湾と日本の農業技術およびその制度の共通性と差異性についても検討を加える。

第8章「商工会議所議員の植民地的特質」（須永徳武）は、日本本国の商工会議所に関する研究史を踏まえて、その組織的階層性に加え、植民地においては民族的差異性の観点が重要であると指摘したうえで、台湾における商工会議所制度および議員構成に内在した植民地的特質を具体的に明らかにすることを課題として設定する。具体的には台湾の商工会議所法に内在した民族的差異性を確保する制度的特質を踏まえ、台北商工会議所と高雄商工会議所の役員・議員の具体的属性に遡及して検討する。これを通じて、市場経済の活動主体である企業・企業家と植民地統治権力との媒介システムとして植民地に導入された商工会議所制度とそこに内包された経済的階層性および民族的差異性の複層的特質の一端を明らかにする。

　第Ⅲ部の「産業化と市場」では、米や砂糖と並ぶ重要産業であった石炭業と機械工業を対象に市場システムに内在した植民地的偏差について検討を加え、さらに在来的生産体制にあった中小工場に動力化が及ぼした影響や中国人労働力の導入により台湾労働市場がどのような変容を遂げたか、これらの点が検証される。

　第9章「汽車会社台北支店の製作事業——汽車会社と台湾——」（老川慶喜）は、鉄道機関車の製造会社であった汽車製造会社台湾分工場に関して具体的に分析することを課題とする。企業勃興期に日本の鉄道業は発展するが、それは同時に機関車や客貨車など鉄道用品の輸入額の増大を招く。機関車や客貨車の国内生産体制が未確立であったことがその原因であった。この対策として設立されたのが汽車製造合資会社である。この汽車製造会社は、客貨車、水道鉄管に加えて台湾の縦貫鉄道用貨車を製造していた。その後、同社は台北に台湾分工場を開設し、台北支店とする。この汽車製造会社台北分工場については、これまで詳しく検討されていない。そこで本章では、この台湾分工場の開設経緯および事業活動の実態を具体的に明らかにすると同時に、台湾分工場の事業が日本本国の汽車会社経営や台湾縦貫鉄道の敷設事業にどのような意義を有したかについても検討を加える。

　第10章「石炭産業の発展」（島西智輝）は、日本による台湾領有期、具体的

には19世紀末から1930年代半ばまでの台湾石炭産業の発展過程について産業史的方法を用いて検討することを課題とする。植民地台湾における重要産業の一つであった石炭産業にはこれまでいくつかの先行研究が存在する。島西智輝は本章においてそれら先行の諸研究を検討したうえで、問題点として生産や市場動態を検討する産業史的観点の希薄性や検討事例の限定性を指摘する。その結果、それら諸研究では台湾石炭産業の発展過程それ自体を総体的に明らかにし得ていないとも指摘する。こうした研究史に対する批判的検討から本章の課題は設定されている。

第11章「動力革命と工場立地」（湊照宏）は、籾摺・精米業を中心とする中小工場の立地と電気事業の進展との関係を検討することを課題とする。日本においても蒸気機関に比べて低廉かつ制御が容易な汎用小型電動機の登場が、中小工場の急速な動力化を促進して生産性を上昇させ、結果として中小工場が淘汰されることなく存立し得た原因と先行研究で指摘される。台湾にも台湾人資本の中小工場が多数存在し、その多くは電動機を導入した籾摺・精米工場であった。本章で、湊照宏は電動機を導入して付加価値を高める経済主体が台湾農村に広範に存在した点に着目する。その観点から、①植民地台湾の籾摺・精米工場の勃興過程と地域単位での使用原動機を検討し、②そうした電化を実現した電気事業の進展過程の検討を通じて、工場立地に影響を与えた送配電網の広がりを地域別に明らかにする。③さらに、籾摺・精米工場の立地状況の変化にも検討を加える。これら具体的な検討から、中小電源開発と送配電網の整備が、台湾人資本の籾摺・精米業への新規参入を促進し、多数の中小工場が分散的に立地することを可能にした点を明らかにする。

第12章「中国人労働者の導入と労働市場」（大島久幸）は、1930年代にかけて各産業が直面した台湾労働市場の実態を、主に中国人労働者の導入に着目して明らかにすることを課題とする。台湾工業化の相対的な停滞要因として指摘されるのが台湾労働市場からの制約であった。先行研究では近代的労働者の不足を台湾人労働者の農村工業への適応性から説明してきた。しかし、本章では各産業が直面した実態を重視し、その対応策としての対岸中国人労働者の導入

過程を検討する。こうした中国人労働者に関しては、これまで主に華僑研究や雇用政策の観点から検討されてきたが、本章ではその導入過程を産業史の観点から明らかにする。

　これら各章で設定された課題と分析を通じて、日本帝国の植民地体制に組み込まれた台湾の経済発展と市場経済化のプロセスを具体的かつ実証的に明らかにすることが本書全体の課題である。分析に際しては、単なる支配・従属論や植民地近代化論に収斂させることなく、普遍的な経済システムとしての市場メカニズムに着目し、植民地期台湾の市場システムに見出せる偏差が市場経済に埋め込まれた植民的特質と捉える視角を重視した。これまでの研究で強調されてきた植民地経済に内在する民族的差別性や停滞性とは異なる原理、すなわち市場経済メカニズムに備えられた産業開発機能と市場拡張機能にあえて着目した分析視角を採ることで、台湾経済に課せられた植民地的特質を逆説的にではあるが、浮き彫りにできるのではないかと考えている。植民地経済であったとしても、経済成長性が観察されたとすれば、そこでは市場経済メカニズムが何らかの形で機能していたと考えるべきである。重要な点は、そのメカニズムに対しどのような植民地的規制が課せられ、いかなる機能変容あるいは不全が生じたのか、その実態を具体的かつ実証的に明らかにすることであろう。

1）　J. A. Hobson, *Imperialism, a Study*, George Allen & Unwin Ltd, 1954, p. 81, p. 85.（『帝国主義論』岩波文庫、上巻、1951年）、137、141頁。
2）　レーニン「資本主義の最高段階としての帝国主義」（『レーニン全集』大月書店、22、1957年）、333、345頁。
3）　この点に関する議論として、村上勝彦「日本帝国主義と植民地」（石井寛治・海野福寿・中村政則編『近代日本経済史を学ぶ』上巻、有斐閣、1977年）、176～177頁、石井寛治『帝国主義日本の対外戦略』（名古屋大学出版会、2012年）の第3章「早熟的資本輸出と植民地帝国の形成」などを挙げることができる。
4）　石井寛治『日本経済史　第2版』（東京大学出版会、1991年）、263～264頁。
5）　前掲「日本帝国主義と植民地」176頁、村上勝彦「日本帝国主義と軍部」（歴史学研究会・日本史研究会編『講座日本歴史』第8巻、東京大学出版会、1985年）、171～172頁。

6） 岡部牧夫「帝国主義論と植民地研究」（日本植民地研究会編『日本植民地研究の現状と課題』アテネ社、2008年）、22頁。
7） 資本の過剰化に関する検討は、須永徳武「第一次大戦期日本の対中国借款投資」（『日本植民地研究』第4号、1991年6月）を参照。
8） 浅田喬二「日本植民地研究の現状と問題点」（『歴史評論』第300号、1975年4月）。
9） 小林英夫「15年戦争と植民地」（前掲『近代日本経済史を学ぶ』下巻）、216～217頁。
10） 浅田喬二『日本帝国主義と旧植民地地主制』（御茶の水書房、1968年）、253頁。
11） 西村成雄『中国近代東北地域史研究』（法律文化社、1984年）、29～30頁。
12） 塚瀬進『中国近代東北経済史研究──鉄道敷設と中国東北経済の変化』（東方書店、1993年）、15頁。
13） 塚瀬進『満洲国「民族協和」の実像』（吉川弘文館、1998年）、3～4頁。
14） 梶村秀樹「朝鮮近代史研究における内在的発展の視角」（滕維藻ほか編『東アジア世界史探究』汲古書院、1986年）、576、579頁。
15） たとえば、並木真人「朝鮮における『植民地近代性』・『植民地公共性』・対日協力」『国際交流研究』第5号、2003年3月）、松本武祝『朝鮮農村の〈植民地近代〉経験』（社会評論社、2005年）などを参照。なお、こうした朝鮮史研究の動向については、三ツ井崇「朝鮮」（日本植民地研究会編『日本植民地研究の現状と課題』アテネ社、2008年）が簡潔に整理している。
16） 波形昭一編『近代アジアの日本人経済団体』（同文舘、1997年）、7頁。
17） 柳沢遊・木村健二・浅田進史編『日本帝国勢力圏の東アジア都市経済』（慶應義塾大学出版会、2013年）、8頁。
18） 駒込武「『帝国のはざま』から考える」（『年報日本現代史』第10号、2005年5月）。
19） 松本俊郎『侵略と開発──日本資本主義と中国植民地化』（御茶の水書房、1988年）、4、7、38頁。
20） 同上、5頁。
21） 堀和生『東アジア資本主義史論Ⅰ──形成・構造・展開』（ミネルヴァ書房、2009年）、381～383頁。
22） 同上、242頁。
23） 堀和生「東アジア資本主義史論の射程──貿易構造の分析」（堀和生編『東アジア資本主義史論Ⅱ──構造と特質』（ミネルヴァ書房、2008年）、25頁。
24） 同上、22頁。
25） 金洛年「植民地期台湾と朝鮮の工業化」（堀和生・中村哲編『日本資本主義と朝鮮・台湾』京都大学学術出版会、2004年）、堀内義隆「日本植民地期台湾における

農村工業の発達と労働供給」(『三重大学法経論叢』第27巻第2号、2010年3月)。

26) 矢内原忠雄『帝国主義下の台湾』(岩波書店、1929年)。なお、植民地台湾に関する研究動向に関しては、谷ヶ城秀吉「台湾」(前掲『日本植民地研究の現状と課題』)を参照。

27) 涂照彦『日本帝国主義下の台湾』(東京大学出版会、1975年)、4～5頁。

28) 同上、494～495頁。

29) 河原林直人「植民地末期における台湾資本の存在形態」(前掲『東アジア資本主義史論Ⅱ──構造と特質』)、182～184頁。

30) 堀内義隆「近代台湾における中小零細商工業の発展」(同前)、138～139頁。

31) 近年、台湾人研究者による実証性の高い経済史研究が公刊されつつあるが、研究視角に対する関心は希薄である。たとえば、林玉茹『台湾拓殖株式会社の東台湾経営──国策会社と植民地の改造』(汲古書院、2012年)、陳慈玉『近代台湾における貿易と産業──連続と断絶』(御茶の水書房、2014年)などを参照。

第Ⅰ部

物流の形成

第1章　鉄道業の展開——推計と実態——

林　采成

はじめに

　本章の課題は台湾国鉄の資本ストックや生産性、利潤率などを推計して鉄道業の展開過程を分析し、「植民地台湾」の鉄道としての特徴を見出すことである。

　台湾国鉄は一部路線が清国によって敷設されたものの、日本最初の植民地鉄道としてそのほとんどが半世紀にわたって建設・運営され、戦後には中国側の管理下に入り、国民党政府の中華民国が一つの分断国家として成立するための物的基盤となった。日本の統治下では植民地宗主国への経済統合と特産品の輸移出を保障する開拓鉄道としての役割が経済的に要請されたとすれば、解放後の台湾では国民経済の建設の中で島内の地域間・産業間の連関を可能とし、外部からの原資材を調達して加工し、これを輸出する交通網としての性格が期待され、実際に1970年代までは主要な交通手段をなした[1]。しかし、解放直後より自動車運輸業は強い影響力を持ち、きわめて速やかに成長していった[2]。その背景には自動車の普及と道路の整備があったが、その一方で国鉄側にもその遠因があったと思われる[3]。

　筆者には戦後台湾における交通市場の競争構造を直接分析するつもりはないが、その歴史的前提として植民地時代に台湾国鉄がいかに敷設されて、どのように運営されたのかについて疑問を持たざるを得ない。もちろん、これは既存研究によって詳しく分析されてきた[4]。高橋泰隆は台湾縦貫鉄道の建設と鉄道

全般の経営管理を分析し、建設および改良費の低廉性、投資金の事実上の自己調達、貨車中心の輸送体系、物資収奪線としての「産業型」鉄道の性格、鉄道管理における重層的統轄・人格支配・民族別分断支配、戦時下での貨物主導型鉄道としての機能の喪失などを指摘した。とはいうものの、投資金の自己調達の仕組みを明らかにするためには利子負担を推計する必要があり、さらに運賃政策の背景も同時に考えなければならない。また、鉄道運営初期の黒字化をとりあげて経営の安定性を強調しているが、そのような判断を下す前に、資本費用を含む費用構造全般を検討する必要がある。

また、高成鳳は「台湾鉄道の特殊性」として「基本的に貨物が優位だったが、全島的に旅客列車本数も多く、植民地期を通して比較的短距離の旅客輸送も活発だった」ことを指摘し、高橋泰隆の「産業型」鉄道論に対して旅客鉄道としての性格を強調した。しかしながら、氏の研究においては経営収支や輸送動向に関して経済史あるいは経営史的観点からの分析が行われていない。

以上のように日本で発表された研究に対し、台湾側の蔡龍保は1910年から36年までの台湾国鉄の建設・改良、車両増備、管理組織、営業実態、職員の福利施設、自動車運輸業の影響、鉄道による産業開発・地域開発・観光事業の促進を分析し、単なる収奪論を繰り返さずに、鉄道の発展は台湾社会経済の要求の下で推進されたことを明らかにした。さらに国鉄が「速成主義」をとり、改良工事を積極的に行わず、なおかつ人事、会計、運賃などの面で不完全であり、「体質不良」などの問題点を抱えていたと考えた。特に蔡龍保の中で筆者が重視する論点は、建設の「速成主義」と消極的改良工事などによってさまざまな問題点を抱えたと指摘した点である。言い換えれば、高橋の分析に対して疑問を提起する側面を持っているのである。

初期投資が速やかに行われただけに、短期間内の営業好転についての過大評価に警戒する必要があり、さらに利子や減価償却といった資本費用などを念頭に入れて、長期的経営収支の推移を評価しなければならない。当時の台湾国鉄を総合的に考察した渡部慶之進は「台湾鉄道の企業性を正確に認識する為には、此処に説く如き単純な収入と直接経営費との対照、並に其の差引計算に尽くべ

きでない事は謂ふ迄もない。我我は資本に対する利子、蓄積余剰の内容を検討する必要がある」と指摘したのである5)。そこで本章では、南亮進の推計方法を参考にして資本ストック、生産性、費用構成、利潤率などを推計することで、今まで知ることのなかった台湾鉄道の実態を捉えることにする6)。特に日本国鉄との比較の視点を取り入れることで、日本国鉄との類似性を有するにもかかわらず、1920年代初頭の戦後恐慌の影響が昭和恐慌のそれより大きかったことをはじめとし、台湾国鉄が持つ鉄道運営方式上の特徴がより明らかになるであろう。

　本章の構成は以下のとおりである。第1節で資本ストック面で鉄道敷設が持つ意味合いを考察した後、台湾国鉄の輸送動態が縦貫線の敷設と戦争の勃発によって変移する過程を検討する。第2節では鉄道投資が制限される中、これらの輸送動態に対して行われた鉄道当局の対応を分析し、鉄道運営方式としての特徴を捉える。さらにそれによって得られる経営成果を第3節の収益構造と利潤率の推計をもって明らかにし、その歴史的意味合いを考えてみたい。

第1節　鉄道投資と輸送動態

　台湾の鉄道業は日本側が台湾を領有する前から始まっていた。しかし、工事は資金難や推進者の劉銘伝巡撫の更迭のため捗らなくなったので、清国時代には基隆～新竹間の鉄道が運営されるのみであった。したがって、台湾の割譲（1895年6月）後、日本側が本格的に鉄道敷設を開始するまでは、清国側が敷設した既存の路線を運営するほかなかった。初代総督樺山資紀は1895年8月26日、早くも政府に対して三大施設中の一つとして南北縦貫鉄道の建設を稟議した。閣議において「台湾縦貫鉄道並基隆築港費支出の件は審査測量を経たる後詮議する旨」を決定し、台湾総督府に調査を命じた。総督府は1896年4月に縦貫鉄道調査を施行し、さらに東海岸鉄道線路および東西横断鉄道路線の探査も行った。しかし、当時の財政状態は日露戦争後「多端の折とて、速かに敷設を実現せしむる」に至らなかった。この間、官営鉄道に代わって、私設鉄道会社

の縦貫鉄道計画が出現したのである。1896年10月に総督府は岡部長職などが組織した台湾鉄道会社に敷設認可の指令を交付し、国有鉄道施設一切を無償で下付し、鉄道利子の補給などを約するとともに、既存の調査路線に沿って4カ年間に鉄道を敷設することを命じた。ところが、同社は国内資金の調達不足のため、これに代わって外資の導入を図ったものの、株金の募集などで失敗し、1898年10月に解散を余儀なくされた[7]。

　1888年2月に着任した児玉源太郎総督は翌年後藤新平が民政局長として来台すると、縦貫鉄道の官設を決め、第13議会にその建設案を提出した。それによって、1899年3月に台湾事業公債法が発布され、10カ年継続事業として縦貫鉄道の建設事業が着手された。鉄道運営を管掌していた民政局通信部臨時鉄道掛とは別の組織として臨時台湾鉄道敷設部が1899年3月30日に新設され、縦貫線の建設や旧線の改良工事を担当することとなった。しかし、この分掌は不合理を免れなかったので、1899年11月に二つの機関を一元化して台湾総督府鉄道部が設置され、1924年に交通局に改められるまでは、台湾国鉄の運営主体となっていた[9]。後藤新平長官自らが鉄道部初代部長を兼務したものの、縦貫線の建設など技術方面は長谷川謹介技師長が「独裁君主」として担当した。

　長谷川技師長を中心として1896年6月の調査路線に対する再検討が行われた。既存路線については列車運行の安全性のため、基隆～新竹間62マイルのうち5マイルのみを残して新路線を建設することとし、さらにそれ以南の新設路線に対しても経済性を勘案して新竹より竹南を経由して造橋に至る海岸寄りに改めるなど修正が加えられた。総督府の建設方針は全島の治安確保だけでなく米や砂糖といった特産物を迅速に輸移出するため、台湾開発の主動力としての台湾鉄道の「速成延長主義」をとった。すなわち、「営業上の不利や工費の損失等を顧みず、暫らく一時の仮設に甘んじても努めて延長を図り、以て本島開発の啓行たらんこと」を期したのである。その結果、1899年5月に起工以来、1908年4月までの9カ年間で、予定より1年早く基隆・高雄間の縦貫鉄道を完成させた[10]。使用車両の車種、設備などは基本的に日本国鉄（軌間1,076m）と同様である。縦貫線の主要列車を牽引する動力車は国鉄C55型と同型である自

第1章　鉄道業の展開　27

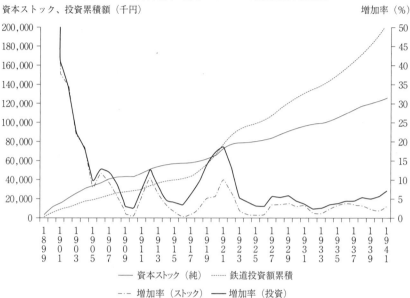

図1-1　台湾国鉄の資本ストックと鉄道投資額累積

出典：台湾総督府鉄道部『台湾総督府鉄道部年報』（各年度版）；台湾総督府交通局鉄道部『台湾総督府交通局鉄道年報』（各年度版）；大川一司・野田孜・高松信清・山田三郎・熊崎実・塩野谷祐一・南亮進『物価』（東洋経済新報社、1966年）；江見康一『資本形成』（東洋経済新報社、1971年）、32頁。

注：資本ストックの推計方法は以下の通りである。『鉄道年報』「官設鉄道建設費」から年間鉄道投資額を得て、そのうち車両費と機械装備費を把握し、鉄道投資額を鉄道・軌道用施設投資と車両・運搬具投資に分けた。機械装備費が計上されていない1921～33年は1934～41年（但し40年は不詳）の車両費と機械装備の比率をもって推定した。また、車両費自体に関する情報が得られない1909～20年と40年に関しては1899～1908年と1921～39年と41年の鉄道・軌道用施設と車両・運搬具の比率が平均80.1対19.9であることに基づいて車両・運搬具の投資額を推定した[8]。このようにして得られた投資額を日本側LTESの軌道施設と鉄道車両デフレーター（前掲『物価』167～186頁；前掲『資本形成』32頁）をもって35年価格を基準として実質額化し、次のようにPerpetual Inventory Methodによって資本ストックを推計した。$K_{it} = I_{it} + (1-\mu_i) K_{it-1}$（$K_{it}$ t年度の資本ストック、I_{it} t年度の投資額、μ_i 代替率）。車両と施設投資額の代替率は各々0.04、0.02である。

重115トンのテンダ機関車である。また、客車も鋼鉄車両である[11]。そのため、図1-1のように、1908年まで鉄道資本ストックの増加率は5％以上の水準を示した。

　その後、鉄道投資は東西連絡交通路の敷設、縦貫線の強化、地方開発新線の建設に重点が置かれた。まず、東西連絡交通路についてみれば、調査自体は1886年の縦貫線の調査とともに行われたものの、建設計画は縦貫線の完成が迫

った1905年に後藤鉄道部長に命じられ樹立された。東西台湾を結ぼうとする連絡線は循環路線の敷設を意図したものであって、1910年2月から1919年5月にかけて花蓮港～台東間狭軌鉄道（762mm）の台東線170kmを完成し、縦貫線の両端からも宜蘭線（八堵～蘇澳間95km、1917年12月～1926年3月）と潮州線（高雄～渓州間47km、1907年4月～1923年10月）を敷設した。その後、渓州～枋寮間17.9キロと社辺～東港間6.2キロからなる枋寮線の建設が1937年に始まり、41年12月に完成した。しかしながら、なおも蘇澳～花蓮港および枋寮～台東間の連絡を欠いていた。

　建設時に一般鉄道建設工事の規定に固執せず、「速成延長主義」をとったため、勾配、屈曲の矯正、橋梁の改築、軌条の重軌条化などの線路改良工事が進められており、主要区間に対しては複線化工事（基隆～台北間は1912～1917年、台北～竹南間と台南～高雄間は1927～1935年）が実行された。また、「縦貫線竹南駅より分岐し、海岸寄りに既設線と併行して同線彰化間に至」り、縦貫鉄道の複線としての性格を持つ海岸線91.2キロの敷設工事が1919年8月より始まり、1922年10月に開通した。その後も不良軌条の交換、通信設備の改良、川床保護工事、停車場改良などによる縦貫線に対する補強工事が続けられたことは言うまでもない。

　また、沿線資源の開発のため、地方路線の建設あるいは買収が行われた。台北～淡水間21.1キロの淡水線は鉄道建設用材および沿線算出の石材を輸送するため、1901年8月に開通しており、縦貫線二水駅より分岐する集集線（29.7キロ）は1921年12月に開通し、日月潭水力発電所の建設工事に必要な建設材料などを運搬したが、発電所の建設後の1927年4月に鉄道部が買収した。また、宜蘭線三貂嶺駅より分岐して菁桐坑に至る12.9キロの平渓線は、1921年7月に台陽鉱業株式会社の運炭専用鉄道として敷設されたが、炭田開発と地方産業の振興における重要性に鑑み、総督府によって1932年7月に買収された[12]。そのほかの地方交通は私設鉄道に依存していた。島内製糖事業の勃興により各地に敷設された製糖会社直営の専用鉄道は漸次一般運輸をも行い、営業鉄道となっていった。戦時下で陸海輸送の隘路となっていた港湾における陸海輸送連絡を円

図1-2 台湾鉄道路線図

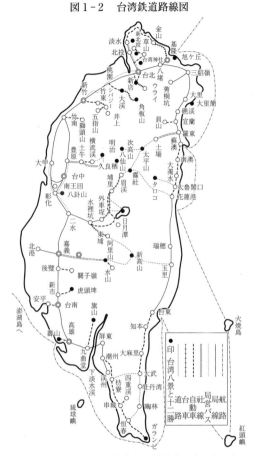

出典：台湾総督府交通局鉄道部『列車時刻表』（1936年2月1日）。

滑にするため、臨港鉄道の敷設が重点的に行われ、高雄港臨港線、新高臨港線、花蓮港臨港線が築港拡張工事とともに造成された[13]。

　こうして敷設された鉄道ネットワークは図1-2のとおりである。これを資本ストックの増加率という観点から見れば、縦貫線工事が終わった後でも、1910年代から20年代前半までは投資財の価格上昇が著しかった第1次世界大戦期を除いて資本ストックの増加率は比較的高い方であった（図1-1）。しかし、

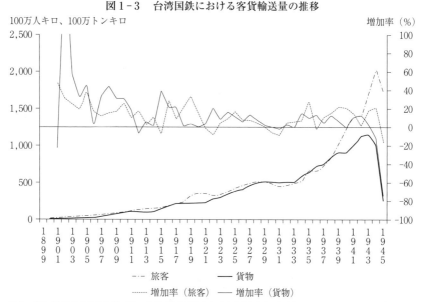

図1-3　台湾国鉄における客貨輸送量の推移

出典：前掲『台湾総督府鉄道部年報』；前掲『台湾総督府交通局鉄道年報』；台湾省行政長官公署統計室編『台湾省五十一年来統計提要』（1946年12月→台湾省政府主計処重印、1994年11月）。

　東西連絡交通路の敷設と縦貫線の強化が一段落すると、資本ストックの増加率は年率5％の水準を再び超えることはなかった。もし既存の研究のように鉄道投資累積額の増加率をもって判断すれば、第1次世界大戦後の時期について鉄道投資を過大評価する誤謬を犯すことになる。

　これに比べて輸送はいかなる推移を示しただろうか。まず、図1-3の旅客輸送を見ると、1900年に45万3,000人、1,192万9,000人キロに過ぎなかった。ところが、1908年に縦貫線が全通したのち、1911年に夜行列車、12年に食堂車連結の昼間直行列車（→14年、急行列車）の運行が開始されると、これにともなって旅客が増え、輸送量は20年に1億4,485人、3億5,463万7,000人キロに達した。その後、戦後恐慌によって減少に転じたのち、23年以降再び増加し、29年に2,039万6,000人、5億1,607万2,000人キロを記録した。しかし、昭和恐慌の影響と自動車の普及によって、旅客輸送は打撃を受けざるを得なかった。

これに対し、台湾国鉄は1930年11月にガソリン気動車の運行を開始し、台東線を含めてその運行範囲を拡大し、運転回数の増加と運転時間の短縮を追求した。33年には夜行列車にも３等寝台車を連結し、旅客サービスを拡大した。そうした鉄道当局の対応と相まって、景気回復が進むと、旅客輸送は32年より再び増加した。特に、戦時下では軍事輸送とともに、経済動員による旅客輸送が急激に増加し、旅客輸送量は44年に6,544万2,000人、20億1,980万2,000人キロを記録するに至った[14]。

一方、貨物輸送は1900年に６万7,000トン、378万5,000トンキロから増加し、11年に118万6,000トン、１億377万1,000トンキロに達したのち、若干減少したが再び増加し始め、1930年に500万トン、５億762万7,000トンキロを記録した。しかし、昭和恐慌によって増加傾向が続かなかったため、その対策として貨物集配取扱および運賃料金着払制（1931）や荷物代金引換制度（1932）などを導入して荷主への輸送サービスを拡大し、景気回復が続くと、貨物輸送においても、旅客輸送と同じく32年より回復の趨勢を示した。日中全面戦争が勃発したのちには物資動員計画と生産力拡充計画の進捗にともなって貨物輸送が増加した[15]。このことによって、貨物輸送は大量の滞貨発生をともないながら、1943年に838万3,000トン、11億4,928万6,000トンキロという最高水準に達した。

こうして輸送量は第１次世界大戦期に際して急激に増加し、その後の戦後恐慌あるいは昭和恐慌によって多少減少したものの、日中全面戦争の勃発後に再び急激な増加ぶりを示した。しかし、上述のように、これらの時期が鉄道投資がはかどらなかった時期であったことに注目しなければならない。当時輸送状況に関する指摘を引用すれば、「欧州大戦に依る世界的好況期に逢著するや、鉄道輸送は愈愈激増して、大正六［1917――引用者］年後半期には当面の運輸設備は全く行詰まり、全線に亘って夥しき滞貨を生ずるに至った」[16]。

特に、台湾は島嶼であったので、鉄道輸送は船舶輸送と密接に関連せざるを得なかった。第１次世界大戦中、好景気により1917年に船運賃が高騰すると、日本内地～基隆間と日本内地～高雄間の運賃格差が広がり、台湾が移入する商品のほとんどが一斉に基隆に陸揚げされ、鉄道便によって南送されたため、片

荷状況は甚だしくなった。その影響が産地を経由しない北部路線および中南部線路のみを移動する発着貨物にまで及ぶと、滞貨は全線にわたっていっそう激甚となった。もちろん、このような状況は第1次世界大戦が終わったのち、船舶の運航が円滑になるにつれて解決されることとなった。

　しかし、船舶不足による鉄道貨物の変動現象は第2次世界大戦期により深刻な形で現われた。日中全面戦争が勃発し、さらにそれが太平洋戦争へとエスカレートすると、台湾内の輸送動態にも大きな変化が生じた[17]。要するに、島内陸運貨物の6割が港湾出入貨物であっただけに、船腹不足のため、「生産地より港湾への陸上輸送を掣肘し、延いては生産地に於ける滞貨となり、生産そのものにも大なる影響を与へるに至った」[18]。ガダルカナル戦闘以降、船舶の徴用と喪失によって日本側の海上輸送力の低下はもはや避けられなくなると、日本政府は「戦時陸運の非常体制確立に関する件」（1942年10月6日）を閣議決定し、日本帝国全領域にわたって石炭をはじめ戦略物資輸送を海運から陸運（主に鉄道）に変えた。当然、台湾への配船が少なくなり、それを補うため、「沿岸貨物の陸運への転嫁」が広範囲で発生した。さらに「港湾勢力圏の変動」を起こして「従来基隆、高雄両港の勢力範囲は彰化［二水駅の付近――引用者］を分界とし」たが、「船稼行率を昂上」させるため、「海上輸送距離の縮小と船舶在泊時間の短縮が必要」とされ、「船舶は海上距離における最捷路を求めて寄港することとなり、又同一船舶が数港に寄港」できなくなった[19]。

　以上のように、初期投資が「速成延長主義」で行われたのち、鉄道投資がはかどらない中、第1次世界大戦期に鉄道輸送が大幅に増加すると、大規模な滞貨の発生は避けられなかった。このような現象は日中戦争および太平洋戦争期にも生じた。このような輸送推移に対して講じられた鉄道運営方式については次節で分析する。

第2節　鉄道運営方式の形成とその特徴

　鉄道輸送の増加にもかかわらず、前述のように、十分な鉄道投資が行われな

かったので、台湾国鉄は輸送難を経験せざるを得なかった。これに対し、既存施設を部分的に改良したうえ、既存の車両運用を効率化することで対応しようとした。保有車両のうち、実際の輸送に投入される使用車両数を増やし、使用している車両でも回転を速めることによって、空車発生を減らし、鉄道輸送を増やそうとしたのである。この点で、「使用車両」、「予備車両」として利用されない「修繕車両」をいかに減らすかが重要なポイントとなった。

　車両修繕を担当するのは台北、高雄、花蓮といった三つの鉄道工場であった。台北工場は清国機器局の工廠として設置され、植民地化されたのち、陸軍省所管の台北砲兵工廠と称されたが、1900年に鉄道部の管理となって、工場および器具機械の増設改良などを行い、さらに1909年には車両修理工場および塗工場を新設し、諸設備も拡張した。主に車両修繕を行ったが、同時に台湾国鉄内部で必要とされる設備などを注文製作することもあった。縦貫線が開始されるにつれて、台北工場とは反対側にある南部路線でも車両の修繕が必要とされ、1900年に高雄（←打狗）にも鉄道工場が設けられた。これらの工場は工作課によって管理されたが、762mmの狭軌で、かつ本線より隔離している台東線が敷設されると、花蓮工場が別途新設され、1919年より修繕作業を開始した。

　しかし、この期間中、修繕作業量は全体的に増えたものの、修繕作業の合理化が進んだようには見られない。日本国鉄では1910年代前半、アメリカからの修繕技術を導入してマスター・スケジュールによって修繕作業工程を管理するとともに、割増賃金制度を採用した結果、修繕車両の平均在場日数が急減した。その反面、台湾国鉄では1910年代中に在場日数が減少するどころか、全体的に急激に伸びたことが確認できる（図1-4）[20]。さらに、注目にすべきことは1910年代の台北工場の場合、貨車の修繕日数が客車だけでなく機関車よりも長かったことである。貨車の修繕作業は台車と車体を中心として行われるため、修繕過程がきわめて簡単であるにもかかわらず、こうした現象が生じたこと自体が「科学的」工場管理が適用されなかったことを示している。これが第1次世界大戦期に鉄道輸送が伸びる中で、車両不足を深刻なものとしたことであろう。むしろ台湾国鉄における修繕作業の合理化は1920年代に進んだ。しかしこ

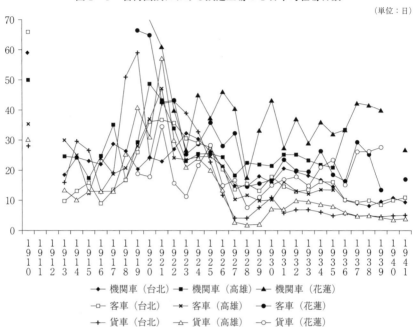

図1-4　台湾国鉄における鉄道工場の1日平均在場日数

出典：前掲『台湾総督府鉄道部年報』；前掲『台湾総督府交通局鉄道年報』。
注：工場別に異なるが、1927〜28年までは一般修繕と局部修繕の平均数値であり、その後は一般修繕のみである。そのため、1927〜28年頃在場日数が一旦低下した直後、増加するように見えるのは統計上の不正確さによるものである。

うした作業合理化の成果は、作業量が少なく、なおかつ狭軌車両を取り扱っていた花蓮工場においては見られない。軌間が762mmに過ぎなかった台東線は縦貫線から孤立されており、輸送量も少なかったので、車両修繕の効率化を追及する誘因が弱かったからであろう。この点からも台東線は他の路線に比べて鉄道システムとしてもかなり劣っていたことがわかる。

　台湾国鉄は修繕作業の効率化とともに、列車編成においては運行回数を増やし、編成単位の長大化を追求した。図1-5からは、1920年代に入って列車の種類別には混合列車の回数が急減した反面、旅客と貨物の専用列車が増加し、1910年代の輸送難の経験を踏まえて車両運用の効率化が進んだと推測できる。

新潟大学時代の宇沢弘文先生

藤井 隆至

「おとうさん、きょうサンタさん見たよ！」

夕食のとき、小学校一年の娘が高揚した口調で話しかけてきた。「サンタさん」とはもちろん宇沢弘文先生のこと。学校から帰る途中で、先生が走っているところを発見したという。先生が、地元の子どもたちから「サンタさん」と呼ばれていた理由は説明不要のはず。重厚な白ひげと軽快なジョギング姿、そのアンバランスな組み合わせは子どもたちに強い印象を与え、先生は小学生のあいだで話題の中心人物になっていた。雨が降りそうなときは、こうもり傘を片手に走っておられた。当時の新潟大学経済学部は、ある必

要があって、東京大学を定年退職なさった先生方をお迎えする方針をとっていた。諸井勝之助先生からはじまり、佐藤進、宇沢弘文、佐伯尚美、戸原四郎、中西洋、肥前栄一、廣田功といっ

た先生方が協力してくださった。宇沢先生は一九八九年四月に新潟大学に赴任なさり、五年後の一九九四年三月に第二の定年をお迎えになった。先生の『経済解析 基礎篇』は、新潟大学時代の労作である。

先生をお招きするときの経済学部長は湯浅赳男さんだった。ある日、「何と言って宇沢さんを口説いたんですか」とお尋ねしたことがある。「地方の教育事情を見に来てくださいとお誘いしたんだよ。けっこう真剣に聞いてくださった」というお返事だった。先生は教育についても発言しておられた。そのことを知ったうえでの口説き文句だった。宇沢獲得にむけて手をあげた大学は複数あったと聞いているが、この口説き文句が功を奏したのか、まもなく"新潟大学教授宇沢弘文"が誕生することになった。

評論 No.198 2015.1

新潟大学時代の宇沢弘文先生	藤井隆至	1
自由民権〈激化〉の時代①		
『自由民権〈激化〉の時代』刊行によせて	飯塚 彬	4
「戦後の出発」の実像	木村千恵子	6
色川大吉先生のこと	渡邊 勲	8
『明治日本の文明言説とその変容』刊行にあたって	許 時嘉	10
三行半研究余滴⑬		
婿養子の三くだり半	髙木 侃	12
神保町の窓から 14／新刊案内 16		

—— 日本経済評論社 ——

新刊案内 価格は税別

歴史の立会人——昭和史の中の渋沢敬三
由井常彦・武田晴人編 渋沢栄一の孫、敬三は、第一勧銀の経営者、日本銀行の総裁、大蔵大臣などを務め、他方で漁業史研究の先達であり常民文化研究所を設立した。稀にみる人物の足跡をたどる。
四六判 二八〇〇円

近代公娼制度の社会史的研究
人見佐知子著 近世社会に成立した性売買のシステムが、芸娼妓解放令を契機に再編される過程の検証をつうじて、近代転換期の公娼制度や遊廓がもつ性差別の構造を解明。
A5判 四四〇〇円

村落からみた市街地形成——人と土地・水の関係史 尼崎一九二五〜七三年
沼尻晃伸著
A5判 五五〇〇円

シュンペーターの資本主義論
菊地均著
A5判 五五〇〇円

イギリス食料政策論——FAO初代事務局長J・B・オール
服部正治著
A5判 五六〇〇円

憲法劣化の不経済学——日本とドイツの戦後から考える
相沢幸悦著 日本が生き残る道は、アジアの経済統合に参加し「アジアの日本」に深化していくことである。日本国憲法の遵守こそ、日本の経済的な国益に適う唯一の選択であることを示す。
四六判 二五〇〇円

琉球王国の成立（上）（下）〈沖縄史を読み解く4〉——日本の中世後期と琉球中世前期
来間泰男著 時は倭寇の時代。明・朝鮮が生まれ、日本史は南北朝の内乱から室町時代に／そのなかに沖縄史も取り込まれていく。
四六判 上三四〇〇円、下三六〇〇円

所得分配・金融・経済成長——資本主義経済の理論と実証
西洋著
A5判 六四〇〇円

明治日本の文明言説とその変容
許時嘉著
A5判 六〇〇〇円

IMFと世界銀行の誕生——英米の通貨協力とブレトンウッズ会議
牧野裕著
A5判 六四〇〇円

近現代日本の地場産業と組織化——輸出陶磁器業の事例を中心として
大森一宏著
A5判 七二〇〇円

同時代史研究　第7号
B5判 二五〇〇円

基地維持政策と財政
第42回伊波普猷賞を受賞しました
川瀬光義著 基地はどのように維持されているか。思いやり予算はじめルールなき財政支出の検証を通じて、新基地計画を機に質的転換を遂げつつある財政政策を解明。原発との比較も注目。
A5判 三八〇〇円

評論　第198号　2015年1月31日発行
〒101-0051 東京都千代田区神田神保町3-2
E-mail:info8188@nikkeihyo.co.jp
http://www.nikkeihyo.co.jp

発行所　日本経済評論社
電話 03(3230)1661
FAX 03(3265)2993
〔送料80円〕

図1-5 台湾国鉄の1日1キロ平均列車回数および平均通過車両数と1列車平均連結車数
(単位：回、両)

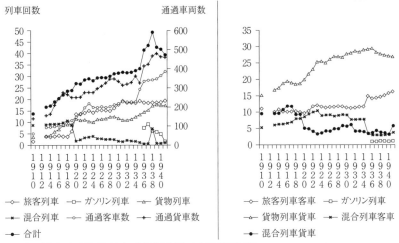

出典：前掲『台湾総督府鉄道部年報』；前掲『台湾総督府交通局鉄道年報』。
注：1935年以降客車の換算基準が変わったので、1日1キロ平均通過人員の1935年度増加率（1.28135）を利用し、1935～41年度の1日1キロ平均通過客車数と1列車平均連結客車数を1934年以前の基準に修正した[21]。

この点は日本国鉄において第1次世界大戦期車両不足の経験から配車技術が整えられたことと軌を一にする[22]。戦前期には地域的偏在なおかつ季節的波動が大きかったのに対し、「偏差を極力縮小し、配車を合理的」にすることが「重要な鉄道政策の一［つ──引用者］」を成した。配車技術とは全国の車両を中央集権的に管理し、出荷の動向にあわせて配車計画を立てて実行し、車両の空間的偏在を克服する方法である。「貨物輸送の季節的平準化を図り、更に又片荷運送を回避する為、運賃政策等に依り極力之が調整に努めつつあるが、繁忙期には移出貨物殺到して、屢屢輸送難に陥ることが多い」[23]。その緩和策として南部からの貨物の北送を奨励し、貨車の配給や割引運賃の適応を図った。

1930年代中頃に入って配車の効率性がよりいっそう追求された結果、混合列車の連結車両数が減った（図1-5）。また、1～2両編成のガソリン列車の数が少なくなったのも同様の理由である。もちろん、貨物列車の連結車両も減ったが、同時に貨物列車の増発が続いたため、できる限り同じ種類および同じ行

き先の貨物が集まるように列車編成を行い、輸送時間および貨車空間のロスを減らそうとしたことがわかる。一方、旅客列車の場合、旅客列車の増発が戦時下の貨物重点主義によって制限されたため、大型機関車を運行して客車の増結を推進した[24]。戦時下の超過需要の常態化に対し、輸送順位に基づき一般貨物に対して輸送統制を加え、各種輸送協議会を通じて輸送力配分を行い、鉄道輸送計画を中心とする貨物輸送を実施した[25]。

また、車両効率化の観点から見れば、貨車の停留時間を短縮することが重要であった。その鍵となったのが荷役作業や集配作業であった。したがって、それらの作業にあたり鉄道とは「唇歯輔車」の関係にある小運送業に対しても統制が図られた。小運送業界は従来自由営業を行ってきたが、1924年に鉄道運輸規程に基づき一般荷役に制限が加えられ、台湾運送業組合が構内荷役人に指定された。しかし、実際には同組合に加入すれば業務を行えたため、この政策は零細業者の乱立を招き、戦時下でガソリン消費規正の強化、労働力の不足、所要物資の確保難が生じると、期待の小運送力を発揮できなくなった。これに対し、総督府鉄道部は1939年2月に「小運送業法」の台湾施行をきっかけに各駅ごとに小運送業者の集約合同を進め、全線で1097店に達していた業者数は一挙に495店に集約された[26]。

「戦時陸運非常体制」が実施されてからは、海陸輸送分野の調整が必要とされたため、港湾出入貨物に対して強力な統制輸送を行い、「米、砂糖等の重要移出貨物に対しては、海運に即応せる計画輸送を実施し」た。また、総督府は交通局の組織再編を図り、まず海陸一貫輸送体制の重要性に鑑みて交通局に鉄道、逓信両部のほか海務部を新設し、既存の諸局にわたっていた港湾関連業務を一元化して港務局を設置した[27]。さらに戦時輸送計画、施設計画、資材調達業務など各種業務の急増、現場機関への統制および監督の強化の必要性、各地域の輸送特性の反映などを考慮して鉄道部と現業機関たる駅・区の間に「鉄道事務所」を初めて設置した。それによって、台湾国鉄の組織は従来の二段階から三段階に改められた。

鉄道部長満尾君亮が指摘したように、「鉄道の仕事は物的な施設と之を動か

図1-6　日本国鉄と台湾国鉄における資本集約度と生産性の推移

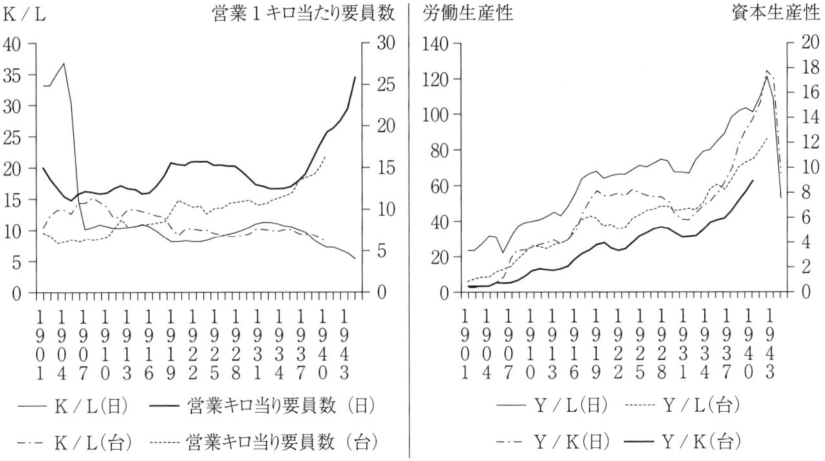

出典：図1-1；前掲、『鉄道と電力』。
注：1）資本集約度［1,000円］＝資本ストック／職員数。
　　2）労働生産性［1,000人トンキロ］＝（旅客人キロ＋貨物トンキロ）÷職員数。
　　3）資本生産性［100万人トンキロ］＝（旅客人キロ＋貨物トンキロ）÷資本ストック。

す人間の組織能率努力との和から成立っている」[28]。この点で、物的施設の拡張に制限が多かったので、台湾国鉄は現有施設に多くの鉄道労働者を配置して「最高度の能率発揮」を実現させなければならなかった。このような鉄道運営が持つ特徴を捉えるため、図1-6で日本国鉄との比較を試みる。但し、日本国鉄において1907年を境に、資本集約度や資本生産性が急激に変化したのは、営業路線が約3倍へと増加するほどの大規模な鉄道国有化措置が行われた結果である。図1-6を見ると、営業1キロ当たりに配置された要員数は当初、日本国鉄と台湾国鉄間の格差が大きかったが、1920年代に入って大幅に減少し、戦時期には同等の水準となったことがわかる。また、推計作業によって得られた資本集約度においても日本国鉄と台湾国鉄はほぼ同じ水準であった。これは台湾国鉄の運営が30年代半ばから戦時期にかけて労働集約的なものとなっており、日本国鉄と軌を一にしたことを表している。

　生産性においても時期によって低下することもあったが、長期的に見れば上昇し続けた。日本国鉄との間では1920年代に両鉄道間の格差が拡大したが、30

年代には縮小する傾向が見られた。これは1920年代前半は生産性低下が大きかった反面、1920年代末から30年代初頭にかけての昭和恐慌期は生産性の低下がそれほど大きくなかったからである。逆に日本国鉄の場合、20年代初頭の生産性低下は軽微な水準であったのに対し、30年代の生産性の低下は大きかった。しかし、戦時下で生産性の格差は再び大きくなる傾向を示した。戦前期の1936年を基準として他の鉄道と比較すれば、旅客輸送における１日１キロ平均通過人員は日本国鉄4,200人、台湾国鉄2,017人、朝鮮国鉄1,605人であり、貨物１日１キロ平均通貨トン数はそれぞれ2,477トン、2,248トン、1,623トンであった。すなわち、輸送成績において台湾国鉄は朝鮮国鉄を凌駕しており、日本国鉄との比較では貨物輸送がほぼ同一であり、旅客輸送は日本国鉄のおよそ半分に達していた。もし台湾国鉄の縦貫線と日本国鉄の門司鉄道局の貨物輸送成績を比較すれば、「遜色無し」と評価されたであろう[29]。

　以上のように、第１次世界大戦期に輸送需要が増加したにもかかわらず、鉄道投資の遅れによる輸送力の不足、すなわち輸送難が発生すると、台湾国鉄は車両修繕技術や配車業務能力の向上を通じて列車の増発・長大化を図った。日中戦争以降にはこれらの措置に輸送統制を加えることで輸送力不足に対応しようとした。そのためには労働集約的な鉄道運営以外にほかはなく、それによって高い生産性を実現できた。

第３節　台湾鉄道の収支構造と利潤動向

　さて、台湾国鉄の収支構造はどのような状態であったのか。とりわけ、1930年代以降、労働集約的な鉄道運営が実現され、生産性が高くなるにつれ、台湾国鉄の経営状態はいかなる推移を示しただろうか。このような疑問に対する答えを探すためには、まず、鉄道収入の構成について検討する必要がある。縦貫線が貫通していなかった1906年までは旅客収入が貨物収入より大きかったが、その後は貨物収入が第１次世界大戦が終わった後の三カ年間を除いて1940年まで旅客収入より多かった。さらに30年代には60％以上の比重を占めた。輸送量

によって鉄道収入が基本的に増加し続けてきたわけであるが、鉄道収入は輸送量と運賃の両面によって決まることから、時期によって運賃が収入の推移に重要な影響を及ぼすこともあり得る。鉄道運賃指数はアジア・太平洋戦争の末期を除いて長期的低下傾向を示した[30]。この傾向は貨物運賃指数において著しかった。要するに、貨物運賃は奥地開発と特産品の輸移出を促すため、1908年以来距離比例法に代わって遠距離逓減法が適用されたのに対し、旅客運賃制度は遠距離逓減法を1906～15年に適用したことを除いて距離比例法を採っていたからである。

　第1次世界大戦期に鉄道運賃指数が低下したのは遠距離逓減法が適用される中、輸送量が増えたためである。その反面、一般物価の騰貴が続いたため、当然台湾国鉄は経営圧迫を免れず、1919～20年に客貨ともに運賃を引き上げた。また、日中全面戦争が勃発し、戦時インフレーションが発生したにもかかわらず、台湾国鉄は総督府の低物価政策の一環として引上げを控えたものの、鉄道収入は輸送量の増加とそれにともなう営業費用に比べてそれほど伸びなかった。消費者物価や卸売物価の高騰ぶりを考慮すれば、運賃指数は実質的に大幅に低下していた。そのため、1940～41年から旅客運賃を徐々に引き上げることで経営収支上の圧迫を緩和した。この時期、陸運転移輸送の発生、軍事品の増加、生産力拡充物資の増加によって貨物運賃指数は名目運賃でさえ低下していた。そして、1945年には大幅の運賃引上げが避けられない状況となった。

　次に、費用構成は図1-7のとおりである。賃金、減価償却、鉄道公債の利子、動力源たる石炭、その他用品費用から成っている。台湾国鉄の「企業性を正確に認識する為には」、「資本に対する利子、蓄積余剰の内容を検討する必要がある」と指摘された[31]ように、そのうちの減価償却と利子に関しては推計作業を行った。それによれば、鉄道部体制の初期には縦貫鉄道工事が開始されたとはいえ、まだ本格的な鉄道投資が行われなかったので、減価償却や利子といった資本費用がそれほど大きな比重を占めず、むしろ賃金の占める割合が大きかった。その後、利子負担が大きくなったが、縦貫線の開通後は輸送量の増加にともなう営業費用が増加し、公債の償還も進み、利子負担の比重は縮小し、そ

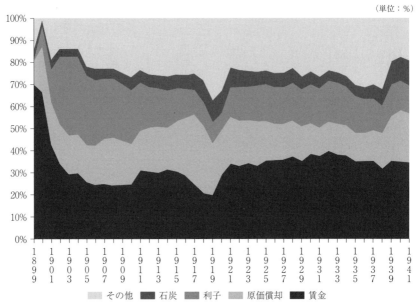

図1-7 台湾鉄道における費用構成

出典：台湾総督府『台湾総督府特別会計予算参考書』(各年度版)；黄通・張宗漢・李昌槿編『日治時代之台湾財政』(中国農村復興連合委員会、1951年)46頁

注：1）利子支払額は以下のように推計した。台湾総督府『台湾総督府特別会計予算参考書』各年度版の「公債発行及借入金並償還高表」の発行高と償還高から得られた公債累積額（但し1939～40年は予定）に年利子率4.06244％を掛けて公債利子額を推計する。この4.06244％は「昭和15年度首未償還公債額表」に基づいて計算した利子率である。また、「公債支弁事業費予定」より鉄道関連公債（鉄道建設・改良・買収）のウエイトを計算する。このウエイトをもって台湾総督府の年間公債利子額に掛けると、台湾鉄道の利子支払額が推計できる。但し、1941年度の『予算参考書』が得られないため、41年度公債発行高は黄通・張宗漢・李昌槿編『日治時代之台湾財政』1951年、46頁より得て、また1940年度の公債償還高の比率と鉄道関連公債のウエイトを1941年度に延長することで41年度利支払額を推計する。
2）減価償却費は資本ストックの代替率をもって推計した代替額を、資本ストックの推計時に利用したデフレーターをもって、年間名目額に変えて推計した。
3）賃金は『鉄道年報』などより全従事者数と月給総額を得て1人当たり平均給を計算し、これに基づいて年間人件費を推計した。この比率には各種手当および賞与を含んでおり、比較的正確である。
4）動力費は石炭消費額を利用した。但し、1909～12年、18～19年、37年、40年に関しては資料上確認できないため、石炭1トン当たり平均価格を基準として直線補間し、これを石炭消費量に掛けて石炭消費額を推計した。
5）以上の諸費用を取り除いた残額をその他用品費用とする。

の代わりに鉄道投資の増加を反映して減価償却の比重がやや大きくなった。第1次世界大戦から1920年にかけては一般物価が上昇する中で賃金調整が遅れた結果、賃金の比重が急減したが、職員の平均給が1919年25.9円から20年に49.4

図1-8　台湾鉄道の付加価値率および利潤率（1934～36年基準）

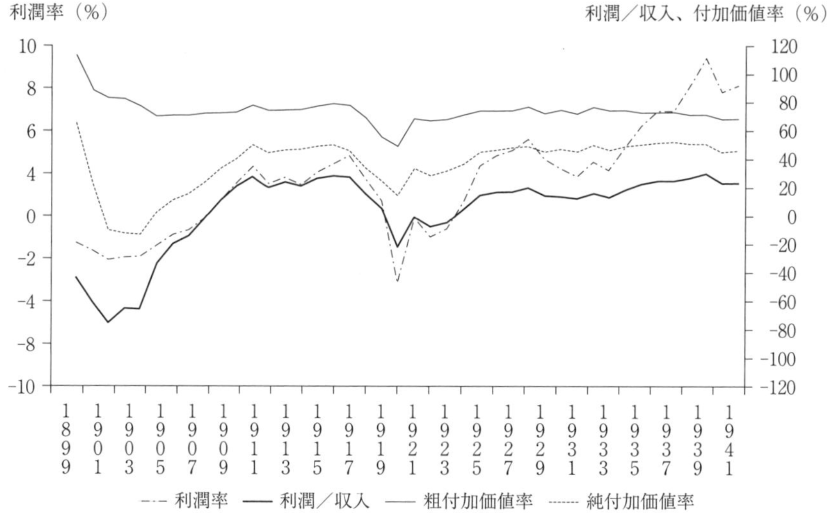

出典：図1-1、図1-7、図1-8。
注：利潤率＝実質利潤額／純資本ストック。そのうち、実質利潤額は運賃指数（1934-36=100）によって実質化したものである。そのほか、利潤／収入、粗付加価値率、純付加価値率は名目額を基準とする。

円へとほぼ2倍にも引き上げられ、それ以前より比重が高くなり30％台を占めた。戦時下では鉄道改良投資が資源的制限の下でも行われたため、減価償却の比重がやや大きくなった。

　以上のように考察した経営収入と費用によって利潤率の推移が決められることは言うまでない。推計作業を行わない「単純な収入と直接経営費との対照」を見ると、1899～1902年と1920年に赤字を記録した以外には基本的に黒字経営を維持できており、これが内外から経営の健全性が高く評価されてきた。しかし、これは決して完全な評価とは言えない。そこで、減価償却と利子を含めて経営状態を判断すると、縦貫線が建設される前の10年間は赤字状態であった。縦貫線工事が始まった直後、営業は開始したものの、台南～高雄間の運輸状況は「乗客貨物の二つながら閑散を極めた」[32]。「一日一哩の収入実に六円に過ぎぬと謂ふ哀れな有様であった」。当初民衆は鉄道開通に抵抗し、運賃の低い「竹筏牛車」を利用した。そのため、「鉄道当局者は掛員を各地に派遣して、辨務

所及び支署に於て警察権の下に鉄道の利用を説き、又土人が嗜好する赤色紙に広告を利用して各所に貼付し、更に出張所に百姓商人を招待して鉄道の効用を説き、百方勧請之努めた」。もちろんその後、鉄道収入は増えたが、縦貫線の開通までは事業を本格化できず、営業費用、特に資本費用の増加を補えなかったのである。

縦貫線の開通後は1910年代末まで第1次世界大戦期の好況もあって黒字状態となったが、1920年から23年までの4年間は再び赤字を記録した。1920年代前半の4年間は貨物収入が一貫して増加したのに対し、旅客収入は1920年の641万円から年々減少して23年に570万円となり、これに加えて賃金（1,855万円→4,253万円）、石炭費（948万円→1,450万円）、その他用品費（3,468万円→4,806万円）が1920年に急増したからである。その後デフレーションが進行し、石炭とその他用品の費用が低下したが、賃金は引き下げられず、依然として経営収支上の負担となっていた。もちろん、同時期に資本費用も増加したが、これはそれほど経営収支上の負担にならず、賃金、石炭費、その他用品費の中でも賃金の負担が最も大きかったといえよう。

その後、昭和恐慌期における利潤率の低下も確認できるが、赤字には陥らず、利潤率は再び上昇し、1939年には9％を記録するに至った。しかし、40年からは低下している。42年からは資料上利潤率が推計できない。雑収入を含まない貨物と旅客の運賃収入は1941年の4,073万円から42年に4,883万円、43年に5,167万円、44年に5,845万円へと増加したが、それ以上に営業費用が増加したと推測できるため、台湾国鉄の経営状態は悪化し続けたと判断できる。そのため、1943～44年にはアメリカの空襲が続く中で鉄道輸送量がそれまでの増加から減少傾向に転じると、経営悪化は著しくなり、45年には鉄道運賃の大幅引上げが避けられない事態となった。

おわりに

台湾国鉄は一部の路線が清国時代に建設されたが、その本格的な整備は鉄道

部体制の下で行われた。まず、縦貫線が「速成延長主義」で敷設され、次に東西連絡路線や台東線の建設とともに、地方線の敷設・買収と既存路線の改良事業が実施された。また、製糖業を行う専用鉄道や一般営業を行う私設鉄道が敷設され、幹線網に連結された。しかし、20年代前半までの活発な鉄道投資は30年代に入るとはかどらず、指令電話さえ全路線に施されなかったと、のちには自ら批判するに至った。この点において、本章で推計したように資本ストックによらず、既存研究のように鉄道投資累積額をもって鉄道投資を評価すれば、過大評価の誤謬を犯さざるを得ない。

　その反面、鉄道輸送は増加し、第1次世界大戦期と日中全面戦争およびアジア・太平洋戦争期には輸送難を経験するほどであった。これに対し、輸送力強化が予算制約上、のちには資材配給上制限される中、台湾国鉄は既存施設を改良したうえで車両運営を中心とする輸送効率化を進めた。この点で第1次世界大戦期のショックは車両修繕と配車の両面において大きかった。そのうえ、列車の運行回数の増加と列車単位の長大化を実現し、膨大な輸送を成し遂げた。戦時期には輸送順位に基づく輸送統制と総合輸送計画、すなわち計画輸送を実施した。その策定にはさまざまな懇談会が開かれ、輸送力の配分が事前に行われて実行された。これが旅客輸送への輸送統制と旅客列車の圧縮をともなったことを見逃してはならない。このような輸送統制は鉄道内部にとどまらず、鉄道の両端に立つ小運送業の統合を招いており、戦時陸運非常体制が実施されてからは組織構造の高度化が要請され、鉄道事務所が設置され、さらに海陸一貫輸送体制が構築されるに至った。

　要するに、台湾国鉄の対応は資本集約度と生産性などから判断すれば、労働集約的な鉄道運営を通じて高い生産性を実現するものであり、日本国鉄と比較してその格差は30年代に縮小傾向をたどった。もし門司鉄道局と比較すれば、遜色なしと評価されたであろう。これは鉄道投資が制限されるなか、既存施設を効率的に利用した台湾国鉄の対応方式が効果的であったことを示す。さらに、経営収支の面から見ても、その安定性が認められる。高橋泰隆などは初期段階にすでに経営安定性が確保されたと述べたが、推計作業を通じた縦貫線の建設

によって一つのネットワークを形成することによって、鉄道の経営は辛うじて安定化した。すなわち、氏は初期経営が安定したと過大評価したのである。もちろん、用品価格と賃金が急騰した20年代前半を除いて赤字に転じることはなかった。その根底に貨物中心の収入構造があったことは言うまでもないが、日中戦争以降には旅客中心の収入構造に変わり、また経営の健全性も損なわれ、なおも日本国鉄との生産性格差も多少拡大する動きを示した。

　以上のように、台湾国鉄は既存研究に示されたこととは異なり初期段階に脆弱性を抱えており、鉄道投資の不振による輸送力不足を経験した。これに対して1920年代にわたって鉄道施設の効率的利用が図られ、安定的な経営基盤が整えられた。これによって、帝国経済全般の変動による影響を受けたものの安定的な収益性が保たれた。しかしこのような基盤も、日中戦争の勃発後の急変する状況のなかで揺らぐことになったのである。

1）　蔡正倫「台湾鉄道はいかに台湾経済に影響を与えてきたのか──台湾鉄道の歴史的・経済的文脈の考察から」（『Core Ethics』5、2009年）133〜147頁。
2）　台湾新生報社『台湾建設二十年画集』（台湾新生報社、1966年）、86〜87頁。
3）　戦後日本国鉄は戦前からの鉄道運営方式を進め、朝鮮戦争および高度成長期における輸送需要の急増に対応しようとしたが、これがかえってサービスの質的低下をもたらし、自動車運輸業の浮上に対応できなかった。林采成「国鉄の輸送力増強と市場競争」（原朗編『高度成長始動期の日本経済』日本経済評論社、2010年、61〜94頁）。
4）　高橋泰隆『日本植民地鉄道史論──台湾、朝鮮、満州、華北、華中鉄道の経営史的研究』（日本経済評論社、1995年）、高成鳳『植民地鉄道と民衆生活──朝鮮・台湾・中国東北』（法政大学出版局、1995年）、同『植民地の鉄道』（日本経済評論社、2005年）、蔡龍保『推動時代的巨輪──日治中期的台湾国有鉄路（1910-1936）』（台湾書房出版有限公司、2007年）。
5）　渡部慶之進『台湾鉄道読本』（春秋社、1939年）158頁。
6）　南亮進『鉄道と電力』（東洋経済新報社、1965年）。
7）　老川慶喜「台湾縦貫鉄道をめぐる『官設論』と『民設論』」（老川慶喜・須永徳武・谷ヶ城秀吉・立教大学経済学部編『植民地台湾の経済と社会』日本経済評論社、2011年）、39〜60頁。

8）この時期『鉄道部年報』「官設鉄道建設費」に車両費が計上されなかったが、その理由としては車両増備が補充費で行われたところが大きかったことが考えられる。前掲『台湾鉄道読本』159頁。
9）台湾総督府の行政整理にともない交通行政機関の統一を図るため、総督府鉄道部と通信官署を廃止し、交通局を設置した。交通局は国鉄鉄道だけでなく、港湾、道路、郵便（郵便為替、郵便貯金、電信、電話および船路標識含み）、船路、船舶、海員、電気事業に関する事項を管掌した。台湾総督府「公文類聚・第四十八編・大正十三年・第九巻・官職八・官制八（台湾総督府）」（JACAR（アジア歴史資料センター）Ref. A01200525900）。
10）とはいえ、鉄道工事が決してたやすく進捗したわけではない。縦貫線の建設中には港湾および道路の未整備による建設諸材料の輸送難、毎年5～9月の「暴風大雨の襲来」、「風土病・伝染病に依る犠牲」、軟弱な粘板岩のような土質の不良などが多かった。
11）前掲『台湾鉄道読本』211頁。
12）鉄道部のものではないものの、国有鉄道として総督府営林所の所管にある森林開発鉄道たる阿里山鉄道、大平山鉄道、八仙山鉄道があった。
13）蔡龍保「戦時体制下台湾総督府交通局鉄道部的官制改革（1937-1945）」（『台湾師大歴史学報』42、2009年12月）、317～319頁。
14）前掲『鉄道年報』（1941年度版）60頁。
15）運輸課貨物係長恒吉儔「新春を迎へ輸送統制総合輸送の両面を有する鉄道輸送政策の樹立へ」（『台湾鉄道』1942年1月）、14～15頁、前掲『鉄道年報』（1941年度版）、60頁。
16）前掲『台湾鉄道読本』119頁。
17）太平洋戦争期海上輸送力の喪失が鉄道を筆頭とする陸運に及ぼした影響については次の研究を参照されたい。林采成『戦時経済と鉄道運営――「植民地」朝鮮から「分断」韓国への歴史的経路を探る』（東京大学出版会、2005年）、同「日本国鉄の戦時動員と陸運転移の展開」（『経営史学』46巻1号、2011年6月）、3～28頁。
18）渋沢誠次「台湾と戦時陸運の非常体制」（『台湾鉄道』1943年8月）、7～10頁。
19）同前、7～10頁。
20）林采成「戦前期国鉄における鉄道運営管理の特質と内部合理化」（老川慶喜編『両大戦間期の都市交通と運輸』日本経済評論社、2010年）、271～297頁。
21）1934年から35年にかけて1日1キロ平均通過客車数は227.68両から105.28両へ、また1列車平均連結客車数は11.6両から6.2両へと低下した。当時、旅客輸送の低下が見られないだけでなく、車両1キロ平均通過人員は同期間中8.5人から20.2人

へ急増したことから、客車の換算基準が変わったと思われる。
22）前掲「戦前期国鉄における鉄道運営管理の特質と内部合理化」271～297頁。
23）前掲『台湾鉄道読本』249～251頁。
24）輸送力配分を定める列車ダイヤグラムの編成においても貨物優先主義が政策的に強調され、列車走行キロの構成は1936年に旅客54％、貨物40％、混合6％であったが、1944年にはそれぞれ43％、48％、9％に変わった。台湾省行政長官公署統計室編『台湾省五十一年来統計提要』（台湾省行政長官公署統計室、1946年）。
25）前掲「新春を迎へ輸送統制総合輸送の両面を有する鉄道輸送政策の樹立へ」14～15頁。
26）台湾鉄道協会「鉄道と小運送の相関性に関する理論的考察」（台湾鉄道協会『台湾鉄道』1941年11月）、9～12頁。
27）前掲「戦時体制下台湾総督府交通局鉄道部の官制改革（1937-1945）」301～308頁。
28）鉄道部長満尾君亮「台湾鉄道我観」（『台湾鉄道』1942年12月）2～6頁。
29）前掲『台湾鉄道読本』204頁、230～238頁。
30）鉄道運賃指数は1901年の31.1円から16年に17.8円へ低下し、その後上昇して21年に21.2円となったが、この水準から若干の変動はあったものの、やや低下し、1945年になって45.7円を記録した。同期間中、旅客運賃は21.2円→14.1円→18.0円→47.0円、貨物運賃は55.2円→20.4円→24.8円→33.8円という推移を示した。旅客運賃＝千人キロ当り運賃。貨物運賃＝千トンキロ当たり運賃。鉄道運賃は旅客運賃と貨物運賃にそれぞれの収入ウエイトを掛けて作成。
31）前掲『台湾鉄道読本』158頁。
32）前掲『台湾鉄道読本』99頁。

第 2 章　鉄道貨物輸送と地域間分業

竹内　祐介

はじめに

　本章の課題は、鉄道貨物輸送統計を素材とし、朝鮮との比較を通じて、台湾内の地域間分業の特徴を検出することである。分析対象を鉄道輸送に限定している点で、地域間分業の分析を行うには自ずと限界も出てくるが、既存の鉄道分析とは異なるアプローチを用いることで、そこから見えてくる台湾（および朝鮮）の市場形成の特質に関してラフなスケッチを提供することを狙いとしている。

　モノの移動のレベルに限ったとしても、地域間分業を検出するための地域設定の仕方はさまざまにありえる。空間的規模の大きいレベルからいって、たとえば、いわゆる対外関係（貿易）に始まり、北部・南部・西部などといった「一国」内における自然的・地理的空間同士の分業もあれば、港・内陸間、都市・非都市（農村）間といったその空間のもつ機能面からみた分業、あるいはより狭い空間内の分業もある。しかし、鉄道のもつ特徴から考えると、あまり狭い空間内の分業関係を検出することは難しく[1]、ある程度の中・長距離輸送（広域的流通）をともなう地域間分業ということになろう。本章で主に分析対象となる地域間分業とは、港〜内陸間、都市部〜農村部（郡部）間などになるが、それらを出来る限り巨視的に捉えることとしたい。

　上記の地域間分業を検出するための手法の特徴について、簡単に説明をして

おこう。本章の貨物輸送分析の特徴は、第一に、各駅別の貨物別発着統計をすべて入力したうえで、それを上記地域概念にあわせて再集計している点である。具体的には、各駅の住所情報を入力し[2]、分析の目的に従って、州（道）別や都市部（市・府）―郡部別、港―内陸別に再整理して発着関係を検討できるようにしている[3]。第二に、分業関係を検討するうえで、「鉄道輸送額」を推計し、価額基準で検討している点である。鉄道貨物輸送統計は、その単位がすべて質量（トン）であるため、経済実態を把握するうえで不都合な点も多い[4]。推計方法は後述するが、これにより普遍的価値基準である価格を通じた分析を行い、また筆者がすでに同様の作業によって行った朝鮮での分析とも比較可能なようにしている[5]。

　それでは先行研究を検討する中で、本章の狙いをより明確にしていこう。これまでも朝鮮・台湾など日本植民地の鉄道を同時に扱う研究は存在している[6]。しかし、それぞれの地域の鉄道が個別に検討されているため、本格的な比較研究にまでは至っていない。また、鉄道にかかわる多様な側面（特に経営的側面にかかわることが多いが）をかいつまんで記述している場合が多く、貨物輸送という面に限って言えば、まだ分析を深める余地は残っている。たとえば、台湾鉄道の貨物輸送の特徴について、高橋泰隆は、「砂糖および米と肥料や日本工業品との交換体制が1910年代後半から20年代にかけて成立し、それ以降その体制が強化されていた」ことを、主要貨物と主要駅の発着量の変化から読み取ったうえで、「台湾の各地方は日本資本主義への原料、食糧供給地となり、日本産業革命製品の販売市場と化」し、「その貨物の交換体制における媒介者」として機能したとする[7]。高成鳳もまた、「台湾鉄道は……沿線の農産品を吸収し、呑吐港であった基隆と高雄へと搬出し、日本産品を中心とした工業製品や肥料などを台湾内に円滑に搬入するという典型的な植民地鉄道として忠実に機能」したとする[8]。これらの指摘は正しいとしても、植民地における鉄道敷設の目的に照らしてみれば当然のことであり、なにも台湾に限ったことではない。仮に台湾の鉄道が、日本〜植民地間の貨物を交換する機能が特に強かったというのであれば、それ自体もまた比較の中で検証されるべき問題であるが、

そのような分析は行われていない。植民地鉄道の貨物輸送の特徴を検出するには、港・内陸間の輸送関係以外の部分にも焦点をあてながら、かつそれらもまた他の植民地鉄道の場合と比較することが必要になろう。本章では、都市〜郡部間を中心に、地域間分業に果たす役割という観点から、朝鮮との比較を通じて特徴を検出する[9]。

上記のような鉄道研究に加え、本章の分析に参考となるのは、朝鮮・台湾経済に関するより立ち入った比較研究、特に工業化や都市化をめぐっての議論である[10]。たとえば、金洛年によれば、台湾と朝鮮の工業化には次のような特徴があるという。「台湾の工業はその生産品の市場面においても工業製品の国内消費面においても対外依存が朝鮮よりずっと高」く、それは「食料品工業が工業生産においても輸移出においても突き出た地位を占めていた反面、その他の工業は見るべきものがなかったので輸移入に大きく依存せざるを得なかったことに起因」した。それに対して「朝鮮の工業は輸移出率及び外国産品への依存率が相対的に低く、工業化が一部の品目を除けば概して国内市場を基盤にして展開された」[11]。あるいは、堀内義隆は、中小零細工業の発展を台湾の特質の一つと把握し、その工場立地が、1935年半ば頃まで農村（郡部）を中心に発展していたことを明らかにした。そして台湾の都市化は朝鮮よりも緩慢に進みつつ、30年代頃から都市での工業化が進展していったとする[12]。こうした工業化や都市化、あるいはマクロレベルでみた国内市場形成の両地域での特徴は、鉄道貨物輸送からみるとどのようにあらわれているのか、あるいはどのようにその認識を広げることができるだろうか[13]。これらの研究を念頭に置き、以下の構成で議論を進めていく。

第1節ではまず鉄道敷設状況の特徴を比較し、台湾が朝鮮よりも広範囲・高密度で鉄道が敷設されていったことを確認する。第2節では「鉄道輸送額」を推計・利用して、港〜内陸間、都市部〜郡部間など、さまざまなレベルでの分業関係を比較・検討する。それらを通じて、地域間分業に果たした鉄道の役割を評価するとともに、台湾市場の特徴（=「都市／農村の未分化」）を明らかにする。第3節では、その特徴をインフラ整備の基礎資材であるセメントの到着

図 2-1　台湾・朝鮮鉄道の国・私鉄別営業距離の推移

(単位：km)

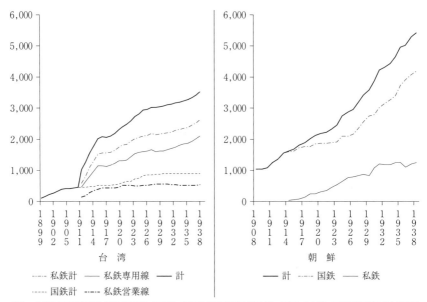

台　湾

---- 私鉄計　―― 私鉄専用線　―― 計
---- 国鉄計　-・- 私鉄営業線

朝　鮮

―― 計　---- 国鉄　―― 私鉄

出典：台湾総督府交通局鉄道部『年報』各年版、朝鮮総督府鉄道局『(統計)年報』各年版、南満洲鉄道株式会社京城管理局『統計年報』各年版、南満洲鉄道株式会社『鉄道統計年報(北鮮編)』各年版、鮮交会『朝鮮交通史(資料編)』(鮮交会、1986年)。以下、特に断らない限り、鉄道統計(距離・駅数・輸送量)は、上記文献による。

注：台湾の鉄道統計単位は、1932年までマイル・噸(イギリストン)、1933年以後はkm・瓲(フランストン)。本章ではすべて後者に統一している。換算率は、マイル→km：×1.609、噸→瓲：×1.008。朝鮮の場合も同様で、1929年まではマイル・噸、1930年以後はkm・瓲となるので、後者に統一している。なお、「瓲」は単に「トン」と表記することとする。

地域の分布から改めて検討する。そして最後に、全体を要約した上で、本章の分析から得られた結果を、日本帝国内分業[14]の組み込まれ方の違いとして解釈してみることで、今後の分析のための仮説を提示する。

第1節　鉄道敷設の特徴

まずは台湾の鉄道敷設状況の特徴、特に鉄道網の地域的広がりや敷設の密度を、朝鮮との比較の中で明らかにしていこう。図2-1は、台湾・朝鮮それぞ

表2-1　台湾・朝鮮鉄道の面積・人口当営業距離の比較（1935年）

	距離(km)(a)	面積(1,000km²)(b)	人口(1,000人)(c)	面積当たり営業距離(a/b)	人口当たり営業距離(a/c)
台湾(専用線除く)	3,253.1 1,386.7	36	5,212	90.4 38.5	0.624 0.266
朝鮮	4,964.6	221	22,899	22.5	0.217

出典：面積・人口は、台湾総督官房臨時国勢調査部編『国勢調査結果表　昭和10年』（1937年）、朝鮮総督府『昭和十年国勢調査報告』（1939年）。以下、特に断らない限り、人口・面積は、上記文献による。

表2-2　台湾・朝鮮の鉄道沿線地域の比較

	台湾			朝鮮		
	総市郡数(a)	内、沿線(b)	(b/a)%	総府郡数(c)	内、沿線(d)	(d/c)%
1925	64	51	79.6	237	115	48.5
1935		54	84.3		147	62.0

注：1）「沿線」とは、鉄道駅が設置されている市（府）郡を指す。
　　2）台湾の私鉄は営業線の駅数のみを利用。
　　3）総市（府）郡数、および行政区画は1935年を基準としている。

れの鉄道営業距離の推移を、営業主体別にみたものである。台湾は朝鮮と比較して、私鉄の営業距離が長いのが特徴であることがわかる。中でも、主に糖業資本が原材料・完成品の輸送に用いられるための「専用線」の営業距離が長い。残念ながら、専用線による貨物輸送の内容は長期的に把握することができないため、本章での分析対象からは除外されるが[15]、その敷設の目的から考えて広域的な地域間分業を担う役割は小さかったように思われる[16]。

　その点を考慮しつつ、次に表2-1をみてみよう。面積・人口当たりの営業距離をみると、台湾の方が高い密度で鉄道が敷設されていたことがわかる。これは営業距離の長い専用線を除いてもなお同様である。さらに、表2-2・表2-3から、台湾・朝鮮それぞれの地域間の鉄道敷設の広がりについて確認してみよう（営業距離ではなく、駅数を利用したのは、地域別の営業距離を把握しにくいためである）[17]。台湾の鉄道は朝鮮よりも、地域的にも広く分布していることがわかる。また地域間の鉄道敷設状況の格差も小さいといえる。

表2-3 台湾・朝鮮の1市・府郡当たりの駅数比較(1935年)

朝鮮全道	3.27	台湾全州庁	3.38
京 畿	3.74	台 北	4.09
忠 北	2.40	新 竹	2.89
忠 南	3.53	台 中	3.31
全 北	1.88	台 南	3.42
全 南	2.29	高 雄	2.56
慶 北	2.29	台 東	3.25
慶 南	2.29	花蓮港	6.25
黄 海	3.82	澎 湖	—
平 南	3.38		
平 北	1.55		変動係数
江 原	2.52	朝 鮮	55.8
咸 南	6.50	台 湾	30.9
咸 北	8.58		

注:変動係数は各地域の1市・府郡当の駅数の「標準偏差」を「相加平均」で除したもの。値が大きいほど散らばりが大きい(地域ごとの格差が大きい)ことを示す。

一般的に考えて、より広い地域に鉄道が敷設されているということは、それだけ地域間分業を促すように思えるが、実際はどうだったろうか。次節では、貨物輸送のデータを確認しながら、事実の確認とその意味を考えてみよう。

第2節 貨物輸送の内容と地域間分業

(1)「鉄道輸送額」の推計

従来の貨物輸送分析は、その統計の記載内容から質量(トン)ベースで議論されることが多かった[18]。しかし、質量ベースでの分析は先述のとおり、経済実態を分析するのに適しているとは言い難い。そこで、貨物別にトン当たり単価を推計し、それを鉄道輸送量に掛け合わせることで「鉄道輸送額」を求めて、これを利用した分析を行ってみたい[19]。統計が手に入るすべての年度[20]についてデータを入力することはかなわなかったので、対象とする年度は、1908・12・15・18・25・29・32・35・38年度の7年分とする。

作業の手順は以下のとおりである。まず、上記年度の鉄道貨物輸送統計を整理し、一貫して輸送量を把握できる品目の選定を行う。「その他」を除くと20品目が得られるが、その内、「軍用品」、「部用品」[21]は含まれる貨物の中身が多岐にわたること、かつ内訳が不明で、単価を推計するのに困難が生じるため、分析から除外した。次に、残る18品目について単価を計算する。資料は『台湾外国貿易年表』の各年版を利用した。その際、たとえば「野菜」のように、やはりその内訳がわからないものも含まれるが、軍用品や部用品ほど大きく使用価値の異なる貨物同士の組み合わせではないので、単価の算出に工夫をするこ

とで採用することとした。その具体的な方法は、貿易統計記載の「野菜」に含まれる品目の単価を輸出・輸入・移出・移入それぞれについて個別に算出し[22]、各品目の総額をウェイトとする加重平均をとることで一つの単価を算出した。そして最後に、これらをすべてトンに換算し直してトン当たり単価を求め[23]、これを輸送量に乗じた。

朝鮮については、すでにほぼ同様の作業を行っているので詳述はしないが[24]、以下の点で台湾での作業とは異なっている。第一に、単価算出に利用した資料が、朝鮮の場合では「京城重要品物価表」[25]であること、第二に、朝鮮の際には統計が入手できるほぼすべての年度について作業を行ったので、独自にデフレータを作成し、実質値を求めることができたが、台湾ではそこまで作業が及ばず、現時点ではすべて当該年度の名目値となる。よって、成長率を検討することは避け、また異なる基準で算出したことから、比較する場合も、絶対値を議論するのではなく、構成比の検討のみに留めた[26]。

また作業手順の問題ではないが、台湾の鉄道統計から得られる品目数が、朝鮮の34品目と比べて少ないという点でも違いがある。そのため、比較をする際には、より少ない台湾を基準として検討することにした[27]。

本格的な分析の前に、表2-4から、18品目についての鉄道輸送量と鉄道輸送額から見える輸送内容の構成比の違いについて確認しておこう。量で見た場合、米・砂糖・石炭が三大貨物といわれるが[28]、額でみると石炭の比重は大きく下がる。代わって野菜・茶・酒などの比率が大きくなるが、それよりもむしろ、米・砂糖の比重がより高くなるという点が特徴だろう。両貨物が、台湾経済および流通上に占める重要性が改めて確認されるとともに、朝鮮と比較してみると[29]、相対的に、量で見ても額でみてもあまり印象が変わらないのが台湾鉄道の貨物輸送の特徴の一つであるといえる[30]。

(2) 貨物輸送の実態と地域間分業の比較

それでは上記作業によって得られた鉄道輸送額を用いてさまざまな次元での地域間分業を検討してみよう。まずは、港・内陸間の関係、および「島内輸送」

表2-4 台湾鉄道の貨物輸送構成比

輸送量（トンベース）

	米	雑穀	甘蔗	野菜	果物	塩干魚	砂糖	食塩	茶	酒	豚	薪炭	木材	石炭	肥料	紙	煉瓦	セメント
1908	30	2	7	1	2	2	16	2	3	1	0	4	10	7	3	1	4	4
1912	14	3	5	1	3	3	13	2	2	2	1	5	13	12	8	1	5	6
1915	2	2	9	1	3	2	29	2	3	1	1	3	9	17	10	1	3	3
1918	15	1	9	1	4	1	18	2	2	1	1	2	5	23	8	1	5	2
1921	13	1	7	1	2	1	17	1	1	1	0	2	6	31	8	0	2	3
1925	17	1	5	1	4	1	16	1	1	1	1	1	4	31	10	0	2	2
1929	14	1	5	1	3	0	23	1	0	1	0	1	6	26	10	0	3	4
1932	19	1	4	1	4	0	21	1	1	1	1	1	6	24	11	0	3	4
1935	17	0	4	0	4	0	20	1	0	0	0	1	7	26	11	0	3	4
1938	15	0	4	1	3	0	21	1	0	1	0	1	6	28	11	0	1	4

輸送額（価額ベース）

	米	雑穀	甘蔗	野菜	果物	塩干魚	砂糖	食塩	茶	酒	豚	薪炭	木材	石炭	肥料	紙	煉瓦	セメント
1908	32	1	6	7	2	3	22	0	15	2	2	1	3	0	1	2	1	1
1912	19	2	6	9	3	4	23	0	15	4	4	1	3	0	3	2	1	1
1915	2	2	9	5	3	2	42	0	18	2	4	1	2	1	4	2	0	1
1918	18	1	9	8	3	2	26	0	12	2	4	0	3	3	6	2	1	1
1921	21	1	4	1	2	2	33	0	14	3	4	1	2	3	6	1	0	1
1925	26	1	2	6	3	1	29	0	10	7	4	0	3	3	8	1	0	1
1929	19	1	2	6	3	1	38	0	7	7	3	0	2	2	7	1	0	1
1932	31	1	2	4	3	1	33	0	4	4	4	0	2	2	8	1	1	1
1935	29	1	2	3	3	1	33	0	4	5	2	0	2	2	10	1	1	1
1938	26	0	2	7	3	1	32	0	3	5	2	1	3	3	9	1	1	1

注：1）輸送額の推計方法は本文参照。
2）各％は、18品目の内の比率。

図2-2 台湾鉄道の港発着「額」と島内輸送
(単位：100万円（左軸）・%（右軸））

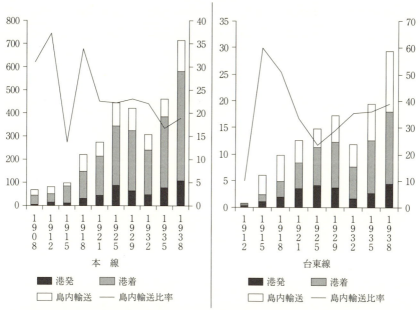

注：1)「本線」における「港」は基隆、高雄のほか、淡水・蘇澳と内地・満洲・朝鮮との連帯輸送も含んでいるが、95%以上は基隆、高雄である。
2)「台東線」における「港」は台東（＋海岸）および花蓮港（＋海岸）。
3)「島内輸送」の定義は本文参照。

の比率について検討する。「島内輸送」とは、全体の輸送量から、港駅向け／港駅からの輸送量を差し引いたものである。念頭にあるのは、主に台湾産品の台湾内消費地への輸送である。但し、たとえば港駅向けの輸送量の中には港の後背地での生産・消費分も含んでいるため、実態とは評価は異なる（過大となるか過小となるかは不明）。また台湾の鉄道は、島北西部の「本線」（縦貫線・宜蘭線・淡水線等）と、島南東部の「台東線」が直結していないため[31]、それぞれの輸送動向を確認する。

図2-2から、既存研究の指摘のとおり、港駅との発着関係が多いことがわかる。島内輸送の役割はそう大きくないといえる[32]。但し、これは朝鮮でも同

様のことが言える[33]）。植民地における鉄道の一般的特徴といってよい。

　次に、表2-5から港を除く内陸部における都市（市・府）と非都市（郡）の分業関係について検討してみよう。先述のとおり、台湾と朝鮮では把握できる貨物数に差がある。そのため、両者の統計からともに把握できる品目のみを取り上げ、その構成比の違いや変化を検討することにする。

　まず台湾の市・郡の「発送」から検討してみよう。両者ともに米・砂糖の比重が圧倒的であることがわかる。1925～1935年に両者ともその比重はより大きくなっている。一方、朝鮮の場合は、1925年においては府・郡ともに米・雑穀の発送が大部分を占めており、この時点では府・郡の貨物構成に大きな違いが見られない。しかし、1935年になると、郡では相変わらず、これら穀物の発送が大部分だが、都市では酒や肥料の比重が高まり、穀物の発送比率は50％以下へと減少している。台湾で1925年の構造が維持・拡張（米・砂糖の比重の高まり）されるのとは異なる傾向がみられる。

　次に到着の側についてみてみよう。台湾では、米・雑穀の到着が市・郡ともに小さく、代わりに肥料が両者ともに大きな比重をみせる。1925～1935年に、市では酒の比重が大きくなるという変化がみられる一方、やはり肥料もまた比重が高まっており、郡ではその傾向がさらに顕著である。朝鮮の場合は、府では米・雑穀の到着が大部分を占める一方、郡では1925～1935年に肥料の比重が高まっていることがわかる。

　以上のことから、次のような特徴を見出せる。台湾は、都市・非都市間で、物流構造に大きな相違がなく、両者ともに米・砂糖を搬出し、逆に肥料を搬入するという農村的物流構造になっているということである。肥料の大部分は港駅（日本・満洲・朝鮮）からの発送であるから、内陸部の都市・農村間ではほとんど分業関係が築かれていないということができる（都市への穀物到着の割合も少ない）。一方、朝鮮は、1925年段階では台湾同様、都市・非都市間で顕著な差が認められなかったが、1935年になると郡では肥料の到着が増えるのに対し、都市で肥料到着が増えることはなく、また基礎的生活資財であるところの穀物が到着の大部分を占めるようになるということである。台湾と比べれば、

第2章 鉄道貨物輸送と地域間分業 57

表2-5 台湾・朝鮮「内陸部」の市・府、郡別発着額構成比

		台湾				朝鮮			
		市		郡		府		郡	
		発送	到着	発送	到着	発送	到着	発送	到着
1925	米	23	15	33	29	46	30	56	13
	雑穀	0	2	0	2	14	21	16	33
	野菜	7	16	11	17	1	1	1	1
	果物	9	2	4	1	3	5	2	1
	塩干魚	0	5	0	3	11	7	3	15
	砂糖	42	8	36	6	0	3	6	5
	食塩	0	0	0	0	2	3	1	7
	酒	11	10	1	4	6	4	1	4
	豚（牛）	2	16	6	6	2	7	4	1
	薪炭	0	1	1	1	0	1	1	0
	木材	3	5	2	3	0	0	0	0
	石炭	0	2	4	2	6	9	6	6
	肥料	1	14	1	24	5	2	1	10
	紙	1	2	1	1	2	5	0	1
	煉瓦	0	0	0	0	0	0	0	0
	セメント	0	2	0	2	0	1	3	1
1935	米	36	9	36	22	38	35	55	11
	雑穀	0	2	0	1	7	16	9	21
	野菜	6	10	6	14	1	2	0	0
	果物	4	2	4	1	3	4	2	2
	塩干魚	0	3	0	2	5	6	2	7
	砂糖	32	5	44	3	1	4	6	5
	食塩	0	0	0	0	1	1	0	3
	酒	12	31	2	2	21	3	1	6
	豚（牛）	2	6	2	3	4	7	3	0
	薪炭	0	1	0	0	0	2	1	0
	木材	1	6	1	6	0	1	1	1
	石炭	0	2	4	2	4	7	7	10
	肥料	1	18	0	37	10	5	9	28
	紙	0	2	1	1	4	5	0	1
	煉瓦	3	2	1	3	0	0	0	0
	セメント	2	3	0	3	1	3	5	3

注：1）16品目の発着額の構成比（％）。なお、台湾の「甘蔗」は野菜に、朝鮮の「麦類」、「大豆」は雑穀として合計した。
2）同じ家畜類として、台湾では豚を、朝鮮では牛の数値を取り上げた。

表2-6 台湾・朝鮮「内陸部」郡部発送貨物構成比（1935年）

	台湾			朝鮮		
	西北部	南部	東部	南部	西北部	東北部
米	55	24	12	87	42	8
雑穀	0	0	0	5	13	13
野菜	5	2	46	0	0	1
果物	4	5	0	1	3	1
塩干魚	0	0	0	1	1	6
砂糖	18	66	35	0	17	0
食塩	0	0	0	1	0	0
酒	5	0	0	1	1	2
豚（牛）	1	4	0	1	3	5
薪炭	1	0	1	1	1	1
木材	2	0	5	1	0	2
石炭	7	0	0	0	11	14
肥料	0	0	0	2	1	37
紙	1	0	0	0	0	0
煉瓦	1	0	0	0	0	0
セメント	0	0	0	0	7	10

注：1）表2-5の注を参照。
　　2）台湾の「西北部」には台北州・新竹州・台中州、「南部」は台南州・高雄州、「東部」は台東庁・花蓮港庁。朝鮮の「南部」は京畿道・忠清南／北道・全羅南／北道・慶尚南／北道、「西北部」は黄海道・平安南／北道・江原道、「東北部」は咸鏡南／北道。江原道を「西北」に位置付けたのは、当該地域の鉄道敷設地域が比較的農産物（米）の発送が多く、「東北部」とは地域的特徴を異にすると判断したため。

都市・非都市の物流構造に違いがみられ、それは両者の間での分業関係の進展を一定程度検出できるということである。

なぜこのような違いが見られるのだろうか。表2-6から、郡部の発送に限って、より細かく地域的相違を検討してみよう[34]。台湾の場合、いずれの地域においても米・砂糖が大部分を占めており、あまり地域差がみられない。一方、朝鮮の場合は、圧倒的な米比率である南部と、穀物の比重が小さく、一方で石炭等の鉱物資源や工業生産力（しかも南部の穀物生産にとって不可欠な肥料）を持つ東北部、両者の中間的な存在といえる西北部と、地域差がはっきりとあらわれる。つまり、台湾では、どの地域においても、市場向けに商品化できるものが米・砂糖に限られているため、比較優位が見出せず、鉄道を通じた地域間分業が進展しにくい側面があったように思われる。逆に朝鮮には地域差があり、それぞれの地域に比較優位が存在していたため地域間分業が進展する要素があったといえる。同じ植民地鉄道として、基本的には港を起点として対外物流を促進する役割を与えられた台湾・朝鮮の鉄道ではあるが、地域間分業に果たす役割としては顕著な差が見られたということができよう。そしてこれは、台湾の（食料品）工業化が対外依存度が高く、逆に朝鮮の工業化は国内（朝鮮内）市場を基盤にし

ていたとする、金洛年の研究[35]とも整合的に理解できる結果だといえる。

第3節　セメント需要と「都市化」の特徴

　前節で台湾の物流構造の特徴として、都市・非都市間に差がみられないことを指摘した。最後に、この点を改めて別の観点から検討してみよう。ここでは、セメント流通、特にその到着地域の分布から検討してみたい[36]。セメントに着目するのは、道路、工場・住宅など「都市」あるいは「街」を形作るインフラの基礎資材であり、それらの形成の特徴を検出するための一つの指標となると考えるためである。

　まず台湾のセメントの到着地域の特徴を図2-3からみてみよう。構成比の変動はあるものの、どの地域に対しても一定の到着＝需要があることがわかる。一方、図2-4から、朝鮮のセメント到着地域を見てみると、京畿道のように安定した需要の見られる地域もあるが、基本的に北部（グラフ中の「黄海」より上）に大きな比重があり、時期を下るにつれ、とくに咸鏡道の比重が高まっていくことがわかる。これは、1930年代に入り、同地域での工業化や鉱山開発が進められていくことと関係があるのは容易に想像ができる。では、台湾のセメント到着地域の変化が少ないことはどのように理解すべきだろうか。

　さらに表2-7から都市（市・府）・郡への広がり方について見てみると、台湾はセメント到着の都市部の比率が低く、郡の間での到着量のばらつきが小さい（相対的にどの郡部にも万遍なくセメント需要が発生している）。朝鮮は都市の比率が高く、また郡の間でのばらつきが大きく、一部の郡部にセメント需要が発生していることがわかる。

　以上から台湾の「都市化」の特徴が窺える。それは、相対的にみて、台湾では特定地域が突出して「都市化」していなかったということである。堀内によれば、台湾市部の人口は、1920年で全人口の7.4％、25年10.7％、30年13.5％、35年16.2％、40年19.4％と緩慢に進んでいったという。都市化が進むということは、一般的には非農業領域の拡大を意味するということであるが[37]、前掲表

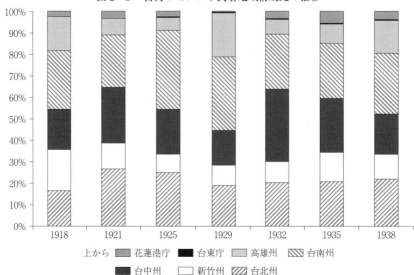

図2-3　台湾のセメント到着地域構成比の推移

上から　花蓮港庁　台東庁　高雄州　台南州
　　　　台中州　　新竹州　台北州

注：ここでの構成比はトンベースで算出している。

2-5にあるように貨物輸送の内容から検討すると、米・砂糖を搬出し、肥料を搬入するという郡部と変わらない農村型の物流構造を示しており、朝鮮と比べても両者の間には決定的な差が見られなかった。もちろん、精米過程自体は農業ではなく、台湾においては工業化の重要な要素であるという指摘も成り立つだろう[38]。しかし、台湾経済の一つの特徴である大量の中小零細工場の存在、特に籾摺・精米工場が郡部に多く広がっていた事実は、むしろ上記の市部・郡部で同じような貨物構成をとるという事実を後押しするように思う[39]。要するに、矛盾するような表現ではあるが、台湾の「都市化」の特徴は「都市」と「農村」の未分化にあるといえるのではないだろうか。そして、そのような特徴は台湾鉄道の地域間分業に果たす役割が小さかったことのあらわれといえるのである。

図2-4 朝鮮のセメント到着地域構成比の推移

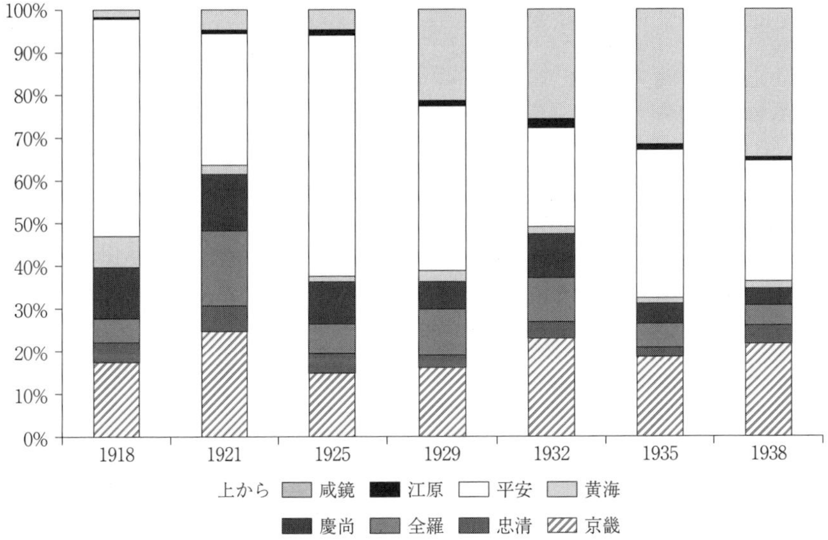

上から ■咸鏡 ■江原 □平安 ■黄海
■慶尚 ■全羅 ■忠清 ▨京畿

注：1）煩雑さを避けるため南北に分かれている道は合算した。
　　2）ここでの構成比はトンベースで算出している。

表2-7 台湾・朝鮮のセメント到着地域分布の比較

台　湾	1918	1921	1925	1929	1932	1935	1938
都市（市）比率	37.1	39.3	36.1	37.4	34.6	35.2	38.1
郡　間							
標準偏差	848.5	1,496.4	2,191.8	3,930.5	5,053.4	3,380.0	4,188.3
平　均	803.4	1,373.8	1,654.4	2,906.4	3,074.5	3,979.0	5,069.6
変動係数	105.6	108.9	132.5	135.2	164.4	84.9	82.6
朝　鮮	1918	1921	1925	1929	1932	1935	1938
都市（府）比率	40.3	64.1	80.9	63.4	56.9	61.8	53.4
郡　間							
標準偏差	751.5	1,074.4	453.5	1,757.0	1,717.4	4,650.1	5,700.0
平　均	215.2	461.1	349.7	926.0	1,092.7	1,761.5	2,898.1
変動係数	349.2	233.0	129.7	189.7	157.2	264.0	196.7

注：都市比率の単位は％。郡間の値の単位はトン。

おわりに

　台湾は、朝鮮と比較すると、鉄道が広範囲・高密度で浸透している社会であった。それにもかかわらず、台湾内の地域間分業に対しては重要な役割を担うことはなかった。その理由として、台湾内に（都市―農村、あるいは地理的区域においても）地域差がないために、中・長距離移動をともなう輸送需要が発生しにくかったということが指摘できる。また、こうした地域差の小ささは、台湾内の地域間の比較優位を創出しないため、どの地域も均質的に対外関係に依存することになったと思われる。一方、朝鮮の場合は、港を起点とした「植民地鉄道」としての役割を強めながらも、地域間分業を担う鉄道としても機能していた[40]。それは半島内に地域差が存在しており、地域間分業が生じる必然性が存在したためである。もちろん、この地域差は工業化（日本資本の進出）によって人為的に生み出された側面もあるが、自然的・地理的条件の異なる地域が、朝鮮という一つの経済空間の中に存在していたこともまた、その内部での地域間分業を進展させるには重要であったであろう。朝鮮では都市化が進展するにともない、都市と農村（非都市部）が形成され、都市は農村から穀物等の生活基礎資材の提供を受けるという都市らしい性格をもつようになったと理解できる。

　以上のような台湾・朝鮮の市場形成の特質を日本帝国内分業の組み込まれ方という観点から考察してみよう。今、その概念図を図2-5のように示す。朝鮮の場合、中心部（たとえば京城）と周辺地域の間の伝統的な分業関係はもちろん、自然的・地理的条件の相違、また工業化・都市化の進展により、別の地域との広域的な分業関係も発生してくる。これが対帝国（主に日本内地）との分業関係の形成において、異なる二つの次元、すなわち一方では米を移出し続けながらも、もう一方では鉄鋼・綿製品・肥料などの工業部門の消費財・中間財をも移出するような分業関係を築くようになったといえる[41]。

　一方台湾の場合は、突出した都市化が進行せず、市と郡、あるいは各郡が比

図 2-5 朝鮮・台湾の帝国内分業の組み込まれ方

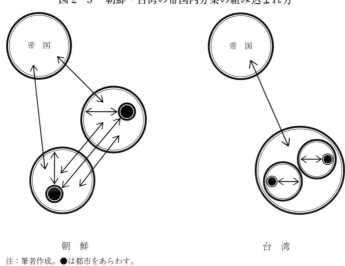

注：筆者作成。●は都市をあらわす。

較的均質であったために、より狭い範囲での（伝統的な）経済圏が維持されたのではないだろうか。そしてそれら小単位の経済圏は、いずれも米と砂糖という、対外関係を前提とした商品化という条件を持ち合わせることになったがゆえに、どの地域も同質的に（すなわち台湾全体として見ても）食糧供給基地として帝国内分業に組み込まれることになった。そして一旦そのように各地域が「外」との分業関係に組み込まれると、ますます台湾内の地域間分業は生まれにくくなる。堀和生は、日本帝国内における台湾が日本帝国内の食糧供給地となった要因として、①内地の食糧品需要の増加、②流通経路の形成、③小経営の存在（による生産性の高さ）を指摘しているが[42]、より根本的には、台湾が相対的に地域差がなく、どの地域も食糧供給基地となりやすい要素を持っていたこともまた重要な条件であったのではないだろうか。

1) たとえば都市と隣接農村、港とその後背地といった短距離の分業を検出することは難しい。鉄道を利用するメリットは、ある程度ロットのあるものを比較的長い距離運ぶことにあると考えられるからである。

2）住所の入力には、次の資料を使用した。鉄道省編『鉄道停車場一覧——附・関係法規、線路図運賃早見表』（鉄道教育会、1926年）、鉄道省編『鉄道停車場一覧 昭和12年10月1日現在』（川口印刷所出版部、1937年）。
3）従来の鉄道統計分析は、路線別、あるいは詳細な場合でも、主要駅（たとえば港駅）の発着のみを取り出しての分析にすぎない。また、行政区域（州・道など）に発着統計を整理することは、同様に、行政区域別に集計されることの多い他の社会経済統計との組み合わせを容易にする手法でもある。但し、本章では人口統計を除いて、他の社会経済統計と組み合わせるところまで分析が及んでいない。今後の課題である。
4）たとえば、木材と綿布の輸送量を合計してしまうと、綿布の輸送量の変化は木材も変化に比べて小さいために、その変化が見えなくなってしまう、といった問題である。こうした問題についての詳細は、竹内祐介「植民地期朝鮮の「鉄道輸送額」推計とその活用——鉄道からみる帝国内分業と「朝鮮内」分業」（『経済科学』第60巻第2号、2012年12月）を参照。
5）同前。
6）高橋泰隆『日本植民地鉄道史論——台湾、朝鮮、満州、華北、華中鉄道の経営史的研究』（日本経済評論社、1995年）、高成鳳『植民地鉄道と民衆生活——朝鮮・台湾・中国東北』（法政大学出版局、1999年）、同『植民地の鉄道』（日本経済評論社、2006年）。
7）前掲『日本植民地鉄道史論』36～37頁。
8）前掲『植民地鉄道と民衆生活』68頁。
9）また、従来の鉄道分析と本章での分析の違いに言及しておけば、既存の研究では鉄道の敷設が台湾経済（あるいは朝鮮経済）に与えた影響について考察するのが主だったのに対し、本章では、貨物輸送の内容は、台湾・朝鮮経済の結果としてあらわれるものとして捉えている点にある。
10）代表的なものは、中村哲・堀和生編『日本資本主義と朝鮮・台湾——帝国主義下の経済変動』（京都大学学術出版会、2004年）である。なお、同書所収の論文に朝鮮・台湾の鉄道（および道路）の比較研究を行ったものがあるが、やはり貨物輸送に焦点を当てているものではなく、その副題にもあるように「比較」という点ではプリミティヴな次元にとどまっている。謝国興「植民地期台湾における鉄道・道路運送業——朝鮮との初期的比較を兼ねて」。
11）金洛年「植民地期台湾と朝鮮の工業化」（前掲『日本資本主義と朝鮮・台湾』）141、155頁。
12）堀内義隆「植民地期台湾における中小零細工業の発展」（『調査と研究（京都大

学経済論叢別冊)』第30号、2005年4月)、同「近代台湾における中小零細商工業の発展」(堀和生編『東アジア資本主義史論Ⅱ』ミネルヴァ書房、2008年)。

13) 「一国」内の経済発展、あるいは「国」同士の間の関係性(具体的には貿易)などのマクロ的変容が、より地域的にミクロなレベルでの経済固有の発展とどのような関連をもつのかという問題関心から、戦前期の都市研究を行ったものとして、柳沢遊・木村健二・浅田進史編『日本帝国勢力圏の東アジア都市経済』(慶應義塾大学出版会、2013年)がある。同書では、朝鮮・関東州(および租借地)・「満洲」国・中国における個別の都市経済が、特に日本帝国全体の経済状況とのかかわりの中でどのような「発展」をみせたかという事例が豊富に収録されている。問題意識の方向性としては、本章と重なり合う部分もあるが、同書がより具体的な個別都市という地域設定を行っているのに対し、本章では「一国」内の各都市を集計した「都市」(その他の地域＝農村と比較されうる都市)という地域設定を行っている点で、大きく異なる。本章は、マクロ研究と、個別地域研究の間をつなぐセミマクロな地域設定での分析だということもできる。

14) 帝国内分業とは、端的には、日本〜植民地間あるいは植民地同士の貿易関係をあらわすものであるが(帝国内貿易)、より広義には労働力移動やその社会的分業の様相も含んでおり、対象を日本内地に限定せず、当時の政治・経済的空間の一体性を意識して分析するための概念と理解できる。堀和生『東アジア資本主義史論Ⅰ——形成・構造・展開』(ミネルヴァ書房、2009年)、同「東アジアにおける資本主義の形成」(『社会経済史学』第76巻第3号、2010年11月)。但し、本章ではモノの移動しか扱っていないので、それを帝国内貿易と表現しても、さしあたり問題はない。

15) 「営業線」についても同様であるが、国鉄との連帯輸送(たとえば、私鉄営業線内で発送された貨物が国鉄駅に到着した場合。あるいはその逆)に関しては把握できる。また、連帯輸送以外の部分についても、一部の年度では把握できる。本書所収の渡邉恵一論文(第3章)を参照。

16) 総距離としては長いが、路線一つひとつは原料採集地域から工場までの輸送を効率化するために敷設されているので短距離で、広域的流通をともなうものではないといえるからである。

17) たとえば、駅と駅の間で行政区をまたぐ場合、その距離を両地域に正確に分割することはできないためである。

18) それ以外では、運賃から貨物輸送の内容を捉える方法もある。たとえば、朝鮮の場合では、平井廣一『日本植民地財政史研究』(ミネルヴァ書房、1997年)の第2章などが挙げられる。しかし、貨物運賃は必ずしもその貨物の市場価格によっ

て設定されているわけではないので、鉄道の経営的分析には意味はあっても、経済分析にはやはり限界がある。

19) このような分析方法は、筆者独自のものではなく、すでに南満洲鉄道の貨物輸送分析に適用されたことがある。松本俊郎「満鉄輸送統計と関東州貿易」(『岡山大学経済学会雑誌』18 (3)、1986年11月)、および同「関東州・満鉄付属地の経済」(梅村又次・溝口敏行編『旧日本植民地経済統計──推計と分析』東洋経済新報社、1988年)。

20) 著者が統計の所在を確認できたのは、1899〜1939年度である。分析の始点を1908年に設定したのは、同年にいわゆる縦貫鉄道(基隆〜高雄間)が開通したことによる。

21) 部用品とは、鉄道部で消費される石炭、セメント、木材などのことである。朝鮮の場合は「局用品」という。

22) 但し、採用したのは数量・価額双方が記載されているもののみである。

23) 貿易統計には質量(たとえば、斤、噸など)以外にも、面積(碼、平方呎など)や個数(本、打など)といった単位も含まれる。こうした商品のトンへの換算については、関連するさまざまな資料からその換算値を得た。前掲「植民地期朝鮮の「鉄道輸送額」推計とその活用」を参照のこと。

24) 詳細は、前掲「植民地期朝鮮の「鉄道輸送額」推計とその活用」を参照のこと。

25) 京城商業会議所『朝鮮経済雑誌』(および後掲雑誌の京城商工会議所『経済月報』)の各号に掲載されている。但し、一部の掲載されていない品目については、やはり貿易統計(『朝鮮貿易年表』)を利用した。

26) 台湾の鉄道輸送額のより本格的な推計・検討は別稿を準備したい。

27) なお、18品目が鉄道輸送量全体に占める割合はトンベースで、1908年78%、1912年67%、1915年75%、1918年90%、1921年76%、1925年77%、1929年72%、1932年75%、1935年75%、1938年71%である。但し、鉄道輸送額に占める割合は、「軍用品」、「部用品」、「その他」の額が推計できないのでわからない。18品目が、台湾経済を分析をする際にどの程度意味があるのかについては、もう少し検討の余地がある。朝鮮の場合では、34品目が朝鮮内供給額(生産+輸移入)に占める割合を算出し、一定程度代表性があることを示したが(前掲「植民地期朝鮮の「鉄道輸送額」推計とその活用」)、台湾ではそこまで検討が及んでいない。一方で、このように鉄道統計に記載される品目が少ないこと自体が、ある意味では台湾経済の実態を示している側面があるようにも思える。

28) 前掲『日本植民地鉄道史論』34頁、前掲『植民地鉄道と民衆生活』68頁。

29) 前掲「植民地期朝鮮の「鉄道輸送額」推計とその活用」の図2参照。産業別分

類であるが、量で見るよりも工業製品の比重が高まるのが特徴である。
30) 朝鮮の場合では、特に植民地初期において、量で見た場合には比重の少ない工産品が、額では大きな比重を占める、といった違いが明白にあらわれた。これは、特に繊維製品（日本から輸入された綿布）の輸送が、量としては小さいが、額にすると、トン当たり単価が高いのでその重要性が目立つようになるためである。おそらく、台湾でも同じような事情があったと推察されるが、台湾の統計には繊維製品（「織物」）の輸送量が1920年から掲載されなくなるので、今回の通年的分析では除外せざるを得なかった。
31) 台東線敷設の展開と当該沿線地域の経済について分析したものとして、蔡龍保「近代台湾における台東線鉄道の敷設と花蓮港庁の発展（1895-1936）」（李昌玟・湊照宏編『近代台湾経済とインフラストラクチュア』東京大学社会科学研究所現代中国拠点、2012年）がある。
32) 台東線の場合は若干島内輸送比率が上昇しているが、これは甘蔗と砂糖の原料・製品の水平的分業である。
33) 前掲「植民地期朝鮮の「鉄道輸送額」推計とその活用」の図4参照。但し、朝鮮の場合は日本・満洲との連帯輸送が大きいため、朝鮮内の港駅・内陸間関係に絞るとやや比率は上昇する。
34) 朝鮮については、京城を中心とした鉄道路線網の広がり方（京城を中心にX字に敷設された）、および農業生産構造から主に区分したものである。台湾については、鉄道の運送圏として大まかに区分した。本書所収林采成論文（第1章）参照。
35) 前掲「植民地期台湾と朝鮮の工業化」。
36) なお、セメントの発送地は、1917年までは輸移入品＝港からの発送であったが、以後、浅野セメント台湾工場が設立されたのにともない、高雄州（田町駅）から多く発送された。
37) 前掲「植民地期台湾における中小零細工業の発展」42頁。台北市の事例に基づくと、都市の工業化の中身は、機械器具や食料品工業（豆腐、菓子・パン）、裁縫業など都市的需要に基づくものであり、これらが鉄道を通じて他の地域に輸送されることはほとんどなかったのではないかと思われる。工業化の展開と広域的流通が結び付かない一つの要因であるといえる。
38) 堀内義隆「日本植民地期台湾の米穀産業と工業化」（『社会経済史学』第67巻第1号、2001年5月）。
39) 前掲「植民地期台湾における中小零細工業の発展」、前掲「近代台湾における中小零細商工業の発展」。
40) 前掲「植民地期朝鮮の「鉄道輸送額」推計とその活用」。

41) 前掲『東アジア資本主義史論Ⅰ』第2章。
42) 前掲「東アジアにおける資本主義の形成」。

第3章 糖業鉄道の成立と展開

渡邉 恵一

はじめに

　植民地期台湾の鉄道については、台湾総督府の官設鉄道を分析した高橋泰隆氏の先駆的研究が1970年代末に発表され[1]、その後も官設鉄道あるいはその前史に関する研究が深められてきた[2]。総督府の一部局として日本の植民地統治をいわば輸送面から推進する主体となり、縦貫線という主要路線を担った官設鉄道の歴史的重要性は言うまでもないが、植民地期台湾における鉄道の全体像を俯瞰すれば、毛細血管のごとく発達した私設鉄道網の存在もまた、軽視されるべきではないように思われる。そして、そのような私設鉄道の大部分は、台湾領有後に進出した日本の製糖会社が兼営する鉄道（以下、糖業鉄道）であった。

　このような糖業鉄道の存在そのものは、すでに多くの文献で言及されているが[3]、本格的な研究が志向されることはなかった。その理由としては、前述したような植民地政策の先兵としての官設鉄道の役割を重視する研究動向の影響も大きかったが、製糖会社の兼業という業態そのものが、鉄道業としては特殊なケースとみなされたことも一因であろう。しかしながら、植民地台湾における陸上輸送インフラの象徴ともいえる縦貫線が全通しようとする時期に、民間の製糖会社がそれとは別に独自の鉄道網を整備していく固有の構造や展開の過程は、必ずしも明らかにされているわけではない。冒頭で紹介した高橋泰隆氏

の研究も、この点について、「台湾の諸製糖資本その一大勢力である台湾製糖」などが、「鉄道建設と築港をすべて国家に代行させ、その完成後に私鉄を連絡し、輸送時間の短縮、安全性の増大、運賃の低減化などにより最大の便益を享受した」と指摘してはいるが[4]、その根拠となる事実関係、とりわけその主体であるはずの製糖会社側の論理は示されなかった。

いま一つ重要なのは、民間企業の生産活動にともなう原料調達や製品搬出を主たる目的として敷設されたこれらの鉄道が、実際には自社にかかわる貨物だけを排他的に輸送する鉄道ではなかったという点である。すなわち、糖業鉄道においては、官設鉄道の主要駅などに接続して一般の旅客・貨物を輸送する「営業線」が一定の割合を占めており、地域的な輸送を担う公共交通としての側面もあったこと、そしてこのような業態は、日本から進出した製糖会社のほぼすべてに共通してみられたことに留意する必要がある。植民地期の台湾における地域交通を担う支線鉄道網の整備が、鉄道を本業としない民間資本によって代位されたことの意味は、なお解明に値する重要な課題であろう。

このような問題意識に立ち、本章では今後の個別事例研究を射程に入れながら、まずは台湾における糖業鉄道の全体像をとらえることを課題とする。前半部分においては、領台後から日露戦後までを対象時期とする糖業鉄道の成立過程を、先駆的存在である台湾製糖の事例を中心にたどっていく。後半部分では、そのようにして成立した糖業鉄道が日本の植民地期を通じていかなる展開をみせたのかを、監督官庁である台湾総督府鉄道部（1924年12月以降は台湾総督府交通局鉄道部）の鉄道統計[5]に依拠しながら把握することとしたい。

第1節　糖業鉄道の成立

(1) 領台後の鉄道建設

台湾における鉄道は、清朝統治時代の末期に台湾巡撫となった劉銘伝による洋務運動の一環として開業した基隆～台北間（1891年10月）、台北～新竹間（93

年11月)をその嚆矢とする[6]。日清戦争を経て台湾が日本へ割譲されると、この鉄道は総督府陸軍局の台湾鉄道線区司令部(1895年6月設置)に接収され、同時期に構想された台北〜打狗間の縦貫鉄道計画の一部に位置づけられた。

　台湾縦貫鉄道の計画は、当初の官設方式から私設方式へ(1896年10月、台湾鉄道株式会社設立)、そして資金調達の失敗による同社の解散(98年10月)を経て再び官設方式へと変転し、1899年3月に成立した台湾事業公債法による予算措置を得て、同年5月からようやく本格的な工事が開始された。このような曲折にともなって鉄道の管理部局も変遷するが、1899年11月以降は台湾総督府鉄道部による所管が定着した。基隆〜新竹間の既成線は軌間こそ1,067mmであったが、軽量のレールと急勾配・急曲線で建設されていたため、区間の約92％を全面的に改築する工事が実施された。新たな建設区間となる新竹以南は南北両端から起工し、南部は1900年11月開業の打狗(高雄)〜台南間、北部は1902年8月開業の新竹〜中港(竹南)間をそれぞれ皮切りに順次路線が延伸し、1907年4月、最大の難所であった三叉河(三叉)〜葫蘆墩(豊原)間の開業をもって基隆〜打狗間398kmが全通した。縦貫線に接続する官設鉄道としては、この間1901年8月に台北〜淡水間(21km)の淡水線が開業し、日露戦後の1907年9月には、鳳山線の打狗〜九曲堂間(17km)が開業した。台湾東部では、以上のような「本線」よりも狭い762mm軌間で建設された台東線の花蓮港〜鯉魚尾(寿)間(17km)が1910年12月に開業し、その後も線名にある台東方面へ路線を延長していった[7]。

(2) 台湾製糖における糖業鉄道の導入

　一方、本章が分析対象とする糖業鉄道の建設主体である近代製糖業の台湾進出は、1900年12月創立の台湾製糖がその先駆者となった[8]。1901年2月、同社は清朝統治時代から甘蔗栽培と在来製糖業が盛んであった台湾南部の橋仔頭で、250英トンの圧搾能力を有する工場の建設に着手した。橋仔頭は官設鉄道縦貫線のルート上にあり、打狗〜台南間は前述したようにこの時点ですでに営業を開始していたが、工場付近に駅は設置されていなかった。1901年1月、工場建

設に先立って台湾製糖は、用地の提供と工事費の一部負担による新駅開設を総督府鉄道部へ請願し、それを受けて5月に橋仔頭（橋子頭）駅が開業した。このとき、同駅から工場へ達する延長600m弱の引込線も、社費負担で建設された[9]。この引込線には、工場建設資材の運搬はもちろん、製品である砂糖（分蜜糖）の搬出や、原料となる甘蔗の搬入手段としての機能も期待された。甘蔗の輸送は、「附近ノ分ニハ牛車及軽便鉄道ヲ用イ、稍ヤ遠方ノ分ニハ官設鉄道ヲ利用スル」とされ、後者については、「鉄道部ニ出願シテ甘蔗運搬専用貨車ノ用意ヲ為シ、是レト同時ニ運賃減額ヲ願出デ、許可ヲ得」るなど[10]、同社は先行して建設された官設鉄道の存在を前提に、そこから輸送上の便益を得ようとする意図をもっていた。

　1902年1月、台湾製糖の橋仔頭工場は本格的に生産を開始するが、工場付近で収穫された甘蔗を輸送する牛車や台車軌道（軽便鉄道）の能力は、「原料運搬方法の幼稚なる、工場の圧搾能力に対し過不及なく原料を供給するに由なく」[11]という状態であり、在来の製糖場（糖廍）とは隔絶した近代製糖工場の生産規模や原料調達サイクルに即応できなかった。比較的遠方の地域から官設鉄道経由で運ばれる甘蔗も、「官線鉄道ノ運搬ハ会社工場ノ都合ニノミ依リテ左右スル能ハサルガ故、各停車場ニハ十数時間又ハ数日間原料堆積シテ雨露日光ニ曝露サレ居ルコト珍シカラズ」[12]という状況であった。甘蔗は伐採後時間を経るとともに糖分が減り、製糖歩留も低くなる性質を持つため[13]、その円滑な調達に支障が生じていたことは、製糖会社にとっては無視し得ない問題であった。とりわけ、植民地における輸送インフラであるはずの官設鉄道の実状は、製糖会社側の期待を大きく裏切るものであったといえよう。

　1906年10月、台湾製糖は橋仔頭に第二工場を増設するのに合わせ、総延長約64kmの専用鉄道敷設願を台湾総督府鉄道部へ出願した。それは、「鉄道新設ノ根本的利益ハ、実ハ是レニ依リテ運搬ヲ敏活ニシ、原料ヲ出スニ当リ随テ苅取スレバ随テ運搬シ、絶ヘズ新鮮ノ甘蔗ヲ工場ニ供給スルニ在リ」[14]と同社が述べているように、原料甘蔗の円滑な輸送を重視した独自の輸送システム構築の試みであった。前年6月に公布・施行された製糖場取締規則による原料採取

区域の設定も、区域内における排他的な経営を事実上保障する制度であったため、製糖会社が中長期的な設備投資となる鉄道建設に着手することを可能にさせる前提条件になった。なお、官設鉄道の縦貫線より狭い762mm軌間が採用されたのは、「甘蔗輸送は毎年約五カ月間のみ、一カ年中の七カ月間はこれを使用せざる事となり居れば、一般鉄道のごとくに多額の建設費を投ずるを許さず」[15]という、製糖会社固有の事情によるものであった。

以上のような経緯を経て、1907年2月、台湾製糖の出願した橋仔頭工場区域内の鉄道敷設に対する許可が総督府鉄道部より下された[16]。建設工事は、翌冬からの製糖期に間に合わせるべく急ピッチで進められ、1907年12月、3輌の蒸気機関車と150輌の貨車による甘蔗輸送が開始された[17]。線路は「会社工場ヲ起点トシテ各地方蔗園ノ中央又ハ附近ニ通スル」[18]形状で敷設され、1907年から08年にかけての製糖期に消費した原料甘蔗の72.3％は自社鉄道によって運搬されるようになった。

鉄道の効果について台湾製糖は、「運搬設備ノ改良ハ単ニ原料運搬費ヲ節約シ得タルニ止マラス、爾来全区域ヲ通シテ各蔗園孰レモ原料ノ搬出ニ殆ント遠近ノ別ナキニ至リタルヲ以テ、大ニ甘蔗ノ栽培ヲ増加セシメタリ」[19]と評価している。甘蔗は収穫後の運搬に困難がともなう作物であり、「台湾に於ける二作田の米一町に三十石を収穫すと見て甘蔗の平均収穫五万斤に比すれば、甘蔗の三十噸に対し米は僅かに四噸余に過ぎず、即ち甘蔗は米に比し約七倍の重量を有する」[20]といわれたが、製糖会社が耕作地に近接して輸送手段を提供することは、作付・栽培の促進にも効果的であったとみられる。

(3) 後発製糖会社の参入と総督府の鉄道政策

台湾製糖が鉄道敷設の認可を当局へ申請した当時、鉄道を本業としない民間企業が専用の私設鉄道を建設するケースは、阿里山の開発を担うことになった藤田組が1906年5月に着工した嘉義から阿里山へ達する65kmの森林鉄道のみであった。しかし、このあと述べるように後発の製糖会社でも台湾製糖に類する鉄道計画が浮上しており、「専用鉄道ノ布設ハ、各種事業ノ勃興ニ伴ヒ尚ホ

倍々多キヲ加ヘントスルノ趨勢ニ達シタ」とみなした総督府鉄道部は、1906年12月、私設鉄道に関する一切の事務を管掌する監督課を新たに設置し、こうした動きに対処することになった[21]。

　台湾製糖による糖業鉄道の建設は、創業から約5年にわたる試行錯誤の末に同社がたどりついたビジネスモデルであったが、日露戦後の1905年以降に相次いで設立許可を得た後発の製糖会社は、計画段階からそのような糖業鉄道の建設を目論んだ。1906年度には大日本製糖が斗六街を中心とする174kmの鉄道を、塩水港製糖が塩水港を中心とする64kmの鉄道を申請し、翌07年度には明治製糖、東洋製糖、新興製糖の3社が合わせて約170kmの鉄道敷設を申請した。同年度には台湾製糖も、阿緱工場・後壁林工場の新設にともなう188kmの鉄道敷設を追願している[22]。これらはいずれも工場建設に先立つ申請であり、1908年2月に官設鉄道と接続する蕃仔田〜蕭壠間（16km）を先行開業した明治製糖蕭壠工場のように、さしあたり「建築材料等運搬ノ為、列車ノ運転ヲ開始」[23]するケースもみられた。さきにみた台湾製糖の橋仔頭工場では、官設鉄道の沿線に立地を選び、比較的短い引込線の敷設で建設資材の運搬を行うことができたが、原料採取区域制度の導入後に進出した製糖会社は、甘蔗調達の便を優先して区域の中心地に工場を建設する傾向があったため[24]、官設鉄道の最寄駅までの鉄道を自前で敷設する必要が生じたのである。

　ところで、総督府鉄道部が監督課の設置とともにこのような糖業鉄道を多数許可するようになった背景には、「此等専用鉄道ニシテ更ニ進ミテ一般客貨ノ輸送ヲ開始シ、恰モ官線鉄道ヲ幹線トシテ多数ノ支線ヲ延長シタルニ等シキ関係ヲ形ツクルニ至ランカ、其地方ノ開発ニ資スルトコロ多大ナルヘキハ疑ヲ容レサルナリ」[25]という考えが存在していた。縦貫線という幹線が全通したのちも、引き続き鳳山線、台東線などの建設に着手しなければならなかった総督府鉄道部は、官設鉄道を培養する支線の建設を民間に代位させる意図をもっていたといえよう。具体的には、「布設ノ許可ニ際シテハ必要ニ臨ミ、線路ノ一部若ハ全部ニ対シ、一般客貨ノ運輸取扱ヲ命スルコトアルヘキ旨予告ノ条件ヲ附加シテ他日ノ用意ヲ為シタリ、企業者ニ於テモ亦予メ之ヲ期図スルモノノ如

第3章　糖業鉄道の成立と展開　75

シ」[26]というように、鉄道を許可する際には路線の一部あるいは全区間に一般の旅客・貨物営業を命ずる可能性があることを示唆し、また、当局がそのような方針であることに留意した出願をするよう誘導がなされた。

このような総督府鉄道部の方針は、1908年12月に制定された台湾私設鉄道規則（律令第20号）、同施行細則（台湾総督府令第73号）、台湾私設鉄道営業規則（同第74号）で明確化され、以後開業する糖業鉄道には、自社の原料甘蔗輸送を目的とする「専用線」のほかに、「営業線」と呼ばれる一般営業区間を含むものが多くなった。営業線区間の鉄道係員は制服もしくは徽章を着用し（台湾私設鉄道営業規則、第14条）、服務規程や懲戒規程を定める（同、第16条）など、まさに鉄道業としての外見や制度を備えることになった。

とりわけ注目すべきは、営業線に対して郵便物の運送が義務化されていた点であろう（同、第7条）。植民地企業である製糖会社は、日本人社宅、診療所、日用品等の売店などとともに郵便局を工場内に設置して社用に供していたが、さきに紹介した明治製糖蕭壠工場のように、自社鉄道を介して官設鉄道と接続するケースでは、通信手段の確保という点でも、その区間を営業線としておく必要があったのである。台湾製糖も、郵便物が官設鉄道の橋仔頭駅扱いとなる橋仔頭工場区域では専用線のみの建設で事足りたが、その後における阿緱工場、後壁林工場の開設に際しては、官設鉄道の九曲堂駅、鳳山駅と接続する自社鉄道区間を営業線とした。

第2節　糖業鉄道の展開

(1) 専用線と営業線

1907年12月、台湾鉄道の「専用線」区間として運行を開始した糖業鉄道は、その後急速に普及していった。1907年4月の縦貫線全通後、官設鉄道の路線長が頭打ち気味となったのと対照的に、糖業鉄道の路線長は、08年度末に前年度の81kmから398km（いずれも専用線）へ急増し、翌09年度には571km（専用

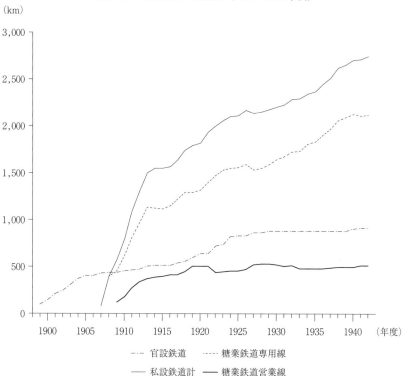

図 3-1 糖業鉄道の路線長（1899〜1942年度）

出典：『台湾総督府鉄道部年報』、『台湾総督府交通局鉄道年報』、『台湾総督府統計書』各年度版より作成。
注：官設鉄道とは、「本線」（縦貫線とそれに接続する台湾西部の官設鉄道網）および台東線を指し、総督府営林所（殖産局営林所）所管の森林鉄道である阿里山鉄道、太平山鉄道、八仙山軌道は含まない。これらの官設森林鉄道は1942年9月に台湾拓殖へ移管されたため（計266km）、同年度末の私設鉄道路線長は急増するが、ここでは統計の連続性を考慮して除外してある。糖業鉄道は、製糖会社が経営する私設鉄道。同専用線は不定期貨物営業線を含む。

線＝451km、営業線＝120km）となって、同年度の官設鉄道路線長436km をたちまち凌駕した（図3-1）。その後も糖業鉄道の路線長は、1910年度に799km、20年度に1,819km、30年度には2,161km、40年度には08年度の6.5倍となる2,600kmに達した。このうち専用線の路線長は、全期間を通じてその7〜8割を占め続けたのに対し、営業線の路線長は、第1次世界大戦期以降、ほぼ500km前後の横這い状態で推移した。

糖業鉄道の路線長を製糖会社別にみてみると（表3-1）、専用線ではその嚆矢である台湾製糖が先行し、1908年度に42％、10年度でも34％を占めた。しかし、その後は後発の製糖会社でも専用線の建設が進捗し、台湾製糖の割合は相対的に低下していくことになる。後発製糖会社の中には、「先立会社の例に倣ひ、大に研究をもせず彼の会社にも軽鉄布設したるものなれば、是は大に便利ならん自分の会社にも布設すべしとの事にて布設の事に決定した」[27]ケースも含まれていたようだが、近代製糖業としての装置を工場に備える以上、「各会社とも其圧搾能力に対し、牛車の如き幼稚なる運搬機械にては到底其用を弁ぜざる為め、矢張鉄道の力に待たざる可らず」ということが自明となり、「鉄道は運搬機関としては最良にして会社と興敗を共にするものなりとの観念」も定着していった。1920年代以降は、台湾製糖、明治製糖、塩水港製糖、大日本製糖が、それぞれおびただしい距離の専用線を擁するようになるが、なかでも27年10月に東洋製糖を、35年4月に新高製糖を合併した大日本製糖の路線は、台湾製糖にほぼ匹敵する規模となった。その成立過程からもわかるように、原料甘蔗の輸送を主な目的とする専用線の路線長は、製糖会社の生産規模や原料採取区域面積をそのまま反映し、いわゆる四大製糖の形成と軌を一にしていた[28]。

　営業線の路線長も当初は台湾製糖が群を抜いていたが、その規模は以後もほとんど変わらず、同社における専用線の拡張ぶりとは一転して限定的なものにとどまった。これに対し、明治製糖、大日本製糖などの後発製糖会社では、糖業鉄道に占める営業線の割合が比較的高かった。それらの多くは、官設鉄道の縦貫線が経由しなかった台湾西部の市街地や旧来の港・河港などを縦貫線の最寄駅と結ぶルートを形成し、その意味では、糖業鉄道に官設鉄道の培養線としての役割を担わせようとしていた総督府鉄道部の意向を反映させるものであった。鉄道部監督課の関係者は、甘蔗の収穫期を除けば「半歳を空しく荒廃に委する」専用線に対しても、「各線一日一回位宛にても運転し得るの途を講ぜば、数年の後には必らず鉄道本位に相逢するの機会に接せん」[29]というように営業線への転換を促していたが、製糖会社側の対応は全体的に慎重であったといえる。

表3-1　主な糖業鉄道の路線長（1910～40年度）

(単位：km)

	年度	台湾製糖	明治製糖	塩水港製糖	大日本製糖	東洋製糖	新高製糖	帝国製糖	その他	計
専用線	1910	213	83	67	80	116	34		27	621
	1915	361	90	173	113	183	87	49	56	1,113
		(60)	(—)	(19)	(99)	(—)	(11)	(16)	(—)	(206)
	1920	383	127	171	119	236	105	95	82	1,318
		(75)	(—)	(17)	(106)	(—)	(16)	(7)	(—)	(222)
	1925	407	179	226	130	293	146	99	78	1,559
	1930	492	347	246	270		151	87	49	1,642
	1935	510	386	291	446			114	84	1,832
	1940	592	433	324	537			186	53	2,124
営業線	1910	62	37	39	7	—	—		33	178
	1915	54	82	61	48	55	49	—	48	397
	1920	47	112	61	48	63	49	30	91	501
	1925	47	93	61	49	62	54	39	48	453
	1930	63	104	51	159		54	69	19	519
	1935	67	95	51	220			30	19	481
	1940	67	107	52	224			30	19	499
営業線構成比(%)	1910	22.4	31.0	36.5	8.4	—	—		54.6	22.2
	1915	13.1	47.5	26.1	29.9	23.2	35.9	—	46.1	26.3
	1920	10.9	46.8	26.3	28.9	21.0	31.6	24.1	52.8	27.5
	1925	10.3	34.1	21.2	27.2	17.6	26.8	28.5	38.0	22.5
	1930	11.4	23.1	17.1	37.1		26.2	44.3	27.4	24.0
	1935	11.6	19.8	14.8	33.0			20.8	18.0	20.8
	1940	10.1	19.7	13.9	29.5			13.9	26.0	19.0

出典：『台湾総督府鉄道部年報』、『台湾総督府交通局鉄道年報』、『台湾総督府統計書』各年度版より作成。

注：1）専用線の（　）内は、「不定期貨物営業線」（1911～23年度分のみ判明）の路線長で内数。—はゼロ。
　　2）東洋製糖は1927年8月に南靖・烏樹林工場とその関連鉄道を新たに設立された新明治製糖（同年10月に明治製糖と合併）へ売却し、残余の工場設備・鉄道をもって同年10月に大日本製糖と合併。新高製糖は1935年4月に大日本製糖と合併。

　こうしたなかで、営業線を継続的に拡張させ、1930年代半ば以降は路線の4割以上が営業線となった大日本製糖は、やや例外的な存在であった。もちろん、それには前述した東洋・新高両製糖の合併も大きく影響しているが、もともと同社の糖業鉄道は、専用線であってもそのほとんどが「不定期貨物営業線」区間となっており（表3-1）、社用貨物の輸送に加えて、他人需要にも応じていく性向が強かったとみられる。大日本製糖ほどの割合ではないが、専用線の一部を「不定期貨物営業線」とするケースは広くみられ、1915年度には専用線の18％、20年度には17％がそれに該当した。

第3章　糖業鉄道の成立と展開

表3-2　糖業鉄道の貨物輸送量（1910～39年度）

(単位：千トン)

年度	糖業鉄道					専業私設鉄道	私設鉄道合計	官設鉄道	
	社用貨物		営業貨物		合計			本線	台東線
1910	1,432 (94.6)		81 (5.4)		1,513		1,513	1,058	9
1915	2,785 (95.3)		137 (4.7)		2,922	6	3,385	1,375	82
	営業線	専用線	営業線	専用線					
1920	1,486 (37.3)	2,215 (55.7)	271 (6.8)	7	3,980		4,001	2,595	121
1925	2,652 (35.2)	4,373 (58.0)	453 (6.0)	59	7,537	121	8,228	4,126	181
1930	3,554 (36.4)	5,599 (57.4)	562 (5.8)	36	9,751	142	10,186	4,770	230
1935	4,417 (36.5)	6,891 (57.0)	659 (5.4)	133	12,099	132	12,990	5,923	337
1939	5,386 (30.0)	11,597 (64.7)	801 (4.5)	153	17,936	324	19,463	8,273	441

出典：『台湾総督府鉄道部年報』、『台湾総督府交通局鉄道年報』各年度版より作成。

注：（　）内は糖業鉄道の合計に対する構成比（単位：％）。「専業私設鉄道」は1915年度が彰南鉄道、25年度以降が台北鉄道と台中軽鉄。

(2) 輸送実態

　糖業鉄道における輸送は、何よりもまず甘蔗などの社用貨物が中心となった。1910年度から39年度までの間、重量ベースでみた貨物輸送量は151万トンから1,794万トンへと約12倍の増加をみせた（表3-2）。そのうち、社用貨物の割合は、全期間にわたって93～95％を占め続けた。一般の営業貨物も増え続けてはいたが、その割合は糖業鉄道全体の貨物輸送量からみれば部分的なものにとどまった。1920年度以降に判明する営業線・専用線別の輸送量をみてみると、30年代半ばまでは社用貨物といってもその約4割が営業線上での輸送であったことがわかる。営業線における営業貨物の割合は13～15％にとどまっており、あくまで社用貨物の輸送に必要となる鉄道で、他人需要にも応じていたといえよう。他方で、専用線上で輸送される営業貨物も一部存在したが、これはおそらく前述した「不定期貨物」であると思われる。

　ところで、このような糖業鉄道の貨物輸送規模は、重量ベースでみる限り、官設鉄道（本線）の1.5～2倍以上に達するものであった（表3-2）。もちろん、このような比較は輸送距離を考慮したトンキロベースでも行われるべきであり、その場合には縦貫線など輸送距離の長い路線を擁する官設鉄道に遠く及ばない

表3-3 糖業鉄道の社用貨物（1910～39年度）

(単位：千トン)

年度	線別	甘蔗		砂糖		その他		合計
1910		956	(66.7)	85	(6.0)	391	(27.3)	1,432
1915		2,175	(78.1)	164	(5.9)	446	(16.0)	2,785
1920	営業線	989	(66.6)	142	(9.5)	355	(23.9)	1,486
	専用線	1,885	(85.1)	35	(1.6)	295	(13.3)	2,215
1925	営業線	1,813	(68.4)	285	(10.7)	553	(20.9)	2,652
	専用線	3,883	(88.8)	55	(1.2)	435	(9.9)	4,373
1930	営業線	2,476	(69.7)	429	(12.1)	649	(18.3)	3,554
	専用線	4,679	(83.6)	215	(3.8)	705	(12.6)	5,599
1935	営業線	3,063	(69.3)	611	(13.8)	743	(16.8)	4,417
	専用線	5,645	(81.9)	219	(3.2)	1,026	(14.9)	6,891
1939	営業線	3,721	(69.1)	767	(14.2)	898	(16.7)	5,386
	専用線	9,530	(82.2)	378	(3.3)	1,689	(14.6)	11,597

出典：『台湾総督府鉄道部年報』、『台湾総督府交通局鉄道年報』各年度版より作成。
注：( ) は合計に対する構成比（単位：%）。

ものとなるであろう（専用線を含めた糖業鉄道全体の貨物輸送トンキロは、鉄道統計では得られない）。しかしながら、植民地期台湾における商品流通にとって、糖業鉄道が路線長のみならず、輸送量においても無視し得ない役割を担っていたこと自体は、否定できないように思われる。これらに対し、1920年代以降に補助金政策の下で設立された専業の私設鉄道（台北鉄道、台中軽鉄）の輸送量は、きわめて限定的であった。

　社用貨物の中心となった品目は、言うまでもなく製糖原料の甘蔗であり、とりわけ専用線では輸送量の8割以上を占めていた（表3-3）。その輸送量は1920年に189万トン、30年に468万トン、39年に953万トンに達し、官設鉄道の3大貨物とされた石炭、砂糖、米をはるかに凌ぐ規模であった[30]。営業線でも甘蔗は輸送量の7割近くに達したが、製品である砂糖もまた10～14％程度を占めていた。その他の雑多な貨物も少なからぬ割合となっており、糖業鉄道は、製糖会社に何らかの形でかかわる輸送全般に利用されていたと思われる。

　一方、営業貨物は、前述したように量的には限られたものであったが、その品目は多岐にわたっていた（表3-4）。最多は、建築材料、肥料、木材、砂利などを含む「雑品」であるが、米・雑穀、食品なども営業線では常に上位を占

表3-4 糖業鉄道の営業貨物（1910～39年度）

(単位：トン)

年度	線別	米・雑穀	甘蔗	砂糖	薪炭・石炭	食品	雑品	合計
1910		12,743	328	10,212	1,824	6,916	49,182	81,204
1915		36,138	76	10,079	8,180	28,952	53,971	137,395
1920	営業線	53,268	10,732	7,434	10,840	61,536	127,013	270,823
	専用線	2,050	—	11	304	129	4,582	7,076
1925	営業線	92,607	6,554	4,276	11,383	96,667	241,954	453,441
	専用線	6,712	120	1	1,270	992	50,192	59,287
1930	営業線	98,488	947	3,416	20,037	84,406	355,049	562,343
	専用線	175	—	—	8,588	830	26,603	36,196
1935	営業線	116,949	1,317	7,986	24,367	85,285	423,320	659,224
	専用線	748	35	—	1,583	5,402	125,107	132,875
1939	営業線	135,447	1,399	9,538	51,486	98,241	504,697	800,808
	専用線	211	—	6	944	16,355	135,498	153,014

出典：『台湾総督府鉄道部年報』、『台湾総督府交通局鉄道年報』各年度版より作成。
注：—はゼロ。「食品」は鮮魚、芭蕉実、塩を、「雑品」は建築材料、肥料、木材、砂利をそれぞれ含む。

める貨物であった。甘蔗の対抗作物でもある米、芭蕉実（バナナ）など、沿線地域で産出される農産物の輸送も、糖業鉄道は担っていたことがわかる。

ちなみに、糖業鉄道の代表的な輸送品であった甘蔗は、官設鉄道ではきわめてわずかな輸送量にとどまった（表3-5）。とりわけ、縦貫線を中心とする「本線」においては、1910年代に重量ベースで5～6％であった構成比がさらに下がり、1930年代には1％に満たない水準となっている。糖業鉄道の専用線が、後発製糖会社も含めてすべて762mm軌間で敷設されているように、蔗園から工場までの甘蔗輸送は、官設鉄道を経由することなく、糖業鉄道内でいわば自己完結する独立的な荷動きであり、その度合いは年々強まる傾向にあったといえよう。これに対し、製品である砂糖は官設鉄道にとっても主要貨物の一つとなっており[31]、1910年代には20％以上、その後も12～16％の割合を維持した。糖業鉄道の営業線の中には、工場の最寄駅から官設鉄道と接続する駅までの区間を3線式（762mm軌間の外側に1,067mm軌間に合わせたレールを1本敷設）にして、官設鉄道の貨車を直接引き込めるようにしたものも多く[32]、砂糖輸送については糖業鉄道と官設鉄道がおおむね有機的な関係にあったといえる[33]。ただし、同じ官設鉄道にあっても台東線では、甘蔗輸送が重量ベースで

表 3-5　官設鉄道の甘蔗・砂糖輸送量（1910～39年度）

(単位：千トン)

年度	甘　蔗			砂　糖		
		本　線	台東線		本　線	台東線
1910	62	62 (5.9)	0 (0.7)	219	219 (20.9)	0 (0.0)
1915	89	54 (4.5)	35 (46.7)	275	268 (22.1)	7 (9.9)
1920	150	99 (4.2)	51 (45.4)	290	280 (11.9)	9 (8.1)
1925	172	90 (2.4)	82 (48.5)	537	515 (13.5)	23 (13.4)
1930	136	38 (0.9)	98 (45.5)	816	781 (17.7)	36 (16.5)
1935	182	27 (0.5)	155 (48.1)	925	888 (15.9)	36 (11.2)
1939	287	78 (1.0)	209 (54.6)	1,274	1,217 (16.2)	57 (15.0)

出典：『台湾総督府鉄道部年報』、『台湾総督府交通局鉄道年報』各年度版より作成。
注：1）1915年度以降は貸切扱の輸送量。
　　2）（　）内は、本線・台東線それぞれの全貨物輸送量に占める構成比（単位：％）。0は単位未満。

45～55％と、きわめて高い割合に達していた点は注意を要するであろう。詳細な検討は今後の課題とせざるを得ないが、少なくとも台湾東部では官設鉄道が製糖会社にとって有用なインフラとして機能していた可能性が考えられる[34]。

　貨物輸送量を製糖会社別にみてみると（表3-6）、社用貨物が中心であることは、各社とも共通しているが、台湾製糖などでは専用線における輸送割合が一貫して高かったのに対し、大日本製糖や新高製糖では営業線における輸送割合が比較的高かった。社用・営業を合わせた貨物輸送量では、1930年代以降、大日本製糖が首位を維持し続けた。

　糖業鉄道の旅客輸送は原則として営業線に限られるが、その輸送人数は1910年代に急増していった（表3-7）。1920年度には官設鉄道「本線」に対して旅客人数で23％、旅客人キロで13％の割合まで迫り、「一般台湾人ニモ所謂「火車」ノ利用ヲ普及」[35]させる役割を担ったとみられる。しかし、その後の1920年代から30年代半ばにかけての旅客輸送は停滞的であり、上記の指標にみる官設鉄道との差も再び開いていった。これは、「地方財界の不況も固より其の原因を為してゐるが、最近異常なる発達を来した自動車営業が甚だしく各私設鉄道の旅客貨物を奪取せることが重なる原因」[36]とされるものであった。表3-2に示した貨物輸送量との比較からもわかるように、自動車の影響はとり

表3-6 主な糖業鉄道の貨物輸送量と営業・社用比率（1910～39年度）

(単位：千トン、％)

年　度		1910	1915		1920	1925	1930	1935	1939
台湾製糖		591	595		952	1,384	2,147	2,646	4,018
	営業貨物	6.6	3.1	営業線	2.9	1.5	3.4	2.1	1.9
				専用線	0.4	0.1	1.3	0.3	0.3
	社用貨物	93.4	96.9	営業線	30.5	27.4	24.7	22.8	24.1
				専用線	66.1	71.0	70.7	74.8	73.7
明治製糖		255	508		585	1,079	2,001	2,275	3,490
	営業貨物	5.7	3.7	営業線	10.6	6.7	3.8	8.3	5.2
				専用線	―	―	―	0.3	0.5
	社用貨物	94.3	96.3	営業線	43.0	36.4	25.6	27.8	26.6
				専用線	46.4	56.8	70.6	63.7	67.7
塩水港製糖		232	352		496	840	1,382	1,831	2,793
	営業貨物	5.3	3.8	営業線	4.0	5.7	7.5	3.7	5.3
				専用線	0.2	0.3	―	4.5	1.9
	社用貨物	94.7	96.2	営業線	37.1	33.7	40.6	46.8	26.9
				専用線	58.7	60.2	51.9	45.0	66.0
大日本製糖		229	431		300	977	2,412	4,125	5,966
	営業貨物	6.3	2.9	営業線	8.9	6.9	5.0	6.7	5.7
				専用線	0.1	4.1	0.4	0.9	1.2
	社用貨物	93.7	97.1	営業線	47.1	45.0	53.3	50.0	41.4
				専用線	44.0	44.0	41.4	42.5	51.8
東洋製糖		84	372		612	1,247			
	営業貨物	―	3.3	営業線	3.4	1.9			
				専用線	―	―			
	社用貨物	100.0	96.7	営業線	38.4	27.9			
				専用線	58.2	70.2			
新高製糖		50	286		433	829	757		
	営業貨物	―	13.8	営業線	13.8	12.3	13.9		
				専用線	0.4	1.8	―		
	社用貨物	100.0	86.2	営業線	48.0	45.5	53.5		
				専用線	37.7	40.4	32.5		
帝国製糖			210		275	572	804	793	1,351
	営業貨物		2.6	営業線	9.9	14.0	9.8	8.9	4.1
				専用線	―	―	―	―	―
	社用貨物		97.4	営業線	2.6	15.9	19.2	24.0	11.9
				専用線	87.6	70.2	71.0	67.1	84.0

出典：『台湾総督府鉄道部年報』、『台湾総督府交通局鉄道年報』各年度版より作成。
注：―はゼロ。

表 3-7　糖業鉄道の旅客輸送量（1910〜39年度）

(単位：千人、千人キロ)

年度	旅客人数					旅客人キロ				
	糖業鉄道（営業線）	専業私設鉄道	私設鉄道合計	官設鉄道		糖業鉄道（営業線）	専業私設鉄道	私設鉄道合計	官設鉄道	
				本線	台東線				本線	台東線
1910	497		497	3,493	9	…		…	102,394	156
1915	1,079	64	1,143	5,239	240	…	…	…	137,356	4,563
1920	3,154		3,154	13,912	574	43,177		43,177	343,665	10,972
1925	2,848	431	3,488	17,042	863	28,908	3,369	35,304	410,164	16,039
1930	2,971	673	3,644	17,335	981	29,028	4,636	33,664	462,431	19,566
1935	2,815	1,023	3,838	19,430	1,089	26,008	6,194	32,202	640,892	24,652
1939	3,826	1,484	5,310	30,879	1,989	34,724	8,690	43,413	966,724	43,964

出典：『台湾総督府鉄道部年報』、『台湾総督府交通局鉄道年報』各年度版より作成。
注：「専業私設鉄道」は1915年度が彰南鉄道、25年度以降が台北鉄道と台中軽鉄。…は不明。

わけ旅客輸送において著しかったが、糖業鉄道では旅客運賃の割引、競合する乗合自動車事業の買収など、さまざまな手段を通じて対抗を試みた[37]。旅客人数、人キロが再び増加傾向に転じるのは、日中戦争が勃発し、台湾においてもガソリン消費規制が適用されて自動車事業に「合理化」が課せられる1938年以降のことであった。

(3) 経営動向

　糖業鉄道の経営成績は、その性格上、営業線でしか捕捉できないが、1919年度以前はその収入状況が判明し、20年度以降は収入に対応する支出と収支が鉄道統計に掲載されるようになる。それによれば、営業線の利益は1920年代半ば以降、収入のほぼ4〜5割というきわめて高い水準で推移していた（表3-8）。

　しかし、この表からもわかるように、1920年度以降の貨物収入には、前年度までにはなかった社用貨物収入が含まれている。甘蔗や砂糖に代表される社用貨物は、製糖会社自身が荷主であるため、運賃収入はもちろん発生しないが、1920年度以降の鉄道統計では、社用貨物の輸送量に各社が定めた運賃率を乗じたものを社用貨物収入として計上し、貨物収入はそれを含めて表示されるようになった。このような操作は、新たに掲載されるようになった「支出」を構成する保線費、運輸費、汽車費などが社用貨物の輸送と不可分の関係にあるため

第3章 糖業鉄道の成立と展開 85

表3-8 糖業鉄道（営業線）の収支（1909～39年度）

(単位：千円)

年度	旅客収入	貨物収入		収入計	収入計（修正）	支出	収支		収支（修正）	
		営業貨物	社用貨物							
1909	50	35	…	85	85	…	…		…	
1910	112	88	…	201	201	…	…		…	
1911	143	97	…	240	240	…	…		…	
1912	200	129	…	330	330	…	…		…	
1913	228	220	…	453	453	…	…		…	
1914	232	147	…	384	384	…	…		…	
1915	218	135	…	359	359	…	…		…	
1916	259	168	…	433	433	…	…		…	
1917	341	234	…	581	581	…	…		…	
1918	422	273	…	702	702	…	…		…	
1919	636	337	…	984	984	…	…		…	
1920	794	303	626	1,734	1,108	1,868	△134	(108)	△760	(169)
1921	799	315	874	1,995	1,121	1,875	120	(94)	△755	(167)
1922	612	283	889	1,796	907	1,217	579	(68)	△310	(134)
1923	526	307	1,252	2,103	850	1,153	950	(55)	△302	(136)
1924	613	398	1,247	2,278	1,032	1,132	1,146	(50)	△101	(110)
1925	735	499	1,440	2,713	1,273	1,234	1,479	(45)	39	(97)
1926	837	561	1,324	2,762	1,438	1,300	1,462	(47)	138	(90)
1927	802	648	1,249	2,724	1,475	1,367	1,357	(50)	108	(93)
1928	917	679	1,514	3,137	1,623	1,489	1,648	(47)	134	(92)
1929	840	606	1,625	3,103	1,478	1,738	1,365	(56)	△260	(118)
1930	701	571	1,514	2,841	1,327	1,595	1,246	(56)	△268	(120)
1931	485	491	1,190	2,199	1,009	1,223	976	(56)	△214	(121)
1932	404	540	1,128	2,102	974	1,139	962	(54)	△166	(117)
1933	395	513	924	1,876	952	1,130	746	(60)	△178	(119)
1934	389	559	1,021	1,993	972	1,188	805	(60)	△216	(122)
1935	451	538	1,358	2,401	1,043	1,292	1,109	(54)	△249	(124)
1936	472	559	1,216	2,305	1,089	1,420	885	(62)	△331	(130)
1937	469	572	1,214	2,309	1,096	1,476	833	(64)	△380	(135)
1938	503	717	1,555	2,818	1,263	1,781	1,037	(63)	△518	(141)
1939	575	645	1,646	2,898	1,252	2,033	865	(70)	△781	(162)

出典：『台湾総督府鉄道部年報』、『台湾総督府交通局鉄道年報』各年度版より作成。
注：1）収入計は、雑収入を含む。「修正」と記された系列は、社用貨物の収入を控除して再計算したもの。
　　2）…は不明。△はマイナス。（ ）内は営業係数（支出／収入×100）。

になされたものと推測されるが、社用貨物収入の算定根拠は各社に委ねられ、単に普通運賃を取るものとして算出する製糖会社もあった。

　以上のように、いわば過大に見積もられた社用貨物を控除して収入および収支を再計算したものが、表3-8の「修正」系列である。これによれば、糖業鉄道は営業線といえども全体として赤字基調であり、1920年代後半の黒字期においても、利幅はきわめて小さかったことがわかる。営業線に副業としての収入を期待することは、全体として困難な状況にあったといえよう。同じ手法で製糖会社別の営業線収支を求めてみると（表3-9)[38]、一貫して赤字であった営業線（台湾製糖、明治製糖）がある一方で、黒字基調の営業線（新高製糖、帝国製糖）もあり、多少のばらつきがあったようである。しかし、大手製糖会社の営業線についてみれば、やはり赤字基調であったといわざるを得ないであろう。

　このように、収入をともなわない社用貨物の比率が全体的に高かった糖業鉄道の営業線では、運行にかかる費用の回収に制約が課されていた。社用貨物の輸送がほぼ100％であり、1年のうち半年以上は設備が遊休化する専用線の存在と合わせれば、糖業鉄道の維持費は結局のところ、製糖費の中で負担するよりほかなかったのである。

　したがって、製糖会社にとって糖業鉄道経営のポイントは、生産コストに累を及ぼさぬようにすることであった。その姿勢は、社外の眼には「徒に建設の費用を吝み、改善の声には耳を借さず、車輛を虐使し、放漫なる運転をなし、将来の損失を慮ることなく唯目前の利益に眩するに似たり」[39]と映ることもあったが、当事者側にとっては、「不経済なる工事を施すが如き事は、高価なる資金を痼疾的に固定すること、なるを以て、最も注意すべきこと」[40]と自覚されたのである。1921年3月、総督府鉄道部が「台湾私設鉄道建設規程」および「台湾私設鉄道線路整備規程」の制定を検討した際、製糖会社が加盟する糖業連合会台湾支部は、建設規格等の条項について可能な限りの緩和・簡素化を申し入れるが[41]、それはまさしく糖業鉄道のこのような属性を反映するものであった。

表 3-9　主な糖業鉄道（営業線）の収支（1920〜39年度）

(単位：円)

年度		1920	1925	1930	1935	1939
台湾製糖	収入	103,679	44,041	182,441	152,178	222,801
	支出	109,963	195,703	264,146	223,366	334,069
	収支	△6,285	△151,662	△81,705	△71,189	△111,268
		(106)	(444)	(145)	(147)	(150)
明治製糖	収入	267,185	240,993	220,729	220,164	281,087
	支出	375,520	273,214	345,618	260,634	619,086
	収支	△108,335	△32,221	△124,888	△40,470	△337,999
		(141)	(113)	(157)	(118)	(220)
塩水港製糖	収入	78,968	152,548	164,901	105,079	152,178
	支出	278,495	148,787	105,110	155,013	223,366
	収支	△199,527	3,762	59,791	△49,934	△71,189
		(353)	(98)	(64)	(148)	(147)
大日本製糖	収入	126,699	162,543	322,053	380,409	455,795
	支出	223,412	159,580	566,409	516,176	641,264
	収支	△96,713	2,963	△244,356	△135,767	△185,469
		(176)	(98)	(176)	(136)	(141)
東洋製糖	収入	135,530	128,756			
	支出	198,365	122,061			
	収支	△62,835	6,695			
		(146)	(95)			
新高製糖	収入	134,404	161,707	176,032		
	支出	219,714	125,045	144,381		
	収支	△85,310	36,662	31,651		
		(163)	(77)	(82)		
帝国製糖	収入	109,197	247,788	253,906	181,826	136,358
	支出	169,009	88,222	139,185	99,838	128,323
	収支	△59,812	159,567	114,721	81,989	8,035
		(155)	(36)	(55)	(55)	(94)

出典：『台湾総督府鉄道部年報』、『台湾総督府交通局鉄道年報』各年度版より作成。
注：収入および収支は、「社用品の貨物収入」を控除して再計算したもの。収支欄の（ ）内は営業係数（支出／収入×100）。

　なお、1922年3月、台湾私設鉄道補助法（法律第24号）が制定され、「台湾ニ於テ公衆ノ用ニ供スル為経営スル私鉄鉄道」（第1条）に対する補助金制度が設けられるが、その適用は専業の私設鉄道である台北鉄道（1921年1〜3月開業、10.4km）、台中軽鉄（1924年8月開業、13.1km）の2社にとどまった。

糖業鉄道の営業線も公衆の用に供される鉄道であったが、「同法に依り補助を受ける私設鉄道は公衆の用に供するため経営するものたることを要する。即ち単に公衆の用に供する丈けでは足りないで、本来公衆の用に供する目的に出たものでなければならない」[42]との考えから、補助金政策の対象とはならなかった。

おわりに

　本章では、植民地期の台湾におけるその発達が広く知られていながらも、本格的な検討が進められてこなかった糖業鉄道について、きわめて概括的ではあるが、その成立および展開過程をみてきた。冒頭に記した論点とかかわる結論は、以下の2点にまとめられる。

　第1は、縦貫線を中心とする官設鉄道との関係である。たしかに糖業鉄道は、縦貫線の全通とほぼ時を同じくして急速に建設が進められたが、それは植民地インフラとして整備された官設鉄道の便益に製糖会社側があずかろうとしたというよりも、特定の季節に集中して大量かつ間断のない迅速な輸送を要求される甘蔗という商品の輸送に官設鉄道が対処できなかったという事実を発端としていた。この問題に以前から取り組んでいた台湾製糖が最終的に行き着いた打開策が糖業鉄道の建設であり、そのビジネスモデルに後発製糖会社が間髪入れずに追随したのである。台湾東部についてはやや別の評価を下す余地を残しているが、植民地期の台湾島内で最大の荷動きをみせた商品である甘蔗は、官設鉄道とは連携しない自己完結的な輸送システムに包摂され、製糖業の発展とともにその傾向をますます強めていくことになった。

　第2は、このような糖業鉄道の公共交通的性格にかかわる評価である。糖業鉄道の多くの路線は、製糖が行われる冬から春にかけての時期、ほぼ甘蔗輸送に特化して稼働する専用線であったが、全体の2割ないし3割は一般の旅客・貨物営業を行う営業線となり、官設鉄道の端末となる地域的な輸送を担った。そのような営業線は、官設鉄道を培養するような支線の役割を民間に担わせよ

うとした総督府鉄道部の監督行政の所産として、製糖会社の意向とは別に創出されたものであり、また、運賃収入を得られない社用貨物輸送がそこでも多くの割合を占めたため、採算性という点でも問題をかかえていた。ここで留意すべきは、鉄道当局が糖業鉄道について、「公衆の用に供する方面があっても、専用線たる性質は否認し難い所であったから、特に補助金を交付して之が発達を助成する必要がなかった」[43]との見解に立ち続けていた点であろう。結果として、各製糖会社は鉄道経営を生産コストの中に位置づけるほかない状況に置かれ、最小限の設備でその建設・維持をはかることになったのである。

1) 高橋泰隆「台湾鉄道の成立」(『経営史学』第13巻第2号、1979年3月)、23〜50頁、同「台湾鉄道の経営」(藤井光男ほか編『日本多国籍企業の史的展開』上、大月書店、1979年)、51〜68頁(以上は再構成のうえ、同『日本植民地鉄道史論——台湾、朝鮮、満州、華北、華中鉄道の経営史的研究——』日本経済評論社、1995年、第1章に所収)。
2) やまだあつし「植民地時代台湾総督府の鉄道経路選定について」(『鉄道史学』第13号、1994年12月)、43〜48頁、鈴木敏弘「台湾初期統治期の鉄道政策と私設鉄道」(台湾史研究会編『日本統治下台湾の支配と展開』中京大学社会科学研究所、2004年)、445〜476頁、同「台湾初期統治期における鉄道政策と台湾鉄道株式会社」(阿部猛・田村貞雄編『明治期日本の光と影』同成社、2008年)、209〜238頁、同「領有直後の台湾鉄道」(檜山幸夫編『帝国日本の展開と台湾』創泉堂出版、2011年)、273〜298頁、老川慶喜「台湾縦貫鉄道をめぐる「官設論」と「民設論」」(老川慶喜・須永徳武・谷ヶ城秀吉・立教大学経済学部編『植民地台湾の経済と社会』日本経済評論社、2011年)、39〜60頁。
3) 糖業協会編『近代日本糖業史』下巻(勁草書房、1995年)、84〜86頁(服部一馬執筆)、高成鳳『植民地鉄道と民衆生活——朝鮮・台湾・中国東北』(法政大学出版局、1999年)、66〜68頁、曽山毅『植民地台湾と近代ツーリズム』(青弓社、2003年)、69〜79頁、高成鳳『近代日本の社会と交通9 植民地の鉄道』(日本経済評論社、2006年)、17〜18頁、片倉佳史『台湾鉄路と日本人——線路に刻まれた日本の軌跡』(交通新聞社新書、2010年)、102〜111頁、謝国興「植民地期台湾における鉄道・道路運輸業——朝鮮との初期的比較を兼ねて」(堀和生・中村哲『日本資本主義と朝鮮・台湾——帝国主義下の経済変動』京都大学学術出版会、2004年)、237〜238頁など。

4） 前掲「台湾鉄道の成立」47頁。
5） 台湾総督府の鉄道統計の表題は、『台湾総督府鉄道部第一年報』、『台湾総督府鉄道部第二十六年報』、『昭和十一年度年報』というように変遷し、いずれも回次や内容年度を組み込んだ表題となっている。本章では鉄道部時代に刊行されたものを『台湾総督府鉄道部年報』、交通局鉄道部時代に刊行されたものを『台湾総督府交通局鉄道年報』と表記し、必要に応じて回次・内容年度を併記した。これらの鉄道統計は、国立台湾図書館、国立国会図書館、一橋大学経済研究所社会科学統計情報研究センターの所蔵分を利用したが、1940年度版は所在が確認できず、41年度版（国立台湾図書館所蔵）は未見である。なお、本章における長さの単位は、本文・図表ともメートル表示に換算した。上記の鉄道統計では、重量の単位も1932年度以前においては1トン＝1,008kgであったようであるが（『台湾総督府交通局鉄道年報』第35回、1933年度、凡例）、英トン long ton（約1,016kg）、米トン short ton（約907kg）のほどの差異はないため、本章ではそのまま用いている。
6） 以下、領台以前から日露戦後期に至るまでの鉄道建設の経緯については、渡部慶之進『台湾鉄道読本』（春秋社、1939年）、第2章～第5章を参照。官設鉄道の駅名は、改称後のものを（　）内に示した。
7）「本線」とは、縦貫線とそれに接続する台湾西部の官設鉄道網を一括して指すもので、鉄道統計でも用いられる台湾総督府鉄道部内の用語である。「本線」から孤立していた台東線は軌間762mmで建設されたが、将来は島内を一周する鉄道の一部となることを見越し、基礎工事等は縦貫線と同じ軌間1,067mmの規格でなされていた（同前、129～130頁）。
8） 以下、この項の内容は、渡邉恵一「植民地期台湾における糖業鉄道の成立」（社会経済史学会第83回全国大会自由論題報告、2014年5月24日、同志社大学）に基づく。詳細については、紙幅の関係上、別に発表の機会を求めることとしたい。
9） 以上、『台湾製糖株式会社史』（1939年）、121頁、佐藤吉治郎編『台湾糖業全誌』台湾新聞社、1926年、会社篇179頁。
10） 台湾製糖『営業報告書』第2回（1901/02年期）、9～10頁。
11） 台湾製糖『創立拾五週年記念写真帖』（1915年）、橋仔頭工場に於ける甘蔗牛車と其計量（其二）（糖業協会所蔵）。同書には頁付がないため、見出し語で引用箇所を表示。
12）「事業拡張予算書類」1906年7月（台湾製糖『重役会議決議録　自明治三十三年十二月至全四十二年十二月』糖業協会所蔵）。
13） 前掲『近代日本糖業史』下巻、84頁。
14） 前掲「事業拡張予算書類」。

15) 河野信次『台湾糖業観』日華新報社、1915年、127頁。
16) 台湾製糖『営業報告書』第7回（1906/07年期）、7頁。
17) 台湾製糖『営業報告書』第8回（1907/08年期）、8〜9頁。
18) 前掲台湾製糖『営業報告書』第7回、10〜11頁。
19) 前掲台湾製糖『営業報告書』第8回、9頁。
20) 前掲『台湾糖業観』127〜128頁。
21) 『台湾総督府鉄道部年報』第8回（1906年度）、93頁。
22) 以上、同前、95頁、『台湾総督府鉄道部年報』第9回（1907年度）、115頁。
23) 同前、121頁。
24) 『明治製糖株式会社三十年史』（1936年）、31頁。
25) 前掲『台湾総督府鉄道部年報』第8回、93頁、傍点引用者。
26) 同前。
27) 以下、二十一回飛士「私設鉄道を有する製糖会社に望む」（『台湾鉄道』第12号、1913年6月）、9頁。
28) 四大製糖の成立過程については、糖業協会監修・久保文克編『近代製糖業の発展と糖業連合会──競争を基調とした協調の模索──』（日本経済評論社、2009年）、48〜52頁（久保文克執筆）を参照。
29) 前掲二十一回飛士「私設鉄道を有する製糖会社に望む」11頁。筆者はペンネームであるが、「我々監督の地位にあるもの」（10頁）と自称していることから、鉄道部監督課の関係者と思われる。
30) 官設鉄道（台東線を含む）の3大貨物である石炭、砂糖、米の重量ベースでの輸送量を示せば、1920年度が67万トン、28万トン、19万トン、30年度が92万トン、82万トン、49万トン、39年度が193万トン、127万トン、75万トンであった（『台湾総督府鉄道部年報』、『台湾総督府交通局鉄道年報』各年版）。
31) 前掲『日本植民地鉄道史論』33〜34頁。
32) 糖業鉄道の営業線で、工場最寄駅から官設鉄道との接続駅までの区間が3線式となっている例として、明治製糖の員林〜渓湖間（9.3km）、大日本製糖の斗南〜虎尾間（7.2km）、彰化〜中寮間（7.2km、旧新高製糖）、大林〜工場間（0.8km、同）、塩水港製糖の新営〜岸内間（9.5km）などがあげられる（台湾総督府『台湾ニ於ケル補助鉄道ノ沿革及現況』1940年、5頁（国立国会図書館所蔵）。
33) もっとも、台湾製糖の阿緱工場（1908年12月生産開始）や後壁林工場（09年1月生産開始）のように、製品である砂糖の輸送において官設鉄道を介さないルートを自ら整備する事例もあった。
34) 台東線の南端部にあたる新開園〜台東間は、台東製糖の関連企業である台東開

拓が建設した鉄道を1922年4月に買収した区間であるが、表3-5にみられるように、台東線の甘蔗輸送構成比はそれ以前から高い。純然たる官設鉄道区間に進出した塩水港製糖（寿工場、大和工場）と台東線との関係が問われることになろう。この点についてはすでに蔡龍保氏が、「塩水港製糖の発展にとって台東線の開通は大きな意義があった」（蔡龍保〈都留俊太郎訳〉「近代台湾における台東線鉄道の敷設と花蓮港庁の発展（1895-1936）」、李昌玟・湊照宏編『近代台湾経済とインフラストラクチュア』東京大学社会科学研究所、2012年、54頁）ことを指摘しているが、いっそう立ち入った分析が待たれる。

35) 稲田昌植『台湾糖業政策』（拓殖局、1921年）、91頁。
36) 台湾総督府交通局鉄道部『台湾の鉄道』（1930年）、70～71頁。
37) 鉄道と競合する乗合自動車を買収し、兼業化した帝国製糖の例については、石井禎二「私設鉄道営業線めぐり（三）」（『台湾鉄道』第251号、1933年5月）、10～11頁を参照。
38) 総督府の鉄道統計に掲出されている会社別の営業線収支は、各製糖会社の営業報告書等にある鉄道事業の数値とはかなりの懸隔がみられるものもあるが、現在のところ検証材料が得られないため、ここではそのまま用いている。
39) 菅野忠五郎「私設鉄道の改善を望む」（『台湾鉄道』第55号、1917年1月）、22～23頁。
40) 相良捨男『経済上より見たる台湾の糖業』私家版、1919年、336頁。
41) 「私設鉄道建設規程並全線路整備規程諮問ニ対スル回答ノ件」（糖業連合会台湾支部『支部会仮決議』第54回、1921年3月27日、糖業協会所蔵『植民地期台湾産業・経済関係史料』丸善、R1-18）。
42) 喜安健次郎『鉄道行政』巌松堂書店、1923年、272頁、傍点原文。台湾私設鉄道補助法には、「本法ハ専用鉄道ヲ公衆ノ用ニ供スル鉄道ニ変更シタル私設鉄道及本法施行前営業ヲ開始シタル私設鉄道ニ之ヲ適用セス」（第10条）という条項があえて盛り込まれており、糖業鉄道を公的助成の対象から外す意図は明白であった。
43) 前掲『鉄道行政』271頁。

【付記】本研究は、日本学術振興会科学研究費補助金「基盤研究（C）」（研究課題番号：22530348）の成果でもある。

第4章　海上輸送の変容

谷ヶ城　秀吉

はじめに

　堀和生が指摘するように、帝国としての日本は、貿易を媒介として各植民地と「世界的に見ても例のないような、異常な緊密関係を取り結んでいた」[1]。すなわち、帝国日本の「帝国」的な特質は、宗主国と植民地の構造化された分業体制が貿易という経済的な諸力によって強く結びつけられ、高度に有機的な結合体を形成した点に求められる[2]。このように理解するならば、宗主国と植民地を経済的に結びつけた流通機構の基盤となる物流システムの形成過程が具体的に解明されるべきであろう。宗主国と植民地の間を移動する貨物量の増大に対応しうるだけの十分な海上輸送サービスは、いかなる過程を経て供給されたのか。サービスの供給主体である海運企業間の競争構造は、いかようであったのか。この二つの論点から本章は、宗主国日本と植民地台湾を結びつけた経済的な諸力の基盤を明らかにしていく[3]。
　第1次世界大戦後、日本の海運企業および船主は、戦時中に建造された中古船を大量に輸入した[4]。その結果、日本の保有船舶トン数は、世界のそれに比して急増した。ところが、不況下における船腹量の増大にもかかわらず、係船率は「ほぼ完全雇用に近い状態」[5]で推移した。その要因について中川敬一郎は、①戦間期における日本の貿易成長率が世界のそれを大幅に上回ったこと、②低速・低運賃の輸入中古船でも積み取りうる大量のバルク貨物が日本の海運

業にとって大きな比重を占める近海航路に存在したこと、③日露戦争以降に急成長した社外船有力オペレーターと中小の船主が密接に協力して優れたパフォーマンスを発揮したことの3点を指摘している。特に②は、宗主国と植民地を結ぶ帝国内の海上輸送にも大きな影響を与えたものと推定される。

一方で本章が取り扱う植民地台湾を分析の対象とした先行研究に目を向ければ、戦間期の糖業連合会が運賃の引き下げを目的として既存の大阪商船や日本郵船などに対抗しうる新興の海運企業（山下汽船、川崎汽船、国際汽船、帝国汽船、辰馬汽船）に台湾航路への参入を促したこと、その結果、台湾航路をめぐる海運企業間の競争が激化したことが明らかにされている[6]。また、新規に参入した海運企業が配船を維持するためには、季節性の大きい砂糖以外の貨物を積み取る必要があったことから、海運企業間の競争は、砂糖と特に補完関係が強い台湾米の移出過程や商社間の競争にも波及した[7]。これらの研究が明らかにした知見に基づけば、宗主国と植民地を結合する流通機構の拡大は、海上輸送サービスを供給する民間企業の競争によって促進されたと理解される。

先行研究をさらに繙けば、台湾航路における海上輸送サービスの供給過程は、台湾総督府の海運政策と関連して議論されてきたことがわかる。たとえば片山邦雄は、日本〜台湾間の貨物輸送を担った台湾航路の経営を大阪商船の事例に即して分析しつつ、台湾航路の拡充は、総督府命令航路を受命した大阪商船および日本郵船による航路の独占と、これを財政的に支援する総督府の手厚い補助金によってもたらされたと理解した[8]。この視角に基づけば、宗主国と植民地を結合する流通機構は、総督府の財政支出や海運政策に規定されたと捉えられる[9]。

この二つの研究潮流の間に生じた理解の差異は、分析対象の相違に起因する。すなわち、前者が主として不定期船（Tramper）を対象としたのに対し、後者は総督府の命令に基づく定期船（Liner）を事例として分析を進めたことである。国際物流論の標準的なテキストを用いて両者の差異を確認しておこう[10]。

一般に不定期船は、運賃負担力の小さいバルキーな大口貨物を傭船契約に基づいて特定の荷主から積み取る。また、低運賃が好まれる不定期船市場では、

運航費を節約しうる低速力の安価な船舶が使用される。そのため、中小規模のプレイヤーでも参入が容易であり、多数の企業によって激しい競争が展開される。これに対して、寄港地やスケジュール、運賃率が事前に提示されている定期船の場合、所定の運賃を支払えば、荷主は自己の都合に合わせていつでも貨物を船積みしうる。したがって定期船の積取貨物は、不特定多数の荷主から集荷した少量・多品種の小口貨物となる。また、定期船の運賃率は、不定期船のそれに比して高率だが、その対価として荷主は、海運企業に対して輸送の迅速性と規則性を要求する。したがって、定期船市場で競争力を高めるためには、快速性に優れた複数の船舶を配置しなければならない。結果として航路に対する設備投資額は大きくなり、運航費は増大する。定期船市場における競争は、こうしたコストを負担しうる相応の経営規模を持つ少数の海運企業によって寡占的に展開されることになる。このように、定期船と不定期船の市場は対照をなしており、競争構造の枠組みも異なる。

以上に示した不定期船と定期船の差異を踏まえつつ、本章が冒頭で掲げたように、物流システムを流通機構の基盤と捉えてその関係性を検証しようとするならば、ある特定地域における海上輸送サービスの供給過程は、二つの対照的な市場の両面から分析されることが望ましい。そこで本章では、不定期船と定期船の状況をそれぞれ個別に観察した先行研究の議論に拠りつつ、台湾航路において特に重要度の高い神戸〜基隆、横浜〜高雄[11]の二つの定期船と不定期船（台湾臨時線）の三つを取り上げて冒頭の課題に取り組む。

第1節　神戸〜基隆間航路の開設

(1) 海上輸送サービスの需給状況

船腹の供給量を意味する船舶入港量は、戦争という外的な要因によって一時的に減少した1904〜05年と1915〜20年を除けば増加傾向にある（図4-1）。時系列的な変化を詳しく知るために、第1次世界大戦期を境としてⅠ期（1897〜

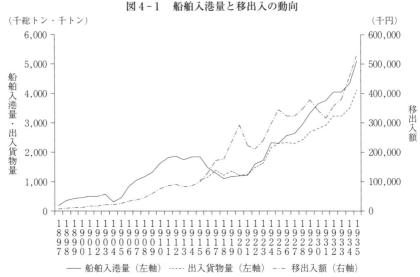

図4-1 船舶入港量と移出入の動向

出典：台湾総督府財務局税務課編『台湾貿易四十年表』（台湾総督府財務局税務課、1936年）より作成。

1914年）、Ⅱ期（1915〜20年）、Ⅲ期（1921〜35年）に区分し、年平均増加率を算出すると、それぞれ14.5％、−6.8％、10.1％となる。一方、移出入額の年平均増加率は、Ⅰ期17.1％、Ⅱ期22.7％、Ⅲ期4.1％、出入貨物量のそれは、Ⅱ期3.0％、Ⅲ期8.4％であった（Ⅰ期は不明）。船舶入港量の増加率との差は、金額ベースではⅠ期−2.6％、Ⅱ期−29.6％、Ⅲ期6.0％、重量ベースではⅡ期−9.9％、Ⅲ期1.6％となる。これらのことから、①第１次大戦期までの海上輸送サービスの需給はおおむね均衡していた、②貨物量が急増したにもかかわらず、第１次大戦期に生じた船腹の深刻な供給不足は、1920年代前半までには解消された、③1920年代後半から1930年代前半にかけて船腹供給量は、一転して過剰となった、の３点を読み取りうる。

　次に図4-1に示した船舶入港量のデータから北部の基隆および南部の高雄・安平の各港を取り出し、両者の比率を図4-2に示した。ここからは、次の二つを看取しうる。④Ⅰ期、わけても日露戦争以降の北部に対する南部の船舶入港量比率は、一貫して低下傾向にある（1904年114.4％→1915年63.5％）。

図4-2 台湾北部（基隆）・南部（高雄・安平）における船舶入港量の推移と比率

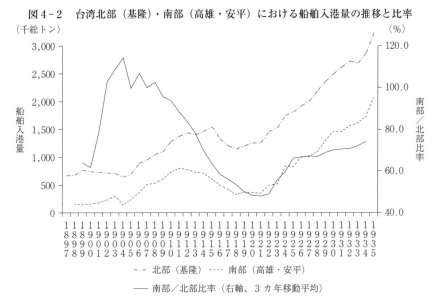

出典：図4-1に同じ。

これは、Ⅰ期における船腹供給量の増大が基隆港に入港するそれに起因していたことを意味する。⑤Ⅲ期における南部／北部比率は、1921年をボトムとして上昇傾向を示す（1921年48.1％→1934年73.9％）。したがって、Ⅲ期における船腹供給量の過剰化は、Ⅰ期とは逆に高雄・安平両港に入港する船舶の増加を主因とする。

以上の概観から、貨物量を規定する海上輸送サービスの供給量は、第1次大戦期を除けば一貫して増大傾向にあること、ただし、その要因は第1次大戦の前後で異なることがわかる。このように把握したうえで次項では、台湾航路に対する海上輸送サービスの供給過程を理解するための前提として神戸～基隆間航路の開設経緯を確認する。

(2) 神戸～基隆間航路の開設

1895年4月に清朝から台湾および澎湖列島（以下、台湾）を接受した日本政

府は、樺山資紀を海軍大将に昇格させて台湾総督に任命し、統治を開始した。残存する清軍の掃討や行政組織の確立など、樺山と台湾総督府に課せられた任務は多岐にわたっていた。「本島の開発上最も急務」とされた公共交通機関の整備に関して樺山は、同年8月に道路の開削、南北縦貫鉄道の敷設および基隆築港からなる「三大事業」を政府に建議した[12]。さらに翌年4月には、日本〜台湾間および台湾沿岸の定期航路を大阪商船に命じて開設した。これに先駆けて大阪商船は、杉山孝平理事ほか数名を台湾に派遣して現地の状況を調査し、総督府に意見書を提出している[13]。

大阪商船の意見は、日本〜台湾間航路は「神戸ヨリ門司長崎ヲ経テ台湾ニ至ル」ルート（＝直航線）よりも「神戸ヨリ鹿児島大島沖縄八重山ヲ経テ台湾ニ至ル」ルート（＝沖縄経過線）の方が「遙カニ便利」とするものであった[14]。その根拠は、次の二つである。

一つは、寄港地の狭隘性に規定されて大型船の配船が不可能な沖縄経過線は、それゆえに「経費ヲ要スルコトモ亦小サケレハ定期航路ニ対スル［台湾総督府の――引用者］補助金ノ如キモ直航線ニ比スレハ殆ント半額ヲ以テ足」りることである。もう一つは、「直航線ハ復航ニ積荷ナク殆ント空船ニテ帰船セサルヲ得」ないのに対し、沖縄経過線は「大島沖縄ノ砂糖ヲ積取ルノ便アルヲ以テ荷客運賃ノ如キモ直航線ニ比シテ稍ヤ低廉」となることである。命令航路の開設にあたって大阪商船が重視した要素は、コストと運賃の抑制にあった。この論理に従えば、総督府は低廉な海上輸送サービスを利用者に提供しつつ、命令航路の経営に要する歳出を最小化しえたであろう。

しかし、大阪商船の選択は、同社が持つ経営資源の制約に強く規定されていたことに注意したい。直航線が抱える問題について大阪商船は、「航路険悪ニシテ避難ノ場所ニ乏シ」く、「尋常ノ天候ト雖モ船体ノ動揺甚シク……大人ト雖モ航海ニ慣レサルモノハ船暈ニ堪ヘ」[15]ない点を指摘している。この問題は、大型船を投入すれば緩和されるが、当時の大阪商船はそれに必要とされる3,000総トン（以下、G/Tと略）級の貨客船[16]を保有していなかった[17]。大阪商船による直航線の経営は、事実上不可能であった。直航線は、陸軍用輸送を

担当していた日本郵船が経営することになった。

とはいえ、日本郵船といえども、3,000G/T以上の貨客船をこの航路に差し向けうるほどの十分な船舶を有していたわけではなかった。陸軍省の管轄下にあった日本郵船の神戸〜基隆間航路が1897年度に台湾総督府へ移管される際に総督府は、同社に対して2,500G/T以上の配船を求めた。しかし、日本郵船はこれに応えることができず、基準に達しない横浜丸（2,305G/T）を応急的に上海航路から引き抜いて充当した[18]。総督府の要求に応えうる海運企業は、当時の日本には存在しなかった。

加えて総督府は、景況に影響されやすい民間企業による航路経営のリスクを危惧していた[19]。前述したように、この時期の総督府に与えられた最優先の課題は、残存する清軍の掃討と治安の回復にあった。この課題を遂行するために台湾には、台湾守備混成旅団、基隆要塞砲兵大隊および澎湖島要塞砲兵大隊が置かれた[20]。兵員は、国内の各師団から交替で派遣された[21]。したがって、戦闘力を維持するためには、交替の兵員や軍事物資を円滑に輸送する必要があり、輸送業務に携わる海運企業には、航路の安定した経営が求められた。

このように、総督府による神戸〜基隆間の命令航路は、経済的な効果よりも軍事的な機能が重視された[22]。その機能を得るために総督府は、いずれも単独では十分な経営資源を持たない大阪商船と日本郵船に航路を経営させて必要な船腹量を確保しつつ、複数企業に担わせることでリスクの分散を企図した。神戸〜基隆間航路は、以上の経緯によって2社が経営することになったのである。

第2節　海上輸送サービスの供給拡大

(1) 船舶大型化競争の展開と「南北運賃問題」

当初、神戸〜基隆間航路において大阪商船と日本郵船は、運賃引き下げ競争を展開していたが[23]、1907年7月には両社間に運賃協定が成立した[24]。その結果、両社間の競争は輸送効率を向上させる船舶の大型化が主眼とされるように

なった。

　大阪商船が1897年にイギリスで新造した2隻の3,000G/T級貨客船（台中丸・台南丸）を同航路へ投入したのに対し、日本郵船は1880年代に建造された高齢の横浜丸および西京丸（2,913G/T）を運用していた。一方で日本郵船は、1909年末に特定航路助成が期間満了となる6,000G/T級貨客船12隻に代えて新造の8,500G/T級を欧州航路に配船した。同航路で不要となった6,000G/T級は、他の航路に振り替えられた[25]。神戸〜基隆間航路には、鎌倉丸（6,123G/T）、讃岐丸（6,117G/T）、信濃丸（6,388G/T）、備後丸（6,241G/T）などが配船された[26]。船体の大型化によって貨客の積載量が飛躍的に向上し、大阪商船に対する優位性が高まった。これに対して大阪商船は、台中丸・台南丸に代えて笠戸丸（6,209G/T）、亜米利加丸（6,313G/T）および香港丸（6,186G/T）を投入し、日本郵船に対抗した。

　以上のように、1908年には3,000G/T級を標準としていた神戸〜基隆間航路の就航船舶は、1914年までにはすべて6,000G/T級へと入れ替えられた。図4-2に掲げた1908〜14年の基隆港における船舶入港量の急増（1907年45.5万G/T→1914年96.7万G/T）は、この変化に起因するとみて差し支えないだろう。船腹量の安定的な確保とリスクの分散を主眼とした総督府の海運政策は、結果として両社の競争を引き起こし、海上輸送サービスの供給拡大をもたらしたのである[27]。

　ただし、この期間における海上輸送サービスの供給拡大が地域的な偏差をともないながら進展したことにも注意を要する。基隆港の船舶入港量が急増した1908〜14年における北部の年平均移出入額は、3,338.8万円（年平均増加率12.2%、以下同じ）、年平均船舶入港量は80.9万G/T（11.4%）であった[28]。これに対して南部の年平均移出入額は、北部を上回る4,119.3万円（12.4%）であったものの、年平均船舶入港量は69.5万G/T（4.8%）にとどまった。南部には十分な貨物需要があったにもかかわらず、海上輸送サービスの供給量は北部に比して劣位にあった。

　この傾向は、船腹が世界的に不足し、運賃および傭船料が暴騰する第1次大戦

期にますます顕著となる。1915～20年の北部における年平均移出入額が8,822.0万円（19.2%）、年平均船舶入港量が79.0万G/T（-4.0%）であったのに対し、南部はそれぞれ9,471.2万円（27.0%）、43.0万G/T（-10.8%）であった。南部における海上輸送サービスの需給には著しい不均衡が生じた。加えて命令航路である神戸～基隆間航路の運賃引き上げを総督府が認可しなかったことから、大阪商船・日本郵船の両社は、物価の上昇にともなって増大した同航路の運航コスト[29]を補填する目的で自由航路の運賃をたびたび引き上げた。命令航路を持たない南部の安平・高雄両港を利用する荷主のコスト負担は増大した（「南北運賃問題」、表4-1）[30]。

(2) 新興海運企業の参入と前提条件

　南部に対する海上輸送サービスの供給不足や運賃の高騰によって最も深刻な影響を受けたのは、対日移出総量の80%以上を高雄港に依存する砂糖や酒精であり、それらを生産する製糖会社であった[31]。それゆえ、製糖会社のカルテル組織である糖業連合会は、高騰した運賃の引下げを目的として既存の大阪商船や日本郵船などに対抗しうる新興の海運企業に台湾航路への参入を促した[32]。山下汽船（1919年）、川崎汽船・国際汽船・帝国汽船（1924年）および辰馬汽船（1929年）の参入がそれである。その結果、山下汽船が参入する以前には1.87円の提示であった砂糖1担当たり運賃は、辰馬汽船が参入する1929年には戦間期の長い海運不況とも相まって0.17円にまで急落した。1921～35年における北部の年平均出入貨物量が128.5万トン（年平均増加率7.2%、以下同じ）、船舶入港量が170.6万G/T（8.9%）であったのに対し、南部はそれぞれ117.9万トン（9.2%）、115.7万G/T（12.4%）に上昇した[33]。第1次大戦の戦前・戦時に生じた南部における海上輸送サービスの需給不均衡は、新興海運企業の間断ない参入によって解消された。

　その端緒となった山下汽船の参入について『台湾日日新報』は、1918年11月に次のような興味深い記事を掲載している。少し長くなるが引用しよう。

表4-1 台湾航路における命令船と自由船の運賃格差

品 名	単 位	阪神→基隆 (①～④)、基隆→阪神 (⑤～⑨)					
		命令船			自由船		
		1916.12～17.11	1917.12～(A)	引上率(%)	1916.12～17.11	1917.12～(B)	引上率(%)
① 一等品	40才または1,500斤	6.50	6.50	—	11.00	16.00	45.5
② 二等品	〃	5.00	5.00	—	8.50	11.00	29.4
③ 肥料・豆粕	〃	5.00	10.00	100.0	…	16.00	…
④ 材木	40才	8.50	8.50	—	7.00	11.00	57.1
⑤ 一等品	40才または1,500斤	6.50	9.10	40.0	…	…	…
⑥ 二等品	〃	5.00	7.00	40.0	…	…	…
⑦ 樟脳・脳油	〃	3.25	4.25	30.8	…	…	…
⑧ 砂糖	100斤	0.22	1.34	506.8	…	…	…
⑨ 生果	4才、10個	0.50	0.75	50.0	…	…	…

出典：台湾糖業連合会「第弐百三拾壱回協議会案」(1918年3月26日)『糖連協議会議案』糖業協会所蔵より作成。
注：―はゼロ、…は不明を示す。

　　近数年郵商二社は自由船運賃を極度に引上げ南北運賃の差を拡大し総督府をして命令船運賃の引上げを余儀なくせしめんとするの政策を採りたるも督府の威力は自由船に及ばざるを以て之を如何ともするを得ず督府は徒らに荷主と船会社の間に挟まりて頗る困難せる模様なりしが山下汽船の来航は先づ此の自由船との競争を開始することゝなりたるより郵商二社も昨今聊か屛息し再び運賃問題を提起するの勇気なく否な却つて裏面に於て運賃割戻しに依つて顧客の維持に努めつゝある有様なれば多年督府当局者を煩はしたる運賃問題は自然に解決し督府当局者も再び昔日の苦境に立つことなきに至り内心大に山下汽船の来航を歓迎し居るものゝ如し[34]

　　この記事は、南北間に生じた運賃格差問題の解決に際して総督府がほとんど無策であったことを示している。同時に図4-2で確認した1920年代の高雄港における船舶入港量の増加について総督府の海運政策が十分な効果を発揮しえなかったことを端的にあらわしている。つまり、この期間における海上輸送サービスの量的な拡大は、糖業連合会の行動を契機とする海運企業間の競争激

（1916年12月～1917年12月）

(単位：円、％、倍)

	阪神・門司→安平・高雄 (①～④)			
B/A	自由船			C/A
	1916.12 ～17.11	1917.12 ～(C)	引上率 (%)	
2.5	14.00	20.00	42.9	3.1
2.2	11.00	12.00	9.1	2.4
1.6	…	18.00	…	1.8
1.3	9.00	14.00	55.6	1.6
…	…	…	…	…
…	…	…	…	…
…	…	…	…	…
…	…	…	…	…
…	…	…	…	…

化によって促進されたと見るべきであろう。

さらに重要なのは、糖業連合会の行動を可能にした前提条件となる海運市場の状況にある。「はじめに」で本章は、第1次大戦末期に建造された中古船の大量輸入に起因する船腹量の増大が戦間期の宗主国と植民地を結ぶ帝国内の海上輸送にも大きな影響を与えたという仮説を提示しておいた。この仮説を表4-2と表4-3から検証しよう。

表4-2は、1937年6月時点における世界と日本の保有船舶（1,000G/T以上）をG/Tおよび建造年ごとに整理してそれぞれの構成比を算出し、その差を示したものである。日本の特徴は、1917～22年に建造された船舶のウエイトが大きい点にあり（+7.5%）、特に6,000G/T未満のそれが突出していた（+9.5%）。1921～36年に日本が輸入した船舶238隻90.9万G/Tのうち、2,000～6,000G/Tの船舶は195隻72.9万G/Tであったから[35]、上述の特徴は中古船の大量輸入によって形成されたと判断される。

他方で1934～35年期における砂糖の積取実績を船舶の建造年およびG/T別に集計した表4-3によれば、同期間に砂糖を積み取ったことが確認できる70隻のうち40隻（59.7%）は、1917～22年に建造された2,000～6,000G/Tの船舶であり、それらの積取量は193.6万担（53.0%）であった。また、使用船の輸入履歴がすべて確認しうる辰馬汽船を例にすると、この期間に同社が砂糖75.0万担を積み取るために配船した11隻のうちの6隻は、1917～22年に建造された2,000～6,000G/Tの輸入中古船であった（積取量は43.9万担、58.5%）[36]。要するに、これらのデータは戦間期に台湾から移出された砂糖の過半が大戦末期ないし戦後直後に建造された、輸入中古船を含む中型船によって輸送された

表4-2 G/T・建造年構成比における世界／日本比較（1,000G/T以上、1937年6月現在）

(単位:%)

G/T／建造年	~1912	1912~17	1917~22	1922~27	1927~32	1932~	合計
1,000~2,000 (A)	-5.5	0.9	3.4	-1.9	-1.2	0.2	-4.1
2,000~4,000 (B)	1.4	0.7	3.2	0.7	-0.2	1.3	7.2
4,000~6,000 (C)	-0.2	-0.2	2.9	-1.8	-1.9	1.1	-0.3
A＋B＋C	-4.3	1.4	9.5	-3.1	-3.3	2.6	2.8
6,000~8,000	-0.4	0.0	-1.5	-1.6	-0.7	3.4	-1.0
10,000~	-0.1	-0.1	-0.5	-0.6	-0.1	-0.3	-1.8
合計	-4.9	1.2	7.5	-5.3	-4.1	5.7	0.0

出典：山縣勝見『現下の海運界』（辰馬汽船、1938年）より作成。
注：表中の数値は、各項目における構成比（日本）／同（世界）から算出した。

表4-3 建造年・G/T別台湾糖の輸送実績（1934~35年期）

(単位：隻、千担)

建造年	~6,000G/T		6,000~8,000G/T		合計	
	隻数	積取量	隻数	積取量	隻数	積取量
~1916	14	916	—	—	14	916
1917~22	40	1,936	—	—	40	1,936
(％)	(57.1)	(53.0)				
1923~34	13	782	3	20	16	802
合計	67	3,634	3	20	70	3,654

出典：糖業連合会『台湾糖輸送関係文書 昭和七年～一〇年』糖業協会所蔵、VI-①-200、神戸海運集会所『日本貨物船明細書（昭和8年度）』（神戸海運集会所出版部、1933年）、日本経営史研究所編『創業百年史資料』（大阪商船三井船舶、1985年）より作成。
注：1）—はゼロ、括弧内の数値は全体に占める割合を示す。
　　2）本表は、前掲『台湾糖輸送関係文書』に残された月別・船別データを積み上げて作成したものである。当該年における台湾糖の対日移出は、1,400万担を超えていた。したがって本表は、その4分の1ほどをカバーするにすぎないが、おおむねの傾向は把握しうるものと考えている。

ことを示している。急増する対日移出貨物の輸送需要に対応しうるだけの十分な海上輸送サービスは、第1次大戦の「遺産」を前提として供給されたのである。

第4章　海上輸送の変容　105

第3節　戦間期における競争の展開

(1) 台湾航路の問題点

　「はじめに」で示したように、新興海運企業の間断ない参入に起因して戦間期の台湾航路に生じた競争の激化は、砂糖の積取だけではなく、それ以外の貨物にも波及した。本節では、その展開過程を特に辰馬汽船の参入（1929年）に注視しながら明らかにしたい。

　戦間期の台湾航路に船腹を供給する海運企業が直面した問題は、次の二つであった。一つは、対日移出の大宗貨物である砂糖の問題である。糖業連合会が海運企業に対して持つバーゲニング・パワーは、運賃率の交渉に際しても発揮された[37]。それゆえ、砂糖の運賃率は、他の貨物に比して相対的に低く抑えられた。たとえば、1932年における高雄～横浜間の砂糖1担当たり運賃0.17円は、米0.40円の半額以下であった。

　したがって、砂糖の積取によって海運企業にもたらされる運賃収入は、貨物量の割には小さくならざるをえない。たとえば、1929～32年における砂糖の対日移出額1億3,166.5万円（年平均、以下同じ）は、同期間における台湾の対日移出入総額3億9,829.1万円の33.1％を占めた[38]。また、この期間に大阪商船が輸送した砂糖30.6万トンは、同社台湾航路の輸送総量139.6万トンの21.9％に相当した[39]。しかし、大阪商船が砂糖の輸送によって得た運賃収入92.8万円は、貨物運賃収入総額677.5万円の13.7％——他の期間もほぼ同程度のウエイト——にすぎない（表4-4）。移出額と輸送量の大きさに鑑みれば、運賃収入源としての砂糖積取の意義は必ずしも大きくなかったと見るべきだろう。海運企業にとって砂糖は、決して旨味のある貨物ではなかった。

　砂糖の搬出期が1月から4月に集中していたことも問題を複雑にした[40]。この対応として海運企業は、季節性の大きい砂糖以外の集荷にも努めることで積載率の向上を試みた。砂糖の搬出期と重ならず、かつ貨物量の大きい米とバナ

表 4 - 4　大阪商船台湾航路に

		定期船						
		神戸／基隆				横浜／高雄		
		1921~24	1925~28	1929~32	1933~36	1921~24	1925~28	1929~32
往航 (日本→台湾)	材木	—	1	3	—	56	256	210
	肥料	1	—	2	—	71	116	79
	金属製品	50	32	45	41	86	82	126
	セメント	10	17	11	3	27	28	46
	海産物	33	84	64	59	2	32	33
	綿糸布・綿製品	39	42	69	65	24	18	18
	清酒・ビール	21	18	27	43	34	57	45
	石炭	—	—	—	—	1	19	14
	その他	608	686	609	657	479	802	606
	小　計	760	881	830	868	780	1,412	1,176
復航 (台湾→日本)	米 (A)	166	436	309	337	167	448	300
	砂糖 (B)	80	64	20	24	332	409	358
	B/E (%)	(4.8)	(3.1)	(1.1)	(1.3)	(21.0)	(13.3)	(13.9)
	バナナ (C)*	568	540	458	450	11	511	439
	塩	—	—	—	—	49	21	24
	石炭	—	—	—	—	66	25	27
	酒精	—	—	—	—	36	46	56
	缶詰	—	—	—	—	—	18	—
	その他	100	158	150	164	139	190	196
	小　計	913	1,198	937	975	799	1,670	1,400
合　計 (E)		1,673	2,079	1,767	1,842	1,580	3,081	2,575
(A+B+C)/E (%)		(48.6)	(50.0)	(44.6)	(44.0)	(32.3)	(44.4)	(42.6)
インバランス		140.0	147.1	122.8	123.4	157.5	121.8	127.0

出典：大阪商船『往復航別航路別主要貨物品別統計表』（日付不明）商船三井社史資料室所蔵より作成。
注：1）—はゼロを示す。
　　2）各項目には、期間中の年平均運賃収入を掲げた。
　　3）*バナナには、生果野菜を含む。
　　4）インバランスは、往航の貨物量を100とした場合の復航の貨物量を示す。

ナは、海運企業にとって特に重要な貨物であった。復航で積み取るこれら複数の「きれいな大量貨物」[41]（生果野菜を含む）を組み合わせることで大阪商船は、貨物運賃収入総額の37.5％（1921~24年）から44.2％（1933~36年）をはじめて確保しえたのである（表 4 - 4）。糖業連合会が按分する貨物だけで航路の経営が維持されたわけではなかったことが改めて確認できる。

　いま一つの問題は、往復航の著しい不均衡にある。周知のように、台湾の対日移出入は台湾側の大幅な出超であり、これが海運企業の貨物運賃収入を規定

第4章 海上輸送の変容 107

おける主要貨物別運賃収入

(単位：千円)

	不定期船 台湾臨時				3航路の合計			
1933~36	1921~24	1925~28	1929~32	1933~36	1921~24	1925~28	1929~32	1933~36
131	29	142	244	393	85	400	457	524
174	28	52	70	222	101	168	150	396
180	—	—	—	—	136	115	171	221
78	16	37	58	193	53	83	115	274
21	—	—	—	—	35	116	98	80
17	—	—	—	—	63	61	87	83
44	—	—	—	—	54	76	72	87
11	39	79	40	56	41	98	55	67
755	204	553	505	330	1,291	2,040	1,721	1,742
1,410	316	864	918	1,194	1,857	3,157	2,923	3,471
504	46	422	329	599	378	1,306	938	1,441
378	201	485	550	726	613	958	928	1,127
(11.5)	(21.7)	(18.5)	(22.6)	(21.9)	(14.7)	(12.3)	(13.7)	(13.3)
602	—	80	130	119	579	1,131	1,027	1,171
28	257	246	187	212	306	266	211	240
33	39	204	65	153	105	229	91	187
69	—	—	—	—	36	46	56	69
146	—	—	—	—	—	18	—	146
249	71	317	254	318	309	666	601	732
1,877	613	1,754	1,515	2,129	2,325	4,621	3,852	4,980
3,287	929	2,617	2,432	3,323	4,182	7,778	6,775	8,452
(45.2)	(26.6)	(37.7)	(41.5)	(43.5)	(37.5)	(43.7)	(42.7)	(44.2)
121.1	221.1	172.2	200.0	176.6	164.9	147.0	154.0	144.5

　した。特に不定期船では、その著しい不均衡が確認される。たとえば大阪商船の往復航インバランスは、3航路平均が144.5（1933~36年）から164.9（1921~24年）であったのに対し、不定期船である台湾臨時線では、172.2（1929~32年）から221.1（1921~24年）に達した（表4-4）。これは、不定期船における往航貨物の集荷が困難であることを示している[42]。

　船腹は、需要のピークに合わせて供給されることが一般的であるから、復航の膨大な貨物需要に合わせて船腹が供給される台湾航路の場合、往航への船腹

供給は逆に慢性的な過剰となり、収益性の悪化要因となる。それゆえ、不均衡を緩和しうる往航貨物の獲得は、台湾航路に配船する海運企業にとって不可欠の課題となった。大阪商船の場合、材木、肥料、金属製品およびセメントがその貨物となった。わけても和歌山県の勝浦ないし新宮から搬出される材木は、同社にとって復航の「きれいな大量貨物」につぐ重要な運賃収入源であった[43]。このように、砂糖を復航で積み取る海運企業は、米やバナナなどによって貨物の季節的な偏倚を調整しなくてはならず、他方で膨大な復航貨物の需要に応えつつ採算を得るためには、相応の往航貨物を要したのである。

(2) 積取シェアの変化

ただし、上述した課題の達成は容易ではなかった。たとえば1919年に参入した山下汽船は、台湾人商人と提携することで台湾米の集荷に成功し、また台中州青果同業組合と一手積取契約を締結してバナナの対日移出の拡大に寄与したが[44]、小口雑貨の集荷能力に欠く同社の航路経営は困難をきわめた[45]。1924年に参入した川崎汽船・国際汽船・帝国汽船の3社は、鈴木商店の後ろ盾と糖業連合会および先発海運企業との交渉によって往航貨物の積取を容認されたものの[46]、砂糖以外の復航貨物の積取でプレゼンスを発揮したという形跡は確認できない。社外船に対する保有船の貸与を通じて台湾航路の実情を知悉していた吾妻汽船は、往航貨物の材木、セメント、肥料を得て参入したが、「砂糖や米の如き大荷主の支持又は其他の台湾出荷の積取りが容易でなかつた為……全然片荷となり永続することが出来ず聊て大阪商船に買収されて手を引いた」[47]。1910年代末から20年代にかけて台湾航路に参入した新興の海運企業は、わずか数年で同航路から撤退せざるをえなかった。

1929年に参入した辰馬汽船の食い込みは、新興の海運企業が台湾航路に定着しえた唯一の事例と見てよいだろう。1936年度における輸送貨物量は、大阪商船219.5万トン（輸送貨物総量483.6万トンに占める割合45.4％、以下同じ）、近海郵船（1923年に日本郵船の近海部門を分社化）153.0万トン（31.6％）につぐ89.8万トン（18.6％）に達し、三井物産船舶部の12.7万トン（2.6％）を

大きく上回った[48]。

　辰馬汽船の関係者が残した回顧録を繙けば、彼らの競争力源泉が①高い集荷能力を持つ現地有力商社との戦略的提携、②低運賃を武器とするバルク貨物の獲得の二つにあったことがわかる[49]。すなわち、糖業連合会の勧誘を契機として台湾航路に参入した辰馬汽船は、復航では杉原商店との提携に基づいて台湾米をタリフレートの半額以下である1担0.3円で積み取り、往航では片山商店を代理店として勝浦・新宮や阪神、広島で材木・肥料・製糖用石灰石および雑貨類を集荷した。往航の重要な運賃収入源である材木の積取では、採算を度外視した低運賃戦略で大阪商船に競争を挑み[50]、同社の取引先を切り崩した[51]。また、雑貨の積取についても「辰馬汽船ガ商郵船両社現行率ヨリ二／五割方賃安引受」したために大阪商船は、辰馬汽船に「対抗スル為メ近郵ト打合セノ結果雑貨一、二等品賃率ヲ壱割引下」を余儀なくされた[52]。新興海運企業に台湾航路への参入を促すことで運賃率の引下げを企図した糖業連合会の行動は、砂糖だけではなく、米や材木をはじめとするバルク貨物全般の運賃率をも引き下げる効果を発揮した。

　辰馬汽船の参入によって生じた変化を具体的に確認しよう。それを知るためには、各海運企業の積取シェアを貨物別に示して観察することが望ましいが、糖業連合会と海運企業の交渉によって貨物量の按分が決定される砂糖[53]と移出業務が競争的寡占の状態にあった米[54]を除けば、積取シェアを直接に示す資料を得ることができない。そこで表4-5では、次のような作業を行った。まず、主要商品別の移出入量と貨物の輸送実績が得られる大阪商船3航路（神戸～基隆、横浜～高雄、台湾臨時）のデータを往復航別にそれぞれ掲げ、辰馬汽船が参入した1929年の実績を100として指数化した。ついで1925～28年（A）と1930～34年（B）の期間に分けて辰馬汽船参入前後の平均値を算出し、期間中の変化（B-A）をCとしてあらわした。Cで得られた大阪商船の輸送量指数から移出入量のそれを減じた値（「指数の差」）がマイナスであれば、辰馬汽船の参入によって大阪商船のシェアが減少したことを意味し、逆にプラスであれば増加をあらわすだろう。

表4-5　台湾の商品別移出入量と大阪商船の貨物別輸送量の動向（1929年＝100）

往　航	木　材		セメント		清酒・ビール	
	移入量 （千立方尺）	輸送量 （千トン）	移入量（千斤）	輸送量 （千トン）	移入量（千打）	輸送量 （千トン）
1925	1,714　(29.0)	44　(37.0)	30,095　(63.8)	13　(40.5)	605　(74.6)	10　(72.6)
1926	2,856　(48.4)	58　(49.7)	25,033　(53.1)	17　(54.0)	666　(82.1)	11　(82.8)
1927	3,517　(59.5)	25　(21.6)	39,261　(83.3)	30　(92.9)	650　(80.1)	12　(89.7)
1928	4,526　(76.6)	97　(82.8)	39,929　(84.7)	28　(85.9)	840　(103.6)	15　(110.4)
1929	5,906　(100.0)	118　(100.0)	47,160　(100.0)	32　(100.0)	811　(100.0)	13　(100.0)
1930	5,623　(95.2)	85　(72.0)	94,398　(200.2)	44　(138.5)	762　(94.0)	14　(107.6)
1931	6,263　(106.1)	63　(53.2)	70,568　(149.6)	22　(67.6)	678　(83.6)	10　(78.8)
1932	8,745　(148.1)	102　(87.0)	84,993　(180.2)	31　(96.4)	700　(86.3)	11　(79.1)
1933	8,746　(148.1)	78　(66.4)	92,333　(195.8)	38　(118.9)	734　(90.5)	11　(86.4)
1934	9,456　(160.1)	76　(64.7)	95,604　(202.7)	49　(153.4)	788　(97.2)	13　(95.9)
1925～28 (A)	3,153　(53.4)	56　(47.8)	33,579　(71.2)	22　(68.3)	690　(85.1)	12　(88.9)
1930～34 (B)	7,767　(131.5)	81　(68.7)	87,579　(185.7)	37　(115.0)	733　(90.3)	12　(89.5)
B～A (C)	4,614　(78.1)	25　(20.9)	54,000　(114.5)	15　(46.6)	42　(5.2)	0　(0.7)
指数の差	-57.2		-67.9		-4.6	

復　航	砂　糖		米		バナナ	
	移出量（千担）	輸送量 （千トン）	移出量（千担）	輸送量 （千トン）	移出量（千斤）	輸送量 （千トン）
1925	7,170　(57.9)	188　(47.4)	5,559　(105.4)	204　(128.9)	148,336　(115.7)	124　(122.5)
1926	7,488　(60.5)	224　(56.5)	5,679　(107.7)	162　(102.4)	186,577　(145.5)	66　(64.6)
1927	6,928　(55.9)	212　(53.4)	6,772　(128.4)	228　(144.2)	151,252　(118.0)	129　(127.1)
1928	9,768　(78.9)	392　(98.8)	5,474　(103.8)	182　(114.7)	156,171　(121.8)	131　(129.0)
1929	12,386　(100.0)	397　(100.0)	5,272　(100.0)	158　(100.0)	128,200　(100.0)	102　(100.0)
1930	12,458　(100.6)	300　(75.6)	4,953　(93.9)	116　(73.5)	158,689　(123.8)	125　(122.8)
1931	13,200　(106.6)	266　(67.0)	6,860　(130.1)	170　(107.3)	189,682　(148.0)	134　(132.1)
1932	13,974　(112.8)	261　(65.9)	8,796　(166.8)	197　(124.7)	154,748　(120.7)	110　(108.4)
1933	9,831　(79.4)	224　(56.5)	9,057　(171.8)	153　(96.5)	194,153　(151.4)	141　(138.6)
1934	11,023　(89.0)	264　(66.6)	12,108　(229.7)	303　(191.7)	175,087　(136.6)	123　(121.4)
1925～28 (A)	7,839　(63.3)	254　(64.0)	5,871　(111.4)	194　(122.5)	160,584　(125.3)	112　(110.8)
1930～34 (B)	12,097　(97.7)	263　(66.3)	8,355　(158.5)	188　(118.7)	174,472　(136.1)	127　(124.7)
B～A (C)	4,258　(34.4)	9　(2.3)	2,484　(47.1)	-6　(-3.8)	13,888　(10.8)	14　(13.9)
指数の差	-32.1		-50.9		3.0	

出典：台湾総督府財務局『台湾の貿易』（台湾総督府財務局、1935年）113～115頁、123～128頁、前掲『往復航別航路別主要貨物別統計表』より作成。

注：1）括弧内の数値は、1929年を100とした指数、0は千未満の数値を示す。
　　2）『往復航別航路別主要貨物別統計表』には、日本酒・ビールの輸送量が合わせて記載されているため、移入量も両者の合算を掲げた。

　以上の作業からは、米、材木およびセメントでは大阪商船の大幅なシェア減少が確認されるものの、それ以外のバナナ、清酒・ビールでは、同社のシェアにほとんど変化が見られないという、前述の回顧と整合的な結果が確認された。

これは、辰馬汽船の参入によって生じた海運企業間競争の波及が限定的であったことを示唆している。

(3) 航路収益性の変化

競争の限定性は、大阪商船の航路経営データを整理した表4-6からも支持される[55]。1927～29年に143.1万円であった台湾沿岸航路および台湾～中国間航路を含む広義の台湾航路の再差引損益は、1934～36年には190.0万円に増大したものの、全航路に占める構成比は43.4％から18.3％に低下している。この傾向は、日本と台湾を結ぶ狭義の台湾航路（表4-6の「小計」）でも同様である（40.6％→19.0％）。

その要因は、1920年代後半以降に推進された航路の積極拡充と大型ディーゼル船の投入にともなう船費の削減によって遠洋航路の再差引損益が大幅に改善されたことにある[56]。換言すれば、再差引利益の航路別構成比から見た台湾航路の地位低下は相対的なものであり、再差引損益の絶対額が純減した近海朝鮮航路や内航に比べれば、「弗箱コース」[57]と称された台湾航路のパフォーマンスは依然として良好な状態にあったと判断される。

とはいえ、広義の台湾航路の収益を支える狭義のそれに着目すれば、そのパフォーマンスには明らかな差異が確認される。辰馬汽船の不定期船と直接に競合する台湾臨時線の投資利益率（A/C）は、同社が参入する以前の1927～29年には2.9％から6.2％であった。この数値は、神戸～基隆間航路や横浜～高雄間航路より劣るものの、全航路平均から見れば決して悪くない。また、積取貨物が類似する横浜～高雄と台湾臨時線の投資利益率（A/C）の差は、4.6％から8.4％程度に収まっていた。

ところが、1930～36年にかけて神戸～基隆および横浜～高雄の投資収益性が景況の好転によって急速に回復するのに対し、台湾臨時線のそれは低位にとどまった。1927～29年には全航路平均を上回っていた台湾臨時線の1930年以降における投資利益率（A/C）は、1934年を例外として平均を大きく下回った。辰馬汽船が台湾航路に参入する1929年には4.6％であった横浜～高雄と台湾臨時

表4-6 大阪商船各航路の収入・損益・

		遠 洋					南 洋
		NY(急)	南 米	豪 州	ボンベイ	計**	
年平均収入	1927～29	—	4,757	2,859	4,177	25,892	2,650
	(%)		(7.3)	(4.4)	(6.4)	(39.6)	(4.1)
	1930～33	6,292	5,389	2,556	3,993	29,473	2,655
	(%)	(10.2)	(8.8)	(4.2)	(6.5)	(47.9)	(4.3)
	1934～36	12,209	6,420	4,197	5,866	41,717	3,643
	(%)	(14.1)	(7.4)	(4.9)	(6.8)	(48.2)	(4.2)
差引損益 (A)	1927	—	-805	225	258	-2,535	-574
	1928	—	-417	120	571	-1,171	-501
	1929	—	-297	139	740	-961	-315
	1930	-27	-684	43	823	-3,075	-419
	1931	544	-656	332	947	-927	-1,023
	1932	446	-368	741	535	225	-1,359
	1933	2,544	523	1,153	1,192	7,127	-462
	1934	2,487	163	1,024	1,537	6,220	-679
	1935	1,940	-146	1,645	1,046	5,493	-506
	1936	2,302	145	1,252	1,099	5,717	-76
	1927～29	—	-506	667	523	-1,555	-463
	(%)		(-263.4)	(347.0)	(272.1)	(-809.1)	(-241.0)
	1930～33	877	-296	567	874	838	-816
	(%)	(99.0)	(-33.4)	(64.0)	(98.7)	(94.5)	(-92.1)
	1934～36	2,243	54	1,307	1,227	5,810	-420
	(%)	(29.2)	(0.7)	(17.0)	(16.0)	(75.6)	(-5.5)
再差引損益 (B)	1927	—	423	225	258	-963	-349
	1928	—	812	120	571	430	-299
	1929	—	1,029	139	740	771	-117
	1930	-27	712	43	823	-1,304	-229
	1931	544	884	332	947	923	-839
	1932	446	1,177	741	535	2,129	-1,193
	1933	2,544	2,161	1,153	1,192	9,082	-295
	1934	2,487	1,678	1,024	1,537	8,018	-513
	1935	1,940	1,231	1,645	1,046	7,151	-359
	1936	2,302	1,391	1,252	1,099	7,246	-22
	1927～29	—	754	667	523	80	-255
	(%)		(22.9)	(20.2)	(15.9)	(2.4)	(-7.7)
	1930～33	877	1,234	567	874	2,708	-639
	(%)	(21.3)	(30.0)	(13.8)	(21.3)	(65.9)	(-15.6)
	1934～36	2,243	1,434	1,307	1,227	7,471	-298
	(%)	(21.6)	(13.8)	(12.6)	(11.8)	(71.9)	(-2.9)
	1927	—	12,935	2,686	5,598	53,794	5,642
	1928	—	13,302	2,606	5,768	53,743	5,053
	1929	—	14,000	2,400	3,746	53,403	4,796

「資本金」の動向（1927～36年度）

(単位：千円、%)

	台湾			計**	近海朝鮮		内航	合計
神戸／基隆	横浜／高雄*	台湾臨時	(小計)		大阪／大連*	計**		
3,162	3,405	2,280	8,847	12,011	3,428	12,345	12,419	65,318
(4.8)	(5.2)	(3.5)	(13.5)	(18.4)	(5.2)	(18.9)	(19.0)	(100.0)
2,682	2,522	1,983	7,187	9,694	4,055	10,943	8,787	61,551
(4.4)	(4.1)	(3.2)	(11.7)	(15.7)	(6.6)	(17.8)	(14.3)	(100.0)
3,172	3,801	3,706	10,679	13,915	7,368	18,502	8,754	86,530
(3.7)	(4.4)	(4.3)	(12.3)	(16.1)	(8.5)	(21.4)	(10.1)	(100.0)
612	361	85	1,057	399	363	652	1,430	-628
586	383	182	1,151	664	764	937	1,174	1,104
421	230	61	712	453	762	101	822	100
365	9	-263	111	-529	463	-281	281	-4,024
369	19	-225	163	-415	330	24	173	-2,168
428	181	-181	428	-247	964	935	467	21
478	486	-15	949	437	1,555	1,618	995	9,715
673	619	233	1,524	1,138	1,688	1,703	861	9,244
860	605	-111	1,354	1,022	1,287	39	383	6,432
933	1,128	44	2,106	1,237	1,002	-92	608	7,394
540	325	109	974	505	630	564	1,142	192
(280.8)	(169.0)	(56.8)	(506.5)	(262.9)	(327.6)	(293.2)	(594.2)	(100.0)
410	174	-171	413	-189	828	574	479	886
(46.3)	(19.6)	(-19.3)	(46.6)	(-21.3)	(93.4)	(64.8)	(54.1)	(100.0)
822	784	55	1,661	1,132	1,326	550	617	7,690
(10.7)	(10.2)	(0.7)	(21.6)	(14.7)	(17.2)	(7.2)	(8.0)	(100.0)
932	375	85	1,391	1,281	429	905	1,520	2,394
941	398	182	1,521	1,603	830	1,186	1,272	4,192
797	245	61	1,103	1,409	889	313	924	3,300
733	24	-263	494	426	610	-79	381	-805
742	33	-225	551	535	476	204	274	1,097
764	193	-181	776	631	1,113	1,109	546	3,222
805	499	-15	1,289	1,283	1,704	1,782	1,068	12,921
1,004	631	233	1,868	1,942	1,738	1,759	949	12,155
1,142	618	-111	1,648	1,758	1,326	82	484	9,116
1,198	1,151	44	2,393	1,999	1,043	-48	714	9,889
890	340	109	1,338	1,431	716	801	1,238	3,295
(27.0)	(10.3)	(3.3)	(40.6)	(43.4)	(21.7)	(24.3)	(37.6)	(100.0)
761	187	-171	777	719	976	754	567	4,109
(18.5)	(4.6)	(-4.2)	(18.9)	(17.5)	(23.7)	(18.4)	(13.8)	(100.0)
1,115	800	55	1,970	1,900	1,369	598	716	10,387
(10.7)	(7.7)	(0.5)	(19.0)	(18.3)	(13.2)	(5.8)	(6.9)	(100.0)
4,742	2,874	2,014	9,630	16,096	4,544	12,225	11,013	84,284
4,791	3,383	2,923	11,097	17,038	4,312	12,644	11,755	84,899
4,504	3,073	2,144	9,721	15,481	5,661	14,684	12,615	87,043

	年						
「資本金」(C)	1930	1,692	17,535	4,392	4,178	57,532	4,483
	1931	…	18,608	5,138	4,477	59,371	4,534
	1932	10,489	17,586	5,029	4,607	55,160	4,810
	1933	14,047	18,376	4,857	5,595	57,611	4,800
	1934	14,706	16,282	4,694	3,336	50,575	4,162
	1935	13,503	15,499	4,479	2,331	47,005	3,470
	1936	13,507	14,664	5,169	1,936	45,834	2,313
A/C (%)	1927	—	-6.2	8.4	4.6	-4.7	-10.2
	1928	—	-3.1	4.6	9.9	-2.2	-9.9
	1929	—	-2.1	5.8	19.7	-1.8	-6.6
	1930	-1.6	-3.9	1.0	19.7	-5.3	-9.4
	1931	…	-3.5	6.5	21.2	-1.6	-22.6
	1932	4.2	-2.1	14.7	11.6	0.4	-28.3
	1933	18.1	2.8	23.7	21.3	12.4	-9.6
	1934	16.9	1.0	21.8	46.1	12.3	-16.3
	1935	14.4	-0.9	36.7	44.9	11.7	-14.6
	1936	17.0	1.0	24.2	56.8	12.5	-3.3
B/C (%)	1927	—	3.3	8.4	4.6	-1.8	-6.2
	1928	—	6.1	4.6	9.9	0.8	-5.9
	1929	—	7.3	5.8	19.7	1.4	-2.4
	1930	-1.6	4.1	1.0	19.7	-2.3	-5.1
	1931	…	4.8	6.5	21.2	1.6	-18.5
	1932	4.2	6.7	14.7	11.6	3.9	-24.8
	1933	18.1	11.8	23.7	21.3	15.8	-6.1
	1934	16.9	10.3	21.8	46.1	15.9	-12.3
	1935	14.4	7.9	36.7	44.9	15.2	-10.3
	1936	17.0	9.5	24.2	56.8	15.8	-1.0

出典：大阪商船『航路別・船別・収支計算統計表』（日付不明）商船三井社史資料室所蔵より
注：1）—はゼロ、…は不明、「NY（急）」はニューヨーク急航線を示す。再差引損益は、に示した括弧内の数値は、合計に占める割合をあらわす。
2）横浜／高雄には、大阪／高雄・京浜台湾直航（1936年）を、大阪／大連には、大阪／その他航路を含む。なお、本表には、原則として「資本金」300万円以上の航路を掲
3）網掛けは、合計の率よりも8％以上上回ったものを示す。
4）原資料によれば、1931年度におけるニューヨーク急航線の「資本金」は6,805.7万ク急航線の「資本金」は誤植だと思われるが、正しい数値が判明しないため、不明と

線の投資利益率（A/C）の差は、1930年には突如として15.7％へと広がり、その後ますます拡大した。不定期船市場に対する辰馬汽船の参入と定着は、大阪商船の不定期船である台湾臨時線の航路経営に深刻なダメージを与えた。ただし、前述したように、神戸〜基隆および横浜〜高雄の航路経営がきわめて良好であったことにも注意したい。辰馬汽船の参入は、定期船市場にはほとんど影響を与えなかったのである。

第 4 章　海上輸送の変容　115

3,949	2,813	1,706	8,468	14,158	6,287	14,309	11,076	88,816	
3,743	2,777	1,575	8,095	13,365	6,331	13,717	9,683	88,642	
3,699	2,554	2,178	8,431	13,433	7,966	15,484	9,416	86,213	
3,417	2,234	1,846	7,497	12,049	9,070	16,540	9,404	89,560	
4,425	2,027	1,717	8,169	13,399	8,709	15,739	9,044	80,860	
4,069	2,670	908	7,647	12,912	12,391	10,987	8,440	71,193	
3,827	2,071	788	6,686	17,272	12,200	20,266	7,543	77,683	
12.9	12.6	4.2	11.0	2.5	8.0	5.3	13.0	-0.7	
12.2	11.3	6.2	10.4	3.9	17.7	7.4	10.0	1.3	
9.3	7.5	2.9	7.3	2.9	13.5	0.7	6.5	0.1	
9.3	0.3	-15.4	1.3	-3.7	7.4	-2.0	2.5	-4.5	
9.9	0.7	-14.3	2.0	-3.1	5.2	0.2	1.8	-2.4	
11.6	7.1	-8.3	5.1	-1.8	12.1	6.0	5.0	0.0	
14.0	21.7	-0.8	12.7	3.6	17.1	9.8	10.6	10.8	
15.2	30.5	13.6	18.7	8.5	19.4	10.8	9.5	11.4	
21.1	22.7	-12.3	17.7	7.9	10.4	0.4	4.5	9.0	
24.4	54.5	5.6	31.5	7.2	8.2	-0.5	8.1	9.5	
19.6	13.1	4.2	14.4	8.0	9.4	7.4	13.8	2.8	
19.6	11.8	6.2	13.7	9.4	19.3	9.4	10.8	4.9	
17.7	8.0	2.9	11.3	9.1	15.7	2.1	7.3	3.8	
18.6	0.8	-15.4	5.8	3.0	9.7	-0.6	3.4	-0.9	
19.8	1.2	-14.3	6.8	4.0	7.5	1.5	2.8	1.2	
20.6	7.6	-8.3	9.2	4.7	14.0	7.2	5.8	3.7	
23.6	22.3	-0.8	17.2	10.7	18.8	10.8	11.4	14.4	
22.7	31.1	13.6	22.9	14.5	20.0	11.2	10.5	15.0	
28.1	23.1	-12.3	21.6	13.6	10.7	0.7	5.7	12.8	
31.3	55.6	5.6	35.8	11.6	8.5	-0.2	9.5	12.7	

作成。
補助金を加えた差引損益から負担経費を差し引いた額を、年平均収入、差引損益および再差引損益の下

大連（自由航路、1927〜29年）をそれぞれ含む。**遠洋航路、台湾航路および近海朝鮮航路の計には、
げたが、遠洋航路の欧州航路とアフリカ航路は、紙幅の制約のために省略した。

円と記載されているが、その場合、遠洋航路合計の5,937.1万円を超過してしまう。したがってニューヨー
した。

　その主因を本章は、船隊編成の差異にあると考えている。定期船の神戸〜基隆間航路では、1922年6月に締結された郵商協調が翌年に破綻したことを契機として船舶の大型化と快速化を基調とする競争が再び激化した[58]。1924年6月に大阪商船は、亜米利加丸と香港丸に代えて欧州から輸入した中古船の蓬莱丸（1912年建造、9,206G/T）と扶桑丸（1908年建造、8,188G/T）を配船し、ついで1927年3月には笠戸丸と瑞穂丸（1912年建造、8,511G/T）を入れ替え

た[59]。さらに1934年2月には、三菱長崎造船所で新造された高千穂丸（1933年建造、8,154G/T）を扶桑丸に代えて投入した。これに対抗するように近海郵船も1925年4月に備後丸と吉野丸（1906年建造、8,999G/T）を、1928年7月に信濃丸・因幡丸と朝日丸（1914年進水、9,327G/T）・大和丸（1915年進水、9,656G/T）をそれぞれ交代させた。神戸〜基隆間航路の就航船は、1920年代後半から1930年代前半にかけて6,000G/T級から1万G/T級へと大型化し、15〜17ノットであった最高速力は、16.15〜19.18ノットへと増強された。

これに対して辰馬汽船の船隊編成で中心を占める1917〜22年建造の2,000〜6,000G/T級船舶は[60]、バルク貨物を積み取る不定期船としては適合的であった。そもそも辰馬汽船の参入は、糖業連合会の勧誘を契機としたものであったから、一義的には砂糖の積取に適合的な貨物船が選択されたはずである。しかし、それゆえに快速性を要する定期船貨物のバナナ[61]や小ロットで出荷される清酒・ビール[62]の積取には強みを発揮しなかった。事実、辰馬汽船の不定期船と直接に競合した大阪商船の台湾臨時線——その船隊は辰馬汽船と同様に1917〜22年に建造された2,000〜6,000G/T級船舶によって編成されていたものと思われる[63]——は、清酒・ビールをまったく積み取らず、バナナの輸送量もごくわずかにとどまったことが表4-4から確認できる。それらの輸送は、快速性と規則性を要する定期船を経営するために必要な資源と能力を持つ大阪商船・近海郵船の両社に依存したのである[64]。

おわりに

1890年代から1930年代にかけての植民地台湾に対する海上輸送サービスの供給量は、日露戦争と第1次世界大戦の戦時を除けば持続的に増加した。ただし、第1次大戦の前後で台湾総督府＝政府の役割が変化したことに注意を払うべきである。日本が清朝から台湾を接受した直後の1890年代には、総督府が定期航路の開設に主導的な役割を果たした。神戸〜基隆間の命令航路が大阪商船と日本郵船の2社によって担われることになった要因は、軍事的な機能を優先する

総督府のリスク分散的な海運政策に求められるであろう。また、総督府から2社に交付される補助金の意義は、片山の分析によって明白である[65]。とはいえ、第1次大戦の戦前・戦時に生じた「南北運賃問題」に直面して総督府の海運政策は機能不全に陥っていたのであり、解決に向けて十分なイニシアチブを発揮することはなかった。第1次大戦中に総督府は、監督官庁の権限を発動して命令航路の運賃率を抑制したものの[66]、その後に続く戦間期には「命令航路の貨物運賃認可率は最高を抑へ、其の範囲内における高低変動は自由」[67]とする運賃政策を採用した。少なくとも第1次大戦期から戦間期にかけての総督府の海運政策は、明らかに放任主義が貫かれていたのであり、市場における海運企業間の競争をある意味で促進するものであった。

海上輸送サービスの供給量を増大させた海運企業間の競争メカニズムは、定期船を中心とする北部と不定期船が一定のウエイトを占める南部とでは大きく異なる。星野裕志によれば、定期船市場において競争優位を占めるための手段は、必ずしも多様ではない。すなわち、①大型かつ高速の船舶を投入して規模の経済性を高めること、②スペースの相互交換を行うこと、③コスト効率性を高めることの三つに集約されるという[68]。神戸～基隆間の定期船を基盤とする台湾北部では、①を主眼とする競争が大阪商船と日本郵船の間で寡占的かつ同質的に展開された。輸送効率の向上を目的とした両社による船舶の大型化競争は、台湾北部に対する海上輸送サービスの供給拡大に強く寄与した。

一方で台湾南部の海運企業間競争は、典型的な不定期船市場の様相を呈した。十分な貨物需要を有する台湾南部へのサービス供給は、北部に比して著しく劣位にあった。運賃は、命令航路が存在しないという事情とも相まってきわめて高率であった。運賃率の引き下げを目的とした糖業連合会による新興海運企業の参入勧誘は、こうした植民地台湾の海運市場をめぐる「南北運賃問題」を背景としていた。台湾南部に対する海上輸送サービスの供給量は、糖業連合会の行動を起点とする新興海運企業の参入によって急増した。社会問題と化していた需給の不均衡はたちまち解消された。このように、戦間期における海上輸送サービスの供給量は、糖業連合会の行動を契機とする海運企業間の競争を直接

の要因として増大した。

　この点について本章では、次の二つを特に強調しておきたい。一つは、第 1 次大戦の「遺産」の存在が糖業連合会の行動を可能にしたことである。急増する対日移出貨物の輸送需要に対応しうるだけの海上輸送サービスは、大戦末期ないし戦後直後に建造された輸入中古船を含む中型船が大量に存在することではじめて十分に供給しえた。すなわち、中古船の大量輸入に基づく保有船舶トン数の増大は、宗主国と植民地を結ぶ帝国内の海上輸送にも確実に影響を与えたのである。

　いま一つは、とはいえ「遺産」によって引き起こされた競争は、バルク貨物を積み取る不定期船市場には広く波及したものの、定期船市場にはほとんど影響を与えなかったことである。戦間期における新興海運企業の間断ない参入は、糖業連合会のバーゲニング・パワーによって実現したが、それゆえにそこで用いられる船舶は、砂糖積取に適合的であること——すなわち大戦の「遺産」である低速力・低運賃の中型船——が求められた。それらの中型船は、バルキーな不定期船貨物の積取には適合したものの、快速性を要する定期船貨物の積取では競争力を発揮しなかった。海運企業間の競争は、その必然的帰結として大阪商船が収益の柱とする定期船の航路経営には影響を及ぼさなかったのである[69]。

1) 堀和生『東アジア資本主義史論 I ——形成・構造・展開』（ミネルヴァ書房、2009年）、36頁。
2) 谷ヶ城秀吉『帝国日本の流通ネットワーク——流通機構の変容と市場の形成』（日本経済評論社、2012年）、5頁。
3) 本章は、2013年11月9日に開催された史学会第111回大会公開シンポジウム「帝国とその周辺」における筆者の報告「帝国日本における海上交通網の変容と流通機構」の内容を大幅に加筆修正したものである。報告にあたっては、シンポジウムを企画された大豆生田稔（東洋大学）・杉森哲也（放送大学）の両氏をはじめ、報告・コメントを担当された長縄宣博（北海道大学）・後藤春美（東京大学）・今西一（小樽商科大学）・千葉正史（東洋大学）の各氏からも多くの助言を頂戴した。記して感謝したい。なお、同シンポジウムの報告概要は、谷ヶ城秀吉「帝国日本

における海上交通網の変容と流通機構」(『史学雑誌』123編1号、2014年1月) に示してある。併せて参照されたい。
4) 以下、中川敬一郎『両大戦間の日本海運業——不況下の苦闘と躍進』(日本経済新聞社、1980年)、15〜29頁、244〜246頁。
5) 同前、27頁。
6) 大島久幸「糖業連合会と物流」(糖業協会監修・久保文克編『近代製糖業の発展と糖業連合会——競争を基調とした協調の模索』日本経済評論社、2009年)。
7) 前掲『帝国日本の流通ネットワーク』。
8) 片山邦雄『近代日本海運とアジア』(御茶の水書房、1996年)。同様の見解を示す研究として、戴宝村『近代台湾海運発展——戎克船到長栄巨舶』(玉山社出版事業、2000年) がある。
9) 植民地台湾の海運に触れたその他の先行研究として以下がある。小風秀雅『帝国主義下の日本海運——国際競争と対外自立』(山川出版社、1995年)、松浦章『近代日本中国台湾航路の研究』(清文堂出版、2005年)、同「近海郵船会社の台湾航路について」(『南島史学』81号、2013年11月)、真栄平房昭「近代の台湾航路と沖縄」(勝部眞人編『近代東アジア社会における外来と在来』清文堂出版、2011年)。
10) 以下、地田知平『海運産業論』(千倉書房、1978年)、34〜49頁、鈴木暁編『国際物流の理論と実務 (五訂版)』(成山堂書店、2013年)、43頁、86〜89頁、有矢鍾一編『台湾海運史』(海運貿易新聞台湾支社、1942年)、410〜411頁。
11) 厳密に言えば、1920年以前の高雄は「打狗」と表記されるべきだが、本章では煩雑を避けるために、特に断りのない限り「高雄」と表記した。
12) 藤崎済之助『台湾全誌』(中文舘書店、1928年)、855〜856頁。
13) 神田外茂夫編『大阪商船株式会社五十年史』(大阪商船、1934年)、210頁。
14) 以下、著者不明「台湾航路ニ関スル意見」(日付不明)『台湾総督府公文類纂』101/34、国史館台湾文献館所蔵。『大阪商船株式会社五十年史』によれば、大阪商船は台湾における実地調査の結果をまとめて「翌二十九 [1896——引用者] 年二月意見書及び願書を台湾総督府に上呈して、内地台湾間及び台湾沿岸に定期航路開設の下命を請願した」(前掲『大阪商船株式会社五十年史』210頁) という。一方で大阪商船に対する命令航路の開設を樺山総督や水野遵民政局長らに立案した土居通豫通信部長の伺書には、大阪商船が提案した命令案とともに執筆者や日付が記されていない上述の書類 (大阪商船の罫紙を使用) が添付されている (樺山資紀台湾総督・水野遵台湾総督府民政局長ほか宛土居通豫台湾総督府通信部長「台湾ト内地間定期命令航路ノ件」1896年4月15日、同前)。おそらく、この書類が願書とともに提出された意見書であると思われる。

15) 同前。
16) 「直航路／総噸数三千噸以上ノ汽船三艘ヲ以テ基隆ヲ起点トシ門司宇品ヲ経テ神戸ニ至ル航路毎月四回往復ス但本航路ハ海上頗ル険悪ナルヲ以テ経済ノ許ス限リ船体ノ大ナルモノヲ撰ハサルヘカラス故ニ三千噸以上ノ汽船ヲ要スルモノト仮定ス」(乃木希典台湾総督宛田中市兵衛大阪商船社長「台湾航路引受ニ関スル件」1897年1月30日、『台湾総督府公文類纂』4538/38)。
17) 神戸〜基隆間の命令航路が開設された1896年4月の時点で大阪商船が保有していた1,000G/T以上の船舶は、明石丸(1,571G/T)、舞子丸(1,178G/T)、須磨丸(1,563G/T)、舞鶴丸(1,076G/T)の4隻のみであった(日本経営史研究所編『創業百年史資料』大阪商船三井船舶、1985年、44〜45頁)。大阪商船は、このうちの3隻(須磨丸・明石丸・舞鶴丸)を神戸〜基隆間航路に割いて配船した(日本経営史研究所編『創業百年史』大阪商船三井船舶、1985年、78頁)。なお、本章で掲げる船舶のG/Tは、原則として前掲『創業百年史資料』および日本経営史研究所編『日本郵船百年史資料』(日本郵船、1988年)の数値に拠った。
18) 日本郵船は、日清戦争以前の時点において3,000G/T以上の貨客船を複数保有していたが、それらの大部分は同社の戦略ドメインである遠洋航路に配船されていた(日本経営史研究所編『日本郵船株式会社百年史』日本郵船、1988年、139頁)。
19) 台湾航路の一手請負を望む大阪商船に対して総督府は、①「全社[大阪商船]台湾内地間航海用トシテ製造スル船舶七隻ノ内四隻ハ落成スト雖モ尚ホ回航中」、②「仮令新造船舶悉ク出来スルノ日ニ於テモ若一朝不時ノ変アルニ際会セハ之ニ代ルヘキ十分ノ船舶予備ナキヲ以テ此場合ニ臨ミテモ亦支障ヲ生スルコト」の二つを指摘しつつ、日本郵船との対比から次のように述べて「到底御採用難相成儀ト存候」と回答している。「日本郵船株式会社ノ現今ノ航海業者中超然トシテ他ニ優出セリ全社[日本郵船]船舶ノ多数ナル搭載噸数ノ巨大ナル将タ航海術ニ熟達セル等到底他社ノ企テ及ハサル所ナリ……[しかし]凡ソ民設事業ハ其基礎如何ニ堅牢ナリト雖時ニ倒産瓦解ノ虞ナキヲ保セサルナリ故ニ本島ノ経営上ニ至大ノ関係ヲ有スル内地本島間航海ノ如キモノヲ挙テ之ヲ一会社ニノミ依託スルハ素ヨリ十全ノ方法ト認ムヘカラス説令日本郵船株式会社ト雖尚然リ況ンヤ其他ノモノニ於テヲヤ」(大阪商船宛乃木希典台湾総督「台湾内地間及台湾航路沿岸航海ノ件」1897年2月23日、『台湾総督府公文類纂』4838/38)。
20) 本康宏史「台湾における軍事的統合の諸前提」(台湾史研究部会編『日本統治下台湾の支配と展開』中京大学社会科学研究所、2004年)398〜399頁。
21) 「守備隊交代期のことは曾て記したるが其派遣員輸送方法に就ては目下宇品補給支廠長並に上京中の木越[安綱]参謀長等れが計画中なると云へば不日決定発

表せらるべく大体の方針は臨時借入船二艘の外大坂商船会社定期航海に依て輸送せらるゝものにして派遣員の先頭は五月二十五日神戸を発し帰還員の最終は十一月五日神戸に収容せられ是れにて本年の交代は落着するにあり」(「守備隊交代の方法」『台湾日日新報』1900年4月18日)。

22)「新領土経営に定期船を有せず又台湾航路は険悪を以て世界に有名なるに此処に老朽船を通航せしむるは到底時勢の容さゞる所なるのみならず更に内地台湾間の軍事上連絡の必要は良船を以て定期に正確なる航路を開くの必要を生じたり是れ台湾航路補助の始まれる所以」(「台湾航路に関する当局者談(上)」『台湾日日新報』1903年11月15日)。

23) 神戸~基隆間命令航路の運賃率は、「予シメ台湾総督府民政局長ノ認可ヲ受クヘシ其之ヲ増減セントスルトキ亦同シ」と規定されていた。しかし、大阪商船によれば「同業者中陰ニ運賃ヲ低下シ荷客ヲ争フモノアリ弊社ガ官用荷物ヲ始メ文武官員ノ御乗船賃ニ対シ割引シタルモノ却テ高度ニ昇ノ奇観ヲ呈シ……一面商機ヲ失スル事」となった。そこで総督府は、「所謂ル運賃競争ノ場合ニアツテハ御認可ヲ蒙リタル運賃額ニ係ハラズ時価ヨリ更ニ割引」することを認めた(水野遵台湾総督府民政局長宛今沢義文大阪商船支配人「運賃割引之儀ニ付上願」1896年7月12日、『台湾総督府公文類纂』101/37)。

24) 前掲『台湾海運史』408頁。

25) 前掲『日本郵船株式会社百年史』176頁。

26) 以下、『台湾海運史』112~117頁。

27) ただし、台湾航路をめぐる競争は、総督府による調整と両社の協調をベースとしていたことにも注意を要する。たとえば大阪商船東洋課長などを歴任した野村治一良は、次のように回顧している。「郵船は欧州、北米、豪洲の世界三大航路に十八隻のフリートをもつて配船していたが、それを漸次新造して代替したため古い船が空いてきた。その結果、六千総トン型を台湾航路に配船し、商船のドル箱である台湾航路が打撃を受けることになつた。商船としては対抗上、海軍より笠戸丸、東洋汽船から亜米利加丸、香港丸を譲り受け、漸く面目を維持することができたのだつた。ところが、商船では新たに南米航路に進出することとなり、どうしても移民船として笠戸丸が必要になつた。だが、商船だけが台湾航路から笠戸丸を引き抜くことは、商船が同航船で劣勢になるので不可能である。そこで当時の台湾総督府の総務長官であつた下村海南の尽力によつて、他の外地に向けるという美名の下に、郵商両社とも一隻ずつ減配することになつた……これも郵商協調の実例の一つといつて差し支えなかろう」(野村治一良『わが海運六十年』国際海運新聞社、1955年、115~116頁)。

28) 以下、台湾総督府財務局税務課編『台湾貿易四十年表』(台湾総督府財務局税務課、1936年)、471～472、681～682頁。サービスの消費量を意味する移出入データは、本来であれば重量ベースで示すことが望ましい。しかし、重量ベースのデータは1915年度以降のものしか得られないため、ここでは価格ベースのデータに依拠して議論を進めておく。

29) 「商船会社の台湾命令航路に就て見るに戦前と戦後とは一箇年百八十万円の経費膨脹を告げ居り例へば従来一回の定期修繕費一万円なりしものが十万円に暴騰し石炭は三倍、船員給料は五割暴騰し……総ての航路費は戦前に比し七割の騰貴を認め命令航路に対し相当直上を許可し居れば比較的低率を忍び来りたる台湾命令航路の運賃直上も幾分船会社の要求を容れざるを得ざるべし」(「結局直上か」『台湾日日新報』1918年6月8日)。

30) 「郵船商船の二会社が本島内地間航路に対し〔1916年〕十月十五日より約二割の運賃引上げを為さんとして目下頻りに総督府に交渉中の由なるが総督府は之に対し命令船の運賃引上げは絶対に不可なりとて之に許可を与へざるより両会社は余儀なく自由船に限り運賃の引上げを為すことゝなるべし……命令船の寄港は基隆の一箇所に限られあるを以て之れに近き中南部以北の貨主は安き運賃にて貨物を運搬することを得れども之れに遠ざかれる中部以南の貨主は高き鉄道運賃を夫れ以外に支払ふか否らざれば安平、打狗寄港の自由船に頼る外なきを以て自然運賃は北部に厚く南部に薄き不公平を生ずることゝなるべし」(「運賃引上問題」、同前1916年9月23日)。1902年4月に総督府の命令航路として開設された大阪商船の横浜～高雄間航路は、補助金が廃止された1914年から大阪商船・山下汽船・近海郵船3社の共同受命によって再び命令航路となる1925年まで自由航路として経営された (七十五年史編集室『内地・近海・南洋航路史』1956年、63頁、商船三井社史資料室所蔵)。

31) 1920年度に台湾から移出された砂糖3億6,602万斤のうち3億263万斤 (82.7%) が高雄港から搬出された (台湾総督府財務局税務課編『大正九年台湾貿易年表』台湾総督府財務局税務課、1920年、338～339頁)。

32) 以下、前掲「糖業連合会と物流」256～266頁。

33) 前掲『台湾貿易四十年表』681～703頁。

34) 「船会社の競争」(『台湾日日新報』1918年11月29日)。

35) 日本郵船編『昭和五年上半期海運及経済調査報告』(日本海運集会所出版部、1930年)、30頁、同『昭和十三年上半期海運及調査報告』(日本海運集会所出版部、1939年)、130～131頁。

36) 糖業連合会『台湾糖輸送関係文書 昭和七年～一〇年』糖業協会所蔵、Ⅳ-①

-200、古川哲次郎編『辰馬海運百五十年経営史』（山縣記念財団・海事交通文化研究所、1972年）、101～102頁。
37) 以下、前掲「糖業連合会と物流」266、279頁。
38) 台湾総督府財務局『台湾の貿易』（台湾総督府財務局、1935年）、109、115頁。
39) 大阪商船『往復航別航路別主要貨物品別統計表』（日付不明）商船三井社史資料室所蔵。なお、米は16万423トン（11.5％）、バナナは16万4,731トン（11.8％）であった。
40) 以下、前掲『帝国日本の流通ネットワーク』263～264頁。
41) 松本一郎『水脈一筋』（日本海事新聞社、1975年）12頁。
42) 「内地、台湾に就航する船舶の大部分は内地より本島へ移入する貨物輸送に当るに非らずして、本島より内地へ移出する農産物輸送が目的である故に島内農産物の豊饒と否とは直ちに内地貿易船の配船に影響し、且つ農産物は大体搬出期を限られ居るから出盛期と否とにより船舶集散状態を異にして居る」（「辰馬汽船の概況」『台湾海務協会報』3号、1938年7月、101頁）。
43) 「日清戦役後、台湾が我が有に帰すると早くも同島に於ける建築界の将来に着目し、新宮木材が第一歩を踏入れた。爾来、大正十［1921］年の初春に安価な福州材が同島に輸入されるまで、凡そ二十五年間は、勝浦入港の台湾行汽船によって、頻りに新宮材の移出を見た……一時福州木材の影響を受けて休止の状態にあつた台湾行貨物も、同材の移入減ずると共に、昨年（大正十四［1925］年）中頃から漸次復活して今日では少くとも三四回新宮材を満載した台湾行汽船を見るに至つた」（中島権「新宮木材市場に関する調査」武市春男編『中島権遺稿集』中島権君遺稿刊行会、1931年、238～239頁）。同稿によれば、1925年度に新宮から移出された杉間板の42％と小丸太の62％が台湾に仕向けられたという。
44) 前掲『帝国日本の流通ネットワーク』169～170、227～234頁。
45) 前掲『両大戦間の日本海運業』153頁。
46) 前掲「糖業連合会と物流」260～261頁。
47) 前掲『台湾海運史』429～430頁。
48) 同前、460頁。
49) 以下、前掲『水脈一筋』15頁、前掲『帝国日本の流通ネットワーク』243頁。
50) 「木材および雑貨は表面タリフレートではあるが、押石、押トンを黙認する有様で、その収支計算や整理事務に当たった筆者［松本一郎］を不安ならしめ、役員会への説明（期末までタリフレートにて記載し、期末に大幅の修正をする）に困却したほどであった……その間、木村支配人に対する辰馬本家（実質的辰馬汽船船主）の機嫌すこぶる斜めで、支配人も病床に臥す有様で、筆者はその病床を訪ねて枕

もとで打ち合わせしたことも何度かあった」(同前、15〜16頁)。

51)「台湾に取引関係を有する大阪の材木商中最も有力で純商船系に属してゐた西畑藤次郎氏経営の中川製材部が辰馬汽船と輸送契約を結んだ結果郵船関係の店舗一軒を残して他は悉く辰馬に乗替へた新宮地方では紀の国屋が中途で裏切ったのみで新宮商会、中村商会は辰馬と契約し残りの群小材木商九軒は商船の味方となる可く十五日新に材木商組合を設立し■■高雄某所に入電があつたが是等は何れも三四流所の荷主のみであるから出荷の如き問題にならぬので大阪商船の打撃は甚大である」(「大阪及新宮の木材商が辰馬汽船に乗替」『台湾日日新報』1930年7月1日、■は汚損のため判読不能の文字を示す)。

52) 堀啓次郎大阪商船社長宛大阪商船営業部東洋課長事務担任専務取締役岡田永太郎「重要事項報告ノ件」(1930年10月18日)『取締役会書類(昭和五年)』商船三井社史資料室所蔵。

53) 1930〜31年期の積取シェアは、以下のとおり。大阪商船369.4万担(29.7%)、近海郵船269.8万担(21.7%)、辰馬汽船277.9万担(22.3%)、三井物産111.5万担(9.0%)(前掲「糖業連合会と物流」264〜265頁)。

54) 米の場合、各海運企業の積取シェアを直接に差し示す資料は存在しない。しかし、米の対日移出が「三井物産、三菱商事、加藤商会の各米穀取扱商社に協力する近海郵船、大阪商船の船会社のグループに対して、杉原商店と辰馬汽船のグループの対立とな」(杉原佐一『思い出の記』私家版、1980年、50頁)ったことを想起すれば、少なくとも杉原商店=辰馬汽船のシェアは確認しうる。たとえば1930〜31年期(1930年7月〜1931年6月)における台湾米の対日移出総量342.9万個に対する各移出商の取扱量は、次のようであった。三井物産90.7万個(26.5%)、杉原商店83.3万個(24.3%)、三菱商事25.7万個(7.5%)、加藤商会75.2万個(21.9%)(『台湾米報』15号、1931年7月、28頁)。このことから、同年における辰馬汽船の積取シェアは、おおむね25%前後であったと推定される。

55) 大阪商船『航路別・船別・収支計算統計表』(日付不明)商船三井社史資料室所蔵。同資料には、1927年以降の「資本金」が航路別に掲載されており、再差引損益でこれを除した数値を「損益割合」として年度ごとに掲げている。この「資本金」の算出根拠は判然としないが、おそらく各航路に対する投資の残高であると推測される。そうであるならば、「損益割合」は各航路の収益性を横断的に測定し、評価するために用いられた指標の一つと考えられよう(谷ヶ城秀吉「大阪商船の積極経営と南米航路」渋沢栄一記念財団研究部編『実業家とブラジル移住』不二出版、2012年、215頁)。本章では、以上に示した同資料の限界を十分に理解しつつ、同資料が掲げる「損益割合」が投資利益率を意味するものとみなして分析を進めて

いく。

56) 戦間期の遠洋航路における大阪商船の積極行動については、田付茉莉子「海運不況と定期船の合理化——大阪商船のケース」(『社会経済史学』52巻3号、1986年8月)を参照されたい。

57) 加地照義「日本資本主義の成立と海運(七)」(『海運』281号、1951年2月)、34頁。

58) 前掲『創業百年史』202〜203頁。

59) 以下、前掲『台湾海運史』118〜121頁。

60) たとえば辰馬汽船が保有する白羽丸(1918年建造、1927年輸入、旧Vasconia、5,682G/T)と辰羽丸(1918年建造、1928年輸入、旧Corby Castle、5,784G/T)の空船時における速力は、12ノットにすぎなかった(神戸海運集会所『日本貨物船明細書(昭和8年度)』神戸海運集会所出版部、1933年、9頁)。

61) 「バナナの輸送は船脚を速くし通風をよくしないと、いたんでしまう。基隆から神戸へはOSKとNYKが定期客船を持つていたからよいが、京浜へは貨物船しかない。米と砂糖は量的には遙かに大きいが、航海日数は問題にしない。しかしバナナは船脚を急ぐ。そこでバナナの積取に高速貨物船が台湾と横浜の間を定期で走るようになつた」(平井好一『海運物語——興亡と再建』国際海運新聞社、1959年、338頁)。

62) 「灘の銘酒「白鹿」の醸造元、辰馬本家商店(辰馬本家酒造株式会社)は、日清戦争の勝利によって日本が獲得した台湾に向かっていち早く酒類その他商品送り込みをはじめ、辰馬商会を通じて活動したが、辰馬本家商店と郵船、商船との酒運送契約は厳重に守られ、同系といわれながらも辰馬汽船の船積み依頼も奏功しなかった点は銘記されてよい」(前掲『水脈一筋』16頁)。

63) 台湾臨時線の船隊構成は判然としないが、1934〜35年期における大阪商船の台湾糖輸送量61.3万担のうち27.2万担(44.4%)は、1917〜22年に建造された2,000〜6,000G/T級船舶によって担われたことから、台湾臨時線もまた上述の船舶によって構成されていたものと推測される(糖業連合会『台湾糖輸送関係文書 昭和七年〜一〇年』糖業協会所蔵、VI-①-200、神戸海運集会所『日本貨物船明細書(昭和8年度)』神戸海運集会所出版部、1933年、前掲、日本経営史研究所編『創業百年史資料』)。

64) 「芭蕉は、砂糖や米と同列に論ずることが出来ない。何故かなら、芭蕉は傭船料と、直接の関連を持たぬからである。芭蕉の輸送機関は、内台定期船六艘と、高雄東京線六艘とが、其の主体であつて、此の外に、高雄大阪線があるけれども、傭船関係は大なる理由とならぬ」(吉開右志太「海運景気は台湾にどう響く」『台湾遞信協会雑誌』182号、1937年5月、19頁)。

65) 前掲『近代日本海運と東アジア』240頁。
66) 以下、前掲『帝国日本の流通ネットワーク』262〜264頁。
67) 前掲『台湾海運史』416頁。
68) 星野裕志「定期船海運業における戦略的提携——船社間の協調と競合」(『海運産業研究所報』377号、1997年11月) 14頁。
69) 戦間期における大阪商船と新興海運企業の競争関係について片山は、「台湾における糖業、米作の発展とともに、日本との貿易が発展し、内台航路の貨物は増大し、極めて魅力的な海運市場となったこと、したがって、社外船による進出の試みも行われたが、大阪商船と日本郵船(近海郵船)の守りが、相当堅かった」(前掲『近代日本海運と東アジア』232頁)と記している。両社の「守りが、相当に堅かった」理由について片山は言及していないが、本章の理解に基づくならば、それは船隊編成の差異に求められよう。

第Ⅱ部

制度の移植

第5章　鉄道建設と鹿島組

蔡　龍保
（鈴木哲造・訳）

はじめに

　日本の近代化過程において、近代官僚制度の成立と官僚の養成が果たした役割は大きい。そのなかで、技術官僚と日本の各種近代的施設の建設は、密接な関係を有した。とはいえ、国家主導の枠組みの下で民間企業・資本が果たした役割もまた無視することはできない。とりわけ三井、三菱、住友、古河など政商と明治前期の殖産興業政策の推進は、密接不可分の関係にあった[1]。さらに等閑視できないことは、政府の技術官僚と民間企業の人材の養成が帝国大学、専門学校、実業学校など新式教育施設に依存していたことである[2]。すなわち、日本が迅速に近代化を遂げ、富強な国家として成立しえたのは、産官学の緊密な連携によるものであった。日本は、国家基盤を整えたのち、対外拡張を開始したが、中国への侵略あるいは台湾や朝鮮などの植民地経営を問わず、この産官学の連携構造から逸脱することはなかった。
　杜恂誠は、『日本在旧中国的投資』のなかで、戦前日本の中国における投資を2種類に分類している。すなわち、直接的な経済投資と間接的な借款投資である。借款投資の対象は、中央政府、各地方政府および民間であり、経済投資は、日本人の単独資本と日中合資に分かれた。1871年、日清修好条規の締結後、日本人は、中国の貿易業、海運業、銀行業への投資を開始した。樋口弘の『日

本の対支投資研究』によると、対中借款のうち中央政府への借款が相当大きな比重を占め、その半分は、国家資本で、そのもう半分は、日本の特殊銀行、会社と大財閥の資本であった。後者は、日本の資本家と銀行が国策に協力した結果であった。陳慈玉の『日本在華煤業投資四十年』は、日本の中国炭鉱業（山東炭鉱・山西炭鉱・東北炭鉱・華北炭鉱など）に対する投資と統制に焦点をあて、精緻な分析を行っており、日本の対中産業投資に関する代表的な研究成果の一つである。そして、これらの研究はみな国家主導による民間企業の資本輸出を近代日本の対外投資の一大特色であることを指摘している[3]。

産官学の連携という観点から日本帝国の植民地経営をみた場合、この構造の存在と作用をより一層見出すことができる。官学連繫の端緒的研究としてあげられるのは、呉文星「東京帝国大学与台湾「学術探検」之展開」である。この論文は、東京帝国大学の教員と学生が学界、中央政府、台湾当局の要請により、台湾で学術調査を展開し、その調査研究の成果が教育と学術、ひいては植民地統治に与えた影響を論じたものである[4]。その後、呉文星の研究の射程は、札幌農学校や京都帝国大学などにも広がりつつある[5]。拙稿「日本工手学校的設立及其畢業生的海外活動──以台湾為中心的考察（1895-1905）」は、工手学校（現工学院大学）の卒業生が内地で「技術立国」の段階的な任務に携わったのち、日本帝国の拡張にともない、「技術殖民」の過程に参与したことと、それと台湾総督府の協力関係を明らかにし、卒業生が官庁と民間業界で活躍した実態を分析した[6]。また拙稿「日治初期台湾総督府的技術人力之招募：以土地調査事業為例」は、技術官僚の募集と養成の角度から、台湾総督府が短期間でいかにして厖大な技手集団を組織し、土地調査事業を完成させたのかを検討した。そこでは植民地中級技術官僚の人材でさえ内地の工手学校、攻玉社、順天求合社など三校に大きく依存しており、そのうち前二者が臨時台湾土地調査局の主要人材供給源であったことを示し、技術官僚養成学校と植民地政府との相互協力関係、すなわち官学連繫関係を明らかにした[7]。

拙稿「日治時期台湾総督府鉄道部的南進支援──以潮汕鉄路的興築為例」は、清国広東省潮汕鉄道の敷設事業を事例として、大倉組・後藤回漕店・三井物産

会社など民間企業、台湾総督府、外務省という三者の協力関係の下で、他国の外商を排除し、総督府鉄道部からの技師派遣および材料提供の独占権が確保され、台湾総督府鉄道部および御用会社の広東進出の道が開かれたことを明らかにした。この論文は、清朝外交の破綻、ならびに台湾総督府鉄道部および御用会社の南進政策上の重要な役割を示したほか、日本帝国の産官連繋方式による対外拡張の実例を示したものである[8]。

産官連携構造は、植民地台湾の経営にとってきわめて重要な検討課題である。現在の研究状況によれば、内地の民間企業、さらには台湾人企業と植民地経営との関係は、必ずしも明らかではない。先行研究は、台湾拓殖会社、糖業資本、および三井・三菱等財閥の検討に集中しており[9]、かつ産官連繋構造への視点はおよそ欠けている。台湾総督府が積極的に推進した鉄道・道路・港湾・電信・郵便・上下水道・都市計画などのインフラ整備をみれば、各部門における技術官僚はもとより、内地の民間企業・資本の果たした役割の重要性を見出せる。そのなかでも土木請負業の役割は最も顕著である。たとえば、1899年に起工し1908年に竣工した西部縦貫鉄道敷設事業は、鹿島組・大倉組・久米組・吉田組・有馬組・志岐組・佐藤組ら7社が請け負った[10]。これらの業者と政府との協力関係は、日本帝国の植民地経営、土木建築会社の会社経営、あるいは日本の技術と資本の海外拡張にとって大きな意義を持つものである。

本章の検討対象は、当時、代表的な土木請負業者であった鹿島組（現鹿島建設）である。鹿島組は、戦前または戦後を問わず、台湾と密接な関係を有する。戦前においては、西部縦貫線、台東線、宜蘭線など鉄道事業、および嘉南大圳、烏山頭ダム、日月潭の水力発電などの建設事業に携わり、戦後は、北回り鉄道、南回り鉄道、曾文ダム、明湖・明潭の地下発電所などの建設事業に携わった[11]。そして、現在、なお日本の「土木建築五大社」（鹿島建設、清水建設、大成建設、竹中工務店、大林組）の一つに列せられている。

戦前、かつて鹿島組台湾支店理事をつとめた藤村久四郎は、主要事業の種類と性質に依拠して、鹿島組の戦前期台湾での発展を次の三つの時期に区分している。すなわち、1899年の渡台から1926年までの鉄道事業時期（1899-1926）、

1931年に請け負った日月潭水力発電事業後の電力事業時期（1931-1937）、日中戦争の開始から戦争終結までの軍部関連事業時期（1937-1945）である[12]。鉄道建設事業は、日本統治前期に台湾総督府が推進した最も重要な事業であり、植民地統治の展開と台湾開発の推進に対してきわめて大きな影響を与えた[13]。本章の目的は、台湾における鹿島組の活動実態を検討することにある。まず、明治期日本の土木請負業の発展、および鹿島組の渡台以前の「日本経験」を概観し、次いで、その渡台・発展の要因を分析する。最後に台湾で実際に参与した事業内容の分析を通じて、産官連携の歴史的意義を論じ、もって台湾総督府がいかにして企業の渡台・発展を促し、それを政策展開の一環に組み込んでいったのかを明らかにしたい。そして、企業が政府の重要プロジェクトを長期にわたりいかにして請け負うことができたのか、企業経営にとって台湾のプロジェクトの意義は何かという課題もまたあわせて論じていくことにしたい。

第1節　明治期日本の土木請負業

(1) 土木事業と建築事業

①土木事業

　明治期日本の土木請負事業の主力は、鉄道事業であった。もちろん、土木事業には、鉄道の建設以外に、河川の改修、堤防や道路の建設、築港などが含まれる。大正期以前において、鉄道以外の土木事業中、河川に関する事業の数量が圧倒的に多かったが、そのすべては、内務省が直轄直営の方式で施工した。そのほかの土木事業は、内務省が自ら施工する場合と請負業者が施工する場合があったが、その事業の数量と金額は小さかった。明治期の支配的な土木請負事業は鉄道事業であったのである[14]。

　1891、1892年頃から日清戦争までの時期は、政府が鉄道事業を推進しただけではなく、民間においてもまた日本鉄道、九州鉄道、山陽鉄道、関西鉄道など私設鉄道会社が創立され、土木事業が非常に繁盛した時期であった。請負業者

は、次第に組織化され、有力人士が競ってこの業種に参入し、かつ最高学府出身の人たちもまた参入していったことで、土木請負業は、世間体の良い事業の一つに変わっていった。この業種は、確実に利益をあげることができたので、多くの請負業者の「番頭」、「手代」が独立して営業を開始し[15]、その数は短期間で激増した[16]。

　明治末期に至ると、土木請負業において鉄道事業以外の発展空間が出現した。水力発電事業は、そのうちの一つである。1907年以後の数年のあいだに水力発電事業は、急速に拡張し、鉄道事業に肉薄した。そして、大正期に入ると、高堰堤工事を含む水力発電関連事業は、ついに鉄道事業に取って代わり、土木請負業の最も重要な事業となった[17]。

②建築事業

　明治以前、大型建築物は、おおよそ神社と仏寺に限られており、それゆえ、政府の工匠のみが発達した。明治期に入ると、西洋建築が次第に建てられ始めた。特に横浜は、西洋人の商館が勃興したことにより、西洋建築が最も早く発達した地方であり、この建築事業には清水組が重要な役割を果たした。土木事業に比べて、建築事業の発達は遅れた。日露戦争以前においても建築請負業者といえるものは、一、二社に過ぎず、その他は、いわゆる「大工の棟梁」（工匠の首領）であった[18]。

　日露開戦後、師団と鎮守府の増設にともない、建築請負業はやや発展に向かった。そして、銀行や会社などが次第に西洋建築を採用するようになった。このほか、各種製造業の興隆とその工場の建設にしたがって、とりわけ大阪において、多くの建築請負業者が出現した。その後、第1次世界大戦の勃発を経て、日本は、より富裕な国家となり、銀行、会社、個人商店が洋式建築を採用していったことで、建築業の全盛時代が訪れた[19]。

(2) 鹿島組渡台前の発展概況

①大名の工匠

　関東地方において比較的歴史を持つ請負業者は、鹿島組、清水組、大倉組であった。他方、関西地方では、大林組、竹中組、銭高組などが最も著名であった。鹿島組は、1880年に鹿島岩蔵により創設され、社史によれば、その起源は、岩蔵の父岩吉が天保11年（1840）前後に請負事業を開始し、京橋の鞘町に開店したことに遡る。鹿島家は、天保年間、松平越中守に最も頻繁に出入りした商人であり、邸宅の建築を請け負って、必要な職人や資材を提供した。その後、土井大炊守、榊原および水戸藩徳川家とも密接な関係を持った。それゆえ、かつて東京の多くの場所には鹿島家の旗幟が立てられていたという[20]。これは、鹿島家が大名の工匠として身を起こした姿をよく示す事柄であろう。

②建築請負業

　明治維新後、鹿島岩吉は、横浜に将来の発展性を見出した。鹿島岩吉が横浜で最初に請け負った仕事は、1859年に怡和洋行上海支店支配人ウィリアム・ケズウィックが設立した怡和洋行横浜支店であった。この支店の建物は、「英国一番館」と称され、横浜で初めての西洋人の商館であった。外国人居留地のうち、横浜の約3分の2、神戸の約半分の事業は、鹿島家が請け負った。鹿島家は、外国商館や神奈川県庁などの事業に参与したことにより、非常に高い評価を得た[21]。

　1870年、鹿島家は、桜田門前の司法省、蓬莱橋の十五銀行、高輪の毛利公爵邸の建築事業、および京浜間の鉄道事業に参与し、労力の提供を担った。高輪の毛利公爵邸の建築は、鹿島家が鉄道事業に参入する契機となった。毛利家は、当時、日本鉄道局長であった井上勝に監督の任に就くよう依頼し、井上は、旧藩主の頼みに応じてこの任務を引き受けた。これにより、鹿島岩蔵と井上勝とのあいだにつながりが生まれた。その後、井上は、鹿島岩蔵の人格、見識、およびその請負業者としての能力を知るにおよんで、彼に対して、鉄道事業の将

来性を説き、鉄道請負業者に転じるよう勧めた[22]。

③「鉄道の鹿島」の出現

　1880年、井上勝は、鹿島岩蔵に「鹿島は建築ばかりやって居るやうだが、少しは鉄道へも首を突込んだらどうか」と建言した。建築事業から鉄道事業への転向は、鹿島岩蔵の最大の決断であり、鹿島組発展の方向性を決定的なものとした。それは、井上の勧めに端を発するものであったが、鹿島岩蔵は、それほど簡単に転向を決断したわけではなかった。建築事業が受注の不安定性に加えて、規模も大きくなく、当時、大型の建築事業でも数万円程度に過ぎなかった一方で、鉄道事業が一般的な土木工事でも一桁違っていた（たとえば敦賀線の１事業区は約20万円）ことを熟慮した結果であった。ただ、それゆえ、鉄道事業の請負には、高額の保証金が必要であり、出資者をさがすのが容易ではなかった。神奈川参事山東直砥および松島屋（茶屋）女主人の中田お政の仲介のもと、鹿島岩蔵は、大阪船場の富豪である平瀬亀之輔（住友、鴻池両家と並び称される）と面会した。平瀬は、鹿島による鉄道事業の将来性の解説を聞き、出資を決定した。1880年３月、鹿島岩蔵は、鹿島組を設立し、この商号を用いて鉄道事業の請負を開始した[23]。

　1880年、鹿島組が政府から受注した初めての事業は、敦賀線の中之郷〜柳瀬間と匹田〜刀根間の土木事業であった。鹿島組は、この事業で損失を出したが、政府は、その誠実な仕事ぶりを評価して、２万円の補助金を与えた[24]。鹿島岩蔵にとって、この補助金よりさらに大きな収穫は、長谷川謹介、本間英一郎、長江種同、千草基、木村懋などのちに鉄道史上に名を残す若い技師の信任を得たことであった。彼らが次第に鉄道事業の中心人物になっていくにしたがい、鹿島組の鉄道業界における地位もますます確固たるものとなっていった[25]。鹿島組は、鉄道事業をその主要事業としたことで、「鉄道の鹿島」と称され、当時、最も代表的な土木請負業者の一つに成長した。

　明治後期（1898〜1912年）には厖大な土木事業が実施されたが、土木工業協会・電力建設協会編『日本土木建設業史』の整理した事業年表によれば、それ

表5-1　明治後期（1898～1912年）内地土木事業の概況

(単位：件)

事業別 業者別	鉄道	電力	道路	河川	港湾	軍	其他	合計
鹿島組	23	1	1			2		27
間組	12				1			13
佐藤工業	26		1	1				28
鉄道工業	14		1		1			6
大林組	4		1		1			6
水野組	1				10	8	1	20
星野組	1	1						2
森本組	4					2		6
松村組			2	1		3	1	7
西本組	1	1		1				3
鴻池組					1		5	6
安藤組						1	1	2
稲業・倉橋	1							1
戸田組							1	1
藤原組		1						1
落合組			1					1
地崎組	1							1
合　計	88	4	9	3	13	16	9	139

出典：土木工業協会・電力建設協会編『日本土木建設業史』（技報堂、1971年）、102頁。

に収録されている事業数は、167件である（内地事業139件、外地事業28件）。黎明期（江戸中期から1897年）の34件に比して、その数は、約5倍に増加している。このほか、業者の数からみれば、黎明期に6社であったのが、明治後期には18社となり、3倍に増えている。この年表の収録事業数は、決して十分なものではないが、鹿島組の活動がその他の会社より活溌であった状況を概観することができる[26)]。

　表5-1によれば、明治後期内地の土木事業139件のうち鹿島組は、27件を占め、全18の業者中、佐藤工業の28件に次ぐ地位にあった。事業分類からみると、27件の事業中、23件は鉄道事業、1件が電力事業、1件が道路事業、2件が軍関連の事業であり、鉄道事業が85.2％を占め、その状況は、まさに「鉄道の鹿島」の評判どおりであった。また表5-2によれば、明治後期外地の土木事業28件のうち、鹿島組は13件を占め、全業者中第1位であった。事業地域をみれば、13件の事業中、5件が台湾、5件が朝鮮、3件が満州であり、ここからは、鹿島組が事業を積極的に海外に拡張していったことがわかる。

　明治後期の土木事業のうち、最も代表的な事業は、中央線事業であった（1896年4月起工、1911年5月竣工）。中央線事業に従事した請負業者は、当時

の内地の代表的な業者をすべて含んでいる。鹿島組は、東線43カ所の工区中、7カ所の工区を、西線34カ所の工区中、4カ所の工区を請け負っており、最も重要な請負業者の一つであった[27]。

ここで注意すべきことは、『日本土木建設業史』収録の業者にはやはり明らかな脱落があることである。表5-1には日本土木、大倉組、藤田組などの業者が、表5-2にもまた台湾縦貫鉄道事業に参与した大倉組、久米組、吉田組、沢井組、志岐組、佐藤組などの業者が含まれていない。だが、上述の比較分析により、鹿島組の土木請負業者中の重要性と代表性は、内地あるいは外地を問わず、明らかであろう。

表5-2 明治後期（1898〜1912年）外地土木事業の概況

(単位：件)

地域別 業者別	朝鮮	満州	台湾	合計
鹿島組	5	3	5	13
間組	6	2	0	8
佐藤工業	2	0	0	2
森本組	2	0	0	2
西本組	0	1	0	1
水野組	2	0	0	2
合計	17	6	5	28

出典：土木工業協会・電力建設協会編『日本土木建設業史』（技報堂、1971年）104頁。

第2節　鹿島組の渡台と産官協力関係の移植

(1) 内地の景気変動と会計法の実施

①内地の景気変動

内地においては、日清戦争のもたらした好景気が一段落を告げ、不景気の傾向が日一日と濃厚となり、また足尾鉱毒事件や各地で米騒動が発生した。次いで、1898年、富岡製系所の女工と日本鉄道の機関士らがストを行った。横山源之助が1899年に執筆した『日本之下層社会』は、悲惨な労働者階層の実状を描いた。1900年4月、東京株式市場は、大暴落し、各地で相次いで金融恐慌が発生した。

このような背景のもとで、土木請負業もまた鉄道事業の大幅な減少という窮地に立たされた。この時、日本全国の幹線鉄道網は、完成間近であり、1896年

に起工した中央線と東海道複線事業、1899年に起工した鹿児島線事業、1900年に起工した山陰線事業のほかは、地方の小規模な事業のみであり、業者間の過当競争が引き起こされ、倒産する業者も多数にのぼった。かかる不景気に対応するため、志岐信太郎らの働きかけにより、鉄道事業請負の有力業者が集まり、鹿島岩蔵を長として日本土木組合が結成され、もって業者間の緊密な連繋がはかられた。鹿島組は、事業数を維持できた数少ない請負業者の一つであった。中央東線と瀬〜龍王〜青柳間および奥羽線の湯沢付近などの事業に参与したほか、北海道鉄道小樽付近、横浜電気鉄道の神奈川〜桜木町間、横須賀鎮守府などの事業を請け負った。ただこれらの事業は、請負事業数の維持を助けたとはいえ、たいした利潤を生んだわけではなかった[28]。

　内地の不振に比して、朝鮮や台湾など外地の鉄道事業は、非常に盛んであった。戦時の軍夫供給の請負を除外すれば、日本の請負業者の国外事業は、日清戦争後に始まり、その端緒は、韓国京仁鉄道事業であった。京仁鉄道合資会社社長渋沢栄一は、鹿島組に請負事業を特命し、当該事業は、1899年4月に起工、1900年7月に竣工した。これは、日本土木請負業者が国外で施工した最初の事業であり、日本人がはじめて広軌鉄道を敷設した事業でもあった[29]。

　京仁鉄道とほぼ同時期に起工されたのが台湾の縦貫鉄道であった。台湾には清朝統治期に基隆〜新竹間の鉄道が敷設されていた。だが、設計や施工の状況がきわめて不良であっただけではなく、日清戦争により破壊されてしまい、その使用は、困難であった。日本の領台後、陸軍の鉄道隊が改修工事を進め、主として杉井組、有馬組、大倉組が事業を請け負って1898年3月に竣工した。ただこの改修事業は、応急的な措置に過ぎなかった。1898年3月、台湾総督府民政局長後藤新平は、軍事上および民政上の観点から縦貫鉄道の必要性を力説し、帝国議会の協賛を得て、1899〜1908年の10カ年度、総工費2,880万円の巨大事業の実施が決定し[30]、台湾に鉄道建設ブームが到来した。

　鹿島組は、内地の不景気に加えて、事業数の減少を背景として、外地への展開を決定し、その経営の重点を台湾の鉄道建設事業に移していった。

②会計法の実施と競争入札制度の採用

　明治10年代に活躍した業者には鹿島組、藤田組、杉井組、吉田組、新松組、稲葉組などがあり、明治20年代では、それに久米組、太田組、志岐組、橋本組、小松組、間組、西松組などが加わった。これらの業者の多くは、各自の地盤を持っており、互いにあまり競合せず、特命を受けて請負事業に参与した。形式的には「請負」であるが、かりに損失が生じた場合、政府は、経費を増加し、これを補償しており、双方のあいだには「恩情的な関係」が存在していた。鉄道事業は、その工費が巨額であり、利潤も大きく、相当割の良い仕事であった[31]。比較的大きな規模の事業区においては、請負金額が通常10万円に達した。このような巨額な金を運用できることが土木請負業の最大の魅力であった[32]。

　鹿島組第二代組長鹿島精一は、当時を振り返って次のように述べている。すなわち、「［鉄道事業を──引用者］私共の家の親父が始めたのは明治13年でございますが、それから後に請負をやったことがあるやうでございます。尤も請負と申しましても、損すれば後で金を増してくれるやうな形でございました。随って入札などといふことぢゃなく、何れも特命で仕事を言ひつかってそれを仕上げて、愈々損したといふことが、時の井上鉄道頭あたりに分かりますと、増してもくれたらしいのでございます。その当時の明治18、19年頃から日清戦争までの間は、余り競争もなしに特命で仕事貰ってやったのでございます」と[33]。この回想からは、当時の請負業者が多幸であり、かりに政府の特命を得れば、欠損を出さずに安定した商売を行うことができ、競争入札により利潤を抑えられることがなかったことがわかる。

　1889年の会計法公布以前において、政府事業の請負契約は、担当官吏の裁量により、土木建築業者とのあいだで締結された任意契約であった。当該事業は、業者自身が直接労働者を雇用し、材料を購入して施工を行うか、あるいはその請負事業を下請けに出す方式をもって進行した。こうしたやり方は、いかなる法令に基づき実施されているのか不明瞭であったが、1889年の会計法と会計規則公布により規範化された。会計法の土木建築事業請負契約に関する規定は、今日の競争入札制度の基礎となっているものである[34]。

会計法と会計規則によれば、請負契約には、競争契約と随意契約があり、原則的には競争入札の方式が採用され、その特例は、法律あるいは勅令をもって定められた。この会計法令は、入札方法のほか、最低制限価格以上で、最も低価で入札した者と契約を締結することを規定した。契約書には、履行の要件が記載され、最後に担当官吏の署名捺印を附したのち契約が確定した。1889年の会計法と会計規則の公布にしたがい、競争入札制度が確立し、土木建築事業は、これを根拠として実施されていった[35]。

　会計法により競争入札制度が採用されてから、土木請負業界の状況は一変した。初めて競争入札方式が採用されたのは1896年のことであった。この時、折しも私鉄の勃興により、数多く事業が存在した。だが、業者は、競争入札制度のもとで、過当競争を繰り広げ、過度の低額で事業を請け負ったことで、多くの業者は、苦境に陥った。一部を除いて、初期に鉄道事業で活躍した業者の大部分は、この時期に消失した。これはまた競争入札制度により失敗した者が相当多いことを示すものでもある[36]。1897年前後から明治末期までの15年間は、土木請負業の普及と淘汰の時期であった。多くの業者は、この期間に創業したが、同時に消失した業者もまた少なくなかったのである。この時期を乗り切り、請負業を企業形態に発展させたものは、その後、比較的長期にわたって発展していった[37]。

　このように、会計法の公布による競争入札制度の採用後、土木請負業の利潤およびその展望は、従前と大きく異なることとなった。反対に鉄道事業が勃興し、かつ異法域に置かれた植民地台湾は、「海外雄飛」の能力を持つ業者にとって、恰好の投資対象となったのである。

(2) 長谷川謹介の愛顧と産官協力関係の移植

　鹿島家のリーダーは、経営上、長期にわたり政府と業界との人脈に気を配っていたといえる。1880年、鹿島組は、創設後すぐに鉄道事業に参与したが、これは上述したように井上勝の勧めによるものであった。この時の日本は、まさに鹿鳴館時代のただなかにあり[38]、鹿島組もまた積極的に社交界に進出し、華

族や西洋人との人脈を作り、井上勝ともそこで交流を深めた[39]。

　鹿島岩蔵は、土木請負商であったが、多くの名士との交流を持ち、その知遇を得たことが鹿島組の発展に繋がることも少なくなかった。交際のあった名士のうち、政治家では井上馨、陸奥宗光、金子堅太郎、星亨、原敬、岡崎邦輔らがおり、実業家では渋沢栄一、藤田伝三郎、古河市兵衛、安田善次郎、安川敬一郎、浅野総一郎、団琢磨、佐々木勇之助、星野錫らがいた[40]。

　鹿島組創立の恩人は二人いる。一人は、鉄道請負業への転向を建議した鉄道頭井上勝であり、もう一人は、資金援助をしてくれた平瀬亀之輔である。鹿島組がはじめて請け負った敦賀線柳瀬トンネルの建設事業において、その事業への誠実な取り組みは、長谷川謹介や本間英一郎ら鉄道技師の高い評価を得た。その後、鉄道建設の波が各地に広がるにともなって、鹿島組は、この二人の技師とその部下に引き立てられた。このことは、鹿島組の発展にとって大きな助けとなった[41]。1899年に鹿島組が渡台したのは、実際上、長谷川の抜擢によるものであり、人脈がなしたわざであった。

　鹿島組は、渡台以前において、長谷川と協力して事業にあたった多くの経験を有していた。1880年、鹿島組が政府の特命を受けて参与した最初の鉄道事業は、敦賀線の中之郷～柳瀬間と匹田～刀根間の土木工事であった。柳瀬トンネル事業は、藤田組が担い、トンネル以外の事業は、鹿島組、吉山組、吉田組が担ったが、長谷川は、この事業の責任者であった[42]。

　1881年に創設された日本鉄道株式会社は、事業推進の利便のため、上野～青森間の事業を政府の鉄道局に委託した。1889年春、鉄道局は、盛岡出張所を設置し、長谷川に日詰～小繁間の事業を担当させた。この区間唯一の鉄橋建設事業（雫石川橋梁事業）および沼宮内～小繁間の鉄道事業は、鹿島組が請け負った。

　1893年、鹿島組は、日本鉄道会社の八戸線建設事業に参与した。当時、長谷川は、政府から日本鉄道会社へ出向しており、この事業の監督管理を任されていた。1894年、鹿島組が特命の方式により日本鉄道会社の常盤線を請け負った時、長谷川は、日本鉄道会社水戸建築課長であった。このほか、鹿島組は、土

浦線、磐城線、太田鉄道などの路線でも長谷川と協力した経験を持っていた[43]。

このように、鹿島組は、渡台する19年前の1880年に初めて請け負った鉄道事業以来、長谷川謹介と協力した経験を持った。その後、長谷川が政府に勤務しているときも、その後、民間企業に籍を移したあとも、双方は、長期にわたり協力関係を維持した。かかる過程において、鹿島組の事業への態度とその技術は、長谷川の信任を得た。1899年4月、長谷川が民政長官後藤新平の招聘に応じ、日本岩越鉄道会社技師長の職を辞して、台湾総督府臨時台湾鉄道敷設部技師長に任じられると、鹿島組は、長谷川の指定により、渡台し縦貫鉄道事業に参与することとなった[44]。

長谷川は、渡台した際に自分と協力した経験があり、かつ信任の置ける業者を台湾に呼び寄せた。これは、内地の産官協力関係を台湾に移植し、もって鉄道事業の順調な推進を期すことを意図したものであった。鹿島岩蔵の孫である小野一成は、当時の事情を次のように語っている。すなわち「長谷川謹介は明治32年4月赴任したが、鉄道建設を効果的に行うには優秀な請負人が必要だとの考えに立って、スタッフとして帯同する部下を選ぶと同時に施工業者も予め内地で選定し、一緒に台湾へ渡ったのであった。選ばれた業者は鹿島組、大倉組、久米組、吉田組、沢井組、志岐組、佐藤組の7社で、いずれも鉄道建設業者として当時第一流の者ばかりであった」と[45]。

(3) 随意契約[46]制度の実施と産官協力関係の強化

領台初年、多くの土木請負業者が渡台した。1896年8月の調査資料によれば、日本人が台北で開設した各種商店のうち、営業戸数の上位五位は、雑貨店（143）、料理店（107）、旅館（43）、土木請負業（35）・飲食店（35）であり、営業人口の上位五位は、料理店（957）、雑貨店（575）、土木請負業（321）、旅館（240）、飲食店（133）であった[47]。土木請負業は、それぞれ第4位と第3位であり、その需要の大きさと重要性が窺い知れる。

注目に値することは、総督府が1895〜1899年のあいだに渡台した土木請負業者である田村千之助、岩崎藤造、中村熊一、二宮卯一、高石忠慥、神谷仲蔵、

福地載五郎、大野倉太郎、二川幸三郎、住吉秀松、木村繁太郎、井上儀一、安達寅吉、朝比奈仙吉らの能力を評価しなかったことである[48]。長期にわたり総督府と協力関係を築いた業者は、上述の業者ではなかった。この現象の形成に制度上、最も大きな影響を与えたのは、台湾で実施された随意契約制度であった。総督府は、協力業者を自由に指定できた。そして、この制度の成立を強力に推し進めたのは、臨時台湾鉄道敷設部技師長の長谷川謹介であった。

①会計法適用の弊害

　縦貫鉄道の建設は、当時の大事業であり、その必要となる材料もまた厖大であった。そして材料の大半は、内地か国外の供給に依頼しなければならなかった。臨時費支出に属する材料と経常経費で支払う一般的な鉄道用品は、鉄道の建設と営業にともない増加した。これらの材料と用品の仕入れ、および事業請負の方式は、総督府にとって、重要課題であった。1896年5月に公布された勅令第165号により、台湾に内地と同様に会計法が施行され、すべての事業は、競争入札ののち請負に出されることとなった。

　同年の勅令第167号は、台湾総督府の営繕土木など諸事業について、工費が1,500円を超える者は随意契約をもって請負に出すことができ、1,500円を超えるものは競争入札の方式により請負に出さなければならないことを規定した。この規定の実施は、多くの弊害を惹起した。当時の台湾商工業の秩序は、内地のように整備されていたわけではなく、内地より渡台する者は、投機的に利益を得ようとする者が多く、まともな事業に従事しようとする者はきわめて少なかった。とりわけ土木請負商のほとんどは、経験や財力もない者であり、競争入札時、入札者は互いに結託し、各種の謀略をめぐらせ（たとえば、粗悪品をもって低価格で不当に入札するなど）、多くの弊害を生みだし、事業を遅延させた。事業の監督は厳格であったとはいえ、期限までに竣工しないことや、当初の設計どおりに進行せず、その契約を解約せざるをえないこともしばしばあった。信用するに足る請負商は、これらの業者との競争入札を避けた。それゆえ、この規定の実施は、かえって工費を増加させ、各種事業の展開を阻害した。

鉄道・築港・灯台などの事業は、厖大な経費と時間を要し、事業に必要な物品および労力の供給は、直接的に事業の進展に影響を与えた。政府は、迅速かつ効率的な事業の進展という観点にたち、競争入札の方式を採用せず、随意契約を用いて、豊富な資本と経験を持ち信頼できる業者を選定して事業を請け負わせていくことを企図した[49]。

②随意契約制度の成立

1899年4月、長谷川謹介は、民政長官後藤新平の招聘に応じて、台湾総督府臨時台湾鉄道敷設技師長に就いた。同年5月、長谷川は、後藤新平に随意契約を可能とする修正勅令案を提出することを要請し、逓信省鉄道局および北海道鉄道敷設部と同様の勅令を迅速に制定することを望んだ。逓信省鉄道局の勅令とは、1896年5月に公布された勅令第208号を指し、それは「逓信省ニ於テ直接ニ従事スル鉄道工事ニ要スル職工人夫雇傭ノ請負ハ随意契約ニヨルコトヲ得」と規定した。一方、北海道鉄道敷設部の勅令は、同年同月に公布された勅令第188号を指し、それは「臨時北海道鉄道敷設部ニ於テ鉄道事業ニ要スル車両器具機械其ノ他材料素品ヲ私設鉄道会社ヨリ買上ケ借入レ又ハ私設鉄道会社ニ売渡シ貸渡ストキハ随意契約ニ依ルコトヲ得」と規定した。

後藤新平は、長谷川の考え方に同意し、総督を経て内務大臣に勅令案を稟議した。この勅令案は、鉄道用品の売買と貸借、労働者の雇用などの請負事業は、請負金額の多寡に関係なく、すべて随意契約でこれを実施することを内容とした。これにより、大資本を持ち、経験豊富で、仕事が確実な請負業者を選定し、鉄道、築港、灯台などの大型建設事業の完遂を期した。1899年6月、勅令第303号が公布され、鉄道の敷設や築港などの総督府直営事業が必要な物品の売買、借貸、労働力供給などの請負は、すべて随意契約により進めることができるようになった。ただ、この勅令案の審議過程において、大蔵省が随意契約の採用を総督府の管轄区内に限定するべきであると主張し、それが勅令に盛り込まれた[50]。したがって、鉄道部が内地で軌条、枕木、機械器具などの物品を購入する際、なお随意契約を用いることはできなかった。

しかし、基隆と高雄両港の荷揚げ時期に合わせる必要性から、時間的に競争入札を行うことができず、内地で材料を購入して台湾に運んだのちに契約するという特殊な現象が生まれた。たとえば、1899年4月、長谷川と遠藤剛太郎事務官が東京で材料を購入した時、随意契約を行えなかったことから、業者と契約ができなかった。二艘の船に積まれた材料は、各会社の了解の下で、大倉組が用意した東英丸に日本鉄道会社・岩越鉄道会社・松井工場・塩田工場・大倉組・高田商会・平岡工場・大阪汽車製造会社・台湾鉄道会社・浅野会社などが調達した鉄道材料が積まれ、それが台湾に到着したのち、運賃を加算した契約が各会社と結ばれた[51]。

この特殊な方式による材料調達は、長谷川の声望と各会社との信頼関係により成り立つものであった。だが、材料が台湾に到着する以前に契約が存在しない状況は、同時に事業の遅延や「速成延長主義」[52]を採る鉄道事業に悪影響を及ぼす可能性を孕んでいた。長谷川は、この事態に困惑し、縦貫鉄道事業の請負において、競争入札の方式を排除し、それを随意契約に改め、信用があり経験に富む業者を指定しなければ、事業の迅速な完遂は到底期待できないことを主張した[53]。後藤新平は、再度この建言を受け入れ、各方面との協議の末、1899年7月に勅令第323号を成立させた。これにより、台湾の鉄道事業の請負は、自由に業者を選択し、随意契約を締結することができるようになり、また総督府の管轄区域内に限定されるという規定は、削除された[54]。この実現は、長谷川の名利に淡白な人格が各方面の信任を得た結果であるといわれる[55]。いずれにせよ、長谷川は、競争入札の方式によらず、自由に自らが信頼する業者を選定できるようになったのである。

大倉組の台湾代人である岸本順吉の回想によれば、「台湾縦貫鉄道工事は初め2回だけ（指名）競争入札に附したが後は全部特命となった」という[56]。1899年4月、長谷川謹介の知遇を得て渡台した優秀な業者は、当初、指名競争入札の方式により事業を請負った。だが、長谷川の努力により、2、3カ月後には随意契約の実施が始まり、日本から移植された産官協力関係が強化された。随意契約制度の実施は、政府と良好な関係を持つ業者のみが利潤をあげる

機会を得ることを意味する。これはまた内地の不景気と競争入札制度に苦しむ業者にとっての活路でもあった。

第3節　鹿島組の在台事業の展開
――人員の派遣、募集と人脈の活用――

(1) 台湾出張所の組織と人事

　鹿島組の岩蔵時期（1880～1912）における組織構造は、きわめて単純であり、明治末期においてもなお個人経営とみなせるが、実は資本金10万円の匿名組合であった。10万円の資本額は、数百万円の請負金を処理するのにかなり少ないようにみえる。ただ土木事業の経費は、労力の確保が大部分を占め、慣習上、高額な機械の調達は、委託の方式を採るので、多額の固定資本は必要ではなく、逆に必要なのは流動資金であった[57]。組長の鹿島岩蔵の下で新見七之丞、池田亀吉、星野鏡三郎の三人の部長がおり、組の「代人」として、現場の事務を監督した。代人（あるいは現場主任）は、事業の下請け事務を統一的に掌理した[58]。

　1899年秋、長谷川謹介が渡台した時、鹿島組、大倉組等の特命請負商の代人は、部下をしたがえて渡台し出張所を設置した[59]。縦貫鉄道南部線事業を推進するため、鹿島組は、台湾出張所を台南に置き、酒井外衛吉、瀧井深吉、坂綱元が前後して主任を担当した[60]。中部線事業は、最初斎藤政治が主任を担当したが、のちに永淵清介がこれを引き継いだ。阿里山線事業は、藤田組時期（1906年7月～1908年1月）と総督府時期（1910年6月～1912年12月）に分かれるが、永淵清介が代人を担当した時期に進められた[61]。台東線事業は、1914年に渡台し花蓮港出張所主任を担当した阿部道衛が責任者となった。阿部は、1926年より台湾出張所主任となっている。一般的に戦前期鹿島組の在台発展にとって、永淵清介と阿部道衛が最大の功労者とみなされている[62]。

　1919年版『鹿島組組員録』は、現存する組合録のなかで最も古いものである

が、これによれば、台湾出張所には主任一人、助役兼計理一人、工務三人が置かれ、花蓮港派出所には計理一人が置かれている。この時の出張所主任は、永淵清介であり[63]、鹿島組の台湾における代人であった。鉄道部技師菅野忠五郎は、かつて当時の永淵を次のように評している。

　　元来永淵氏は配下の操縦が巧みであると同時に、監督者に対する折衝も、手に入ったものであった。身長が高く、骨格逞しく、所謂容貌魁偉で、一寸剛腹にも見えるが、お世辞の頭が馬鹿に低くて、顔に似合わぬ愛嬌を振り撒く処、中々の曲者であった。技術的智識は、秀逸とは言えないが、監督者に嘆願し、同情を求め、一方配下を脅かしたり、煽てたりして、結局成績を上げて行くのである。兎に角私の知っている限り、永淵氏の担当工事で、赤字を出した実例のない事を考えても、如何に彼が請負業務に、特異の手腕を持っていたかが分かると思う[64]。

　鹿島組は、個人経営であり、内外の事務はすべて組長の意志により処理された。だが、事業が各地に分散しているため、各地に設置された出張所の事務は、実際上、代人が全権をもって処理した。それゆえ、代人は、確実に会社の厚い信任を得た者であり、事業に入札する際、眼識と知勇を備え、当局と向かい合ってうまく立ち回らなければならなかった。ただ必ずしも卓越した技術を有する必要はなかった。

　1919年8月に起工し、1922年10月に竣工した海岸線鉄道事業（台中〜竹南間）からは、鹿島組の永淵に対する信任と支持を見出せる[65]。鹿島組は、竹南〜苑里間の敷設事業（全線の2分の1）と大安渓河川の改修事業を請け負った。大安渓は、70分の1の急傾斜で、洪水時は猛烈な激流となり、その氾濫区域は、2哩におよんだ。それゆえ、改修事業は、雨期の前の短期間で進めなければならない。これはまた短期間で高額な運転資金が必要となることを意味する。前年の大恐慌により、請負業はみな資金調達に苦しんでおり、ある時には1万円の保証金ですら支払えないことや、5万円の資金のために東西奔走することも

あった。鹿島組本店は、永淵の要求に応じて、たとえ20万円でも30万円でも、即刻経費を送ることを決定した。のちに、この事業は、永淵の努力により、順調に進展し、莫大な利潤を生んだ[66]。

このほか、阿里山作業所技師進藤熊之助の紀念碑の建立からは、永淵の当局に対する対応が柔軟かつ周到であることが窺い知れる。進藤技師は、阿里山森林鉄道の建設に従事し、1914年２月11日、奮起湖〜阿里山間の修復事業を完成させたのち、試車を行った。だが、運材車が脱線し、重傷を負い、嘉義医院に送られたが、24日に他界した。この時、多くの人たちが紀念碑の建立を発起し、事業を永淵に任せた。永淵は、故人の恩義に報いるため、利益を度外視して紀念碑の建立を進め、わずかに職人の報酬を受け取ったのみであった。紀念碑は、1915年８月22日に完成し、嘉義公園に置かれた[67]。この事例からは、永淵が情義を重んじ、あるいは人情味あふれる交際術を持っていたことがわかる。そして、これはまさに代人が備えておくべき資質であったといえよう。

(2) 下請業者の渡台協力

請負商のなかで、規模が比較的小さく、技術力に劣り、あるいは政府などの事業主とのあいだに人脈を持たず、あるいは信頼ある協力関係を築いていないものは、通常、大請負業者の下請業者となる。下請業者は、大請負業者との協力関係を作り、営業の技術を学び、かつ施工過程において政府など事業主の知遇を得ることも可能であった。鹿島組は、その発展過程において、才能のある組員が独立することを助成したり（たとえば、星野鏡三郎や新見七之丞等）[68]、協力関係にある下請業者に助力して、単独で一つの事業を受け持つ請負商に育成したりした（たとえば、西松桂輔、西本健次郎、水野甚次郎、中野嘉三郎、熊谷三太郎等）[69]。こうした鹿島組の雅量により、組員あるいは下請業者が独立した同業者になったとしても、双方は、良好な協力関係を維持することができた。この関係は、台湾においてもまたみることができる。鹿島組は、内地において長期にわたり協力関係にあった下請業者をともに台湾に連れてきた。住吉秀松は、その典型的な事例である。

鉄道当局が優秀な請負業者を必要としたように、請負業者もまた事業の効率的な推進のため、優秀かつ信頼の置ける下請業者を必要とした。渡台の内命を獲得した請負業者は、各自が従える下請業者のなかから特別優秀なものを選出し、ともに渡台した。この時、住吉組は、奈良鉄道事業を進行中であったが、住吉秀松は、毅然として事業を中止し、鹿島組の下請人としてともに台湾に渡ったのである[70]。

　住吉秀松は、鹿島組の下で、縦貫鉄道南部線および中部線と阿里山鉄道事業を下請けした。住吉は、技術面および経済面においてすでに独立した請負業者になる資格を備えており、その独立の契機となったのが鳳山支線事業であった。鹿島組は、自己の名義をもってこの事業を請け負ったが、実際上、住吉に一任した。住吉は、鹿島組代人永淵の了解を得たのち住吉組を創立し、この事業において実質的な請負商に昇格した。しかし、名義上の請負業者たる鹿島組は、政府に対して、この事業の一切の責任を負った。その後、住吉は、住吉組の名義をもって独立して事業を請け負い始めた[71]。ほどなくして、鹿島組は、南部の事業を完成させて、北部の事業に移っていったが、住吉組は、鹿島組の地盤を継承して、南部において広範な事業を展開した[72]。住吉組独立の事例からは、鹿島組の下請業者に対する態度が台湾でも不変であったことがわかる。住吉組は、鹿島組との密接な協力関係から、台湾において「鹿島組の分身」と称された[73]。

　1902年に鹿島組から独立した新見七之丞は、日本橋に新見商店を創立した。「商店」を名乗るも実際には土木請負商であり、商標からは、もと雇い主たる鹿島組への懐旧が見出せる。興味深いのは、『鹿島建設百三十年史』が「阿里山鉄道は鹿島一家で施工したようなものである」と述べているように、新見が長谷川謹介の贔屓を受け、大倉組の下請業者として、鹿島組と一緒に阿里山鉄道事業に従事し、莫大な利益を得たことである[74]。

　このように、鹿島組は、人脈（長谷川謹介）により渡台し事業に参与する機会を得、その事業推進時の下請業者もまた内地の協力者であった。鹿島組の在台事業は、内地の「人脈」と「協力集団」の移植をもって展開していったので

ある。

(3) 建設労働者の募集と管理

　事業の効率的な進行にとって、建設労働者の管理と制御はきわめて重要である。領台当初、日本軍は、台湾の接収を円滑に実施するため、基隆〜新竹間の鉄道の復旧、ならびに南へ延びる簡便な軍用鉄道の敷設に尽力した。当時、抗日運動が熾烈を極め、台湾人建設労働者を使役させることはできず、内地の業者が事業を請け負った。たとえば、臨時鉄道隊附逓信省鉄道技師小山保政は、1896年7月に基隆〜新竹間の鉄道を復旧させたが、この修繕事業においては、運送事務を請け負った杉井定吉（杉井組）が建設労働者の供給を担った[75]。

　こうした状況は、1899年9月、鹿島組が縦貫鉄道事業を請け負った時、一変した。建設労働者のほとんどは台湾人であり、また相当数の台湾人を坑夫に充当した。これは、トンネル開鑿個所の大部分が土砂あるいは土炭層で構成されており、発破の必要はなく、非熟練工でも開鑿に従事できたことが関係していた。賃金をみてみると、台湾人の建設労働者は30〜40銭で、坑夫は50〜60銭であったのに対し、日本人の建設労働者は70〜90銭、坑夫は1円〜1円20銭であり、台湾人を雇用する方がより引き合った。阿里山鉄道事業の建設労働者は、トンネル開鑿個所が堅い岩石で成り立っていたので、発破の必要があり、日本人建設労働者を雇用しなければならなかった。興味深いのは、多くの業者が日本人の建設労働者や坑夫に対して不満を感じていたことである。なぜなら、彼らが渡台後、半年ないし1年間は真面目に仕事に取り組むが、仕事に慣れてくるにしたがって、次第に狡猾、怠惰になっていき、自分が労役に従事することを嫌い、いかにして台湾人を使役するかを考えるようになるからであった。また日本人が台湾人に比べて、風土病に罹患しやすく、業者にとって、医療費用が大きな負担となっていたことも関係していた[76]。これに対して、台湾人は、次第に作業に慣れていくにしたがい、建設労働者のほか、トンネル坑夫も担うことができるようになっていった[77]。

　総督府は、業者が効率的に建設労働者を組織あるいは使用することを期待し

た。鹿島組は、いくつかの事業において、建設労働者と職工の提供のみを担った。これに該当する事例として、縦貫鉄道岡山～台南間の事業がある。縦貫鉄道台南～新市間事業の新市駅付近の工事において、鹿島組は、当局の「土匪」を帰順させて授産する政策に応じ、蔴荳弁務署長の要請を受け入れて、請負の方式をもって約百人の「土匪」を受け入れ、建設労働者とした。50人の「土匪」ごとに1人の警官が監督についた。「土匪」の多くは、労働に苦痛を感じて、約1カ月でことごとく飛散してしまった[78]。これは、業者にとって、相当頭を悩ませる事件であった。

　1910年6月、鹿島組は、再び阿里山鉄道事業に参与し、地質の問題や重大な自然災害に直面したとはいえ、なお期限を3カ月短縮して竣工させた。これは、鹿島組および大倉組が効率的に2,000人の建設労働者を督励し、昼夜を問わず工事を進めた結果であった[79]。このように、業者がいかにして内地あるいは台湾で労力を調達し、それを効率的に使役するかは、事業を迅速に完了させる一大要素であったのである。

(4) 官僚の吸収

①政府系人脈の拡張

　上述したように、鹿島岩蔵は、経営上、人脈に大いに配慮したが、この伝統は、1912年に鹿島組組長に就任した鹿島精一の時代にも継承された。台湾事業の展開をみると、鹿島組は、官僚、とりわけ事業の監督や検査事務を担当した鉄道部の技術官僚を積極的に吸収した。彼らは、事業の展開過程において鹿島組と多く接触しており、鹿島組に引き抜かれたり、退官後に鹿島組に入社したりした。こうした人材のなかには、たとえば、鉄道部技師菅野忠五郎、鳥崎二郎、海野斐雄、桃園庁技手山下静一、阿里山作業所書記宮城環、および民政部財務局属小川堅二らがいた。

　鹿島組が縦貫鉄道中部線、阿里山鉄道を請け負った時、監督主任を担当したのが鉄道部技師・阿里山作業所技師の菅野忠五郎であった。菅野は、岩手県平民の出身で、1888年6月、岩手尋常中学校卒業後、長谷川謹介の知遇を得て、

日本鉄道会社に就職し、技手として、長谷川のもとで東北線鉄道事業に従事した。1899年、長谷川の渡台にともない、臨時台湾鉄道敷設部雇員に任じられ、1900年4月、鉄道部工務課技師に昇進し、1912年、阿里山作業所技師兼鉄道部技師となった。1年11カ月の休職を除いて、在官期間は、19年におよび、職務に忠実で成績優良であった。1920年、脳神経衰弱により退職を申請し、総督府は、これに礼遇を与えて、勅任技師に昇任させたのち退官させた[80]。菅野は、退官後、鹿島組の理事となった。当時、鹿島組の最重要ポストは、組長のほか、二人の理事であり、菅野は、まさにそのうちの一人となった。その後、監事、顧問などの要職を歴任し、鹿島組の発展に大きな影響力を与えた[81]。

　鳥崎二郎は、岩手県士族出身であり、渡台以前、日本鉄道株式会社建築課で技手として勤務した。1899年4月、臨時台湾鉄道敷設部工務課技手となり、その後、長期にわたり土木技術官僚として生涯を過ごした。彼は、各種の政府（鉄道部など）あるいは企業（製糖会社鉄道）が行う事業の監督や検査を担当し、各請負業者と密接な協力関係にあった[82]。鹿島組が縦貫鉄道全線のなかで規模の最大であった濁水渓橋梁建設事業を請け負った時、その監督技師を担当したのが鉄道部技手鳥崎二郎であった。また当時東アジアで第一の長橋と称された淡水渓橋梁事業を請け負った時もまた鳥崎が監督技師を担当した。鳥崎は、当時「現場の施工技術にかけては天才」と称され[83]、稀にみる逸材であった。現場での豊富な経験を積んだのち、その優秀な技術が認められ、1919年に鉄道部技師に昇格した。1923年、神経衰弱症のため辞職し、鹿島組に入り、台湾出張所参事（台湾出張所の主要幹部は主任一人、参事三人）となり[84]、鹿島組の在台事業の推進に多大な貢献を果たした。その後、朝鮮や北海道などでも活躍した[85]。

　鉄道部技師海野斐雄は、鹿島組が宜蘭線、海岸線鉄道事業を請け負った時、監督主任を担った人物である。海野は、岩手県出身で[86]、1914年帝国大学土木科を卒業したのち、台湾総督府鉄道部に入り、嘉義保線区技手となり、1918年に鉄道部技師に昇任した。かつて宜蘭線や海岸線など建設事業に参与し、その成績は顕著であった。1926年、欧米各国への出張を命じられ、帰国後、鉄道部

改良課長となった。鉄道部勤務年数は13年におよび、鉄道の建設や改良に果たした貢献は多大であった。1928年、一身上の都合により辞職し、鹿島組に入り、京城出張所参事を担当し、のちに京城支店長となった[87]。

　注目に値するのは、菅野忠五郎、鳥崎二郎、海野斐雄らがみな岩手県出身者であることであり、鹿島組組長鹿島精一もまた同県出身者であったことである[88]。ここからは、人材登用の過程において、技術や才腕のほか、同郷の要因もまた重要であった可能性を見出せる。当時、台湾には岩手県人会が組織されており、例会、懇親会、忘年会、新年会を催したほか[89]、岩手県出身の要人の歓送迎会を挙行した。たとえば、1924年鹿島組組長鹿島精一が訪台し、宜蘭線鉄道の開通式典に参加した時、岩手県人会は、彼を招いて「竹之家」にて歓迎会兼例会を開催した[90]。1925年11月には、鉄道部技師海野斐雄の洋行が間近に迫ったことと、菅野忠五郎（当時、鹿島組本店勤務。海野とは鉄道部時代の同僚）が渡台したことを踏まえて、「竹之家」で送別会兼忘年会を催した[91]。1927年4月21日には、欧米から帰台した海野斐雄技師および渡台した菅野忠五郎のために「日本亭」にて例会を開催している[92]。

　このように、技術官僚と鹿島組の関係構築には各種請負事業における協力のほか、台湾の同郷会、岩手県人会もまた重要な役割を果たしていた。鹿島精一が他界したのち、菅野忠五郎が「鹿島さんは徳の人でありました。情誼が厚いので、よく人の世話をなさいました。殊に岩手県人のお世話になった人は非常に多うございます」と回想しているように[93]、同郷関係もまた組長鹿島精一が人材を登用する際に考慮した一因であった可能性が高い。鹿島組の在台主要幹部をみると、鹿島組花蓮港出張所主任阿部道衛[94]、台湾営業所主任又重盛一[95]、台北支店長横浜勉[96]もまた岩手県出身者であり、阿部道衛と鳥崎二郎は懇意の同郷同士でもあった[97]。同郷関係は、政府と業者が共同で進める事業の過程において一定の機能を果たしていたといえよう。

　鉄道部の技術官僚のほか、宮城環や小川堅二ら行政官僚、および桃園庁技手山下精一もまた総督府から鹿島組に移り、自己の発展を期した人物であった。宮城環は、山口県出身で、1895年9月、陸軍省雇員の身分をもって臨時台湾鉄

道隊付を命じられ渡台した。1903年3月、台湾総督府鉄道部書記に任じられ、1910年4月、台湾総督府阿里山作業所書記に転任した。1914年9月、脳神経衰弱症により退官し98)、1920年、鹿島組台湾出張所に入り、工務を担当した。

　小川堅二は、石川県出身であり、1905年、第四高等学校第一部独法科を卒業した。同年9月、東京帝大独法科に入学し、1910年7月に渡台した。台湾建物株式会社雇員となり、翌年4月に書記に任じられた。1911年10月、台湾総督府財務局金融課属に任命され、1913年2月、脚気を理由として辞職した。1915年1月、台湾総督府民政部財務局属に再び任じられ、1919年4月、神経衰弱症により退職し99)、1920年に鹿島組台湾出張所に入り、工務を担当した。

　山下静一は、地方庁の技術官僚であった。山下は、東京府士族の出身で、渡台前は、大蔵省専売局事務嘱託であり、巻煙草産地の測量と製図関係事務に従事した。1899年3月、辞職し、翌月渡台し、臨時台湾土地調査局測量課技手に任命された。1902年8月、依願免官ののち、9月、台湾総督府嘱託となり、第五回内国博覧会出品用製図関係事務に携わった。1908年10月、蕃薯寮庁臨時傭員となり、該庁港西上里九芎林庄の埤圳測量および製図事務に従事した。1908年12月、桃園庁技手に任じられ100)、1910年1月、脚気を理由に退官した101)。山下がいつ鹿島組に入社したのかは不明であるが、1919年版『鹿島組組員録』によれば、鹿島組台湾出張所で工務を担当していたことがわかる。

②請負事業への影響

　鹿島組台湾出張所にとって、総督府当局から当地の事情を熟知する官僚を吸収することは、組運営および政府との意思疎通と協調の方面において確実に利益があった。このほか、元総督府官僚が京城出張所（海野斐雄）や本店（菅野忠五郎）の重要幹部になる場合もあった102)。

　鹿島組の渡台・発展および縦貫鉄道事業への参入は、実際上、長谷川謹介との親密な人間関係を発端とするものであった。鹿島組のこの種の技術は、その他の同業者をリードしており、ある意味において、人脈の開拓は、事業の開拓に等しかった。その事例として、鹿島組が土木局から請け負った大安渓橋梁の

第5章　鉄道建設と鹿島組　155

保全事業（1921年10月〜1922年12月・請負金額103万2,538円）がある。

　鹿島組と鉄道部との協力事業は比較的多く、その淵源もまた深かった。だが、鹿島組は、土木局とのあいだにはかかる密接な協力関係を有しておらず、沢井組が土木局の事業の主な請負業者であった。当時、土木局の工事係主任は、技手水野広治であった。永淵清介は、鹿島組員の山下静一と水野技手が懇意の間柄にあることを知り、山下に護岸事業の関連事務を命じ、水野と交渉させた。両人の経歴をみると、山下は、かつて桃園庁技手であり、水野は、かつて苗栗庁および新竹庁技手を歴任しており、両人は、旧知であった[103]。その後、水野技手は、河川事業を鹿島組に特命するよう力説した。鹿島組は、この人脈の活かして[104]、非鉄道部門より100万円の事業を獲得するに至るのである。

　鹿島組にとって、政府の人材を取り込むことは、実質的に優秀な技術員と経営幹部の増加だけではなく、これらの人がもともと有する人脈を受け継ぐことを意味した。これにより、当局との信頼・協力関係を強化し、事業の取得をより円滑に進めることができた。人脈は、まさに会社経営の無形資産であったのであり、鹿島組は、この点を十分に配慮し、工夫を凝らした経営を行ったのである。

　ただこの現象は、鹿島組の請負事業だけではなく、当時の土木請負業界で普遍的にみられるものであった。かつて土木建築関連事業に従事し、民間業界に転入した総督府技術官僚にとって、政府当局での経験や人脈は、それが創業する際の重要な基礎となった。たとえば、新見喜三（臨時台湾土地調査局技手、鉄道部技手）は、新見組を、荒井善作（台湾総督府営繕課技手、台北州内務部土木課技師）は、荒井建築工務所を、岩淵恕（民政部土木局技師、台中州土木課長）は、台湾工程社を創立し、中村熊一（陸軍経理部、台湾総督府）や太田半五郎（台湾総督府阿里山作業所技手、営林局技手）もまた独立した土木請負業を経営した。

　新見組を例にすると、新見喜三と総督府当局は、互いを熟知しており、官庁事業の取得と事業の監督上、一定程度の信頼関係と利便があった。主な請負事業は、総督府交通局鉄道部、台中州土木課、台湾軍経理部、総督府内務局、台

北州土木課、交通局道路港湾課、高雄州土木課、台北市役所土木課などの事業であり、みな本府と地方庁の土木事業であった[105]。

第4節　鹿島組の在台事業の展開——事業の取得とその推進——

(1) 鉄道事業の請負

官営鉄道事業の進行は、まず鉄道部技師、技手が調査測量を実施したのち、路線を選定し、次いで計画案を作成し決裁を得たのち、工区を分割して、随意契約により業者に請け負わせた。業者は、事業を実施する際、鉄道部技術官僚に監督事務を担わせる必要があった。

たとえば、縦貫鉄道南部線（打狗〜濁水渓間）を建設する時、技師張令紀・菅野忠五郎・高橋辰次郎、および技手中野利吉・中島守衛・吉山仙介らが台中〜嘉義間の測量調査を担当し、技師新元鹿之助・美野田琢磨、および技手中島守衛・進藤熊之助・榎本定吉・吉原弥吉らが台南〜嘉義間の測量調査を担当し、技師小山保正・新元鹿之助、および技手飯田豊二・吉山仙介・大江三次郎・中島守衛・藤井策郎・小竹信敏が打狗〜台南間の測量調査を担当した[106]。

調査が完了したのち、鉄道部は、打狗出張所を設置し、南部線建設事業を管理させ、技師新元鹿之助が所長となり、技師阿部恵三郎・熊城鐘三郎・津田素彦らがそれを補佐した[107]。打狗出張所管区各所に8箇所の派出所、17箇所の詰所を置き、工区を11に分けて、それぞれ監督主任技師、現場監督技手および技術員、事務員を配置し、業務を執行した。事業は、随意契約により鹿島組・久米組・志岐組が請け負った[108]。この過程においては、台湾総督府鉄道部の指導力、決断力、管理力が十分に発揮され、業者は、その期待に応えて、驚くべき高効率で事業を完遂した。縦貫鉄道事業は、工期を1年短縮して竣工しており、これは鉄道史上稀にみる事例となった。

(2) 政府(鉄道部)と業者との関係

　政府は、随意契約により事業を鹿島組に特命した。これは、業者にとって、疑いなく、一大恩恵であり、内地の特命方式による時期と同様に、双方のあいだには「恩情的な関係」が存在していた。双方の施工過程における協力関係の実際や思惑は、さらに一歩進めた観察を行うに値する。以下、二つの事例をあげて検討していきたい。

①業者の政府に対する信義——阿里山鉄道事業

　阿里山鉄道は、阿里山森林経営のため、木材の搬出用手段として建設された嘉義～阿里山間の森林鉄道である。台湾総督府は、もともと阿里山の経営を総督府の直轄事業にするつもりであったが、日露戦争による財政上の問題から、1906年2月、その経営権を藤田組に特許した。1906年7月、随意契約の方式をもって、森林鉄道事業の請負が鹿島組、大倉組、吉田組に特命された。だが、藤田組の開発が進むにつれて、台湾総督府が見積もった阿里山森林開発の難易度が低すぎることが明らかになった。これによって、森林鉄道建設のコストは、総督府の見積より60％増となった。さらに、阿里山森林の蓄積量は、総督府の楽観的な予測に反して、その見積の60％に過ぎなかった。1908年1月、藤田組は、総督府の了解を得て、阿里山の経営権を放棄した[109]。

　1910年2月、第26回帝国議会の協賛を得て、阿里山は、官営の方式をもって経営されることとなった。5月、阿里山作業所が設置され、財務局主計課長峽謙斉が所長に任じられ、技師菅野忠五郎が嘉義出張所所長兼鉄道課長となり、阿里山鉄道建設事業を担った。2年5カ月にわたり中断していたこの鉄道敷設事業は、業者にとって、「犠牲的請負」であった。藤田組の事業中止が果断であったこともあり、すでに完成した工事あるいは半完成の工事に対して何らの防護措置も行われておらず、中止当日の状態のまま放置されていた。施工者には完了した工区の坪数に契約上の単価をかけた金額が支払われた。帝国議会は、基本的に藤田組時代の余剰予算を標準として、総督府が提出した予算を審査し

たので、その予算はきわめて逼迫していた。総督府は、この事業を完遂するため、施工方法、予算の運用、請負業者の選定などを改めて熟考しなければならなかった。鉄道部は、藤田組時代に契約した請負業者（吉田組はすでに営業を停止）を招き商談を進め、鹿島組と大倉組に対して本来の価格計算方式のまま藤田組時代の未完事業を完成させたい希望を示した。両業者は、道義上、継続して施工する義務があると考え、鉄道部の要求を承諾した。鉄道部は、随意契約により鹿島組と大倉組に事業を特命し、経費を節減しつつ迅速に竣工させた（1910年6月起工、1912年12月予定より3カ月早く竣工）[110]。

　この事例からは、いわゆる特命・随意契約は、政府の業者に対する信任を体現するものであったが、その請負事業は、必ずしも多大な利潤を生むものではなく、時として損失を出すこともあったことが知れる。ただ業者は、この損失を出す事業を引き受けることで、政府との関係を深めて、さらなる事業を獲得することにつなげることを期待した。

②政府の業者に対する愛顧——下淡水渓橋梁事業

　阿緱線事業の進行過程において、最も重要であったのは、下淡水渓橋梁事業の入札であり、鹿島組・大倉組・沢井組がそれに参与した。各業者は、当時、日本で第一の長橋（5,000フィート）を建造する機会をめぐって争った。それは、この長橋を順調に完成させれば、きわめて高い名声を得ることができるからである。当時、鹿島組代人永淵清介は、阿里山鉄道事業の損失を補填するために、まずこの事業を極力落札し、望みを将来鉄道部より事業を優先的にまわしてもらうことに託した。鹿島組は、予算42万円の事業を大胆にも28万円で落札し、政府と同業者を驚かせた。鉄道部は、このような低額で事業が順調に竣工できるかどうかを心配したが、永淵は、「永淵も男である以上は一旦落札したものは必ず完成して御目に掛けます」と意気込んだ。鉄道部は、その苦境に同情し、材料および工事用品の調達をできるかぎり助け、施工上の便宜もはかった。このほか、補償の意味を込めて、継続して鹿島組にその他の附帯事業を請け負わせ、橋梁およびその附帯事業の請負総額は、74万円に達した。事業の進行過程

において、幾度か災害に遭ったが、鉄道部は、同情心から大部分の費用を負担した[111]。

以上の二つの事例からは、政府と業者は、基本的に相互信頼・協力関係を築いており、業者は、責任感を持ち、その信用と名声を極力維持しようとし、政府は、できるかぎり業者を助けようとしたことがわかる。政府は、随意契約により不良業者を淘汰したのち、指定業者に対して相当程度信頼・愛顧し、さらにその損失に同情し、多くの補償を行った。業者は、政府との信頼・協力関係を深めるため、あるいは自身の信用と利益を維持するために、一時的な欠損を厭わずに全力で任務を完遂させた。事後、永淵は次のように述べている。いわく「大凡如何なる難工事と雖も企業者側との完全なる協力一致さえあれば必ず遂行し得るものである」と[112]。

(3) 事業推進上の障害

①自然環境

風災、水災、地質、地形など要因は、事業の遅延あるいは経費の増加、さらには作業員の死傷にもつながる。かかる現象は、縦貫線、阿里山線、台東線、宜蘭線、阿緱線などの事業で普遍的にみられ[113]、業者にとって、コスト上、技術上の一大試練となった。

②伝染病と風土病

とりわけ日本統治初期において、台湾の衛生施設は、なお未整備であり、伝染病と風土病は、猖獗を極めていた。鉄道部が進める線路調査、あるいは鹿島組ら業者が推進する事業の過程において、多くの工夫や技術員が病気に感染し、甚だしくは命を落とした。たとえば、1909年7月、鉄道部技師鈴木善八が部下を率いて、台東線寿豊渓附近の測量調査を行った際、全員がマラリアに罹り、継続して測量作業を行うことができなくなった。それを引き継いだ技師照屋宏と技手小池良作の一行もまた馬太鞍を経て拔仔庄に到達した時、折しも草木が生い茂る盛夏にあたり、その過半が身体の体調をくずし、あるいは風土病に罹

り、暫時作業を停止せざるを得なかった。一行の人員が罹患したのは、「拔仔庄熱」や「鳳林熱」と称されたマラリアのほか、脚気、熱帯赤痢、胃腸病などの疾病であった[114]。また、南部の潮州線を建設時にも同様の事態が惹起された[115]。

③政府の財政緊縮と世界景気

　入札時に見積もった利潤は、時として政府の財政緊縮と世界景気の変動により大きな影響を受けた。たとえば、1901年度の鉄道事業計画は、日本経済の不景気のため、その予算が100万円削減され、250万円となった。鉄道部が予算の削減に直面し講じた対策は、中部線の完成を優先させることであった。一部の事業は、中止あるいは縮小措置がとられ、土木請負業者に多大な打撃を与えた[116]。請負業者のうち、鹿島組は台南に、吉田組は内地に撤退した。かろうじて倒産を免れたその他の業者も人員を削減し、または人員を内地に戻した。そして、その下請業者は、多くの建設労働者を解雇した。大倉組、久米組、沢井組などもまた経営を縮小した[117]。

　次いで宜蘭線、潮州線事業が進む折り、第1次世界大戦の影響から、物価と賃金が高騰し、予算が極度に逼迫した。たとえ次年度予算を流用したとしても、一部の事業は削られ、あるいは事業年限が延長された[118]。業者は、やむなく施工を継続せざるをえなかったが、利潤をほとんど出すことができず、かつ施工品質の低下が惹起された。『鹿島組五十年小史』は、当時の状況を次のように記している。すなわち「斯様に多数の工事を請負ったが戦時の好況に物価労銀日を逐て暴騰し、今日相当の利益ありとして契約しても明日は早くも損失の計算となる。されば長期に亘る工事程損失大となる訳にて当事者の心労苦痛一方ならざるものであった」と[119]。

(4) 在台請負事業の特色およびその意義

　1900～1928年の鹿島組全体の請負事業の金額をみると、鹿島組は、「鉄道の鹿島」の評判どおり、鉄道事業を主とする請負業者であったことがわかる。官

設と私設鉄道の請負金額は、8,855万7,000円に達し、その請負総額の68.3%を占めた。地方別にみてみると、台湾の請負金額は、それぞれ1,562万2,000円、11.9%であった。これは、内地に次ぐ規模であり、朝鮮を大きく超過し、満州と北海道の4倍の規模であった[120]。不景気により内地で事業数が大量に減少した時期において、台湾の事業は、まさに困難を打開するための恵の雨であった。

1899～1926年の鹿島組の在台請負事業をみてみると、その事業主は、政府が中心であり、かつそのほとんどが鉄道部の事業であった。ほかの事業主には土木局・基隆街・台湾電気工業会社・台南大圳組合・嘉南大圳組合らがいたが、その請負事業の数は僅少であった。事業内容をみると、鉄道関係事業が圧倒的多数を占め、河川事業・水道事業・埤圳事業などは少数であった。その事業の請負金額は、数十万円に達し、なかには百万円におよぶ大型事業もあった[121]。

しかしながら、鹿島組の在台事業は、これに止まらない。鹿島組の編纂物は、わずかに大型事業あるいは請負金額が一定以上の事業のみをとりあげているに過ぎない。たとえば、鹿島組の編纂物には、1916年に台湾総督府殖産局移民課から請け負った豊田村埤圳事業[122]、および明治期に大量に請け負った製糖会社の駅、倉庫、その他鉄道関連事業などは含まれていない[123]。かりにこれらの地方あるいは民間業界の事業を検討対象に加えれば、鹿島組の在台活動の実況をより鮮明に描写することができるだろう。

おわりに

日本が明治期に殖産興業を成し遂げたのは、産官学の緊密な連携の結果であった。その後の対外拡張は、中国への侵略または台湾・朝鮮など植民地の経営を問わず、この構造の作用に依存したものであった。産官協力関係の一側面は、国家が民間企業の輸出を主導したことにあるが、これは、近代日本の対外投資の特色といえた。その植民地経営の過程において、政府各部門の官僚だけではなく、民間企業・資本もまた重要な役割を果たしていた。これはまた内地から

植民地へ移植された殖産興業経験の二大要素であった。新領土の取得は、政府にとって、行政区の拡張を意味し、それをいかに治めるのかを思考する必要があった。他方、民間業界にとっては、市場の拡大と商機の出現を意味し、いかにこの機をとらえて事業を拡大するのかを思索する必要があった。前者は、植民地経営のためであり、後者は会社経営のためであり、その目的は異なるも、共同で実施する事業の空間は広かった。築港・鉄道・道路・電信・電力などのインフラ整備は、植民地経営のための重要な一環であり、総督府の施政の基礎となり、また台湾の近代化を促した。これらのインフラ事業あるいは社会資本の形成は、内地の業者の参入が不可欠であり、ここに産官連繋構造移行の契機があった。

　鹿島組は、幕末において、大名の工匠であり、明治維新後、鹿島岩吉は、横浜に向かい、著名な建築請負商となった。その後、井上勝の建議および平瀬亀之輔の資金援助により、鹿島岩蔵は、1880年3月、鹿島組を創設し、鉄道事業の請負を開始し、「鉄道の鹿島」の名声を業界に轟かせる代表的な土木請負商の一つに成長させた。明治30年代、内地の戦争景気が一段落を告げ、国鉄幹線もまた大体完成したことで、事業数が大幅に減少した。さらに1899年の会計法の公布により、競争入札制度が採用され、過当競争により土木請負業の利潤が減少し、多くの業者が倒産した。これに対して、植民地台湾の鉄道・港湾・道路・上下水道・河川・埤圳・官舎などの土木建築事業は、勃興したばかりであり、業者の海外雄飛の対象地となった。鹿島組が渡台し、最も重要な縦貫鉄道事業を請け負うことができたのは、臨時台湾鉄道敷設部技師長長谷川謹介の知遇を得ていたからであった。

　長谷川の鉄道建設方針は、「速成延長主義」であり、優秀な技術官僚を選抜したほか、競争入札の弊害を避けるために、大資本と豊富な経験を持ち、信頼できる業者に事業を直接請け負わせようとした。後藤新平の支持のもと、1899年6月と7月にそれぞれ勅令第303号と第323号が公布されたことで、長谷川は、その信頼する業者と自由に随意契約を締結し、事業を請け負わせることができるようになり、産官の協力関係が強化された。鹿島組は、内地において長谷川

と長年にわたり協力関係にあり、それゆえ、その指名を得て渡台し縦貫鉄道事業に参与することができたのである。

　鹿島組の在台事業の展開で最も重要な要素は「人」であった。内地から重要幹部を台湾に派遣するとともに、台湾で人材を募って、人脈を弾力的に活用し、またそれを拡張した。台湾出張所主任の役割は、重要であった。それは、主任が眼識と知勇を持ち当局と向かい合ってうまく立ち回ることによって在台事業の順調な発展が維持されるからであり、永淵清介は、その最も代表的な人物であった。鹿島組の下請業者もまた内地ですでに協力関係を築いていた業者であった。台湾における鹿島組の発展は、内地の「人脈」と「協力集団」の移植をもって達成されたのである。最も下層の建設労働者について、鹿島組もまたいかにして日本人と台湾人を適当に用いて、効率的に事業を進めるのかを慎重に考慮しなければならなかった。このほか、鹿島組は、台湾総督府の人材を吸収し（同郷関係者も含む）、優秀な技術者と経営幹部を増やしたほか、それが持つ政府との人脈もまた受け継ぎ、政府との信頼・協力関係を強化した。この人脈は、事業の取得機会の増加をもたらし、会社経営の無形資産となった。

　縦貫鉄道事業の実態をみてみると、台湾総督府鉄道部の強大な指導力、決断力、管理力が最大限に発揮される体制の下、業者は、驚くべき高効率で作業を進め、工期を1年短縮して竣工させた。これは、鉄道史上稀にみる事例となった。政府が随意契約を用いて不良業者を淘汰したのち、形成された政府と業者との関係は、基本的に相互信頼・協力の上に成り立っていた。業者は、責任感を持ち、その信用と名声を極力維持しようとし、一時的な欠損を厭わずに全力で任務を完遂させた。政府は、できるかぎり業者を助けようとし、その損失に同情して多くの補償を行った。確かに、台湾での事業の推進には多くの困難がともなった。自然環境、天災、伝染病と風土病のほか、政府の財政緊縮や世界景気の変動は、時として業者に大きな打撃を与えた。不景気により内地で事業数が減少した時期において、台湾の事業は、困難を打開するための恵の雨となった。鹿島組の在台主要事業は、政府事業の請負であり、この時期の請負事業のほとんどは、金額が巨大な鉄道事業であった。かりに小型の民間事業の請負

を加えれば、鹿島組の在台活動の実態、およびその会社経営にとっての台湾の重要性をより明確に示すことができるだろう。

　総じていえば、日本統治期において、三井・三菱など特殊大型政商、および糖業資本以外に、なお注目に値する多くの日本企業が各種事業に従事していた。内地において政府との協力関係を有していた業者は、植民地経営上、重要な役割を果たした。なぜなら業者の内地での経験と基礎は、台湾総督府が台湾で殖産興業を複製する際の利器となったからである。これはまた政府と業者との関係構築の基礎である上意下達構造の移植でもあった。鹿島組の渡台・発展は、植民地統治者の需要のみならず、鹿島組経営者の需要にも基づくものであった。鹿島組は、「技術」、「時機」と「人脈」を掌握したことで、台湾の鉄道事業への参入を達成し、植民地のインフラ整備と社会資本の形成にとって、きわめて大きな役割を果たし、植民地経営と企業経営という双方の利益を創造する成果をあげたのである。このことは、帝国の植民地経営、鹿島組の会社経営、あるいは日本の技術・人員・資本の海外拡張にとってきわめて重要な歴史的意義を持つものである。

　この時期の国家政策の展開は、企業・資本の動向の影響を強く受けた。産官連繋の模式は、中国において政策上の思考と列強との競争によりその発展が抑制されたのに対して、台湾においては、迅速に普及し、植民地経営上、大きな成果を残した。この産官連携の模式は、決して土木事業に限ったことではなく、各領域に構造的に存在しているものであり、その各領域での形成および作用の異同は、検討するに値する重要な課題である。

　このほか、法令の修正あるいは内地とは異なる法令の適用は、経営効率を増大させた。このことは、「児玉後藤時期」の各種インフラ整備事業において、短期間で大きな成果を残した要因であるといえる。長谷川謹介は、随意契約の採用が縦貫鉄道建設事業の成功した三大要因の一つであると明確に述べている[124]。確かに、随意契約制度は、専門技術を持ち、作業効率の高い業者を事業に優先的に参入させ、強力な産官協力関係の構築を促進した。だが、それがもたらしたマイナス面（不法な産官関係の形成など）については、なお今後の

第5章　鉄道建設と鹿島組　165

検討が待たれる。法制面の課題に焦点をあてれば、自由競争入札、指名競争入札、随意契約などの制度の導入、変遷、影響は、植民地経営の方策と本質を分析するための重要な検討課題となろう。そして、時勢の推移と国家の要請にしたがって、鹿島組もまた朝鮮、満州、華北、南洋などの地域に進出していくが、この点については、別稿に譲りたいと思う。

＊本章は「産、官合作下的殖民地経営――以日治前期鹿島組的在台活動為例（1899-1926）」（『中央研究院近代史研究所集刊』第80期、2013年6月）の内容および構成を修正して収録したものである。

1）　浅田毅衛「明治前期殖産興業政策と政商資本」（『明大商学論叢』第67巻第2～7号、1985年2月）86～87頁。
2）　天野郁夫『大学の誕生（上）』（中央公論新社、2004年）。
3）　陳慈玉『日本在華煤業投資四十年』（稲郷出版社、2004年）。
4）　呉文星「東京帝国大学与台湾「学術探検」之展開」（『台湾史研究一百年――回顧与研究』中央研究院台湾史研究所籌備処、1997年）。
5）　呉文星「札幌農学校と台湾近代農学の展開――台湾総督府農事試験場を中心として」（台湾史研究部会編『日本統治下台湾の支配と展開』中京大学社会科学研究所、2004年）、および呉文星「京都帝国大学与台湾旧慣調査」（『師大台湾史学報』第1期、2007年12月）。
6）　蔡龍保「日本工手学校的設立及其畢業生的海外活動――以台湾為中心的考察（1895-1905）」（『興大歴史学報』第24期、2012年6月）。
7）　蔡龍保「日治初期台湾総督府的技術人力之招募――以土地調査事業為例」（『国立政治大学歴史学報』第35期、2011年5月）。
8）　蔡龍保「日治時期台湾総督府鉄道部的南進協力――以潮汕鉄路的発展為例」（『輔仁歴史学報』第28期、2012年3月）。
9）　たとえば、王世慶等著『台湾拓殖株式会社論文集』（台湾文献館、2008年）、涂照彦『日本帝国主義下の台湾』（人間出版社、1999年）、および久保文克編『近代製糖業の発展と糖業連合会』（日本経済評論社、2009年）。
10）　蔡龍保「長谷川謹介与日治時期台湾鉄路的発展」（『国史館学術集刊』第6期、2005年9月）。
11）　鹿島建設株式会社・中鹿営造公司『台湾における鹿島建設＆中鹿営造のご紹介』

（2009年、未刊行）、4頁。
12)　藤村久四郎「序文」（『台湾の建設47年史』、鹿島建設株式会社、会社文書番号2008-1)、1頁。
13)　蔡龍保『推動時代的巨輪──日治中期的台湾国有鉄路（1910-1936)』（台湾古籍出版有限公司、2004年)。
14)　土木工業協会・電力建設業協会編『日本土木建設業史』（技報堂、1971年)、88頁。
15)　「番頭」は、商店職員の首領であり、「手代」以下の職員を率いて、主人にかわり店の一切の業務を処理した人である。「手代」は、「番頭」と「丁稚」のあいだに位する職員で、「丁稚」は、店の雑務に従事した少年である。
16)　鹿島精一追懐録編纂委員会『鹿島精一追懐録』（三秀舎、1950年)、371頁。
17)　前掲『日本土木建設業史』88～89頁。
18)　前掲『鹿島精一追懐録』373頁。
19)　同前、373～374頁。
20)　鹿島建設株式会社『鹿島建設七十年小史1880-1950』（創立七十年記念行事委員会、1950年)、1頁、および鹿島専務「土木建築に就いて」（『鹿島組月報』7月号、1941年7月)、49頁。
21)　前掲「土木建築に就いて」49頁、および前掲『鹿島建設七十年小史1880-1950』1頁。
22)　鹿島建設株式会社総務部本社資料センター『鹿島岩蔵小伝』（株式会社鹿島出版会、2011年)、15～16頁、および前掲「土木建築に就いて」49頁。
23)　前掲「土木建築に就いて」49～50頁、および鹿島組『鹿島組五十年小史』（栗原文秀堂、1929年)、1～4頁、および前掲『鹿島岩蔵小伝』17～19頁。
24)　前掲『鹿島組五十年小史』8頁。
25)　前掲『鹿島岩蔵小伝』20頁。
26)　前掲『日本土木建設業史』100頁。
27)　同前、76～79頁。
28)　同前、87～88頁、および鹿島建設社史編纂委員会『鹿島建設百三十年史』（鹿島建設出版会、1971年)73頁。
29)　前掲『日本土木建設業史』88頁。
30)　同前。
31)　東京建設業協会編『建設業の五十年』（槙書店、1953年）250～251頁。
32)　前掲『日本土木建設業史』86頁。
33)　鹿島精一・宮長平作・島田藤『日本の土木建築を語る』（山水社、1942年)、151～152頁。

34) 前掲『日本土木建設業史』113頁。
35) 同前、117頁。
36) 前掲『建設業の五十年』250〜253頁。
37) 前掲『日本土木建設業史』86頁。
38) いわゆる鹿鳴館時代とは、鹿鳴館が落成した1883年から1890年までの7年間を指す。鹿鳴館とは、明治政府の建設した外国賓客や外交官を接待する社交場であり、よくここで宴会や舞踏会が開催された。その存在はまた当時の極端な西洋化政策を象徴するものであった。
39) 前掲「土木建築に就いて」49頁。
40) 前掲『鹿島組五十年小史』28〜29頁。
41) 前掲『鹿島建設百三十年史』79頁。
42) 前掲『鹿島組五十年小史』8頁、および前掲「長谷川謹介与日治時期台湾鉄路的発展」66〜67頁。
43) 菅野忠五郎『鹿島組史料』(鹿島建設株式会社、1963年)、21〜44頁、および鹿島組『鹿島組沿革史』44〜54頁。
44) 前掲「長谷川謹介与日治時期台湾鉄路的発展」61〜108頁。
45) 小野一成『椰子の実ひとつ 住吉タツ追懐録』(鹿島研究所出版会、1967年)、71〜72頁。
46) 随意契約とは、国、地方公共団体が公共事業を請負に出した時、競争入札によらずに任意で業者と契約を締結することをいう。随意契約は、「特命随契」、「少額随契」、「不落随契」の三種に分類される。特命随契は、特定の業者を指定し、契約を締結するものであり、競争相手がいないので、請負金額が往々にして高額になる。少額随契は、二つ以上の業者から見積書を取得し、契約を締結する方式であり、行政区画と事業内容により、予定価格の上限が決まっている。不落随契は、競争入札を行うも、入札者がいなかったり、落札者がいなかったり、落札者が契約を締結しなかったりした場合、落札者以外の最低価格入札者と契約を締結するものである。
47) 「台北に於ける内地人」(『台湾日日新報』1896年9月1日、第16号)、3頁。
48) 枠本乙吉『台湾懐古録』(松浦屋印刷部、1920年)、224〜235頁。
49) 「台湾総督府ニ於テ施行スル工事ハ競争ニ付セス当分ノ内随意契約ニ依ルコトヲ得」『公文類聚』第22編、明治31(1898)年、17巻、財政1、会計1(会計法、予算)。
50) 「鉄道及築港ニ要スル物件ノ買入借入及労力ノ供給ニ関スル随意契約ノ件」『台湾総督府公文類纂』明治32(1899)年1月17日、第361冊、第16文書、甲種永久保存。
51) 台湾総督府鉄道部『台湾鉄道史』下巻(近藤商店活版部、1911年)、3〜9頁。

52)　長谷川謹介の台湾縦貫鉄道建設の基本方針を一言でいえば、それは「速成延長主義」であった。線路を「速成」することは、当時の総督府の施政展開上、必要なことであった。これにより、総督府は、台湾の交通不便な状況を改善し、産業の発展を促進し、動乱の平定を加速させ、かつできるだけ早期に営業収入を得ようとした。「延長」とは、路線をできるだけ延長し、鉄道の恩恵を受ける地区を拡大するという意である。前掲「長谷川謹介与日治時期台湾鉄路的発展」82、92頁参照。

53)　前掲「鉄道及築港ニ要スル物件ノ買入借入及労力ノ供給ニ関スル随意契約ノ件」。

54)　1899年の勅令第323号は、台湾総督府の鉄道事業で必要な車両、器具、機械、その他の鉄道用品に関し、その他の官庁あるいは私設鉄道会社から買い入れ、あるいは借り入れ、またはその他の官庁あるいは私設鉄道会社に売り渡し、貸し渡す時、随意契約でこれを実施できることを規定した。参照「台湾総督府ニ於テ鉄道事業ニ要スル鉄道用品ノ売買貸借ニ関スル随意契約ノ件ヲ定ム」『公文類聚』第23編、明治32（1899）年、第19巻、財政1、会計（会計法・会計法供託）。

55)　前掲『日本土木建設業史』89頁、および長谷川博士編纂会『工学博士長谷川謹介傳』（日進舍、1937年)、62頁。このほか、一般物品の購入は、1900年6月、勅令第280号「政府ノ工事又ハ物件ノ購入ニ関スル指名競争ノ件」が公布されたのち、指名入札競争の方式をもって進められ、臨時に必要となった物品と同様に資産・信用・経験を有する業者を選び、指名入札競争を行わせた。それゆえ、建設材料や鉄道用品の購買は、きわめて効率的であった。羽生国彦『台湾の交通を語る』（台湾交通問題調査研究社、1937年)、544頁参照。

56)　鉄道建設業協会『日本鉄道請負業史　明治篇』（三秀舍、1967年)、339頁。

57)　小野一成『鹿島建設の歩み』（鹿島出版会、1989年)、151～152頁。

58)　前掲『鹿島建設百三十年史』54頁。

59)　前掲『鹿島建設の歩み』139頁。

60)　前掲『鹿島組史料』68頁。

61)　前掲『日本鉄道請負業史　明治篇』366～367、470～471頁。

62)　大園市蔵『台湾人物誌』（谷沢書店、1916年）238頁、鹿島組『鹿島組員録』（1926年、未刊行）4頁、および大園市蔵『科学と人物』（日本植民地批判社、1930年)、127頁。

63)　鹿島組『鹿島組組員録』(1919年)、3頁。

64)　前掲『鹿島組史料』76頁。

65)　前掲『推動時代的巨輪』43～48頁。

66)　前掲『鹿島組史料』105～106頁。

67) 蔡龍保「進藤熊之助と日本統治時代初期の台湾鉄道」『NICHE　工学院大学建築系学科同窓会誌』第33期（2010年3月）、32～35頁。
68) 前掲『日本土木建設業史』80～81頁。
69) 同前、85頁。
70) 前掲『椰子の実ひとつ　住吉タツ追懐録』72頁。
71) 前掲『鹿島組沿革史』93～120頁、前掲『日本鉄道請負業史　明治篇』363頁、および前掲『鹿島組史料』74～75頁。
72) 前掲『椰子の実ひとつ　住吉タツ追懐録』73～74頁。
73) 前掲『鹿島組史料』104頁。
74) 前掲『鹿島建設百三十年史』76頁。
75) 前掲『日本鉄道請負業史　明治篇』333頁。
76) 嘉義地方は、労働人口が少なかったので、彰化や塩水港にまで出て募集を行わなければならなかった。労働者は、竹頭崎よりさらに内陸の場所で作業に従事したが、賃金の格差は、それほど大きくなかった。台湾人の建設労働者が40～60銭、坑夫が60～80銭であったのに対し、日本人の建設労働者は80銭～1円、坑夫は1円～1円20銭であった。それゆえ、業者は、日本人を募集して、作業に従事させた。前掲『日本鉄道請負業史　明治篇』473頁参照。
77) 同前、367頁。
78) 同前、360頁。
79) 前掲『鹿島組沿革史』121～124頁。
80) 前掲『鹿島建設百三十年史』136～137頁、「［鉄道部技師兼営林局技師］菅野忠五郎任府技師、賞与、免官」『台湾総督府公文類纂』第2巻、第3089冊、第a10文書、大正9（1920）年3月1日。
81) 菅野忠五郎「序」『鹿島組史料』、および鹿島組『鹿島組組員録』（1920年）、1頁。
82) 「府鉄道部技手鳥崎二郎阿里山作業所技手ニ転任ノ件」『台湾総督府公文類纂』第5巻、第1723冊、第36文書、明治43（1910）年5月1日。
83) 前掲『鹿島組史料』73、75頁。
84) 「鳥崎二郎恩給証書下付」『台湾総督府公文類纂』第6巻、第3555冊、第13文書、大正12（1923）年8月1日、「〔府鉄道部技手〕鳥崎二郎任府鉄道部技師」『台湾総督府公文類纂』第7巻、第2978冊、第18文書、大正8（1919）年9月1日、鹿島組『鹿島組沿革史』93頁、および鹿島組『鹿島組組員録』（1923年）、4頁。
85) 前掲『鹿島組史料』103頁。
86) 「岩手県人会」『台湾日日新報』1925年11月19日、第9174号、2頁。
87) 「［鉄道部技手］海野斐雄任鉄道部技師」『台湾総督府公文類纂』第1巻、第2874冊、

第42文書、大正7（1918）年3月1日、「海野斐雄依願免官、賞与」『台湾総督府公文類纂』第10050冊、第60文書、昭和3（1928）年3月1日、鹿島組『鹿島組組員録』（1928年、未刊行）、6頁、および「海野斐雄氏（元鉄道部技師で鹿島組京城支店長）」『台湾日日新報』1933年12月28日、第12117号、1頁。

88) 鹿島精一は、岩手県士族葛西晴寧の長子であり、1875年7月に生まれた。1899年、東京帝大土木科を卒業したのち、鉄道院で勤務した。聡明果敢、頭脳明晰であり、鹿島岩蔵の知遇を得て、その養子となった。鹿島組は、精一の指導下で順調に発展した。鹿島組を統理したほか、東京商工会議所議員、土木工業協会会長、大日本産業報国会審議員、内務省社会局東京地方職業指導所委員会委員、海事協会評議員、国民工学院理事、工業倶楽部評議員、天龍運輸株式会社取締役、台湾土地建物株式会社監査役、日本パイプ製造株式会社監査役等の要職を歴任し、実業界を代表する人物であった。山川鄰『戦時体制下に於ける事業及人物』（東京電報通信社、1944年）、738頁参照。

89)「岩手県人会新年会」『台湾日日新報』1916年1月24日、第5595号、2頁、「岩手県人会」『台湾日日新報』1923年12月25日、第8477号、6頁。

90)「岩手県人会」『台湾日日新報』1924年12月5日、第8823号、2頁。

91)「岩手県人会」『台湾日日新報』1925年11月19日、第9172号、2頁。

92)「岩手県人会」『台湾日日新報』1927年4月20日、第9689号、2頁。

93) 菅野忠五郎「明晰なる頭脳、尽きぬ情愛」『鹿島精一追懐録』（鹿島精一追懐録編纂委員会、1950年）、193頁。

94) 阿部道衛は、岩手県盛岡市出身で、1910年7月、鹿島組幹部の身分で渡台し、土木建築請負業に従事した。その後、一度内地に戻り、1914年12月に再び渡台、鹿島組花蓮港出張所主任となり、該地方の各種土木建築事業に従事し、鹿島組の在台発展に影響を与えた重要人物であった。大園市蔵『台湾人物誌』238頁参照。

95) 岩手県盛岡市出身で、戦前は鹿島組台湾営業所に勤め、戦後は鹿島建設盛岡営業所で勤務した。大沢貞吉『台湾関係人名簿』（愛光新聞社、1959年）、170頁参照。

96) 前掲『戦時体制下に於ける事業及人物』352頁。

97) 永淵徳『永淵清介追懐録』（永淵徳、1956年）、66頁。

98)「宮城環恩給證書下付」『台湾総督府公文類纂』大正3（1914）年12月1日、第8巻、第2219冊、第11文書。

99)「府属小川堅二免本官、賞与」『台湾総督府公文類纂』大正2（1913）年2月1日、第2巻、第2186冊、第12文書、「小川堅二府属ニ任用」『台湾総督府公文類纂』大正5（1916）年1月1日、第1巻、第2453冊、第41文書、「府属小川堅二依願免本官」『台湾総督府公文類纂』大正8（1919）年4月1日、第4巻、第2982冊、第

127文書。

100) 「山下静一任桃園庁技手」『台湾総督府公文類纂』明治41（1908）年12月1日、第12巻、第1445冊、第47文書。

101) 「桃園庁技手山下静一昇級、賞与、依願免」『台湾総督府公文類纂』明治43（1910）年1月1日、第1巻、第1719冊、第37文書。

102) 「神経衰弱」と「脚気」は、退職理由としてよく用いられるが（医師の診断書も添付される）、真に罹患し、その症状が厳重であるから退官したのかどうかは疑問である。

103) 水野広治は、山形県士族出身で、渡台前は山形県および埼玉県土木吏員、高知県工手を歴任した。1902年4月、依願免職ののち、10月に渡台し、苗栗庁技手となり、総務課土木主任を命じられた。1908年9月、臨時台湾工事部技手を兼任し、1909年官制改正後、新竹庁技手となった。1913年6月に休職したのち、山形市役所嘱託となり、給水調査、馬見崎川堤防事業の設計と監督、水道および治水調査に従事し、1917年3月、最上電気株式会社理事に任命された。1918年4月、再び渡台し、台湾総督府民政部土木局土木課技手に任じられ、河川治水の設計、指導、監督に従事した。1921年1月～1922年7月のあいだ大安渓治水事業の設計と事業主任を担った。1925年12月、台湾総督府地方技師（高雄州）に昇級した。「水野広治恩給証書下付」『台湾総督府公文類纂』大正3（1914）年11月1日、第7巻、第2218冊、第25文書参照。

104) 前掲『永淵清介追懐録』66～71頁。

105) 前掲「日本工手学校的設立及其畢業生的海外活動──以台湾為中心的考察（1895-1905）」20～43頁。

106) 前掲「長谷川謹介与日治時期台湾鉄路的発展」77～91頁。

107) 同前、359頁。

108) 台湾総督府鉄道部『台湾鉄道史』中巻（近藤商店活版部、1911年）、306～307頁。

109) 前掲『日本鉄道請負業史　明治篇』470～471頁。

110) 同前、473～474頁。

111) 前掲『鹿島組沿革史』96～98頁、および鉄道建設業協会『日本鉄道請負業史　明治篇』367～368頁。

112) 鉄道建設業協会『日本鉄道請負業史　明治篇』368頁。

113) 前掲『推動時代的巨輪』13～52頁、および鹿島組『鹿島組沿革史』90～99、115～124頁。

114) 二九一生「台東鉄道に就て（其の二）」（『台湾鉄道』第2号、1912年8月）14～19頁。

115) 前掲『推動時代的巨輪』35～38頁。
116) 林淑華「日治前期台湾縦貫鉄路之研究（1895-1920）」（国立台湾師範大学歴史研究所修士論文、1999年）、60頁。
117) 「事業縮小と経済界」『台湾日日新報』1901年4月28日、第894号、2頁。
118) 前掲『推動時代的巨輪』31～39頁。
119) 前掲『鹿島組五十年小史』33～35頁。
120) 同前、54～56頁。
121) 鹿島組『営業経歴概要』（未刊行）。
122) 「豊田村埤圳通水」『台湾日日新報』1917年5月9日、第6056号、6頁。
123) 前掲『鹿島建設七十年小史1880-1950』39頁。
124) 長谷川謹介「台湾縦貫線成功の三要因」（前掲『工学博士長谷川謹介伝』）320～321頁。

第6章　甘蔗作における「施肥の高度化」と殖産政策

平井 健介

はじめに

　本章の課題は、台湾の最重要産業であった製糖業を取り上げ、製糖会社農事主任会議を中心とする1910年代の糖業政策を考察し、甘蔗作における「施肥の高度化」に総督府がいかなる影響を与えたのかを解明することである。

　台湾糖業は、「帝国」日本が抱える外貨問題を軽減する役割を担っていた。日本へ輸入されるジャワ糖との価格競争に晒されていた台湾の各製糖会社は工場稼働率を上げてコストを低下させるために、砂糖原料である甘蔗をできるだけ多く調達する必要があった。図6‐1に示されるように、甘蔗生産量の増大は、当初は外延的拡大によって達成されていたが、1920年代以降は内包的深化によって達成されるようになっていく[1]。この変化を考察する視角は二つに分けられる。第1は、外延的拡大がストップしたのはなぜかを問う視角であり、農民の栽培選択権に起因する「米糖相剋」問題が考察されてきた[2]。第2は、内包的深化へとスムーズに移行できたのはなぜかを問う視角であり、本章の議論はこの流れに位置づけられる。内包的深化にとって多収性品種の導入は重要である。しかし、その「多収性」は適切な施肥を通じてはじめて発揮される。施肥の奨励は歴史上、しばしば品種導入に先立って開始されており、内包的深化を左右する決定的な位置を占めた。筆者は別稿において甘蔗作用の肥料について考察し、外延的拡大期にあたる1910年代の段階で、内包的深化を促す「施肥の

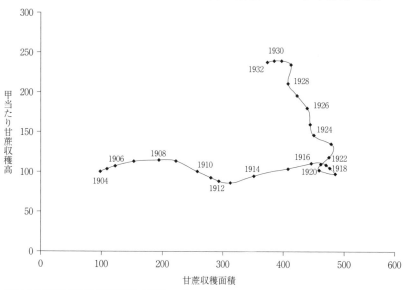

図 6-1　甘蔗作における外延的拡大と内包的深化1904～32年（1904年 = 100）

出典：台湾総督府『第24台湾糖業統計』1936年、1頁。
注：指定年を中点とする、3カ年移動平均値。

高度化」（肥料の多投化と最適化）が製糖会社によって推進されていたことを指摘した[3]。本章が考察する1910年代は、その後の甘蔗生産量の増大パターンを準備した時期として、台湾糖業史に位置付けられる。

　製糖会社が主導した施肥の高度化に、政策はどのように寄与したのだろうか。植民地経済史において、統治機関による「開発」政策の影響は重要な考察対象であったが、台湾糖業の場合、その議論は1900年代に限定されてきた。すなわち、台湾総督府による糖業奨励規則と製糖場取締規則の発布、日本政府による関税引上など、資金補助・原料確保・市場保護を柱とする「糖業保護政策」の重要性が指摘される一方[4]、その「糖業保護政策」が1910年代以降どのように展開していくのかについては明らかにされてこなかった。ジャワ糖との価格競争が1910年代以降、よりいっそう激しくなったにもかかわらず、である。

　本章では、このような先行研究の問題点を踏まえ、施肥の高度化に対してど

のような政策が採られたのかを解明していきたい。その際に「製糖会社農事主任会議」（以下、農事会議と略記）に注目する。農事会議は、総督府が1912年、1914年、1918年の三度にわたって開催した、官民の糖業関係者が一堂に会して甘蔗作の改善を議論する一大イベントであり、1910年代の糖業政策を議論する格好の対象になりうると考えられるからである。

考察に際して三つの論点を掲げる。第1に、糖業政策における農事会議の位置付けであり、農事会議は、それまでの「糖業保護政策」と何が、なぜ異なったのかを考察する。第2に、農事会議の効果であり、会議における議論が施肥の高度化、すなわち肥料の多投化と最適化を進展させたかを考察する。第3に、政策をめぐる総督府と製糖会社の関係である。社史に代表される製糖会社の資料において、1900年代に実施された一連の「糖業保護政策」は必ず記載されているが、1910年代に三度も開催された農事会議についてはまったく記載されていない[5]。この「記憶に残らない政策」が生まれた要因について考察する。

第1節　糖業保護政策の展開と肥料奨励

(1) 製糖補助から蔗作補助へ

台湾総督府は、新渡戸稲造の「糖業改良意見書」を受けて、1902年に「糖業奨励規則」を発布して製糖業を保護育成産業に指定するとともに、その実行機関として臨時台湾糖務局（以下、糖務局と略記）を設置した。表6-1は、糖業奨励規則に基づく補助の対象を示しているが、当初は工場設立補助や製糖機械の購入補助など、製糖部門が中心であった。

製糖コストの大部分は甘蔗調達費であるため[6]、製糖会社は甘蔗栽培の把握が可能なプランテーションの形成を志向する。しかし、台湾の各製糖会社は一部の工場を除いて、地主の抵抗に直面してプランテーションをほとんど形成できず、農民が「粗放的」な方法で栽培した甘蔗を、他社と競争しながら購入しなければならなかった。この問題を一部解消するため、総督府は1905年に「製

表 6-1 台湾総督府による製糖業補助 (1902〜19年)

	甘蔗部門									製糖部門					合計
	現物補助	現金補助 (円)								現金補助 (円)					
	種苗 (本)	肥料補助	灌漑補助	種苗補助	開墾補助	その他	小計	設立補助	機械補助	原糖補助	その他	小計			
1902	5,416,098	16,513	5,566	0	642	0	22,721	59,600	22,706	0	0	82,306			105,027
1903	3,526,030	20,177	6,945	0	1,080	0	28,202	56,122	56,110	0	0	112,232			140,434
1904	3,466,320	2,216	1,500	0	4,480	0	8,196	54,400	77,231	0	0	131,631			139,827
1905	24,884,000	14,568	0	0	2,419	0	16,987	84,650	167,532	0	0	252,182			269,169
1906	20,497,100	26,604	0	0	1,240	0	27,844	56,400	182,411	0	0	238,811			266,655
1907	980,000	164,254	23,870	74,118	5,673	0	267,915	21,000	6,760	0	0	27,760			295,675
1908	2,862,187	406,040	11,156	81,376	0	0	503,787	36,000	18,134	0	0	137,143			640,930
1909	6,066,964	621,959	103,996	0	0	0	725,955	0	20,272	0	0	87,574			813,529
1910	750,000	482,823	4,318	159,048	0	0	667,695	0	0	1,833,040	0	1,885,658			2,553,353
1911	3,807,000	574,152	34,756	94,764	0	0	710,131	0	0	2,630,877	0	2,630,877			3,341,008
1912	632,720	565,303	14,000	132,886	0	0	716,521	0	0	0	0	0			716,521
1913		379,468	45,993	74,640	0	0	503,261	0	0	0	0	0			503,261
1914		329,119	79,984	0	0	0	409,326	0	0	0	2,964	2,964			412,290
1915		276,840	89,853	0	0	0	369,693	0	0	0	3,286	3,286			372,979
1916		240,250	90,155	0	0	0	330,461	0	0	0	0	0			330,461
1917		0	160,045	0	0	108,100	268,145	0	0	0	5,875	5,875			274,020
1918		0	163,904	0	0	106,050	269,954	0	0	0	8,000	8,000			277,954
1919		0	155,696	0	0	114,300	269,996	0	0	0	4,090	4,090			274,086

出典：台湾総督府殖産局特産課『第21 台湾糖業統計』(1933年)、122〜123頁。

糖場取締規則」を発布した。この法律によって、各製糖工場の周辺一定区域（原料採取区域）において生産された甘蔗は、その工場に対してのみ販売できることとなった。製糖会社は、区域内の農民が何を栽培するかは強制できないが、区域内で生産された甘蔗の独占的買い手となることが可能となったほか、なによりも区域内の甘蔗作の改善に積極的にコミットできるようになったのである。

こうした種々の保護に日露戦後の企業勃興熱が加わって、台湾では1906〜10年にかけて製糖会社の設立ラッシュが起こり、砂糖生産量は飛躍的に増大した。その結果、日本市場で供給過剰問題が発生し、糖業カルテルとして糖業連合会が設立されたほか、台湾総督府は、1910年8月に一部の地方を除いて製糖工場の新設および能力増加を許可しないこととした[7]。また、糖務局は「近時大製糖会社の勃興により著しく工業発展の歩武を進めたるを以て其成効を督励すると共に之に伴ふへく農業の改良発達に向て重に保護奨励を加ふ」[8]ため、主要な補助対象を製糖部門から甘蔗部門へと移行させた（表6-1参照）。主な対象は灌漑補助と肥料補助であるが、約80％が後者に費やされており、外延的拡大ではなく内包的深化を追求するものであったと言える。

(2) 肥料補助

農民はどのように肥料を購入し、それに対する糖務局からの補助はどのように進められたのだろうか。まず前者について、製糖会社・農民間の関係を見ておこう。

製糖会社の活動において何よりも重要であったのは、区域内の農民と意思疎通を図り、彼らを甘蔗作へ勧誘することであった。たとえば、塩水港製糖は、「農家と接触する機会少く為めに意志の疎通を欠」いていたため、「原料員を各所に駐在せしめたり（三四庄又は五六庄に一カ所駐在所を置く）、農家は常に駐在所に於て事を弁じ駐在員は不絶受持区域を巡回し農家対会社事務を斡旋」[9]した。台湾製糖も、「会社対農民の連絡方法として委員の設置、有給係員の嘱託、地方有力者子弟の雇用及原料事務一部の依託、原料係出張所の散在配置等に依り、専ら其の接触に努め冠婚葬祭等の機会に際し勉めて接近し重立

たる地方有力者と意志の疎通を計」[10]っていた。このように、製糖会社は、原料採取区域内に「原料係員」を常駐・巡回させて直接的に、あるいは各地の有力者や篤農家の中から選定した「原料委員」を通じて間接的に、農民との非匿名的な関係の構築に努めた。そして、製糖会社は、これら担当者を媒介させて甘蔗の買取価格や各種奨励金、耕作に要する各種費用の前貸条件を農民に提示し、彼らを甘蔗作へ勧誘したのである。肥料奨励も、原料係員を通じて行われており、台湾製糖では「蚋蔗〔甘蔗の一種——引用者〕を作る者には無償で此の原料を配給してやる、之を用ひれば甘蔗の収量がうんと増加して利益も大きいと、原料係の者に熱心に勧誘させ」た結果、「甘蔗の収穫斤量が非常に殖へたと云って大変喜んで来る者が多くなり、次第に肥料の配給希望も多く」なったとされる[11]。

　肥料奨励政策は、農民が肥料購入に際して負担している種々のコストを軽減することを目的に実施された。1911年度における糖務局の「糖業奨励方針」を見ると、

　　肥料費
　　　一　肥料共同購買　　　一甲に付十円以内
　　　二　台東及花蓮港庁下　一甲に付二十円以内
　　肥料費は新式製糖場原料採取区域内の甘蔗耕作者にして肥料共同購買者に下付す但し台東及花蓮港両庁下は此限に非ず
　　下付要件
　　　一　改良種一甲以上耕作する者
　　　二　本局指定の種類及数量の肥料を施用すへきこと
　　　三　共同購買肥料は各新式製糖場の製糖能力に対する植付所要甲数を標
　　　　　準とし各区域内毎に其配布額を予定す
　　　四　肥料共同購買は地方庁農会共同購買の方法に拠らしむ[12]

とある。奨励政策が、補助金の下付による金銭的なコストに加えて、「誰から、

どのような肥料を購入すればよいのか」という情報探索コストを低下させることにも主眼を置いていたことがわかる。台湾島内に肥料小売商が台頭していない段階では、共同購買事業は農民が肥料を購入できる数少ない手段であったことは疑いない。また、糖務局は施用肥料の種類及び量を指定している。肥料は「甲種」（1甲当たり大豆粕180貫・過燐酸石灰30貫）と「乙種」（1甲当たり調合肥料140貫）の二種類しかなく、各種肥料の使用比率は行政区域である「庁」レベル（日本の県レベルに相当）で設定されていた[13]。同じ庁内にあっても地域ごとに土壌成分が異なることを鑑みると、糖務局が供給した肥料の成分が各地の土壌に最適であったとは言えないが、どのような成分を持つ肥料を施用するべきなのかという情報を探索するコストは軽減されたかもしれない。糖務局は、製糖会社の設立のみならず、甘蔗生産量の増大においても重要な役割を果たし始めていたのである。

第2節　政策アプローチの転換

(1) 保護政策への批判と対応

　一連の保護政策は、1910年前後、主に内地の世論から批判を浴びることとなった。批判の要点は、関税保護と糖業連合会による価格吊上げが台湾糖の高コスト体質を維持している、原料採取区域制度は農民に不利なきわめて不公正な取引である、これら保護にもかかわらず製糖会社はさらに多額の補助金を受けている、などであった。特に『東洋経済新報』は、糖業政策に対する批判記事をたびたび掲載しており、一例を挙げると、「此の糖業保護の流毒を如何」と題する記事では、

　　　糖業の現状を如何と見るに、直接間接、陰に陽に国家保護の恩恵に浴し、其厚きこと実に驚くべきものあり……先づ之を関税保護の点より見るに……法外の保護に非ずや。然るに総督府は之を以て充分なりとなさず、別

に糖業奨励規則を制定し、三十三年来、直接補助費若しくは奨励費として百万円以上の保護金を交付せるのみならず……只管之れが保護奨励に怠らず……国民は之が為め優良なる爪哇糖を排斥して、二倍に近き高価劣等の台湾糖を消費しつつあるなり[14]

として、糖業保護政策を批判していた。さらに、甘蔗生産が、1911〜12年に台湾を襲った暴風雨によって壊滅的打撃を受けたことも、批判にいっそう拍車をかけることとなった[15]。

　総督府は糖務局を廃止し、1911年に殖産局内に糖務課を設置した。他産業との調整を図るための発展的解消が目的とされたが、糖業に対する姿勢の変化をアピールする目的もあった[16]。また、初代糖務課長に就任した金田政四郎は、「昨年来内地に於ける新聞雑誌に於て台湾糖業に対し各方面よりの批評攻撃疑惑の記事掲載さるる事多きに対し一々真率に之か弁論を試み妄を開き疑を消すの必要を認め」、台湾日日新報社の宮川次郎に弁明を依頼した。その結果、『台湾糖業の批判』と題する書籍が出版されることとなり、同書において宮川（すなわち総督府）は、産業の勃興期に保護は必要であり漸次縮小する予定であること、原料採取区域制度は製糖会社による栽培法の改善にポジティブに働き、コストの低下につながることを主張し、台湾糖業に対する批判を抑えようとした[17]。

　総督府は、単に弁明や体制の刷新で批判をかわそうとしただけでなく、実際に製糖業に対する姿勢を変えていった。1911年に行われた殖産局会議でのやり取りから、姿勢の変化を看取することができる[18]。会議の席上、台中庁から派遣されていた久保隆三技師は、

　　糖業と云ふことに付て総督府は大に保護奨励を加へられて其結果各方面とも大きな会社が出来て居るのであります……処が段々時勢変化も来たしたやうでありますが総督府の御方針も糖業に付ての方針も変って来て居りはせんかと観察して居ります……大体に保護奨励と云ふことは一つにある

第6章　甘蔗作における「施肥の高度化」と殖産政策　181

　ので夫れ以外に頓着しなくとも宜いと云ふ斯う云ふことに考へて宜しいでありますか、或は従来許可を与へられた以上は其会社の飽迄成立し飽迄発達するやうに充分庁に於て干渉保護を加へて宜いものでありますか[19]

と質問した。ここからは、地方庁の役人の目には、総督府が製糖会社に便宜を図る方針を採っていたが、その方針が変わって来ているように映っていたことがわかる。それに対して、殖産局糖務課長の金田政四郎は、

　此便宜は会社のみと云ふのではなく会社と人民の双方に衝突せざる範囲内に於て御与へ下さることは誠に結構と存じます、若し是れか会社のみに利益を与へると云ふ事になりますと時に或は人民に不満を惹起すと云ふことに落入りはしませぬか、さう云ふやうなことございますと是れは少しく考へ可きことと思ひます[20]

として、製糖会社への一方的な便宜であれば実行しないようにと答えているのである。

　殖産局の姿勢の変化は、肥料奨励方針にもあらわれている。たとえば、表6-1に示されるように、1911年を頂点として製糖業への補助金は漸次縮小していった[21]。また、先述の殖産局会議において、金田政四郎は「依然として糖務局で纏めて購入の手続をなすは如何であるか」として、肥料補助における①共同購買事業の実施主体の変更の可能性、②肥料の種類・量の細分化の可能性、③農家経営と肥料支出の状況、について各庁の殖産主任から意見を聴取した[22]。そして、会議での議論を受けて、1912年以降の肥料奨励方針は以下のように変更されることとなる。

　　肥料費（台東、花蓮港両庁下は一甲に付二十円以内の現金其他は十円以内の現金）
　　一．改良種五分以上を耕作する者

二. 新式製糖場区域内耕作者には一甲に付価格三十五円以上の肥料を施用せしむべきこと
三. 前号肥料の種類成分数量は其区域所属新式製糖会社の指定に従はしむべきこと
四. 肥料費の出願現金の請求受領及肥料の購入は之を其所属製糖会社に委任せしむること
五. 製糖会社は補助を出願する耕作者に対し肥料の種類及数量を指定し其委任を受け購入手続を為すこと
六. 製糖会社は予め肥料の種類成分数量及其購入の手続に付殖産局長の認可を受くること
七. 補助の願書には肥料購入契約書又は所轄庁長の証明書を添付せしめること[23]

最大の変更点は、共同購買事業の実施主体が製糖会社へ移行したことであり、施用する肥料の種類と量も製糖会社が決定し、それを殖産局が認可して補助金を下付することとなった。これは、殖産局会議における嘉義庁庶務課の技師であった網野一寿からの「肥料試験は各自［製糖会社──引用者］やって居りますので、肥料の種類数量と云ふ問題は会社をして試験せしめる。さうして其成績は糖務局の方で取って夫れに依って肥料の査定数量の査定をやるやうに」[24]するべきである、という提言を受けてのことであったと思われる。「保護」政策に対する批判を浴びた総督府は、製糖会社の施肥の高度化への試みを「支援」するように、政策アプローチを変更させたのである。

(2) 農事会議の開催

以上のような政策アプローチの変更のなかで開催されたのが、農事会議であった。1912年に開催された第１回会議において、内田嘉吉民政長官は「台湾糖業近年の発展は内外等しく嘆賞する処にして……仮りに従来の発達を第一期と謂ひ得べくんば今後の発達は将さに第二期と称す可く而して其第二期の発達と

して最も力を盡さざるべからざる事項は實に甘蔗農業の方面なりとす」として甘蔗作の改良の必要性を訴えるとともに、「各会社重役の多くは常に内地に在て主として砂糖の製造又は販売上の事にのみ腐心し糖業の根本たる甘蔗農業の上に考を致すの余地乏しきの結果にあらざるなきか」と製糖会社を批判する。そして、「今後は官民一致充分此方面に力を盡し有終の美果を収めんと欲す顧に甘蔗農業のことたる工業の方面とは趣を異にし技術上別段に秘密を保つべきものあるなく寧ろ開放的のものなるを以て願くは各社互に研究に研究を重ね而して相互に其意見を交換し以て之が改良を図ることを務むべきものなり信ず」として、開催の主旨を説明した[25]。甘蔗作は砂糖の生産費を決定的に左右する以上、自社の農業技術を他社に秘密にする必要はないという説明は理解に苦しむところがあるが[26]、要するに農事会議の開催目的は、製糖会社が総督府に頼るのではなく、各社間の情報交換を通じて自立的に成長するための機会を設けることにあり、「支援」という新たな政策アプローチに合致するものであった[27]。『台湾日日新報』も、「粗糖会社の中には単純なる算盤の問題を解決せんが為めに時としては制服若しくはサーベルの威勢を借らんと欲するものなきにあらず、既往に於ては或は現に其の必要ありたるやも知れずとすべく、官府も亦或は粗糖会社の余儀なき事情を諒したることあらん、斯の如きは畢竟一次の権宜たるに過ぎずして久しく行はるべきものにあらざるなり、経済上の問題は結局算盤を以て決せざるべからず、今や粗糖会社も亦正に此の時機に達したるものと謂ふべし」[28]として農事会議の開催趣旨に賛同することで、更なる保護を期待する製糖会社を牽制する世論を形成し、総督府の政策を援護した。

次に、農事会議の出席者について確認しておこう。管見の限り、会議の出席者が判明するのは、第2回会議と第3回会議のみであり、それをまとめたものが表6-2である。第2回会議の出席者は60名であり、総督府関係機関19名、地方庁6名、糖業連合会1名、製糖会社34名という構成であった。第3回会議の出席者は82名であり、総督府関係機関13名、地方庁20名、糖業連合会2名、製糖会社47名という構成であった。総督府および地方庁からは技師や技手、製糖会社からは農事係や原料係といった、甘蔗作に直接かかわる部署の職員が会

表6-2　農事主任会議参加者一覧

①第2回会議（1914年）参加者一覧

所　属	職位	名　前	所　属	職　位	名　前
殖産局	局長	高田元治郎	糖業連合会	幹事	高木鉄男
殖産局糖務課	課長	小林音八	台北製糖	農場主任	小畑勇吉
殖産局糖務課	技師	東郷実	台北製糖	書記	神田松彦
殖産局糖務課	技師	真室幸教	南日本製糖	主事	菅野久
殖産局庶務課	課長	田阪千助	南日本製糖	技師	石川寛
殖産局農務課	課長	小川運平	帝国製糖	取締役	牧山清砂
殖産局農務課	技師	長崎常	帝国製糖	農務部長	池田競
殖産局農務課	技師	川上滝彌	新高製糖	取締役	牧山熊二郎
殖産局農務課	技師	岡田寛治	新高製糖	農事係長	塩手武彦
財務局	技師	鈴木義直	新高製糖	農事主任	安原秀也
糖業試験場	技師	石田研	林本源製糖	農務部長	河野孝太
糖業試験場	技師	金子昌太郎	林本源製糖	農事係主任	勇為秀
糖業試験場	技師	山村悦造	大日本製糖	農事課長	今井兼次
糖業試験場	技手	石田昌人	大日本製糖	農事係主任	土井昌逸
糖業試験場	技手	鶴仲寿美	大日本製糖	農事係員	衣裴三郎
検糖所	所長	吉川藤左衛門	大日本製糖	農事係員	岡本唯一郎
蔗苗養成所	技手	田中元次郎	北港製糖	農務課長	狩野時二
農事試験場	技師	藤根吉春	北港製糖	原料係主任	泉健吉
警察本署	警視	中山佐之助	北港製糖	農事主任	久慈直二
台北庁	属	坂元軍二	東洋製糖	技師長	島村足穂
新竹庁	技手	逸見驍	東洋製糖	主事	大賀基作
台中庁	技手	町田種八郎	東洋製糖	原料係主任	林成次郎
南投庁	技手	原庄次郎	東洋製糖	技師	瀧本潔
嘉義庁	技師	網野一寿	東洋製糖	農務係	倉林吉兵衛
台南庁	技師	色部米作	塩水港製糖	取締役	佐々木幹三郎
			塩水港製糖	農事長	森宗吉
			明治製糖	農務部長	菊池桿
			明治製糖	農場長	名倉森蔵
			台南製糖	支配人	麻生誠之
			台南製糖	農務係長	田島貞雄
			台南製糖	自作園主任	里米太郎
			台湾製糖	技師	田畑泰治
			台湾製糖	原料主任	岡本福太郎
			新興製糖	取締役	陳啓貞
			新興製糖	原料係主任	金澤徳之介

②第3回会議（1918年）参加者一覧

所属	職位	名前	所属	職位	名前	所属	職位	名前
殖産局	局長	高田元治郎	糖業連合会	幹事代理	高倉範吉	明治製糖	技師	森宗吉
殖産局庶務課	課長	藤野幹		書記長	黒木実信		技師	鈴木進一
殖産局糖務課	技師	長谷部浩	台南製糖	常務取締役	麻生誠之		蒜頭農事係長	橋都正農夫
殖産局糖務課	事務官	藤野幹					原料係長	瓜生鏻吉
殖産局糖務課	技師	吉田碩造			名倉森蔵	台湾製糖	主事	平山寅次郎
殖産局糖務課	技師	真室幸教		専務取締役	牧山清砂		農事部長	岡本福太郎
糖業試験場	技師	石田研	帝国製糖	台中農務主任	田原哲次郎		農事係	伊藤源蔵
糖業試験場	技師	金子昌太郎		新竹主事	小畑勇吉		耕作係	清水政治
糖業試験場	技師	山村悦造		新竹農務主任	堀経三郎		原料係書記	鈴木唯太郎
糖業試験場	技師	三宅勉		常務取締役	牧山熊二郎		台北事務長	筧干城夫
糖業試験場	技手	石田昌人		技師長	高橋保吉		耕作係	成嶋勇
大南庄蔗苗養成所	技師	田中元次郎		彰化農事主任	與儀正栄	新興製糖	取締役	陳敬貞
后里庄蔗苗養成所	技手	浦上義業	新高製糖	農事係	島澤治作		原料主任	金澤徳之介
台北庁	技師	石渡篤		農事係	石田吟之助		農業技手	中南宗輔
	技手	村上昌敬		嘉義農事主任	瀬川幸麿	台東製糖	専務取締役	丸田治太郎
宜蘭庁	属	鈴木富之介		農事係	山川絓郎		原料主任	佐藤豊作
	属	稲田千秋		農事係	吉金常助			
桃園庁	属	但馬近蔵		取締役	旧辺米二郎			
	雇	原田貫一	林本源製糖	技師	河野孝太			
新竹庁	属	衛藤寿吉		技手	山田三平			
	技手	逸見驪		書記	新田元民			
台中庁	技師	磯永吉		工務課長	野村健			
	技手	小山勝	大日本製糖	農務課長	今井兼次			
南投庁	技手	中西潔		原料係主任	田路市郎治			
	属	永井英輔		農事係主任	土井昌逸			
嘉義庁	技師	色部米作		技師	鳥海二郎			
	属	福原本輝	東洋製糖	烏樹林主事	大賀基作			
台南庁	技師	山田拍採		月眉主事	江崎龍雄			
	属	山田靖		斗六主事	稔井勝			
阿候庁	技師	網野一寿		北港主事	永井忠			
	属兼技手	上田維太郎			河野仙之助			
台東庁	技手	高田昭造	塩水港製糖	農務課長	森下喬夫			
花蓮港庁	嘱託	中目敬治		技師	黒田秀博			

出典：台湾総督府『製糖会社農事主任会議答申』1914年；「第三回農事主任会議」『台湾農事報』第5年第6号（1918年6月）、22〜24頁。

表6-3　製糖会社農事主任会議内容一覧

第1回	講演	①	東郷「独逸産業発達の原因に就て」
		②	三宅「病害駆除予防に就て」
		③	石田「甘蔗作上其の生産関係に就て」
		④	金子「甘蔗の品種改良に就て」
	附議事項	①	現在甘蔗栽培に付改良すへき要点を問ふ
		②	現在各会社区域内に行はれつつある甘蔗の輪作方法如何
		③	水田に於ける最も有利なる甘蔗耕作方法如何
		④	他の主要作物との関係上甘蔗の買入代償の標準を問ふ
		⑤	甘蔗買収価格の等級を廃止しては如何
		⑥	従来の蔗苗供給方法及所要蔗苗数量を問ふ及蔗苗改良上最も適当なる方法如何
		⑦	会社の自作蔗園を所有するの要ありとせは其の最少面積如何
		⑧	各会社採取区域内に於て灌漑排水の設備を必要とし之れか計画をなせるものなきや。若しありとせは其の地方、面積及設計の概要を問ふ
		⑨	現行台湾害虫駆除予防規則による甘蔗病虫害の駆除予防方法中改正すへき点なきや
		⑩	蔗農者一戸の負担し得へき肥料費の最大限度如何及収支経済上蔗園一甲当肥料費は幾何を最も適度とするや。併せて其の経済的なる肥料の種類分量を問ふ
		⑪	共同購買肥料を耕作者に交付の状況並に耕作者の施肥に関し現に会社に於て採れる指導監督の方法如何
		⑫	従来区域内の共同購買肥料購入希望者其の申込の種類及数量を如何にして取纏めしや
		⑬	会社に於ける甘蔗作付奨励方法如何及既往の成績を問ふ
		⑭	農具及役畜に改良を要すへき点なきや且つ農家の現状に適応せる改良法如何
		⑮	各会社採取区域内に於ける甘蔗に対する緑肥栽培慣行方法を問ふ
		⑯	本年期甘蔗作付甲数及株数並に目下生育の状況を問ふ
		⑰	甘蔗計量用衡器製作上改良を要する事項なきや如何
		⑱	甘蔗作付甲数及株数の調査方法時期及申込書調理等の実情を問ふ
		⑲	島内重要なる土地数ヵ所を選ひ総督府指定の試験蔗園を設置し以て気候及地味か甘蔗に如何なる変化を及ほすかを考究し以て彼я栽培上я々へき要点を発見するの資料となさは如何
		⑳	製糖会社農事係員に対し栽培上知識を普及するため適当なる方法（例へは巡回講話の如き）を講すること如何
第2回	講演	①	石田昌人（糖業試験場・技手）「甘蔗一代に於ける害虫」
		②	山村悦造（糖業試験場・技師）「甘蔗枯葉の肥料的価値に就て」
		③	石田研（糖業試験場・技師）「化学上より見たる甘蔗成熟の証徴に就て」
		④	金子昌太郎（糖業試験場・技師）「甘蔗の実成育生に就て」
		⑤	吉川藤左衛門（高雄検糖所・技師）「甘蔗肥料の成分に就て」
		⑥	田畑泰治（台湾製糖株式会社・技師）「後壁林に於ける甘蔗試作成績に就て」
	附議事項	①	甘蔗肥料試験料に関する注意事項
		②	蔗園の地力維持上適当なる方法如何
		③	農民と会社との連絡に付特別の方法ありや
		④	集団蔗園設置に関し簡易なる方法ありや
		⑤	殖産局配布実生各品種と「ローンズバンブー」種の生育状況
		⑥	製糖用甘蔗の生食を防止する方法如何
		⑦	補助甘蔗苗圃経営に関する希望如何
		⑧	各会社の現在施用する甘蔗肥料（補助肥料含む）の成分率（調合肥料にありては材料の配合割合共）及該肥料施用区別に甲数如何
		⑨	左に示せる単一及調合肥料材料の標準成分率に関する意見如何
		⑩	一甲当収穫見込三万斤以下の蔗園改良に関する意見並に其左記原因別蔗園面積如何

第6章　甘蔗作における「施肥の高度化」と殖産政策　187

		⑪	病虫害駆除予防に関し施設上更に要望する処なきや
		⑫	病虫害駆除に対する感想並に之に要する経費如何
		⑬	糖業試験場と製糖会社との連絡を密接ならしむる方法
	講演	①	石田昌人（糖業試験場・技手）「最近十年間に於ける本当甘蔗害益虫研究一般」
		②	山村悦造（糖業試験場・技師）「過去三箇年間に於ける甘蔗肥料試験成績に基きたる本島甘蔗肥料の批判」
		③	渋谷紀三郎（農業試験場・技師）「地力の維持並に増進と民行土性調査に対する希望」
		④	三宅勉（糖業試験場・技師）「台湾に於ける甘蔗病害研究一般」
		⑤	金子昌太郎（糖業試験場・技師）「八箇年間品種試験成績の生物測定学的研究に就て」
		⑥	石田研（糖業試験場・技師）「化学的見地より台湾甘蔗農業の重要なる改良事項に就て」
第3回	附議事項	①	戦乱後肥料価格年々騰貴せる為め各製糖会社及其区域内蔗農の使用する購入肥料の数量種類等に影響せる所なきや其実況如何
		②	緑肥の栽培耐肥製造施用の実況如何併せて各製糖会社の之に対する施設あらば其方法及実績如何
		③	購入肥料に対しては従来多くは打狗試験所に於て分析検定を行ひ之が取締を為し来りしも大正五年度より之が直接取締を廃止したる以来各製糖会社及其区域内蔗農が購入する肥料の品質数量等の取締に対し採れる方法如何
		④	現時各製糖会社及区域内蔗農の使用せる肥料の種類数量成分率（調合肥料の場合は其材料と調合割合）如何
		⑤	製糖副産物又は残物の農業的利用状況如何
		⑥	奨励せんとする甘蔗品種の決定に関し各製糖会社の採れる施設方法如何
		⑦	各製糖会社の蔗苗更新実況如何
		⑧	甘蔗病虫害駆除予防を徹底的ならしむる方法如何
		⑨	現時（大正七年期）各製糖会社に於て製糖原料に供せる甘産品種名其植付面積並に将来奨励の見込ある品種如何
		⑩	各製糖会社区域内の土性調査を行ひたるものあらば之が調書の提供を希望す
		⑪	各製糖会社区域内に於ける労力需給の実況如何
		⑫	役畜供用の実況如何
		⑬	庁農会と甘蔗農業との関係を密接ならしむる件
		⑭	各製糖会社区域内に於ける甘蔗競争作物の収支経済状態如何

出典：「製糖会社農事主任会議附議事項 附会議順序及心得」；台湾総督府『製糖会社農事主任会議答申』（出版年不明）、台湾総督府殖産局『製糖会社農事主任会議講演』1915年、台湾総督府民政部殖産局『第三回製糖会社農事主任会議答申』1919年、台湾総督府殖産局『第三回製糖会社農事主任会議講演』1919年。

議に出席していた。

　最後に、表6-3を用いて会議の構成と内容について見てみよう。会議は2つのセッションから構成されており、まず、「各社互に研究に研究を重ね而して相互に其意見を交換し以て之が改良を図る」ため、総督府から出された附議事項に対する各社の答申が披露される会議が行われる。次に、「糖業試験場の調査したる事項を参考とし実際に応用」し「学理と実際とを連絡」するため、総督府関係機関の技師・技手による農学知に関する講演が行われた。講演内容および附議事項は、特定のテーマに沿ったものではなく、会社・農民間関係の

改善、蔗作改善（品種・肥料・病虫害など）に関する種々雑多なテーマが取り扱われている。農事会議は、糖業関係者が一堂に会して甘蔗作の改善を議論する台湾糖業の一大イベントであった。

第3節　農事会議と「施肥の高度化」

(1) 肥料の最適化

農事会議では肥料に関するさまざまな項目が議論されており、これらを逐一検討することは、紙幅の関係上難しい。ところで、第3回会議の席上、高田元治郎殖産局長は「総督府に於ては実行し得べき方法として只今は三つの事項に就て力を竭くして居ります」として、「土地の改良蔗園の改良」（灌漑）、「肥料の効果試験」、「蔗苗の更新」の三つを挙げている[29]。そこで、以下では肥料効果試験について見ていくこととする。

肥料効果試験は、第1回目の農事会議から議論された問題であった。附議事項 (1)「現在甘蔗栽培に付改良すへき要点を問ふ」がそれであり（表6-3）、具体的には「本島の甘蔗収穫率は諸外国の夫れに比し著しく少量なり、之か原因の一は栽培方法の幼稚なるか為なりとせは、之を改良するの要あるへし、果して然らは如何なる点を改良すへきや、その要点を問ふ」というものであった[30]。第1回会議については答申に関する資料がないため、各社がどのように答えたのかは不明であるが、新聞報道によると「特に当該地方に適したる肥料の選択」が望ましいという意見で一致した[31]。前節で考察したように、総督府は、製糖会社による施肥の高度化の試みを支援するように糖業奨励方針を変更していた。この会議では、それまで各社各様の方法で実施されていた試験方法を統一することで、各地に最適な肥料成分を発見することとなった。

これを形にしたのが第2回会議附議事項 (1)「甘蔗肥料試験料に関する注意事項」（表6-3）である。まず、各地方庁管轄で1～2カ所、各製糖工場管轄で1カ所、計34カ所の甘蔗肥料試験園を設置する。次に、糖業試験場において

第6章 甘蔗作における「施肥の高度化」と殖産政策　189

表6-4　塩水港製糖株式会社における肥料試験結果と現状（1913〜22年、窒素肥料、甲当り貫）

		一般蔗園					会社農場			
		新営工場		岸内工場		旗尾工場		新営工場		旗尾工場	
試験結果		23	100%	12	100%	29	100%	23	100%	29	100%
実際	1913	3	14%	3	28%	8	29%	21	92%	34	120%
	1914	4	19%	3	28%	14	48%	29	124%	48	168%
	1915	7	29%	6	54%	18	63%	31	134%	32	111%
	1916	9	37%	11	94%	18	63%	32	139%	27	95%
	1917	9	39%	9	79%	24	83%	24	103%	22	76%
	1918	4	19%	5	41%	14	50%	24	102%	19	67%
	1919	4	19%	4	37%	14	49%	21	90%	45	158%
	1920	6	26%	6	51%	13	44%	18	78%	21	75%
	1921	5	19%	5	43%	11	39%	21	92%	23	80%
	1922	7	32%	7	64%	16	58%	23	99%	35	123%

出典：台湾総督府中央研究所『甘蔗地方肥料試験成績報告』1924年；台湾蔗作研究会『蔗作に関する統計』1923年、88〜89頁。
注：旗尾工場内の会社農場の1919年の数字は誤記の可能性があるが、そのままとした。

策定された方法でもって、各地で肥料三要素試験と肥効比較試験が実施される。その結果、34カ所分の最適肥料量に関するクロスセクションデータが収集される。肥料試験は各地で1915〜19年の5年間実施された。以上のようにして、台湾各地の土壌に最適な必要肥料量に関するパネルデータを作成した糖業試験場は、各年の結果を『甘蔗地方肥料試験成績』として、5年分の考察結果を『甘蔗地方肥料試験成績報告』[32]として、それぞれ発行した。

このように、台湾全土にわたる甘蔗地方肥料試験は、立案から最終報告書の作成まで10年以上を費やしたビッグプロジェクトであり、殖産局が三大糖業政策の一つとして挙げたことも理解できる[33]。では、製糖会社にとって、肥料試験はいかなる意味を持っていたのだろうか。表6-4は、塩水港製糖の各工場に属する一般蔗園（原料採取区域）および会社農場（プランテーション、収穫量は全体の10％程度に過ぎない）において、どれだけの肥料が投入される必要があるのかを示した「試験結果」と、1913〜22年の実際の肥料投入量を示している。農場を見ると肥料試験の実施は一定の効果を挙げたと推察される。すなわち、農場においては、試験が実施される1915年までの間、実際の投入量が「試

験結果」を常にオーバーしていたが、1916年以降になるとその問題が解消されている。とりわけ新営工場では1917～22年の間、1920年を除いて100％前後で安定して推移しており、試験結果を意識した施肥が実行されていたのではないかと推察される。それに対して、原料採取区域においては、試験結果と実際の投入量に相当の乖離があることがわかる。すなわち、砂糖価格の高騰を受けて肥料投入量が増大した1916～17年を除けば、十分な施肥が実行されておらず、とりわけ新営工場の採取区域においてそれは顕著である。時代を下るにつれて徐々に施用量は増大しているが、1922年において岸内・旗尾工場では試験結果の60％、新営工場では30％の肥料が施されるに過ぎなかった。

　甘蔗収穫量の90％を占める原料採取区域において、製糖会社は、補助金を通じて農民に施肥へのインセンティブを与えることはできるものの、農民の肥料習慣および肥料購入資金の欠如のために限界があった。試験結果は、将来的な到達点を明らかにした以上の意味を持たなかったのであり、この段階でより重要であったのは、原料採取区域における肥料投入量をどのように引き上げるか、という点にあったのである。

(2) 肥料の多投化

　この問題を解決する場合に製糖会社が採り得る方法は、農民の施肥へのインセンティブを高める、あるいは農民からの土地購入や小作契約の締結を通じて甘蔗作を内部化する、の2通りであろう。第1の方法であるが、第1回目会議の附議事項（12）および第2回目会議の附議事項（2）がそれに関する附議事項であった（表6-3）。残念ながら、第1回目の附議事項に対してどのような答申が各社からあったのかは資料が残されておらず不明である。他方、第2回会議については各社がどのように答申していたかがわかる。そこでは、塩水港製糖が「現在程度の共同購買肥料のみにては甘蔗の養分不足するは勿論」[34]と指摘したように、現状の施肥量は不十分であるという認識をほぼ全社が主張していた。その要因として北港製糖は「共同購買肥料一甲歩分なるものは総督府の御方針が既に三十五円以上の購買肥料と規定せらるる以上、甘蔗生育に要す

第6章　甘蔗作における「施肥の高度化」と殖産政策　191

る要肥分の充たざるものなることは想像するに難からず、即ち単に一甲歩に対し共同購買肥料一甲歩分の施用は施料の不足を意味するものとなる」[35]、明治製糖も「現在の共同購買肥料一甲歩分のみにては単に三要素相当量を供給するにすら足らざる……依って共同購買肥料は総督府模範蔗園の成績に鑑み二甲歩分以上に増加の方法を講じて三要素量の施用を適当ならしめ」[36]と指摘したように、肥料奨励方針における「1甲歩当り35円以上の肥料を施用すれば10円の補助金を支給する」(182頁)という制度設計に問題があり、1甲歩当たり70円以上の肥料を施用しなければ意味がないと考えられていた。しかし、施用量を倍にするのであれば、補助金額も倍にしなければ農民の負担は増大する。結局、農民の購買力に限界がある以上、十分な施用量を維持するためには、総督府からの補助金の増額が希求されるのである。

　次に、内部化について検討しよう。この問題が議論されたのが、第2回会議附議事項（4）「集団蔗園設置に関し簡易なる方法ありや」であった（表6－3）。集団蔗園とは、互いに隣接する複数の所有者の土地を会社が一括して賃借し、会社が指定した方法で甘蔗を栽培する、"loan plantation"である。集団蔗園は規模の経済性を発揮できるというメリットがあるが、複数の土地所有者から賃借することが困難というデメリットがあった。附議事項は、このデメリットをいかに解消するかを問うたものであったが、ほとんどの会社が「分からない」あるいは「研究・考究中」と答え、意見を述べたのは4社にすぎなかった。しかし、その答えも総督府の意図とはかけ離れたものであった。すなわち、台北製糖は「集団蔗園の設置は誠に刻下の急務にして……糖業発達の必要上官憲より具体的の援助を仰ぎたし」[37]、南日本製糖は「限りある資本をして濫りに固定せしむる事は現下の各会社として到底不可能の事に属するを以て、須らく糖業奨励の大本に反りて会社が一時に多大の土地を容易に其権利の下に置くことを得る法令の発布を得るに至らば、本島の糖業も茲に始めて確乎たる基礎の上に置かるるを得可し、然らざれば適当なる地域を選んで各会社の製糖能力に応じて官憲指示の下に強制的に贌耕（土地の使用権）を行はしめ」[38]、明治製糖は「現今各会社の原料採取区域限定の方法を更に一歩を進め官庁の保護に依り

て区域内の適当の地に集団蔗園を設け得るに至らば最も確実に実行を望み得べきも特に簡易なる意味に於ては適当なる方法なかるべし」[39]、台湾製糖も「土地買収の困難なる現在の状態にありては贌耕権の獲得に待たざる可からざるも大なる区画に対しては之を得ること至難なるを以て勢ひ官庁の庇護に依らざれば望む可からず」[40]と答え、いずれも台湾総督府に法的な保護を求めたのである。集団蔗園に対する要求については、第2回会議後に開催された糖業連合会の台湾支部会議において、

(1) 製糖会社による土地買収に法的な裏付けを与えること。
(2) 製糖会社による土地使用権の獲得を促進するための立法措置をとること。
(3) 製糖会社の原料採取区域内に、毎年、会社の申請に基づいて総督府が蔗作地を指定すること。
(4) 製糖会社が必要とする分量の原料甘蔗の提供を原料採取区域内の農民に強制すること[41]。

を総督府に陳情することが決議された。糖業連合会台湾支部は、この提案の理由を、

仰も当業者等が一億の資金を投じて斯業を経営するに至れるもの、偏に総督府当初の糖業政策に信頼し、独り其工業的方面のみならず、併せて農事方面の保護指導にも浴し、原料甘蔗耕作の安固充足を永遠に確保し得らるるを確信致したる為めに御座候。然るに工業的方面の進歩発展僅かに其一段落を告げ、更らに農事的方面に対して斯業百年の長計を確立せられんとする一刹那に及んで、浮浪口舌の輩唯徒らに人権を絶叫せし為め、当局の方針功を千仭の一簣に欠き、悔を画龍の点睛に残され候もの、実に千歳の恨事、独り糖業の不幸のみならず併せて本島統治上の一大不幸にあらざりしやと愚行仕り候[42]。

とする。すなわち、糖業保護政策を信頼して製糖会社に投資したのであるから、総督府には保護を拡大する義務と責任があると、暴論を吐くのである。

　こうした陳情に対して、総督府は対応することはなかった。たとえば肥料補助金に対しては、表6-1からも明らかなように、肥料補助は増額されるどころか、1916年を最後に打ち切られている。また、集団蔗園設置に対する便宜の要求に対しても、新たな法律が発布されることはなかった。第1節で指摘したように、台湾総督府が会議を開催した目的は、製糖会社を保護する新たな対象を発見するためではなく、製糖会社間の意見交換の場を設け、製糖会社の自立した活動を支えるためであった。ある参加者は、「製糖会社が官憲の援助に慣て、一も二もなく官憲の保護に依らんとする、粗糖会社気質を露骨に証明するものである」[43]として、製糖会社の態度に露骨に嫌悪感を示すのである。

(3) 講演：農学知の分散

　最後に、会議を構成したもう一つのセッションである「講演」について考察しておく。表6-3に示されるように、講演者は延べ16人にのぼったが、田畑泰治が駒場農学校出身者であったことを除けば、登壇者は札幌農学校出身者で占められていた。札幌農学校出身者が製糖業に果たした役割については呉文星や莊天賜らの研究によって指摘されているが[44]、ここにも札幌農学校出身者の存在感を窺い知ることができる。しかし、農事会議の講演に限ってみると、その効果は疑わしい。ある会社の農事主任は「会議の結果何等得る所なきに唖然として、曰く台北繁盛策として我らは召集されたるなり」と皮肉を述べ、その理由として「或者の曰く小学生待遇の当局者の説明には驚けりと……当局側の説明が、甘蔗一代の害虫被害と種類の如きを今更之を教ふるは幼稚なる農事智識を証して余りあ」[45]ることを挙げている。

　なぜ、製糖会社の参加者にとって、総督府試験場の技師の説明は「幼稚」であったのだろうか。農事会議が行われた1910年代は、それまで台湾総督府に偏重していた農学知の分布が、民間にも分散する時期であった。この点について、

1912年に台湾製糖に入社した筧干城夫は「農業の方は始めは現地語のできる人として、警察官や憲兵上りの人が採用されました。しかし明治四十二年後の、台湾製糖の後壁林工場ができた頃から、農業方面の大学や、専門学校卒業者が糖業方面にも採用されるようになりました」[46]と回顧している。また、1916年に東洋製糖へ入社した浜口栄次郎も「その頃までの農事関係員は主として台湾の警官出身の人々で占められていた。要するに農民と接触の深かった警官を採用して、少しでも原料甘蔗栽培面積の拡張を計らなければならなかったからである。大正初期に至って、漸く甘蔗栽培面積の拡張以外に、単位面積当りの砂糖収量を増加することが、より有利であることに気付いて、多くの高等教育を受けた青年が採用されるに至った」[47]としている。

　技術者の製糖会社への入社経路は二つあった。第1は総督府からの転職であり、総督府への就職が容易な札幌農学校出身者で占められていた。1900年代の札幌農学校出身者はほぼすべて台湾総督府に就職していたが、1910年代に入ると、製糖会社に就職する者、あるいは台湾総督府から製糖会社に転職してくる者が現れるのである[48]。第2は、製糖会社へ直接就職することであり、札幌農学校以外の農業学校出身者が多く含まれる。表6-5には、帝国大学農学部となる札幌農学校と駒場農学校、東京農業高等学校、高等農林学校として鹿児島と盛岡、さらに台湾へ渡る者が多かった九州中南部に位置する鹿屋農学校と熊本農学校の卒業生のうち、台湾糖業に従事したものを掲載している。ここからは、札幌農学校出身者は一部に過ぎなかったこと、とりわけ台湾製糖・東洋製糖・塩水港製糖・新高製糖には、名簿上は札幌農学校出身者がいなかったことがわかる。荘天賜は、臨時台湾糖務局の技手に九州の鹿児島鹿屋農学校や熊本農学校出身者が多かったことを指摘しているが[49]、それは製糖会社にも当てはまり、ここでは高等教育機関の存在感も際立っている。

　総督府の研究開発機関と製糖会社の間の農学知レベルの差は資料上明らかにしえないが、学歴上の差は急速に縮小し始めていた。総督府は、初歩的な「既知」を伝播すれば講演の目的は達成できると考えていたのに対して、製糖会社側は自らも形成した学知を洗練させる「新知」の獲得を講演の目的としていた

第6章　甘蔗作における「施肥の高度化」と殖産政策　195

表6-5　1914年前後における主要「農学校」出身者の就職先

		殖産局糖務課			糖業試験場			高雄検糖所			蔗苗養成所		
台湾総督府		吉田碩蔵	技師	札幌	金子昌太郎	技師	札幌	吉川藤左衛門	技師	札幌	田中元治郎	技手	札幌
		藤田吉左衛門	技手	鹿児島局	三宅勉	技師	札幌	菅野修一郎	技師	札幌	田中正顕	雇	鹿児島局
		安原亀次	雇	盛岡	石田研	技師	札幌				安藤泰夫	雇	鹿児島局
		齋藤信義	技手	熊本	山村悦造	技師	札幌						
		徳田善平	技手	熊本	鈴木重良	雇	鹿児島局						
					平友恒	技手	鹿児島局						
					鶴仲寿美	技手	鹿屋						
					和田常記	技手	熊本						

		台湾		明治・大日本・帝国			東洋・新高・塩水港			その他		
製糖会社		田畑泰治	駒場	菊池幹	明治	札幌	野崎巖	東洋	鹿児島局	中村正寿	札幌	南日
		石井喜一	東京	名倉森蔵	明治	札幌	濱田民平	東洋	鹿児島局	宮田晋策	札幌	台南
		伊藤源三	東京	早川孝育	明治	鹿児島局	松元惣太郎	東洋	鹿児島局	狩野時二	札幌	北港
		土生仲太	東京	鈴木進一	明治	盛岡	小松重成	新高	鹿児島局	升添義成	盛岡	北港
		星崎新之助	東京	土井昌逸	大日本	札幌	慶邦美	塩水港	鹿児島局	河野孝太	札幌	林本源
		太田安次郎	東京	池田錣	帝国	札幌	森宗吉	塩水港	鹿屋	勇為為	鹿屋	林本源
		渡瀬隆	東京	加賀林庄吉	帝国	鹿児島局				川上寅二	鹿児島局	三五
		辻村一郎	東京	中森仁吉	帝国	鹿児島局				川崎三三	鹿児島局	鈴木
		地曳邦三	東京	庆常四郎	帝国	鹿児島局				今堀三太郎	鹿屋	台北
				能勢力	帝国	鹿児島局						
				中野健夫	帝国	鹿児島局						

出典：札幌同窓会『札幌同窓会第31回報告』1914年，会員名簿；農友会『私立東京高等農学校友会一覧』1911年；鹿児島高等農林学校『鹿児島高等農林学校一覧　自大正7年至大正8年』1919年，128～142頁；盛岡高等農林学校『盛岡高等農林学校開校二十周年記念帖』1915年；今村嘉一郎編『南国雑誌：熊本農学校創立四十周年記念祝賀会』『鹿児島県立鹿屋農学校開校二十周年記念誌』1915年；今村嘉一郎編『南国雑誌：熊本農業大学（東京農業大学），『駒場』は駒場農学校（東京帝国大学農学部），『鹿児島局』は鹿児島高等農林学校，『盛岡』は盛岡高等農林学校，『鹿屋』は鹿児島県立鹿屋農学校，『熊本』は熊本県立熊本農学校を意味する。

注：『札幌』は札幌農学校（北海道帝国大学農学部），『東京』は東京高等農学校（東京農業大学），『駒場』は駒場農学校（東京帝国大学農学部），『鹿児島局』は鹿児島高等農林学校，『盛岡』は盛岡高等農林学校，『鹿屋』は鹿児島県立鹿屋農学校，『熊本』は熊本県立熊本農学校を意味する。

のではないか。この認識のギャップが、製糖会社側に「なぜ幼稚な知識を披露するのか」という違和感を覚えさせたのかもしれない。

おわりに――「保護」の時代から「自立」の時代へ――

　本論における考察結果を論点に即してまとめ、結論とする。
　製糖会社農事会議がなぜ開催されたのかという論点に対して、本章では、製糖会社に対する政策のターゲットとアプローチの転換を指摘したい。図6－2に示されるように、総督府による糖業政策はターゲットを「製糖部門」に、アプローチを「保護」に設定して進められていった（製糖部門重視の補助金・製糖場取締規則）。その結果、内地資本による製糖工場の建設が相次ぐこととなった。製糖部門における成功を受けて、糖業政策はまず、ターゲットを「甘蔗部門」に設定するように転換した（蔗作部門重視の補助金・肥料奨励）。しかし、一連の政策がさまざまな方面から批判された結果、総督府が政策を見直す必要性に迫られると、「保護」アプローチは放棄され、製糖会社の「甘蔗部門」における自立的な活動を「支援」するアプローチが採用された。先行研究において糖業政策は、「糖業保護政策」という用語で一括りに理解されてきたが、それは図6－2の第一象限を考察したに過ぎない。糖業政策は「製糖・保護」から「甘蔗・保護」、そして「甘蔗・支援」へと、ターゲットとアプローチを転換しながら続けられていたのであり、「製糖会社農事会議」は、その転換を示すシンボルとして開催されたと言えよう。
　しかし、農事会議は、「施肥の高度化」に大きな影響を与えられたとは言えない。たしかに、肥料試験の実施とそれに基づく補助金の設定は、各地域における肥料の最適化（最適な肥料成分）を促したという意味で重要な成果を挙げたと言えるが、各製糖会社がすでに実施していた事業を政策的に追認したに過ぎず、補助も1916年には打ち切られた。また、1910年代の製糖会社にとってより重要であった問題は肥料の多投化であり、この点で農事会議は具体的な解決法を見出すことが出来なかった。第2回の農事会議において議論された集団蔗

図6-2 糖業政策のターゲットとアプローチの変遷

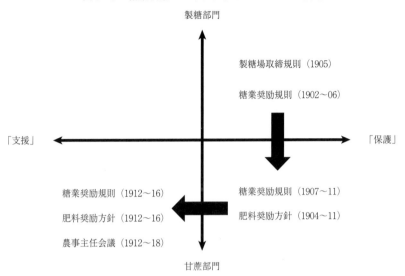

出典：筆者作成。

園問題に対して、各製糖会社は法的措置を要求したが、それはすでに放棄された「保護」アプローチであり、総督府は到底受け入れられないものであった。このように見ると、製糖会社は、補助金や法的措置など、総督府から「保護」を取り付けるレント・シーカーとして印象付けられるが、その評価は適切でない。製糖会社は、肥料試験の実施、農業技術者の採用、区域内農民との意思疎通の緊密化など、甘蔗作改善のための自立的な活動を行っていた。製糖会社は、総督府の「保護」といったビッグプッシュがない限り、甘蔗作の改善を劇的に変化させることは困難であることをよく理解しており、それが望めない農事会議に多くを期待していなかったのではないか。明治製糖が集団蔗園の問題に対し、露骨な保護を求める一方で「簡易なる意味に於ては適当なる方法なかるべし」と答えていたのは、それを端的に示している。

総督府と製糖会社は「施肥の高度化」という共通の目標を有しつつも、それを達成する政策のあり方についての認識が大きく異なったため（支援か保護か）、

農事会議は成果を出せない「記憶に残らない政策」となった。世界恐慌期まで繰り広げられるジャワ糖業との激しい価格競争に対して、生産費の低下を実現する「施肥の高度化」は、製糖会社自身によって達成されなければならなかったのである。

（付記）本章の内容に関する資料調査・閲覧に際し、公益財団法人三井文庫、公益社団法人糖業協会、中嶋航一氏（帝塚山大学）、森玄一郎氏にお世話になった。記して感謝申し上げる。

1） 日本植民地における農業成長とその要因については、Yujiro Hayami and Vernon W. Ruttan, *Agricultural Development: An International Perspective*, Baltimore and London: The Johns Hopkins University Press, 1971; Ramon H. Myers and Yamada Saburo, "Agricultural Development in the Empire", in Ramon H. Myers and Mark R. Peattie (eds.), *The Japanese Colonial Empire, 1895-1945*, Princeton: Princeton University Press, 1984. などがある。また、成長の負の側面を描き出した研究として、藤原辰史『稲の大東亜共栄圏：帝国日本の〈緑の革命〉』（吉川弘文館、2012年）がある。
2） 近年の研究として、柯志明「「米糖相剋」問題と台湾農民」（小林英夫編『植民地化と産業化』岩波書店、1993年）や、久保文克の一連の研究が挙げられる。
3） 平井健介「日本植民地期台湾における甘蔗用肥料の需給構造の変容（1895-1929）」（『三田学会雑誌』105巻1号、2012年4月）。
4） 涂照彦『日本帝国主義下の台湾』（東京大学出版会、1975年）、68頁。
5） 橋本寿朗は、政策の評価方法として、社史においてその政策がどのように記載されているかというアプローチを提起した（橋本寿朗『戦後日本経済の成長構造』有斐閣、2001年）。
6） 台湾の場合、原料代（甘蔗購入費・刈取運搬費・軽便鉄道費）と原料諸費（蔗苗費・肥料補助費・灌漑補助費・各種補助奨励費）が砂糖生産費に占める比率は、1910〜35年平均で60％に達した（台湾総督府『台湾糖業要覧昭和10年期』1936年、7頁；日本銀行調査局『砂糖取引状況』1921年、34頁）。
7） 台湾総督府殖産局『台湾糖業概要』（1927年）、12頁。
8） 臨時台湾糖務局『臨時台湾糖務局第六年報』（1908年）、1頁。
9） 台湾総督府『製糖会社農事主任会議答申』（1914年）、3ノ7頁。

10) 前掲『製糖会社農事主任会議答申』3ノ9頁。
11) 丸田治太郎『(講演記録)台湾製糖株式会社創業当時の追憶』(台湾製糖株式会社、1940年)、36～37頁。なお、「不承知を唱へる者は支庁に訴へて処分すると半ば脅かして無理矢理に使用させ」るなど、同資料には、会社が農民を脅迫するシーンがしばしば紹介される。
12) 臨時台湾糖務局「明治四十四年度糖業奨励方針」(三井文庫所蔵、台糖25)。
13) 三井物産「明治四十三年度共同購買肥料買入に関する協議事項」(三井文庫所蔵、台糖20)。
14) 「此の糖業保護の流毒を如何」(『東洋経済新報』第507号、1909年12月5日)、8～9頁。
15) この暴風雨の被害率(全甘蔗畑のうち被害を受けた甘蔗畑の比率)は40％であり、翌年の暴風雨の被害率は60％に達した(「台湾甘蔗の暴風被害率調」『昭和財政史資料』第4号第83冊、JACAR(アジア歴史資料センター) Ref. A08072350200)。
16) 台湾総督府『台湾糖業概要』(1927年)、13頁。
17) 金田政四郎「前台湾総督府殖産局糖務課長金田政四郎氏の書簡」(宮川次郎『台湾糖業の批判』糖業研究会、1913年)。同書出版後も、『東洋経済新報』および『台湾日日新報』では、糖業政策の是非をめぐる論争が続いている。
18) 殖産局は毎年1回、地方庁の殖産担当員も交えて「殖産局会議」を開催していた。議事録が残されているのは、管見の限り第5回会議(1912年)のみであり、国立台湾大学図書館に『台湾総督府殖産局会議議事録』として所蔵されている。
19) 台湾総督府殖産局『台湾総督府殖産局会議議事録』(1912年)、311～312頁。
20) 同前、312頁。
21) 1910～11年の「その他」が急増した要因は、「原料消費補助」と「原料糖補助」にある。これについては、服部一馬『近代日本糖業史上巻』(勁草書房、1962年)、355頁に詳しい。
22) 前掲『台湾総督府殖産局会議議録』115～116頁。
23) 臨時台湾糖務局「四十五年度糖業奨励方針」(三井文庫所蔵、台糖26)。殖産局糖務課へ移管後の糖業奨励方針(1913～16年)については、同課が発行している『糖務年報』に記載されておらず、管見の限り不明である。
24) 前掲『台湾総督府殖産局会議議事録』123頁。
25) 以上「内田長官の演説」(『台湾日日新報』1912年6月15日)。
26) むろん、農業技術の移転は、移転元と移転先の自然条件の違いに規定され、工業技術と比較すれば、馴化に時間を要することは言うまでもない。
27) 第1回会議については「製糖会社農事主任会議順序及心得」が残されているが、

その第九条に「附議の事項は意見の陳述に止め其の決議を為さす」とあり、会議の場で何らかの取決めがなされるわけではないことが示されている（「製糖会社農事主任会議附議事項　附会議順序及び心得」作成者・作成年不明（台湾大学図書館所蔵））。

28)　「農事会議」（『台湾日日新報』1912年6月2日）。
29)　台湾総督府『第三回製糖会社農事主任会議答申』（1918年6月）、2〜3頁。
30)　前掲「製糖会社農事主任会議附議事項」。
31)　「農事主任会議成績」（『台湾日日新報』1912年6月3日）。
32)　台湾総督府中央研究所『甘蔗地方肥料試験成績報告』（1924年）。
33)　本試験の雛形と運用の経験は、「甘蔗地方品種試験」へ受け継がれることになる（台湾総督府殖産局糖務課『第八糖務年報』1920年)、7頁。
34)　前掲『製糖会社農事主任会議答申』2ノ16頁。
35)　前掲『製糖会社農事主任会議答申』2ノ12頁。
36)　前掲『製糖会社農事主任会議答申』2ノ18頁。
37)　前掲『製糖会社農事主任会議答申』4ノ1頁。
38)　前掲『製糖会社農事主任会議答申』4ノ2頁。
39)　前掲『製糖会社農事主任会議答申』4ノ3頁。
40)　前掲『製糖会社農事主任会議答申』4ノ4頁。
41)　服部一馬『近代日本糖業史下巻』（勁草書房、1997年)、88頁。
42)　同前、89頁。
43)　「秘密開催製糖農事主任会議──今尚幼稚なる議論を吐く」（『新台湾』創刊号、1914年12月)、14頁。
44)　呉文星「札幌農学校卒業生と台湾近代糖業研究の展開」（松田利彦編『日本の朝鮮・台湾支配と植民地官僚』国際日本文化研究センター、2007年)、荘天賜『臨時台灣糖務局與台灣製糖業之發展』（國立台灣師範大學博士論文、2010年）。
45)　前掲「秘密開催製糖農事主任会議──今尚幼稚なる議論を吐く」14頁。
46)　筧干城夫「台湾製糖の現地三十五年」（樋口弘『糖業事典』内外経済社、1959年）「思い出の糖業」の部42頁。
47)　浜口栄次郎「台湾糖業の技術的進歩」（前掲『糖業事典』）「思い出の糖業」の部53頁。
48)　「〈資料〉渡台した札幌農学校・東北帝国大学農科大学・北海道帝国大学農学部卒業生一覧」（『北海道大学大学文書館年報』第6号、2011年3月）。
49)　前掲『臨時台灣糖務局與台灣製糖業之發展』62頁。

第7章　農業技術の移植と人的資源

岡部 桂史

はじめに

　本章の課題は、「帝国」日本によって植民地化された台湾の農業技術の発展および技術者の人的ネットワークについて、農事試験場や各種教育機関を中心に検討することである。明治期以降の近代日本において、工業試験場や農事試験場、博覧会や共進会といった組織・制度は、経済発展や技術普及に大きく貢献した[1]。とりわけ、中小零細な経済主体で構成される農業部門では、経済・教育などのさまざまな分野で形成された制度・組織の役割は大きかったといえる[2]。具体的には、農事試験場や共進会、農学校から帝国大学農学部まで階層的に制度化された農業教育、農林省・帝国大学を頂点とする農業技術者の人的ネットワーク、同業組合や産業組合などの各種組合などが挙げられよう。

　本章では、両大戦間期の台湾における農事試験場（台湾総督府中央研究所農業部および各州立農事試験場）と農業教育（台北帝国大学、台北高等農林学校、各州立農林学校）を技術者ネットワークの視点から検討し、植民地台湾と日本との比較を試みたい。周知のとおり、両大戦間期の帝国日本では、外米依存から米の帝国内分業を推進する政策転換が図られ、植民地に対する産米増殖政策が展開した[3]。この政策に沿う形で日本からさまざまな技術・資本移転と社会資本整備が進められ、農業技術も改良が進められた。本章ではその中で、稲作の生産性向上に貢献した農機具に着目し、同時期の台湾と日本との制度面にお

ける共通点と差異について考察を加えたい。

第1節　台湾と北海道帝国大学

(1) 台湾総督府

　植民地経営と帝国大学の関係については、すでに多くの先行研究において取り上げられている。特に札幌農学校をルーツとする北海道帝国大学農学部（以下、北大）と植民地期台湾との関係は、繰り返し強調されてきた[4]。同じ農学校から出発した東京帝国大学農学部（駒場農学校—東京帝国大学農科大学を含む）の卒業生が農林省や地方官庁の技師や教育界に進んだのに対して、北大出身者は植民地経営に携わる者が少なからず存在した。戦前の農政家の一人である有馬頼寧は後年、「札幌の出身者は駒場とは大分毛色が変って、朝鮮、台湾などに行く人も多かった」と振り返っている[5]。

　台湾における北大ネットワークの形成に関しては、従来、新渡戸稲造の影響が大きかったと考えられており、『北大百年史』をはじめとして、卒業生の回顧でも新渡戸の役割を高く評価している[6]。しかし近年、札幌農学校の卒業生139名を追跡した呉文星によって、北大出身者の渡台は、新渡戸ではなく、橋口文蔵（1888〜1891年に札幌農学校長）の役割が大きかったことが明らかにされた。いずれにせよ、植民地台湾と北大は、人材面において強固に結びついていたのである。

　北大農学部出身者の台湾への就職状況については、優れた先行研究によって詳細な分析が進められている[7]。特に同窓会名簿などを駆使して悉皆的に調査を行った山本美穂子によれば、北大農学部卒業生たちは、①台湾総督府の技術職、②製糖会社の技術職、③台湾総督府農林専門学校、台北帝国大学理農学部の教官として台湾に就職していった[8]。

　1895年に台湾総督府に殖産部が設置され、1897年に同部は殖産課へ改組された。殖産課を拠点に総督府は、植民地経営を進めるうえで重要となる各種産業

にかかわる諸政策の立案を進めた。農業や製糖業に関しては、1900年前後から農商課の新設や各種試験場の設置を進め、本格的な技術改良に乗り出していった。こうした諸政策の実務にあたったのが、北大系の技師たちであり、彼らは農政も含めた農業技術の改良に従事したのである。特に農商課は、農政実務の中心として、農業経済学専攻の卒業生が農商課技師として登用されるようになった[9]。その中でも東郷実（22期卒業）は台湾農会の近代化を図り、農会は台湾総督府の農業施策を徹底させる組織として、米種改良や肥料共同購入、共進会の開催などを実施した[10]。その後の両大戦間期の農事行政は、総督府民政部殖産局の管轄下にあり、1920年時点の体制は、庶務課・農務課・糖務課・鉱務課・商工課・水産課の6課体制であった[11]。1919年5月時点の農務課の人員は、事務官1名、技師16名、属6名、技手18名の合計41名であり[12]、6課の中で最大の要員が配置されていた。

1880年代の草創期に最初に農学校卒業生として台湾総督府に勤務したのは、1895年に渡台した①横山荘次郎（北海道庁）、②藤根吉春（北海道庁）、③萱場三郎、④橋口文蔵（札幌農学校長）ら4名と1896年に渡台した⑤柳本通善、⑥椙山清利の2名、計6名であった[13]。この中で後述の農事試験場との関係で重要なキーパーソンとなる藤根吉春は、1902年に台南農事試験場（殖産局台南出張所長と兼務）、1903年に台北農事試験場長（殖産局農商課兼務）、1904年から農事試験場に移り、1905～1908年まで農事試験場長の職にあった[14]。1909年の農事試験場の殖産局からの独立により場長の職を退いたものの、1915年まで殖産局農務課を本務としつつ、農事試験場主事を兼務し、試験場の業務を主導した。

やまだあつしは、殖産局の技師に関して、①長期在籍者が多かった点、②課長などの役職を長期に占有していた人物がいた点、③兼務が多かった点を指摘している[15]。こうした技師たちによって担われた殖産行政についても、上記の指摘を踏まえて、長期在籍者や長期の役職占有により、人事異動や人事抗争による政策変動が少なく、継続的な政策がなされた点、技師の専門も比較的明瞭であったため、各技師の主導によって個別政策が実行された点の2点を強調し

表7-1　渡台した北大農学部卒業生の推移（1895〜1944年）

年	専攻無	農学	農業経済学	植物病理学	農用動物学	農業生物学	農芸化学	畜産学	林学	合計
1895	4						1			5
1905	5		1	1			3			10
1915	3	11	10	2	2		15	6	1	50
1925	3	20	10	1	2	4	31	4	10	85
1935		31	15	1	1	10	44	11	11	124
1944		32	15		1	10	38	14	12	122

出典：山本美穂子「台湾に渡った北大農学部卒業生たち」『北海道大学文書館年報』第6号（2011年3月）、17頁。
注：各年の人数は累計。

ている[16]。

　長期在職者の中心となったのは、北大出身者であり、専攻別の累計人数を示した表7-1のように両大戦間期以降、渡台者は大きく増加した。この増加は台湾における上級技術者を必要とする各種機関・学校の設立を背景とし、代表的なものに1921年の台湾総督府中央研究所、1928年の台北帝国大学理農学部の設立が挙げられる。新規ポストの増加に際して、他の帝国大学農学部出身者を圧倒する形で北大出身者が配置されたが、それを可能にしたのは、台湾の農業政策の中心的機関であった殖産局における北大出身の上級技術者の存在であった。注目すべきは、農芸化学専攻者が全体の3分の1を占めていた点である。農学専攻を上回る渡台者数は、後述の大島金太郎の影響が強かったためであるが、総督府の草創期以来の農業政策や糖業も含めた当時の台湾農業の要請も大きかった。ただし他方でこの農芸化学重視の人事ネットワークが、他の農学分野の人材面での弱点となった点も指摘しておく必要があろう。

（2）農事試験場

　農事試験場は、日本国内において、1890年代以降、各府県で農事試験場が設置され、地域に応じたさまざまな試験・研究・講話活動を実施した[17]。台湾においても、1899年に台北、台中、台南に農事試験場が設置され、その後三場の統合により1903年には台湾総督府農事試験場が成立した。1921年には台湾総督

府中央研究所が設置され、農事試験場もその中の中央研究所農業部となった。1939年に中央研究所の廃止にともない、農業試験所に改組された[18]。

　草創期の農事試験場においても、北大出身の藤根吉春を中心に、植物病理部、畜産部、種芸部、昆虫部、農芸化学部などの各部に分かれて研究が進められた[19]。その後、両大戦間期の試験研究の中心となる中央研究所農業部では、農業部長に北大出身の大島金太郎が就任し、種芸科、農芸化学科、糖業科、植物病理科、応用動物科、畜産科の科長は、すべて北大出身者が占めた[20]。後身の農業試験所の初代所長にも北大出身の渋谷紀三郎が就任し、5科（糖業科は1932年に糖業試験所として独立）の科長は北大出身者で固められた[21]。1939年に発足した農業試験所は、技師15人、属4人、技手22人の陣容であった。所長の渋谷紀三郎は、台北帝国大学教授と兼務であり、1908年に東北帝国大学農科大学を卒業し、台湾総督府農事試験場技師に就職した。その後も台湾でキャリアを重ねて、北大系技術者の中心となっていった。

　こうした農事試験場における北大系出身者による人事の独占は、台湾総督府殖産局と表裏一体となっている組織構造に基づいていたが、他方では北大以外の技術者が台湾に定着しないことも大きく影響した。1903年設立の台湾総督府農事試験場では、設立から10年間の離職者は112名に達し、その内で在職2年以内の離職者が83名であった[22]。全体として流動性の高い試験場人事にあって、北大出身者は長期在職の傾向が強く、結果として中心的グループを形成していったのである。

第2節　農事試験場の諸活動

(1) 事業内容

　農事試験場の事業は普及奨励活動と試験・審査事業に大別できる。普及奨励活動としては、①講習会、②実施指導、③実演展覧会、④懇談会・座談会、⑤農業講習生養成事業があり、試験・審査事業は、試験場の本務といえる⑥試験

研究事業と⑦比較審査・試験鑑定の二つに分けられる。比較審査・試験鑑定について補足すれば、年に数回程度、試験場が対象機種を公告し、出品を募ったうえで実施される比較審査は、出品製品の優劣を比較してその結果が広く公表される事業であり、一方、随時申請可能な試験鑑定は、申請製品の概括的評価を申請者（概して製造業者）のみに告知する事業である。

　さて、表7-2は台湾総督府中央研究所農業部の活動の状況を示している。同部の普及奨励活動は各州立の農事試験場の上部組織として、農会や各農事試験場の技術員を対象としているため、講習会の内容も獣医畜産講習会や病虫害主任技術員講習会など専門的な内容であった。農事試験場の事業内容や試験・研究に関して文書で実施する「質疑応答」に関しても150〜200件程度であった。農事試験場は一般にも広く公開され、最新の農業技術を展示する場としても機能していたが、中央研究所農業部の参観者数は資料的制約から明らかに出来ない。そこで、各州に置かれた農事試験場の参観者数をみると、新竹州立農事試験場の1935年度の参観者数は、学校職員642名、農家2,212名、学校生徒791名、その他1,439名の合計5,084名、高雄州立農事試験場の1938年度の参観者数は、内訳不明ながらも、3,262名に達した。このように農事試験場は、台湾現地のさまざまな農業問題に関わり、地域に根付いた存在であった。

(2) 農機具研究

　農機具関係の調査研究は、中央研究所農業部種芸科で実施されていたが、1930年代に入ってもきわめて低調であった。表7-2にみられるように、籾摺機、精米機、深耕犂の調査などを実施しているが、本格的な取り組みはなされなかった。唐箕については、「在来ノ唐箕ハ幾多ノ欠点ヲ有シ其改良ハ一般ノ希望スル所ナル」として[23]、1932年度から進められたが、継続的に実施されてはいない。また講習講話事業も1935年度に農具に関する技術員講習会を地方技術員向けに3日間実施したのみである。一方、農機具に関する講習講話事業は、両大戦間期の日本においては、幅広く展開していた。表7-3は愛知県農事試験場の実施した農機具関係の講習講話事業の一覧である。愛知県は農業機械化の

第7章　農業技術の移植と人的資源　207

表7−2　台湾総督府中央研究所農業部の概況

年度	改良農具に関する調査	出版物	講習講話			参加者	質疑応答（件数）
		件数	内容	件数	期間		
1929	籾摺機・精米機・深耕犂の調査	16		—		—	—
1930	①籾摺機調整器、精米機、深耕犂の調査 ②穀粒平均試料調整器の考案	16				—	—
1931	—	18	①病虫害試験調査に関する講義・実験実習 ②米叺製作に関する講習	2	11.16〜11.23（8日間） 6.2〜6.10（8日間）	8名（地方技術員） 8名	204
1932	①唐箕の改良 ②水田除草機の調査研究 ③穀粒流量測定器の研究	5	①第1回畜産講習会 ②種芸及園芸講習会 ③堆肥に関する講習会 ④病虫害主任技術員講習会	4	9.26〜10.2（7日間） 10.19〜10.24（6日間） 1.10〜1.12（3日間） 1.23〜1.26（4日間）	26名（地方技術員） 13名（地方技術員） 38名（地方技術員） 22名	254
1934	1932年と同じ	14	①病虫害に関する講習会 ②園芸に関する講習会	2	12.20〜12.22（3日間） 2.7〜2.9（3日間）	19名（地方技術員） 9名（地方技術員）	150
1935	—	14	①第三回獣医畜産講習会 ②病虫害主任技術員協議会 ③農具に関する技術員講習会	3	10.2〜10.13（12日間） 11.6〜11.9（4日間） 3.2〜3.4（3日間）	16名 13名（地方技術員） 6名（地方技術員）	150
1936	—	13	①第四回獣医畜産講習会 ②病虫害主任技術者協議会 ③パイナップル病虫害に関する講話	3	9.1〜9.6（6日間） 11.25〜11.27（2日間） 2.1（1日間）	25名 13名 8名	150
1937	—	13	①第五回獣医畜産講習会 ②病虫害主任技術者協議会	2	8.23〜9.5（14日間） 12.2〜12.4（3日間）	28名 13名	150
1938	—	11	①第六回獣医畜産講習会 ②病虫害主任技術員協議会	2	8.29〜9.11（14日間） 12.3（1日間）	13名 15名	—

出典：「台湾総督府中央研究所農業部業務功程」各年度。

表7-3 愛知県農事試験場の講習講話事業

年度	期　間	講習生数	対　象	講　師
1929	9.24～26 1930.2.3～5	70 50	県内農業技術員 産業組合員	小林正一郎 試験場技師
1930	8下旬～9上旬	—	県内12郡・一般	試験場技師
1931	8下旬～9中旬	—	県内14郡16カ所・一般	試験場技師
1932	3.29～4.2 7.18～8.1 8.9～9.15 10.29～11.2	50 50 407 110	農村共同経営組合作業係 県内11郡12カ所・一般 県内14郡16カ所・一般 一般	試験場技師 試験場技師 試験場技師 廣部達三
1933	7.21～8.5 10.2・10.9・10.27 10.6～26	231 58 121	県内2市9郡14カ所・一般 海部郡・中島郡・渥美郡 知多郡・實飯郡・渥美郡	試験場技師 試験場技師 試験場技師
1934	7.8～28 9.1～4 9.5～7 10.24～12.8 3.13～3末	250 50 170 70 78	県内1市7郡10カ所・一般 農村共同経営組合員 産業組合員・農会技術員 県内2市2郡5カ所・一般 県内3郡6カ所・一般	試験場技師 試験場技師 試験場技師 試験場技師 試験場技師
1935	7.19～27 9.19～21 9.16～18 10.19～11.14 4.30～1936.3.28	142 71 159 135 424	県内6郡8カ所・一般 農村共同経営組合員 産業組合員・農会技術員 県内5郡8カ所・一般 県内10郡19カ所・一般	試験場技師 試験場技師 試験場技師 試験場技師 試験場技師
1936	7.16～31 5.14～16 9.17～19 10.12～14 10.22～24 11.9～10 1937.3.25～27	92 163 123 238 120 47 110	県内7郡8カ所・一般 産業組合・農事改良実行組合・農会技術員 農村共同経営組合員 産業組合・農事改良実行組合・農会技術員 産業組合・農事改良実行組合・農会技術員 産業組合・農事改良実行組合・農会技術員 産業組合・農事改良実行組合・農会技術員	試験場技師 試験場技師 試験場技師 試験場技師 試験場技師 試験場技師 試験場技師
1937	7.11～28 5.13～15 9.28～30 10.14～16 10.18～20 1938.2.23～25 — —	76 137 56 120 182 91 80 542	県内10郡市10カ所 産業組合・農事改良実行組合・農会技術員 農村共同経営組合員 産業組合・農事改良実行組合・農会技術員 産業組合・農事改良実行組合・農会技術員 産業組合・農事改良実行組合・農会技術員 県内3郡市4カ所 県内11郡市22カ所	試験場技師 試験場技師 試験場技師 試験場技師 試験場技師 試験場技師 試験場技師 試験場技師

出典：愛知県立農事試験場『業務功程』各年。
注：郡市農会主催の講習会への講師派遣は表中に記載されていないが，毎年派遣されている。

（農機具関係）

講義内容
農業電気
農業電気
単相電動機取扱・修理法
単相電動機取扱・修理法
動力農具
動力農具
単相電動機取扱・修理法
動力農具
動力農具
単相電動機取扱・修理法
発動機故障・修理
動力農具
動力農具
動力農具
老朽農具改善指導伝習会
農具巡回修理伝習会
動力農具
動力農具
動力農具
老朽農具改善指導伝習会
農具巡回修理伝習会
動力農具
動力農具（発動機・脱穀機）
動力農具（発動機・作業機械）
動力農具（発動機・脱穀・籾摺機）
動力農具（発動機・脱穀・籾摺機）
動力農具（発動機・脱穀・籾摺機）
動力農具（作業機械）
動力農具
動力農具
動力農具
動力農具
動力農具
動力農具
老朽農具改善指導伝習会
農具巡回修理伝習会

先進地であったため、日本国内の中でも実施回数が多い県であったが、両大戦間期に充実した普及活動を行っていたことがわかる。両大戦間期の日本における農機具・農業機械の普及は目覚ましく、生産側のメーカーの活動も活発であった[24]。

しかし、植民地である朝鮮・台湾向けの農機具移出はきわめて低調に推移した[25]。朝鮮・台湾における農業機械化の問題は、単に低調な試験場の普及活動のみが原因ではなく、植民地の農業構造そのものも多大に影響していると考えられる。概して多数の専門的な技師を擁し、活発な活動を展開した農芸化学科や植物病理科に比べて、第4節で述べるように農機具を専門とする技師・技手も配置されていなかった。両大戦間期の日本国内では、農林省農務局や農林省農事試験場といった農政や農業技術のトップレベルで、農機具・農業機械の普及が推奨されたのに対して、台湾では、農業機械化が試験場レベルにおいても農業機械化が本格的に取り組まれなかった点は、戦後の機械化を考えるうえでも、ここで指摘しておく必要があろう。

(3) 農業講習生養成事業

さて、本章では北大出身の上級技術者と中下級技術者を接続した試験場の活動として、農業講習生養成事業に注目したい[26]。台湾の

各試験場での講習生養成事業は、1900年に台北県農事試験場で採用された5名、台南県農事試験場の7名が嚆矢であった[27]。翌年に台北県農事試験場で3名の卒業を出し、農事試験場講習生規定も定められ、制度的な整備も進められた。1904年の第3回入学生は50名、1905年の第4回入学生は92名と大きく増加し、1906年には獣医科も設置された。初期の農事講習生は、熊本県立熊本農学校や愛知県立農林学校、大阪府立農学校など、終了後に日本国内の教育機関に留学する者もいた。

両大戦間期前後には、地方の州立農事試験場での養成事業も本格化していった。台中州立農事試験場は、1916年から甲種農学校出身者の成績優秀者から若干名を見習生として採用し、1年間の研修後に試験場や農会の下級技術者に就職させていた[28]。1916～1930年までの修了者は33名であった。見習生には手当も支給され、農芸一般の技術修得が課せられ、最終試験合格者には修得証書が授与された。台中州立農事試験場は、1904年に台中庁農会によって設立され、1924年に台中州に移管され、州立農事試験場となった[29]。1938年時点の陣容は、場長の産業技師1名、産業技手9名、雇8名、その他2名の20名であった。設立の経緯からみても、農会の技術者養成事業は、試験場に課された重要な事業の一つであった。こうした見習生事業は、他の州立農事試験場でも実施され、新竹州立農事試験場では研究生として年間3～4名程度が採用されていた[30]。

具体的な養成事業をみると[31]、高雄州立農事試験場、新竹州立農事試験場、台北州立農事試験場、台中州立農事試験場などの各試験場の講習生の修業期間は1年、講習料は無料であり、その目的は農会の技術員養成にあった。1930年代の事業対象者78名についてみると、出身地は全員台湾であり、基本的に台湾人である。合格者の平均年齢は20～22歳であり、志願倍率は約2倍程度、学歴別の内訳は甲種農学校卒業者が中心であった。両大戦間期の農業技術の進展にともない農会技術員に求められる技術・能力も高度化していき、それに対応すべく、1930年代に甲種農学校卒業程度に引き上げられた。予算上の問題もあったためか、当初、農会技術員となるグループと農村の中堅層を育成するグループは制度的に同じ形で運営されていたが、徐々に農会技術員養成に絞り込まれ

ていった。これにより、養成対象の一本化が図られ、町村農会技術員の資質向上を図ったとみられる。講習生の就職先をみると、把握できる1930年代の修了生は62名であり、内訳は農会32名、自営16名、試験場10名、その他4名であった。

　続いて授業の内容についてみてみると、カリキュラムは農業全般を網羅しており、農繁期に実習、農閑期に講義・見学会等が集中して行われた。農機具関係の講義をみると、1935年の高雄州立農事試験場では、座学の農学の講義全248時間中、農具に関する講義が16時間程度開講されていた。ただし、講義よりも実習が重視されたカリキュラム構成の中で、実習では深耕も含めて、農具に関する実習は少なくなかった。農業講習生は充実した農業教育を受けた後、農会技術員の中核として活躍したのである。

　日本国内において、農業講習生が主に就職した農会技術員の農業技術普及に果たした役割は繰り返し指摘されてきた[32]。国内の農会技術員は1920年から15年間で6,708人から1万4,050人に増加し、その技術指導は質、量の両面で大きく向上した[33]。同時期において、植民地の朝鮮・台湾においても農会および農会技術員の役割は大きくなったとされる。彼らは、農家に対して農業技術全般の指導・援助を行い、また農村末端での農業技術普及において指導的役割を担い、その一環として最新の農業技術に関するアドバイス、普及奨励に大きな役割を果たした。日頃の農事指導によって農会技術員は試験場の技師・技手以上に農家と密接な関係にあった。彼らは農業講習生制度を通して農事試験場と人的ネットワークを形成し、技術指導や各種相談から得られた地元の農業、農家に関する詳細な情報を試験場へ伝えていたのである。

第3節　教育機関

(1) 帝国大学と高等農林学校

1919年に台湾総督府農林専門学校が新設され、その後同校は1922年に台湾総

督府高等農林学校、1927年に台湾総督府台北高等農林学校に名称を変更した[34]。設立の中心となったのは大島金太郎であり、同校もまた北大出身者の重要な就職先となった。開校時の教授に占める北大出身者の割合は5人中2人であったが、1925年に14人中12人、1928年に35人中19人と教授の半数以上を占めた[35]。

続いて1928年3月に台北帝国大学理農学部が新設され、その準備委員には大島金太郎が嘱託された[36]。大島主導の教官人事によって、一部を除き、農学系講座の担当教授は北大出身者によって占められた。大島金太郎は、1893年に札幌農学校を卒業（第11期）し、1909年より台湾総督府農事・糖業事務嘱託となり、北海道帝国大学農学部教授（1918～28年）兼務で、台湾総督府技師（1918～32年）、台湾総督府農林専門学校長、台湾総督府中央研究所技師・農業部長などを歴任した。その後、大島金太郎は理農学部の初代学部長に就任し、人事面で強い影響力を持っていたのである。台北帝国大学理農学部創設に際しても、台北高等農林学校長・中央研究所農業部長の大島の斡旋により、台北高等農林学校の校地、同校に隣接する中央研究所の農業用地などが理農学部の敷地となった。

台北帝国大学理農学部（1943年に理学部と農学部に分離）の特徴は、農芸化学の充実にあり、生物化学講座、土壌学・肥料学の農芸化学第一講座、食品化学・農薬学の農芸化学第二講座、栄養化学の農芸化学第三講座、土壌微生物学の応用菌学講座、農産製造学・製糖化学講座、醸造学講座などが置かれていた[37]。この農芸化学重視の姿勢は、台湾製糖業に直結する農学研究に重点が置かれていたことを示している。また理農学部の創設にあたって、化学系学科の割合が大きくなったのは、農芸化学を専攻した大島の影響があったことは想像に難くない。また札幌農学校自身が、アメリカのマサチューセッツ農科大学をモデルとしたため、農学系だけでなく、理学系にも重点を置いていた点も影響していた[38]。

両大戦間期には、台北帝国大学理農学部の設置が実現し、日本国内と同様に帝国大学を頂点とする教育システムの構築が図られた。日本国内の高等農林学校に相当するのが、台湾総督府農林専門学校（1919～1922年）、台湾総督府高

等農林学校（1922～1927年）、台湾総督府台北高等農林学校（1927～1928年）、台北帝国大学附属農林専門部（1928～1943年）、台中高等農林学校（1943年～）と機構の変遷を重ねた旧制の専門学校（以下、台北高等農林と略記）である。組織的にも台北帝国大学理農学部と密接に教育を進めた台北高等農林は、農業、林業に関する専門学校であり、農学科と林学科が置かれ、修業年限は3年であった[39]。台北高等農林の受験資格は、中学校卒業者、専門学校入学者検定の合格者であり、試験科目は国語・漢文、英語、数学、物理・化学、動物・植物であった。農学科においては、一般教養から専門科目までを網羅したカリキュラムが展開し、その内容は、同時期の国内の高等農林学校とほぼ同じであり、「農用器械学」も3年次に開講されていた。1936年の農学科入学者33名中、日本人は30名、台湾人2名、中国人留学生1名であり、日本人学生が圧倒的多数であった。さらにその日本人入学者も基本的に日本国内の出身者で占められていた。

(2) 州立農林学校

上級技術者の一端を担った高等農林学校卒業生に続いて、中下級の農業技術者養成を担ったのが、各州に設置された農林学校である。台南州立嘉義農林学校（1919年）、台北州立宜蘭農林学校（1926年設立）、高雄州立屏東農業学校（1928年設立）など大正期から昭和初期に台湾各州に農林学校が設立された。台北州立宜蘭農林学校は、台北州宜蘭郡に1926年に設置された農林学校である[40]。入学資格者は尋常小学校卒業者であり、修業年限は5年であった。1934年度の在籍者455人中、日本人は67人、台湾人388人であり、日本人、特に日本国内の出身者を中心とする帝国大学や高等農林とは異なり、台湾に根付いた学校であったといえる。これら州立の農林学校の特徴は、実習重視のカリキュラム編成にあったが、そのため農事試験場との教育面における連携が随所にみられた。また各農林学校の教師陣は、日本国内の農林学校からの転勤者とともに、多くの高等農林学校卒業生が就職した。

両大戦間期に成立した台湾における帝国大学─高等農林─農林学校の特徴は、従来からの北大系技術者を中心とした「台湾適地化」[41]をより強く押し進めた

点である。最上位の台北帝国大学での農芸化学を重視したカリキュラム編成、さらには台湾で養成された教師陣を中心とする農林学校の農業教育など、日本国内の教育制度と同一のシステムを形成しつつも、台湾独自の農業教育が展開していたといえよう。

第4節　上級技術者のキャリア形成

　戦前に日本国内において農学部を擁した帝国大学は、北海道、東京、京都、九州の4大学である。ここでは、両大戦間期に教育体制が整備された農機具・農業機械分野の上級技術者に注目して、上級技術者のキャリア形成と台湾の関係について検討しよう[42]。

　表7-4は農業機械専門の上級技術者として確認できた30名の職歴を追跡したものである。出身校をみると、東大農学部卒14名、九大農学部・京大農学部卒各3名、北大農学部卒2名、京大工学部・北大工学部卒各1名、その他6名である。卒業後の最初の勤務先として、23名が就職したのが試験場・官庁であり、内15名は農林省農事試験場に就職している。

　各部門間（試験場・官庁―学校―民間企業）の技術者移動をみると、試験場・官庁部門では農林省農事試験場を経て府県立の地方農事試験場に移動している技術者が多く、農林省→地方官庁という上級技術者の移動ルートが確立していたことが窺える。学校部門では学部卒業後すぐに教員になる者よりも試験場勤務を経て教職に就く者が多く、民間企業部門でも同様の傾向であった。概して上級技術者の部門間移動は試験場・官庁部門から他部門への移動であり、とりわけ学卒の上級技術者は試験場勤務を基礎にキャリアを重ねていった。

　国内の技師・技手の最上位集団は、農林省に所属する農林技官たちであった。彼ら技術官僚は、農林省の農務局農産課と農事試験場に属しており、農産課は行政全般を主管し、農事試験場は研究、普及活動を担当した。さらに農事試験場には国立の農林省農事試験場と府県立の地方農事試験場の2種類があった。一般に帝大農学部出身者は技手に任官後、1～2年の農林省農事試験場西ヶ原

表7-4 戦前期農業機械技術者の職歴

氏　名	生年	出身・専攻	卒業年度	職　歴
廣部達三	1883	東大・農	1907	農林省農事試験場技師 → 東大講師（兼任） → 日本農業機械学会理事長
正村愼三郎	1885	東大・農	1911	農林省農事試験場技手 → 農林省農事試験場技師 → 東北振興株式会社
浅井実	1887	東大・農	1912	農林省農事試験場技手 → 東京府立農事試験場技師 → 栃木県畜産試験場
中西俊次	1890	東京農大・専門部	—	福岡県立農事試験場技師 → 東京農大専門部教授
秋葉満藤次	1896	東大・農	1923	農商務省嘱託 → 東大農学部教授
高月豊一	1896	東大・農	1921	農林省試験場技手 → 農林省耕地課技師 → 愛知県農林技師 → 鳥取県産業技師
大島健夫	1897	東京高等工業・機械	1919	静岡県立農事試験場技師 → 池貝鉄工所 → 日本農業協同組合常務理事
田村豊	1897	京大・工	1920	京大工学部助教授 → 京大農学部教授
二瓶貞一	1898	早大・理工	1924	農林省農事試験場技師 → 全国農業会技師
本田哲致	—	東大・農	—	農林省農事試験場技師
森周六	1898	東大・農	1922	東大農学部講師 → 九大農学部教授
髙坂知武次	—	九大・農	1924	農林省農事試験場技手 → 石川県農事試験場技師 → 台北帝国大学教授
常松栄	1902	北大・農	1929	北海道林業試験場嘱託 → 北大農学部教授
岩崎勝直	1903	東大・農	1927	農林省農事試験場技手 → 青森県農事試験場技師 → 陸軍技師
島津清一	1904	東大・農	1928	群馬県農務課 → 群馬県立農事試験場農具部主任
生可奘信	1904	東大・農	1929	東大農学部助手 → 宇都宮高等農林学校講師 → 福岡農事専門学校 → 九大農学部教授
鈴木義春	1904	鹿児島高等農林	1927	農林省技手 → 岐阜県地方農事試験場 → 千葉県耕地課技師
橋本庚人	1905	早大工手・機械	1925	中外林業新聞 → 農機具統制会社木村部長 → 広島市立農業試験場 → 新農林社社長
岸田義邦	1905	北大・農	1927	農林省農事試験場技手 → 北海道農業試験場地方技官
横山偉和夫	1905	東大・農	1929	北海道製糖組合 → 台湾製糖会社
松山直文	1906	北大・工	1930	北海道製酪組合 → 東京市立深川工業学校 → 全国農業会技師
佐藤正	1906	東大・農	1930	農林省農事試験場技手 → 東京農林専門学校教授
森本勇	1911	桐生高等工業・機械	1934	新潟鉄工所
井戸道二	1911	東大・農	1935	農林省農事試験場技師 → 農林省農事試験場助手 → 京大農学部助教授
鈎木簑男	1911	東大・農	1937	神奈川県立農事試験場技師 → 京大農学部助手 → 野田興農商会 → 静岡県農事試験場技師
松田良一	1912	京大・農	1936	興亜院嘱託 → 農林省農事試験場技師 → 京大農学部教授
増田正三	1913	京大・農	1941	農林省農事試験場技師 → 京大農学部助教授
守島正太郎	1913	九大・農	1941	九大農学部助手 → 三重高等農林
田原虎次	1917	九大・農	1943	華北産業科学研究所 → 九大農学部副手 → 東京農林専門学校教授

出典：岡部桂史「戦間期農業機械工業の発展と共進会・試験場」『社会経済史学』第69巻第1号（2003年5月）、52頁。

本場、あるいは埼玉県の鴻巣試験地勤務を経て地方農事試験場に転出した。地方派遣の技師は官制上、地方官庁に所属する地方技官であったが、その人事・予算は農林省農産課によって一元的に決定された[43]。このように試験場を核とした人的ネットワークを形成し、さらに技官としてのキャリア全体が農林省によってコントロールされていた点が上級技術者の特徴であった。帝国大学卒業生たちによる農林省を頂点とした農林技官のキャリアは、農業という地域性の強い産業においては、各地方の実情に対応できないという批判が当時から存在した。しかし、他方で、農林省＝試験場を核としたトップダウン型の組織構造は、地方の利害に囚われずに、農業の近代化や農業技術の全国的な普及に大きく貢献したとされる。

　こうした上級技術者のキャリア形成において、最終的に台湾に赴いたのは、台湾帝国大学教授となった高坂知武（九大）と台湾製糖の技術者となった松山直文（東大）の２名のみである。換言すれば、日本国内の上級技術者ネットワークに属していたのは、高坂と松山の２名のみであったといえる。本章では、総督府殖産局および農事試験場、各教育機関における強固な北大ネットワークについて論じてきたが、台湾においては、北大を中心とした技術官僚群が農政および農業の技術改良を進め、日本国内とは異なる様相を示していた。これは技術官僚のみに限ったことではなく、先行研究においても指摘されているように、植民地官僚機構全般にみられた特徴であった[44]。両大戦間期以降に顕著となる日本本国と異なる意思決定や利害調整を図る植民地官僚の中にあって、「農業技術」というきわめて「在地性」の強い農業部門を管轄する技術官僚は、北大系による主要ポスト独占を背景として、本国の農林技官たちとは異なる人的ネットワークを形成し、農業技術においても「台湾適地化」を独自に進めていったのである。

おわりに

　本章で明らかとなった主な結論は、技術者間の人的ネットワークに関する二

つの異なった評価である。すでに先行研究においても指摘されているように、植民地期台湾の農事試験場や農業教育においては、北海道帝国大学農学部の影響が大変強かった。1921年に新設された中央研究所農業部では、農業部長以下、全6科の科長が出身者で占められた。北大の強固な人的ネットワークにより、上級技術者層が安定的に供給された点は、台湾農業の発展に貢献した。しかし一方で、北大の影響が強すぎるゆえに、農林省農事試験場を頂点とする日本国内の農業技術行政や人事交流から距離を置くことになり、結果として最新の農業技術の導入に遅れを取ることにもなった。ただし、こうした台湾農業における人的ネットワークの二つの側面に関しては、「植民地」としての性格に留意すべきであろう。下級技術者を含めたとしても、国内に比べて農業技術者の層が薄い台湾にあって、帝国大学や高等農林を卒業した上級技術者を渡台させるだけでも簡単ではなかった。特に人的ネットワークの形成に際して鍵となる人事交流に関して、日本国内を前提とする制度や機構に台湾を組み入れるのは困難がともない、その代替的な制度として機能した北大農学部のOBネットワークは、重要な意義を持っていたのである。

　草創期から農政の実務を担った北大系ネットワークを基盤として、両大戦間期以降に台湾農業の近代化を支える組織・制度の整備が進んでいった点は、大きく評価すべきであり、特に人材確保の面では大きなメリットをもたらした。また、同一の学校を卒業した強固な同窓ネットワークは、「顔」の見える人事政策を実現し、長期在職や役職の占有を可能にしたといえる。結果として人事による政策変更も少なくなり、農業政策も継続的で、各技師の専門に即した施策が実施された。しかし、視点を変えれば、こうした人事は硬直的で流動性が低いともいえ、人事異動による大胆な政策の転換や各技師の専門を尊重する姿勢が、台湾農政、農業技術の独自性を強め、農機具など両大戦間期に日本国内で大きく普及した農業技術とは異なる方向性を示すことにもつながったのではなかろうか。

　以上、植民地期台湾における農業技術と人的ネットワークについて検討してきたが、本章の初歩的な分析では、残された課題が余りにも多い。植民地官僚

と技術者集団の関係については、近年、中級技術官僚層である技手階層まで踏み込み、台湾統治と近代化の意義を考察した研究など[45]、植民地の実態に即した研究面の深化が進んでいる。本章では北大系の上級技術者に注目してきたが、各州で養成された農林学校卒業生、試験場の見習生、農会技術員など、実際の台湾農業を支えた中下級の技術者層については、彼らの農村での活動内容や位置づけを検討することで、台湾農業の近代化がより明らかになるように思われる。また、同じ植民地統治の朝鮮との比較は避けられない課題であろう。

1) 小林達也『技術移転』（文眞堂、1986年）、鎌谷親善『技術大国百年の計』（平凡社、1988年）、今津健治『近代日本の技術的条件』（柳原書店、1989年）、阿部武司『日本における産地綿織物業の展開』（東京大学出版会、1989年）、同「戦間期における地方産業の発展と組合・試験場——今治綿織物業の事例を中心に」（近代日本研究会編『年報・近代日本研究13　経済政策と産業』山川出版社、1991年）、清川雪彦『日本の経済発展と技術普及』（東洋経済新報社、1995年）、阿部武司『織物からアパレルへ』（大阪大学出版会、2012年）、沢井実『近代大阪の産業発展』（有斐閣、2013年）、大森一宏『近現代日本の地場産業と組織化』（日本経済評論社、2015年）など参照。

2) 農業部門に関しては、岡部桂史「戦間期農業機械工業の発展と共進会・試験場」（『社会経済史学』第69巻第1号、2003年5月）参照。

3) 大豆生田稔『近代日本の食糧政策』（ミネルヴァ書房、1993年）、中嶋航一「米の日本帝国内分業と外米依存の構造」（『社会経済史学』第64巻第6号、1999年3月）など参照。

4) 呉文星「札幌農学校と台湾近代農学の展開——台湾総督府農事試験場を中心として」（台湾史研究部会編『日本統治下台湾の支配と展開』中京大学社会科学研究所、2004年）。また総督府の技術者に関しては、やまだあつし「奨励政策と技術者」（『名古屋市立大学人文社会学部紀要』第17号、2004年11月）などを参照。

5) 有馬頼寧『七十年の回想』（創元社、1953年）、122頁。

6) 北海道大学編『北大百年史』通説（ぎょうせい、1982年）、札幌同窓会創立百周年記念事業出版編集委員会編『札幌同窓会の百年』（札幌同窓会、1987年）。

7) 前掲呉「札幌農学校と台湾近代農学の展開」、山本美穂子「台湾に渡った北大農学部卒業生たち」（『北海道大学文書館年報』第6号、2011年3月）。

8) 前掲「台湾に渡った北大農学部卒業生たち」16頁。

9) 同前、20頁。
10) 台湾農会の活動については、平井健介「台湾の稲作における農会の肥料事業（1902-37年）」（『日本植民地研究』第22号、2010年6月）を参照。また、地方農政と農会の関係については、やまだあつし「1910年代台湾の地方農政――米種改良事業を中心として」（『名古屋市立大学人文社会学部研究紀要』第13号、2002年11月）を参照。
11) やまだあつし「台湾総督府民政部殖産局の技師について」（『名古屋市立大学人文社会学部紀要』第12号、2002年3月）、178頁。
12) 『旧植民地人事総覧』（台湾編4）（日本図書センター、1997年）、203〜204頁。
13) 前掲「台湾に渡った北大農学部卒業生たち」18頁。
14) 前掲「台湾総督府民政部殖産局の技師について」189頁。
15) 同前、189頁。
16) 同前、190頁。
17) 農林大臣官房総務課編『農林行政史2』（農林協会、1959年）、岡部桂史「戦間期農業機械工業の発展と共進会・試験場」（『社会経済史学』第69巻第1号、2003年5月）。
18) 「中央研究所改組新たな組織へ」（『台湾電気協会会報』15号、1939年5月）。
19) 前掲「台湾に渡った北大農学部卒業生たち」21頁。
20) 同前、22頁。
21) 太田肥洲『新台湾を支配する人物と産業史』（台湾評論社、1940年）、64頁。
22) 前掲「札幌農学校と台湾近代農学の展開」510〜511頁。
23) 農業部『昭和9年度事業実行計画書』（中央研究所、1934年）、10頁。
24) 両大戦間期の日本における農業機械工業の発展に関しては、岡部桂史「戦間期日本農業機械工業の展開」（『経営史学』第38巻第1号、2003年6月）を参照。
25) 岡部桂史「戦前期日本農業機械工業と海外市場」（『立教経済学研究』第59巻第4号、2006年3月）。
26) 農事試験場の講習生事業の制度に関しては、呉文星「日本統治前期の台湾実業教育の建設と資源開発」（『日本台湾学会報』第3号、2001年5月）を参照。
27) 台湾総督府農事試験場『農事講習生一覧』（1915年）、1頁。
28) 『昭和5年度台中州立農事試験場要覧』19頁。
29) 『昭和13年度台中州立農事試験場要覧』1頁
30) 『新竹州立農事試験場業務功程』各年版。
31) 以下、『高雄州農事試験場』各年版、『新竹州立農事試験場要覧』各年版、『台北州立農事試験場事業功程』各年版、『台中州立農事試験場要覧』各年版による。

32) 前掲『日本の経済発展と技術普及』58頁、大鎌邦雄「稲作技術開発・普及と系統農会」(『農業総合研究』第41巻第1号、1987年1月)等参照。
33) 帝国農会史稿編纂会編『帝国農会史稿』(農民教育協会、1972年)、758〜775頁。
34) 榕畔会校史編集委員会編『榕畔会史──台湾における高等農林教育のあゆみ』榕畔会(1978年)。また台北帝国大学については、陳瑜「日本統治下の台北帝国大学について(上)・(下)」(『東洋史訪』第10号・11号、2004年3月・2005年3月)など、陳瑜の一連の研究を参照。
35) 以下、台北高等農林学校、台北帝国大学に関しては前掲「台湾に渡った北大農学部卒業生たち」24〜25頁による。
36) 以下、台北帝国大学については、劉書彦「台北帝国大学理農学部における台湾の高等農業教育」(『日本教育史学』第44集、2001年10月)による。
37) 前掲「台湾に渡った北大農学部卒業生たち」26頁。
38) 前掲「台北帝国大学理農学部における台湾の高等農業教育」121頁。
39) 『台北帝国大学附属農林専門部一覧(自昭和11年至昭和12年)』1頁。
40) 以下、『台北州立宜蘭農林学校一覧』各年度、『高雄州立屏東農業学校一覧』各年度、『台南州立嘉義農林学校一覧表』各年度による。
41) 「台湾適地化」については、前掲「台北帝国大学理農学部における台湾の高等農業教育」を参照。
42) 日本国内の上級技術者の部門間移動の詳細については、前掲「戦間期農業機械工業の発展と共進会・試験場」50〜54頁参照。
43) 農林省農務局農産課『農産課主管事務概覧』各年版、東畑四郎・松浦龍雄『昭和農政談』(家の光協会、1980年)、218〜219頁。
44) たとえば、岡本真希子『植民地官僚の政治史』(三元社、2008年)、松田利彦・やまだあつし編『日本の朝鮮・台湾支配と植民地官僚』(思文閣、2009年)等を参照。
45) 蔡龍保「台湾総督府の土地調査事業と技術者集団の形成」(老川慶喜ほか編『植民地期台湾の経済と社会』日本経済評論社、2011年)。

第8章　商工会議所議員の植民地的特質

須永　徳武

はじめに

　一般に産業化や経済発展は、その促進システムとしての経済制度と相互依存関係の下に進展すると考えられる。こうした経済発展の促進システムとしての経済制度は、市場経済体制内に多様な促進装置として埋め込まれてきたが、本章で検討を加える商工会議所制度もまたそうした装置の一つであった。商工会議所は、経済発展の主体としての企業とその外部性として存在する市場を媒介し、相互の関係性を効率化あるいは安定化するための中間組織として機能した[1]。こうした中間組織としての機能に着目して商工会議所を検討した研究はこれまで数多く積み上げられている。たとえば、松本貴典編『戦前期日本の貿易と組織間関係：情報・調整・協調』では、経済団体に内包された中間組織的機能に着目し、商工会議所活動に関して包括的な検討を加えている[2]。同書は組織間関係論の分析方法を援用して商工会議所活動を検討し、その組織間調整機能が戦前期日本の貿易促進メカニズムとして有効に機能していたことを指摘した[3]。

　また、商工会議所の情報機能に着目し、その情報活動の実態を検証する研究も進展しつつある[4]。完全市場モデルにおける経済主体は情報の完全性が与件として仮定されており、そもそも経済主体間の「情報の非対称性」は想定されていない。したがって「情報財」という概念それ自体が存在しない市場モデル

である[5]。しかし、実際の市場取引においては経済主体間に情報格差が存在し、それが市場行動や収益機会の差異を生み出すことは自明の前提であった。「情報の経済史」研究が、藤井信幸、杉山伸也、石井寛治などを中心に進展した背景として、そうした認識を指摘することができるし、商工会議所情報に対する関心もまた同様であった[6]。

　こうした取引市場の調整・拡張機能に関する研究に対して、商工会議所の階層性に対する問題意識を起点とする一連の研究が存在する。周知のように日本における商工会議所制度の導入は1878年3月に東京商法会議所が設立されたことに始まる。欧米諸国は不平等条約改正交渉にあたり、民間の意見を集約し、それを代表しうる機関の創設を求めたが、明治政府もまた条約改正交渉には世論の後押しが必要と考えていた。こうした目的の下に英国の Chamber of Commerce をモデルとして設立されたのが東京商法会議所であった。同じ年の8月に大阪商法会議所、10月に兵庫商法会議所も設立されている。こうした設立背景や府県知事による会員推薦制度などを理由として、商法会議所は「事業主の自主的な運動に端を発したものでなく、政府の熱心な指導によって発展し助長されたもの」であり、「政府の勧業政策、資本特恵主義の賜」と指摘された[7]。こうした官治的側面が払拭されたのは1890年9月の商業会議所条例の公布が契機であった。これにより商業会議所は公法上の団体としての地位を確立する。さらに1902年3月公布の商業会議所法によって経費の強制徴収権が認められ、安定的な財政的基盤の下でより積極的な活動を展開するようになった。こうした商業会議所の階層的特質について、永田正臣は「会員たるものがとくに商業者に限られている」として「商業会議所は文字通り商業資本家のための経済団体であった」と指摘した[8]。これに対し石井寛治は東京商業会議所会員構成の検討を通じて、「商業会議所条例は最初から産業企業の利害をともかくも包摂しうるものとして運用され、現実の各地商業会議所の会員構成も産業企業の利害を反映しうるものであった」と批判し、永田の「商業資本の利益代表機関」とする見解を否定した[9]。

　公法団体として自治的性格を強めた商業会議所の活動は、時として政府と対

立し激しい反対運動を展開する場合もあった。特に1897年に国税となった営業税が収益を無視した売上額による外形標準課税なったことや、比例税率の採用により中小商工業者に過重負担を課すことになったことに対し反対運動が展開され、日露戦後経営のなかで継続された租税負担に対しその軽減を求める運動が商業会議所連合会を中心として政府批判にまで高揚した。これに対し政府は1909年7月に商業会議所法を改正して経費の強制徴収権を剥奪し、その弱体化を図った。もちろん営業税をめぐる反対運動は商業会議所と各地域における同業組合とでは対応を異とし、各地商業会議所間でも見解や対応は必ずしも統一はされていなかった。この営業税反対運動の展開過程を検討した江口圭一は、反対運動に対する商業会議所の消極性を指摘し、その理由として、①一部指導メンバーの「政治的地位」、②商業会議所法に基づく公益法人としての「法的地位」、③商業会議所の「階級的地位」の3点を強調した[10]。特に商業会議所の階級的特質として「各地域のブルジョアジーの上層によって組織され、支配され、もっぱらブルジョアジーの上層の利害を代表する機関」であったと特質規定した[11]。これに対して竹内壮一は、財閥を中心とする独占ブルジョアジーと商業会議所会員の多数を占めた中小ブルジョアジーの利害の不一致を強調する。それまで東京商業会議所を中軸に編成されていた商業会議所制度は、独占的ブルジョアジーの利害も包摂しつつ活動を展開してきた。しかし、会員資格や議員構成の点から東京商業会議所でさえ独占的ブルジョアジーの利害を単純にその活動に反映させることが難しくなっていた。特に商業会議所が営業税を中心とする廃税運動を積極的に展開し、それが政治問題化するなかで、廃税を強く要求する中小ブルジョアジーと国家財政に深い利害関係を有していた独占的ブルジョアジーとの間の対立的構図が深まっていく。こうした状況を踏まえて竹内は「独占ブルジョアジーと廃税運動に取り組む商業会議所との間に一定の乖離」が生じていたとする見解を提示した[12]。

　営業税反対運動に対する商業会議所の取り組みをめぐるこれらの議論に対し、商業会議所の特質規定には「各地商業会議所の構成員（選挙権者・被選挙権者）に関する具体的検討の決定的な不足」があることを石井寛治が指摘している[13]。

さらに続けて「各地商業会議所の活動は、それぞれの構成員のあり方の違いに規定されつつ、きわめて個性的であった。従来の商業会議所史研究がややもすると東京商業会議所をもって全体を代表させる傾向があった点は、今後改められる必要」があることも指摘した。こうした石井の指摘を踏まえて日本各地の商業会議所の会員・議員の属性分析を通じた階層性に関する研究が進んだと思われる[14]。商業会議所の特質規定に際して、その階層性分析の重要性を強調した石井の指摘は的確な指摘である。言い換えれば、地域を基盤として業種横断的に商工業者を組織化した商工会議所が、いかなる経済的階層の利益を体現したかという問題であるが、これは経済的自由主義を基本理念とする商工会議所に一般的に内在する問題である。その意味で日本本国のみならず、本章が検討対象とする植民地期台湾の商工会議所を含め、植民地域に設立された商工会議所にも内在する問題である。しかし、植民地域に設立された商工会議所にはこうした経済的階層性に加えて、固有に胚胎された民族的差異性が規定的な影響を与えていた[15]。

　こうした植民地性に起因する民族的差異に着目して、本章では台北商工会議所および高雄商工会議所の役員・議員に関して、個々の具体的属性に遡及して検討する。本章で検討する植民地期台湾の商工会議所に関しては、すでに波形昭一により先駆的な成果が示されている[16]。これにより台北商工会議所の設立経緯と活動内容が明らかにされたが、植民地性に規定された経済制度として商工会議所を把握し、個別の役員・議員レベルに下りた位相での検討は加えられていない。本章では、市場経済の活動主体である企業・企業家と植民地統治権力との媒介システムとして植民地期台湾の商工会議所制度を把握し、具体的に役員・議員属性を検討することを通して、植民地域における商工会議所制度に内包された経済的階層性と民族的差異性の複層的特質の一端を明らかにする。

第1節　制度的特質

(1) 制度導入と会員資格

　植民地期台湾における商工会議所制度の設置は、1936年10月27日に公布された「台湾商工会議所令」(律令第4号) に基づく。同令公布の背景には、「商工業ニ関シテハ未ダ完全ナル自治機関ノ設立ヲ見ルニ至ラズ」、「近年内地其ノ他各方面ヨリ商品取引ノ紹介斡旋各種状況調査等ノ照会依頼頻繁ヲ加ヘ商工会議所ノ実現愈々緊切」とされたように、商取引の仲介・斡旋や市場調査に対応する機関の必要性があった[17]。この必要性は台湾においても早くから市場においては認識されていた。台北商工会議所設立の実質的な母体であった台北商工会は1909年と1918年に2度にわたって商工会議所の設立建議を行い、全島実業大会でも1916年から断続的に5回の決議を行ってその設置を建議あるいは請願していた[18]。しかし、その法制化は「遅キニ過グルノ感ナキニ非ズ」と指摘されたように、日本本国や他の植民地域に比べ大きく遅れるものであった。すでに触れたように日本本国ではすでに1878年3月に東京商法会議所の設立があり、商工会議所法の公布も1927年4月 (法律49号) であった。また、台湾同様に日本の植民地統治下にあった朝鮮においても1930年5月に制令第4号として朝鮮商工会議所令が公布されている。1936年の商工会議所数で見ると、日本本国では101会議所、朝鮮で14会議所、樺太で4会議所がすでに設立されていた。

　台湾において商工会議所制度の導入が遅れた背景には、台湾固有の植民地性にかかわる問題が存在していた[19]。市場経済原理に基づく経済活動は本来的に自由かつ対等な関係を前提とする。商工会議所はこの市場経済原理を共通認識として利害調整を図り、建議活動等を通じて共同利益を実現する点にその存在意義がある。しかし、植民地統治権力や台北商工会の一部の役員は、民族的差異性を超越した市場経済原理の共同認識と経済活動の拡大が日本人商工業者の利益を損ない、さらには台湾植民地統治の安定を動揺させる危険性を懸念して

いた[20]。1938年2月に台北市公会堂で開催された台北商業会議所創立総会において、台湾総督府殖産局長の田端幸三郎は「本島に於ける商工会議所制度は内地、朝鮮に比し法制上数個の特殊規定を持って居るのでありますが故に之が運用の巧拙は単に経済的方面に止まらず更に他の方面にも影響を及ぼすべき事をも予想せらるるのでありますからして其の運用に付きましては特別の注意と努力を要する」としたうえで、「運用の問題は要するに構成員たる会員の自覚と理解に俟つことが要件でありますが更に事務担当者たる役職員の良否如何といふことが重大なる関係を持つこととなるのであります従ひまして之が人選に付いては特に慎重を要する」と述べた。また、台北州知事藤田倶治郎も「本島の特殊事情に鑑み其の団体的訓練指導に思を致し広く全体の繁栄に力を尽さざるべからず」と述べている[21]。行政機構の中枢に位置した植民地官僚が、商工会議所制度の導入を植民地統治に対する潜在的な不安定化要因として認識していたことが明確に読み取れる。また、制度設計と運用のポイントを「役職員」の「人選」と「団体的訓練指導」に置いていたこともわかる。植民地統治権力のこうした懸念と認識は、「今日迄台湾に商工会議所の設置せられざりし理由は、勿論種々あるべしと思はるゝも、議員選挙に当り、内台人の比率の見透し困難、即ち本島人議員多数を占むる結果内地人商工業者の利益乃至は要望が犠牲とせらるゝが如き結果となるには非ずやとの懸念もその重大なる一原因なりし」と記されるように、台湾においてはすべての商工会議所で被統治対象である台湾人商工業者が会員の過半数を占有することがほぼ確実であった点に起因した[22]。言うまでもなく、商工会議所は地域の一定規模以上の商工業者を業種横断的に組織化し、行政機関に対して組織的行動を行使することを法的に保証された経済団体である。また、その組織編成や団体意志は原則的に多数決原理に基づき決定される。そして、当然ながら植民地においては、被統治民族が組織化されるべき商工業者の多数を占める。こうした「内台人の比率」が「役職員」の「人選」に決定的な影響を与えたとすれば、商工会議所制度とその活動が植民地統治政策と対立する可能性は否定できない。こうした懸念と認識が台湾における制度導入を遅延させ、さらに制度設計と組織編成原理に他地域とは異なる偏差

を生じさせる要因となった。植民地統治権力や統治民族商工業者には、植民地統治の安定性と商工会議所活動が相反する可能性を排除するため、会員資格の基準設定や役員・議員の選出方法に自由な組織編成原理とは異なる制限装置を導入する必然性があった。

そうした制限装置の一つとして導入されたのが会員資格における基準納税額であった[23]。台湾商工会議所令第12条に規定された会員資格は、「商工会議所ノ地域内ニ於テ台湾総督ノ定ムル所ニ依リ営業ニ関スル租税年額一定額以上ヲ納ムルコト」とされる。この「営業ニ関スル租税年額一定額」は台湾商工会議所令施行規則（昭和12年12月1日府令第161号）の第13条として規定され、税目は「営業税又ハ鉱産税」であった。その基準納税額は台北商工会議所が60円、基隆・台中・台南・高雄商工会議所が40円、その他の商工会議所が30円とされた。この会員要件に付された基準納税額は日本本国や朝鮮と比較して著しく高額に設定されていた。たとえば日本本国では東京および大阪商工会議所の基準納税額でさえ50円であり、京都、横浜、神戸、名古屋商工会議所で30円、その他の地域は15円に設定されていた。また台湾同様に植民地域であった朝鮮では、京城商工会議所が15円、大邱、釜山、平壌商工会議所で10円、その他地域で7円であった[24]。朝鮮の各商工会議所の基準納税額はもとより、経済規模が比較にならない東京、大阪に対しても台北商工会議所の会員要件である基準納税額は高額に設定されている。地方都市の基隆、台中など4商工会議所のそれも日本本国の主要都市である横浜、名古屋商工会議所などを上回る水準に設定された。こうした会員要件としての基準納税額に民族的差異はないが、日本本国の大都市商工会議所に比較しても高額な基準納税額の会員要件は、相対的に多数の中小台湾人商工業者を結果的に排除する装置として導入されたものと思われる。

しかし、表8-1に示した設立当初の各地商工会議所の会員構成を見ると、全ての会議所で台湾人会員がほぼ半数あるいは過半数を超えていたことが確認できる。また、これ以降の会員数の推移でも、全会議所で台湾人会員の増加率が日本人会員の増加率を上回っている[25]。高額な基準納税額を会員要件とする

表 8-1　商工会議所の会員構成（1938年）

(単位：人)

会議所名	法人会員数	日本人会員数	台湾人会員数	朝鮮人会員数	総計
台北商工会議所	305 (22.2%)	449 (32.6%)	622 (45.2%)	0 (0.0%)	1,376
基隆商工会議所	88 (13.2%)	209 (31.3%)	367 (55.0%)	3 (0.4%)	667
高雄商工会議所	93 (15.9%)	216 (36.9%)	277 (47.3%)	0 (0.0%)	586
台南商工会議所	74 (13.5%)	143 (26.1%)	331 (60.4%)	0 (0.0%)	548
台中商工会議所	50 (10.6%)	116 (24.7%)	304 (64.7%)	0 (0.0%)	470
嘉義商工会議所	34 (8.4%)	97 (24.0%)	274 (67.7%)	0 (0.0%)	405
花蓮港商工会議所	46 (12.8%)	137 (38.2%)	176 (49.0%)	0 (0.0%)	359
屏東商工会議所	24 (7.7%)	49 (15.7%)	239 (76.6%)	0 (0.0%)	312
彰化商工会議所	22 (7.4%)	18 (6.0%)	259 (86.8%)	0 (0.0%)	299
新竹商工会議所	30 (12.0%)	41 (16.5%)	177 (71.1%)	1 (0.4%)	249

出典：台湾商工会議所『台湾商工会議所一覧（昭和15年3月）』1940年5月、台湾商工会議所『台湾商工会議所一覧（昭和17年3月）』1942年4月、台湾商工会議所『台湾全島商工会議所一覧（昭和17年11月）』1942年11月より作成。

注：1）資料の集計ミスは修正した。
　　2）花蓮港商工会議所は1941年の会員数。

　台湾人会員の抑制装置を導入したにもかかわらず、大半の商工会議所で台湾人会員数は日本人会員数を圧倒した。結果として示された台湾各地商工会議所の会員構成は、台湾商工会議所令の公布に際して植民地統治権力が抱いた懸念、すなわち納税額基準による一律の会員資格付与は台湾人中心の会員構成を生じさせるとする懸念が現実となったことを意味した。言い換えれば、会員要件に付した制限装置は、台湾人会員比率の抑制に関しては有効に機能しなかったと評価できよう。

(2) 会員の級別区分

　二つ目の制限装置と考えられるのが経費賦課額により導入された会員の級別区分である。台湾商工会議所議員選挙規則（昭和12年12月1日府令第162号）第1条は議員選挙資格について「選挙人中経費ノ納額最多キ者ヲ合セテ選挙人全員ノ納ムル経費総額ノ半ニ当ルベキ者ヲ一級トシ其ノ他ノ者ヲ二級トス」と規定し、商工会議所経費の負担額に応じて会員に級別区分が設定された[26]。各商工会議所とも議員定数のほぼ半数が会員選挙により選出される民選議員であ

ったが、さらにその半数がそれぞれ1級議員、2級議員の定数となっていた[27]。この区分の下で1級会員のなかから1級議員が、2級会員のなかから2級議員が選出されるシステムであった。

このように議員選挙に際して経費賦課額の多寡に応じて有権者を区分すること自体は必ずしも台湾の商工会議所に固有の制度ではない。地域を設立単位とする商工会議所においては、業種はもちろん営業規模に差異を有する会員が組織化されるため、特定業種や営業規模に偏向しない議員構成を形成するために必要なシステムであった。これにより相対的に営業規模の小さな会員の利害も反映した運営が可能となるからである。しかし、台湾においては各商工会議所の1級会員数は会員総数の数パーセントに満たず、経済的階層性の観点から見れば民選1級議員は少数かつ最上層の階層により占有されていた。たとえば1級会員比率が最も高かった台北商工会議所の事例で見てみると、法人会員を含めた会員総数は1,349名であるが、そのうち1級会員は法人が54社、個人が21名の75名、これに対して2級会員は法人が248社、個人が1,026名の合計1,274名であった[28]。会員総数に占める1級会員の比率は5.6％である。この75名の1級会員から10名の1級議員を選出するが、2級議員の定数も同じく10名であり、各級会員総数に占める議員比率は、1級が13.3％、2級では0.8％に満たなかった[29]。ただし、この台北商工会議所は1級会員の数が相対的に多い事例であり、1級会員数と1級議員定数が近似していた商工会議所も多く存在し、無投票で1級議員が選出される事例も少なくなかった[30]。結果的にみると、大半の1級会員が議員就任する商工会議所も多かった。これに対して大多数の会員は2級会員であり、会員に対する2級議員定数の構成比は圧倒的に低い。さらに台湾商工会議所令の会員規定は、「地区内ニ於テ引続キ一年以上本店、支店其ノ他ノ営業場ヲ有スル」、「帝国法令ニ依リ設立シタル会社」に法人会員資格を付与していた。商工会議所が設立された台湾の主要都市には台湾銀行など国策企業や日本本国の有力企業の支店・営業所が進出していた。営業規模の大きなこれら企業の支店・営業所は1級会員として商工会議所会員に名を連ねていた。これら会員の級別区分の設定と法人会員規定は、商工会議所の実質的な

運営主体である議員の選出に際して、台湾人会員の影響力を抑止する装置として導入されたものであった。

(3) 官選議員制度

植民地統治権力が懸念し、結果として台湾における制度導入を遅延させた要因は、商工会議所の活動方針や事業活動に決定的な影響力を有する議員が会員選挙によって選出される点にあった。「営業の自由」を基本原則とし、統治主体に対し建議などを通じて組織的利益を要求することを法認された団体である商工会議所の意思決定は、原則として多数決原理に基づく。しかし、こうした自由主義的な組織原則は潜在的に統治権力との対立や対抗関係を内包する。日露戦争の財源確保を目的とした非常特別税の導入、特に営業税増税案に対して商工会議所連合会が激しい廃税運動を展開し、これに対し政府が商業会議所法の改正を通じて経費の強制徴収権を否定し商業会議所の倒潰を図るなど、政府と商業会議所が激しく対立した事実はこれまでの研究でも注目をされてきた点である[31]。こうした組織原理を有する商工会議所制度を導入するにあたり、植民地統治権力であった台湾総督府が台湾人会員数に懸念を有したことは、植民地統治の安定性の観点から言えば必然的であった。

台湾人商工業者が過半数を占めると想定された会員構成の下で、商工会議所制度の根幹である議員選挙制という組織化原則を保証する一方で、台湾人会員の自由意思による組織運営を抑制し植民地統治の安定化を図る装置として導入されたのが官選議員制であった。台湾商工会議所令では「議員定数ノ二分ノ一及定数ヲ二分シ難キ場合ニ於ケル其ノ端数ニ相当スル員数ノ議員ハ之ヲ選挙ス」（第18条）と定められ、さらに「選挙スベキ議員ノ員数ヲ控除シタル員数ノ議員ハ議員ノ被選挙権ヲ有スル会員ニシテ商工業ニ関スル学識経験アルモノノ中ヨリ台湾総督之ヲ命ズ」（第19条）と規定された[32]。この規定により台湾における商工会議所制度は原則的に議員定数の半数を台湾総督の任命制、すなわち官選議員とする制度設計がなされていた。こうした制度設計は日・台の会員構成比を商工会議所活動に直接的に反映させない緩衝規定であり、植民地統

治権力の下に商工会議所を統御するための装置と考えることができる。

　ただし、植民地域の商工会議所制度に官選議員が導入された事例は台湾のみではない。たとえば朝鮮商工会議所令には特別議員制度が制定されていた。この制度も台湾と同様に商工業に関し学識、技能または経験を有する者から朝鮮総督が任命するものであったが、その違いは「議員定数ノ五分ノ一ヲ超エザル員数」（第20条）とする定数にあった[33]。また、日本本国の商工会議所法にも選挙によらない第2号議員の規定があったが、これは「地区内ノ重要商工業ヲ代表セシムル為」（第12条）、「地区内ノ重要商工業一業種ニ付各一名」（第19条）を任命する規定であった。そして、この第2号議員も議員定数の5分の1あるいはそれ未満と決められていた。議員定数は日本本国では50名以内、朝鮮では30名以内と定められていたが、いずれにせよ官選議員定数は議員総数の20％以内と規定されており、この点で50％とされた台湾の官選議員比率は際立っている。この官選議員制に対しては「此の種経済機関に内台人の区別を設くるが如き誤解を生じ易き制度を採用するは必ずしも当を得たるものには非ざるべく、又官選議員制定の目的が之によりて広く商工業に関する知識を求めんとするに在れば、内地に於ける顧問の制度を設くるも可なるべきを以て、此の種議員は必ずしも存在の必要なかるべし」とする指摘もなされていた[34]。宜蘭商工会議所が設立され全12会議所が出揃った1942年11月の時点で実際の官選議員の比率を見ると、議員総数286名中で官選議員総数は142名であった。このうち日本人官選議員は125名、台湾人官選議員数は17名であり、官選議員の88.0％は日本人であった[35]。他方、会員選挙による民選議員は日本人議員86名に対し台湾人議員58名であった。1級議員に日本人が相対的に多いため日本人議員が過半数を占めるが、その構成比は59.7％にまで低下し、台湾人議員の存在感が増すこととなった。

　表8-2は各商工会議所の会員数に対する議員比率を示したものである。但し、日本人・台湾人の区分が未詳な法人会員は除いたデータである。台湾人会員の議員選出率の低さが明白である。会員構成では植民統治権力が当初より抱いていた懸念は現実となったが、他方で制度設計に組み込んだ台湾人会員の影響力

表8-2　議員の対会員選出率（1938年）

(単位：人)

会議所名	日本人議員数 (a)	日本人会員数 (b)	a/b (%)	台湾人議員数 (c)	台湾人会員数 (d)	c/d
台北商工会議所	28	449	6.2%	11	622	1.8%
基隆商工会議所	21	209	10.0%	14	367	3.8%
高雄商工会議所	24	216	11.1%	4	277	1.4%
台南商工会議所	18	143	12.6%	7	331	2.1%
台中商工会議所	19	116	16.4%	11	304	3.6%
嘉義商工会議所	11	97	11.3%	7	274	2.6%
花蓮港商工会議所	17	137	12.4%	5	176	2.8%
屏東商工会議所	14	49	28.6%	5	239	2.1%
彰化商工会議所	9	18	50.0%	10	259	3.9%
新竹商工会議所	12	41	29.3%	8	177	4.5%

出典：台湾商工会議所『台湾商工会議所一覧（昭和15年3月）』1940年5月、台湾商工会議所『台湾商工会議所一覧（昭和17年3月）』1942年4月、台湾商工会議所『台湾全島商工会議所一覧（昭和17年11月）』1942年11月より作成。

の抑制装置は、議員構成を見る限りでは有効に機能していたと言えよう。以下で台北および高雄商工会議所議員について具体的にどのような人々であったかを検討する。

第2節　台北商工会議所議員の特性

(1) 属性別の議員数と役員選挙

1938年6月20日に台湾総督は台湾商工会議所令第19条に規定された20名のいわゆる官選議員を告示236号として任命、告示した。会員選挙で選出されるいわゆる民選議員20名も、台湾商工会議所選挙規則第8条に基づき同日に台北市公会堂において実施された会員選挙により選出された[36]。時期は異なるが他都市の商工会議所でもほぼ同様の手続きで官選議員、民選議員が選出されている。

表8-3は1940年3月および1942年11月時点の商工会議所全議員を帰属企業・事業を大まかな属性に分類して示したものである。日本系地場企業とは台湾で起業した日本人事業者および彼らが経営する企業を分類した範疇であり、

表8-3 属性別議員数とその変化

(単位：人)

会議所名	年　月	日本系地場企業	日本企業	国策企業	台湾系企業	総計
台　北	1940年3月	22 (55.0%)	5 (12.5%)	2 (5.0%)	11 (27.5%)	40
	1942年11月	23 (57.5%)	5 (12.5%)	5 (12.5%)	7 (17.5%)	40
基　隆	1940年3月	16 (45.7%)	4 (11.4%)	1 (2.9%)	14 (40.0%)	35
	1942年11月	22 (62.9%)	5 (14.3%)	1 (2.9%)	7 (20.0%)	35
新　竹	1940年3月	10 (50.0%)	1 (5.0%)	1 (5.0%)	8 (40.0%)	20
	1942年11月	8 (40.0%)	1 (5.0%)	2 (10.0%)	9 (45.0%)	20
台　中	1940年3月	15 (50.0%)	2 (6.7%)	2 (6.7%)	11 (36.7%)	30
	1942年11月	16 (53.3%)	2 (6.7%)	2 (6.7%)	10 (33.3%)	30
彰　化	1940年3月	6 (31.6%)	1 (5.3%)	2 (10.5%)	10 (52.6%)	19
	1942年11月	9 (45.0%)	1 (5.0%)	2 (10.0%)	8 (40.0%)	20
嘉　義	1940年3月	9 (50.0%)	0 (0.0%)	1 (5.6%)	8 (44.4%)	18
	1942年11月	10 (50.0%)	1 (5.0%)	2 (10.0%)	7 (35.0%)	20
台　南	1940年3月	15 (57.5%)	2 (7.7%)	2 (7.7%)	7 (26.9%)	26
	1942年11月	21 (70.0%)	1 (3.3%)	2 (6.7%)	6 (20.0%)	30
高　雄	1940年3月	16 (53.3%)	7 (23.3%)	2 (6.7%)	5 (16.7%)	30
	1942年11月	21 (70.0%)	6 (20.0%)	2 (6.7%)	1 (3.3%)	30
屏　東	1940年3月	8 (42.1%)	1 (5.3%)	2 (10.5%)	8 (42.1%)	19
	1942年11月	11 (57.9%)	1 (5.3%)	2 (10.5%)	5 (26.3%)	19
花蓮港	1942年11月	15 (68.2%)	1 (4.5%)	1 (4.5%)	5 (22.7%)	22
宜　蘭	1942年11月	8 (40.0%)	0 (0.0%)	2 (10.0%)	10 (50.0%)	20

出典：台湾商工会議所『台湾商工会議所一覧（昭和15年3月）』1940年5月、台湾商工会議所『台湾商工会議所一覧（昭和17年3月）』1942年4月、台湾商工会議所『台湾全島商工会議所一覧（昭和17年11月）』1942年11月より作成。

注：1）国策企業としたのは、台湾拓殖、台湾銀行、台湾電力、台湾瓦斯、華南銀行。
　　2）日本企業としたのは、日本通運、日本勧業銀行、三和銀行、三井物産、三菱商事、日本郵船、大阪商船、古河電工業、日本アルミニューム、日本鉱業、日本水産の各社。

台湾系企業とは台湾人事業者および彼らが経営する企業を分類した範疇である。1940年には花蓮港、宜蘭商工会議所が未設立であったが、237名の議員総数のうち日本系地場企業が103名で全体の43.5%を占めたのに対し台湾系企業は82名で全体の34.6%であった。しかし、1942年になると日本系地場企業の議員数は164名に増加し占有率も57.3%にまで上昇する。これに対して台湾系企業の議員数は75名に減少し、その占有率も26.2%と全体の4分の1まで低下した。台湾に進出して支店・営業所を設置し営業活動を展開した日本本国企業や台湾

銀行、台湾電力などの国策企業も大枠では日本系企業議員である。表8-3の属性別の議員数動向から判断できる点は、植民地統治権力が導入した台湾人商工業者の影響力の抑制装置は、商工会議所会員数では必ずしも有効に機能し得なかったが、その会員占有率と商工会議所の意思決定の中枢に位置する議員占有率との遮断には有効に機能していたという点にあろう。

次に役員の選出について簡単に見ておきたい。1938年7月11日に台北市の鉄道ホテルで台北商工会議所第1回議員総会が開催され、この場で役員の選出が行われた。選出方法は詮衡委員を選出して詮衡することに決定され、詮衡委員の協議の結果、会頭には後宮信太郎が指名された。また副会頭には後宮の指名で木村泰治と三巻俊夫が選出された。定数12名の参事は無記名12名連記による投票による選出と決められ、投票の結果、表8-4に示した12名に決定した。この第1回議員総会に出席した議員は34名であり、その投票総数は405票であった。当選者の得票数を見てみると、第1位は有田勉三郎で26票、第2位は重田栄治で25票、第3位は藤江醇三郎で24票を獲得した。最も得票の少なかったのは中島道一と張清港であり、得票は各15票であった。当選者の総得票数は241票で、投票分布が分散していることから参事の選挙では実質的な投票行動がとられたと推測できる[37]。

(2) 日本人地場企業家

表8-4は台北商工会議所設立時の役員・議員を属性により分類したものである。議員定数40名のうち過半数の22名を日本人地場企業家として区分することができる。選出方法を見ると台湾総督により任命された官選議員が8名、会員選挙による民選議員で1級が9名、2級が5名となっている。会頭および副会頭2名はすべて日本人地場企業家から選出され、定員12名の参議のうち半数の6名もこの区分から選出されていた。参事以上を役員と見做すと15名の役員の60%に該当する9名が日本人地場企業家で占められていた。

会頭に就任したのは台湾煉瓦株式会社の後宮信太郎であった。後宮は1873年に京都府に生まれ、同志社大学を卒業後に関西貿易会社に入社、1895年に台湾

表8-4 台北商工会議所議員（1938年7月）

属 性	役 職	氏 名	会社名	会社役職	会員名義	選出方法
日本人地場企業家	会 頭	後宮信太郎	台湾煉瓦株式会社	取締役社長	法人	官選
	副会頭	木村泰治	台北中央市場株式会社	取締役社長	法人	官選
	副会頭	三巻俊夫	台湾倉庫株式会社	取締役社長	個人	官選
	参 事	重田栄治	株式会社菊元商行	取締役社長	法人	官選
	参 事	邨松一造	株式会社台湾商工銀行	頭取取締役	法人	官選
	参 事	中辻喜次郎	株式会社盛進商行	取締役社長	法人	官選
	参 事	桑田剛助	株式会社桑田商店	取締役社長	法人	民選1級
	参 事	井出松太郎	杉原産業株式会社	専務取締役	法人	民選1級
	参 事	中島道一	台湾苧麻紡織株式会社	常務取締役	法人	民選1級
	議 員	肥後誠一郎	台北カネタツ株式会社	専務取締役	法人	官選
	議 員	村崎長昶	台湾書籍株式会社	取締役社長	個人	官選
	議 員	坂本信道	株式会社彰化銀行	取締役台北支店長	法人	民選1級
	議 員	江原節郎	合名会社太田組	業務執行社員	法人	民選1級
	議 員	高橋猪之助	株式会社高進商会	取締役社長	法人	民選1級
	議 員	平井成	株式会社共益社	取締役	法人	民選1級
	議 員	星加彦太郎	台湾工芸株式会社	取締役社長	個人	民選1級
	議 員	三谷芳太郎	カフェーモンパリ	店主	個人	民選1級
	議 員	貝山好美	合資会社三栄商会	業務執行社員	個人	民選2級
	議 員	神木次郎	株式会社神木洋行	取締役社長	法人	民選2級
	議 員	山本義堯	合資会社山本商店	業務執行社員	法人	民選2級
	議 員	川本秀助	川本秀助商店	店主	個人	民選2級
	議 員	田村作太郎	田村組	組主	個人	民選2級
日本企業	参 事	藤江醇三郎	大倉土木株式会社	取締役台北出張所主任	法人	官選
	参 事	安座上真	日本通運株式会社	理事	法人	官選
	議 員	池田卓一	三井物産株式会社	台北支店長	法人	官選
	議 員	松本雄吉	三菱商事株式会社	台北支店長	法人	官選
	議 員	宮澤源吉	株式会社日本勧業銀行	理事台北支店支配人	法人	官選
国策企業	参 事	有田勉三郎	株式会社華南銀行	代表取締役副総理	法人	官選
	議 員	辻本正春	台湾瓦斯株式会社	取締役社長	法人	官選
台湾人企業家	参 事	張（福島）清港	捷栄合資会社	業務執行役員	法人	官選
	参 事	許智貴	昭和家畜株式会社	専務取締役	法人	官選
	参 事	郭廷俊（香久忠俊）	稲江信用組合	組合長	個人	官選
	議 員	林焜灶（林尚志）	協志商会	店主	個人	官選
	議 員	陳（田川）清波	錦記製茶株式会社	社長	個人	官選
	議 員	張水福	張東隆商事株式会社	取締役支配人	法人	民選1級
	議 員	陳煌	大東信託株式会社	取締役支配人	法人	民選2級
	議 員	陳（東）作霖	東西薬房	店主	個人	民選2級
	議 員	陳（田川）春金	源春商事合資会社	代表社員	個人	民選2級
	議 員	顔（成田）必従	同成商会	店主	個人	民選2級
	議 員	楊接枝	捷茂薬行	店主	個人	民選2級

出典：『台北商工会報』第4巻第23号、1938年8月、15～20頁、『台北商工会議所報』第1巻第1号、1938年9月、4～5頁、より作成。

に渡り煉瓦製造販売を行う鮫島商行の支配人となる。鮫島商行店主の鮫島守の没後に同商行を継承し、1913年7月に台湾煉瓦株式会社（公称資本金130万円）に改組し社長に就任した。その後に高砂麦酒株式会社、金瓜石鉱山株式会社をはじめとして、台湾瓦斯株式会社、台湾製紙株式会社など数十社の社長・役員を歴任した台湾を代表する日本人企業家である。さらに日本本国の東邦人造繊維株式会社、金井鉱山株式会社や満洲の満洲製糖株式会社、東満洲人絹パルプ株式会社など台湾に止まらない事業活動を展開した企業家でもあった。公職では総督府評議会員などを歴任し、台北商工会議所の設立母体であった台北商工会会長でもあった[38]。

　副会頭の木村泰治は後宮退任後の第2代会頭に就任した人物であるが、1872年に秋田県に生まれ、東京英語学校卒後に内閣官報局に勤務する。1887年に台湾に渡って台湾日日新報社記者となるが、1908年に台湾日日新報編集長を辞任して台湾土地建物株式会社を設立し、実業界入りを果たす。その後、台北魚市株式会社、台北中央市場株式会社を創立するとともに1924年には東京に第一土地建物株式会社を設立して社長に就任した。これら以外にも多数の会社の社長・役員を兼任したが、台湾煉瓦、高砂麦酒、金瓜石鉱山、台湾瓦斯、台湾製紙など多数の後宮系企業の役員を兼務しており、台湾財界人ネットワークの中核の一人であった。公職としては台北市協議会員、台北州協議会員、総督府評議会員を歴任し、台北商工会の副会長でもあった[39]。もう一人の副会頭に就いた三巻俊夫は、1879年に山口県に生まれ、京都帝大法学部を卒業後、台湾銀行に入行し台中支店長、汕頭支店長を歴任した。1916年に台湾倉庫株式会社が設立されると専務取締役に就き、その後社長に就任する。そのほか、台北州自動車運輸株式会社社長や台湾石材、台中州自動車運輸、南邦自動車などの役員も兼務した。公職としては台北州評議会員や台湾総督府評議会員、さらに台湾運輸業組合長などを歴任し、木村泰治と同様に台北商工会副会長でもあった[40]。

　参事に選出された重田栄治は、1877年に山口県に生まれ、岩国高等小学校を卒業して菊元小一郎商店に勤務するかたわら岩国の義済堂塾夜間中学校に学んだ。夜間中学を併設していた義済堂は旧岩国藩の債権整理を目的に設立された

織物企業であり、重田は1903年に義済堂が製造した織物の販路拡張を目的に台湾に渡り、台北で綿布卸売商を開業する。1932年に事業を株式会社菊元商行に改組し、台北市の中心に鉄筋コンクリート6階建ての菊元百貨店を開業する。この菊元百貨店は台湾最大の百貨店であった。重田もまた東西商工公司、台湾日産自動車、繊維製品統制株式会社など各社の社長を務め、台北織物、台湾苧麻紡織など多数の会社役員を兼任していた。公職でも台北州協議会員や台北消防組長など多数兼務した[41]。邨松一造は1866年に東京に生まれ、日本銀行に入行し、台北出張所が開設されると国庫主任として台湾に渡った。その後に台湾銀行が創立されると同行に転じ、基隆支店長、台南支店長を歴任する。1911年に台北製糖株式会社が設立されると専務取締役に就任し、翌12年には台湾商工銀行常務取締役となった。その後に台湾貯蓄銀行が設立されるとその頭取に就き、1937年からは台湾商工銀行頭取も兼任した。邨松も台湾煉瓦、台湾瓦斯、台湾製紙など多数の会社役員・監査役を兼務していた。公職としては台北市協議会員、台北州協議会員、台北市勧業委員などを歴任した[42]。中辻喜次郎は1867年に富山県に生まれ、専修大学を卒業後の1895年に台湾に渡り、藤川頼蔵との共同経営で台北市に欧米雑貨を取り扱う盛進商行を開業する。1921年に盛進商行を株式会社に改組（公称資本金100万円）、同社社長に就任した。このほか過燐酸肥料を製造販売する東亜肥料や東光油脂工業株式会社などの社長、さらに台湾製塩、台北鉄道株式会社等十数社の役員を兼務した台湾を代表する地場企業家の一人である。公職としては台北州協議会員や台北商工会議所の母体の一つとなった台北実業協会の会長を務めた[43]。

　これら台湾総督が任命した3名の参事と異なり桑田剛助以下の3名は会員選挙で選出された1級民選議員であった。1885年に広島県に生まれた桑田は15歳で台湾に渡り、実兄の松次郎が台湾領有直後に開業した食料品店であった桑田商店を継承する。1935年3月に同商店を公称資本金100万円（50万円払込）の株式会社に改組し、砂糖、穀粉、飲食料品などの販売を行い、中国の厦門、汕頭、上海などにも支店を設けた。この他、台湾日産自動車販売、東亜公司、亀甲萬醤油販売株式会社などの役員も兼務した[44]。1896年に大阪府に生まれた井

出松太郎は17歳で台湾に渡り、徳田商店台湾工場主任、台湾鳳梨缶詰株式会社専務取締役、高雄海陸物産株式会社代表取締役を経て、台湾有数の肥料・穀物商社であった杉原産業の台北支店長となる。1936年に杉原産業が株式会社として改組されると専務に就任し、台湾米の取引相場で辣腕を振るった。杉原産業と同時に台湾国産自動車株式会社専務も兼務したが、1939年に公称資本金80万円（全額払込）で興亜製鋼株式会社が設立されると両社専務を退任し社長に就任した。また、台湾米穀株式会社社長や台湾米穀移出商、同肥料輸移入商同業組合や台湾正米市場組合の役員も兼任した[45]。1892年に東京市に生まれた中島道一は、米沢高等工業学校紡織科を卒業後に大分紡績株式会社に入社する。その後、上海日華紡織株式会社の創設に際して、大分紡績から同社に派遣され、1925年に曹家渡工場長、1928年に台湾工場長兼台湾出張所長として台湾に渡った。1935年10月に同社台湾工場が分離独立する形で、赤司初太郎を社長とする台湾苧麻紡織株式会社が設立されると同社常務取締役に就任した[46]。同社のほか、台湾精機工業や東光興業株式会社の役員も兼任する。公職としては台湾市会議員のほか、台湾工業協会常務理事や台湾物価委員会など多数を兼務した[47]。

13名の議員のうち台湾総督任命の官選議員は2名である。1894年に鹿児島県に生まれた肥後誠一郎は東京帝大法学部を卒業後、鈴木商店に入社する。同社京城支店勤務を経て1924年に台北支店に転勤となり台湾に渡る。1927年4月に鈴木商店が破綻すると、同社台湾支店の業務を継承する形で台北カネタツ株式会社を創設して社長に就任した[48]。その後、台湾鋼材販売統制株式会社社長や再製樟脳、南興公司、日本香料薬品株式会社などの役員を兼任する。公職としては1936年に台北市会議員、1941年に台北州会議員に就いている[49]。もう一人の官選議員である村崎永昶は1870年に熊本県に生まれた。済々黌中学を卒業後、沖縄県高等警察、東京府収税吏などを経て1895年に25歳で台湾に渡り、総督府中央会計部に勤務する。1900年に総督府を退職し書籍販売の新高堂を台北市に開業する。新高堂は30余名の店員を有して台北市内の学校教科書を一手に取り扱う書店であった。また村崎は台湾書籍株式会社を創立して社長に就任し、台北中央市場、東海自動車運輸株式会社の役員を兼任すると同時に台北市会議員、

台北書籍組合長など多数の公職を兼務し、商工会議所の母体の一つであった台北実業会理事でもあった50)。

　6名の民選1級議員の一人であった坂本信道は1885年に高知県に生まれ、早稲田大学政治経済学部を卒業し、台湾銀行に入行して台湾に渡る。宜蘭、高雄、台南支店長を歴任したのち、経営の悪化した台湾商工銀行で常務取締役として再建に当たった。さらに彰化銀行台北支店長に転じ、1941年には同行頭取に就任した。また、台湾タクシー株式会社や旭商事合名会社などを創立し、公職としては銀行支店長時代に高雄州、台南州、台北州協議会員を歴任するなど多数の公職を務めている。なお、坂本は台湾を代表する財界人の一人であった坂本素魯哉の義弟にあたる51)。江原節郎は1882年に埼玉県に生まれ、東京工手学校を卒業後の1906年に台湾に渡り台湾総督府鉄道部に勤務する。鉄道部退職後に土木建築業の澤井組を経て、領台直後の1896年に創業された土木建築請負業の太田組を継承し、1923年に合名会社太田組（資本総額20万円）を創立する。このほかに台湾苧麻紡織、台北鉄道株式会社など複数企業の役員を兼任したが、公職に関しては確認できていない52)。高橋猪之助は1875年に千葉県に生まれ、千葉商業学校を卒業し、領台直後の1896年に養父の高橋由義とともに台湾に渡る。渡台後に由義は陸軍用達および銅鉄器製造業を開業し、1898年には土木建築請負業の高進商会を創立して、機械および鉄道材料販売へと事業を拡張した。猪之助は高進商会の事業に従事し、1923年には同商会を資本金100万円（30万円払込）の株式会社へと改組し社長に就任する。猪之助は台湾畜産株式会社の社長や台湾合同電気、東海自動車運輸株式会社の役員も兼任し、公職としては台北市協議会員や台北実業会の評議員を務めた53)。平井成は1881年に島根県に生まれ、東京帝大工学部を経て、1907年に台湾総督府の技師として台湾に渡る。1924年に台湾総督府を退官し、株式会社共益社に取締役支配人として入社した。同社は1922年に古川栄次郎が創立した機械、鉄道資材等の販売・工事を業務とし東京、大阪、広東などに出張所を設置していた。その後、平井は同社常務に就任し、さらに台湾理興商事株式会社社長や台湾燃料株式会社専務も兼任する54)。星加彦太郎は1867年に愛媛県に生まれ、陸軍教導団を卒業して1895年に

近衛師団監督部付として台湾に渡った。陸軍補給廠台南支部、台湾総督府軍務局などを経て1901年に台北市に綿布卸業の星加商行を開業した。このほか、星加は台湾工芸株式会社社長、台湾繊維製品配給統制株式会社常務などを兼任し、公職としても台北市会議員、州会議員をはじめ台湾織物配給組合理事長や台北州繊維品連合会長などを兼務する有力者であった[55]。三谷芳太郎は1893年に愛知県に生まれ、明倫中学校を卒業後、領台直後の1895年に父の三谷新八が台北に開業した事業を継承し、カフェーモンパリを経営する[56]。1935年には合資会社大屯ホテルを創業し、喜楽料亭も開業した。その他、台北近郊乗合自動車株式会社や三谷新八が代表社員であった合資会社台北検番の役員も兼任した。公職としては台北検番料理屋組合長、台北南和洋料理業組合顧問、台湾日本芸術協会理事長などを歴任した[57]。

　これら立候補者全員が当選した1級議員と異なり、実質的な選挙を通じて当選した2級議員は5名であった[58]。貝山好美は1890年に宮城県に生まれ、東洋協会専門学校（拓殖大学）を卒業後、1913年に渡台して台湾総督府に勤務する。総督府では台北庁商工主任等を経て、高等官台北州商工主事に就任するなど勧業行政ポストを歴任している。1928年に総督府殖産局の指名により総督府を退官し、台中州青果同業組合副組合長を経て1929年に台湾正米市場常務理事に就任し、その後は理事長として蓬莱米の品質改良と市場取引制度の運営に中心的な役割を果たした。貝山は履物製造などを営業内容とする合資会社三栄商会代表として議員に就任しているが、同商会は出資金7,400円の零細な法人であり、実質的には台湾正米市場理事長としての側面が強かったと思われる。1940年には杉原産業株式会社の常務に就任し、41年に台湾貿易振興株式会社が設立されると社長に就任した。その間の公職としては台北市会議員、大日本米穀会台湾支部副長、台湾大亜細亜協会理事などを歴任した[59]。神木次郎は1890年に大阪府に生まれ、大阪商大を卒業後、化粧品取扱い大阪神木洋行で家業に従事する。その後、1932年に台北市に株式会社神木洋行を設立し社長に就任した。このほかにクラブ特定品販売、台湾化粧石鹸、興南企業、台湾清掃具株式会社社長を兼任し、台湾繊維統制、東亜拓殖、福助綿業株式会社などの役員も兼務した。

確認できた限りでは主要な公職はない[60]。山本義堯は1893年に神奈川県に生まれ、東洋協会専門学校（拓殖大学）を卒業し、日清製油株式会社に勤務する。大倉系の同社は台湾における市場開拓を目的に日清製油合資会社を設立するが、日清製油大連支店営業部長であった山本は同社代表として台湾に渡る。1933年に輸入肥料や麻袋取扱いの合資会社山本商店を開業するが、日清製油、東洋製麻、小泉製麻株式会社などの総代理店でもあった。その間、台湾肥料輸移入商同業組合、製麻組合麻袋販売所、台湾雑穀麺輸移入同業会の結成に中心的役割を果たし、製麻組合長、台湾雑穀麺輸移入同業会理事長など多数の公職を歴任した[61]。川本秀助は1885年に広島県に生まれ、17歳で台湾に渡る。その後に土木建築請負業に従事し、1922年に金物商川本秀助商店を開業した。この他に台北土地建築株式会社役員や公職として台北金物商同業組合長に就いている[62]。田村作太郎は1882年に愛知県に生まれるが、父の田村千之助が1895年の領台直後に渡台し、大倉組の下で土木建築請負業の田村組を創業する。田村は1907年に東洋協会専門学校（拓殖大学）を卒業して渡台し田村組に入る。田村組は花蓮港に支店を開設し、東部台湾の開発に重要な役割を果たした企業であった。その後に家督を相続し田村組主となり、台北工業株式会社専務を兼任した。公職としては台湾土木協会専務理事、錦町信用住宅利用組合長等を歴任した[63]。

　これまで日本人地場企業家として類別した22名の役員・議員の来歴を概観したが、必ずしもすべてが徒手空拳で台湾に渡り成功を遂げた企業家ではなかったことがわかる。台湾守備軍として渡台し台湾総督府軍務局に属した星加彦太郎を含めれば総督府出身者が5名、台湾銀行出身者が3名、日本の有力企業（大分紡績、鈴木商店、日清製油）からの派遣者が3名、その総数は11名で日本人地場企業家の半数に該当した。また、多くの役員・議員が市会議員、州会議員や各種業界団体役員など多種多様な公職にあったこともわかる。もちろん民選議員は会員選挙により選出されたものであったが、結果としてこうした役員・議員構成は植民地統治権力にとって植民地統治の安定性の観点から見れば望ましいものとなっていた。

(3) 日本企業・国策企業

　次に日本企業あるいは国策企業の役員・社員として台北商工会議所の役員・議員に就任した人物についてその来歴を見てみよう。すべて会員名義は法人であり、法人の当該地域責任者として就任したものであった。大倉土木株式会社台北出張所主任であった藤江醇三郎は1879年に石川県に生まれる。東京帝大工学部土木科を卒業後に技師として合名会社三井鉱山に入社するが、三井鉱山退社後に魚沼鉄道株式会社など複数の鉄道会社の技師長を歴任し、1916年に大倉組台湾出張所主任として台湾に渡った。同出張所は領台直後の1896年に開設され、台湾においては鹿島組と双璧をなす土木建築会社であった。同出張所が大倉土木株式会社台湾出張所に改組されると、藤江は取締役出張所長に就任するなど、台湾における土木建築業界の中心人物であった。公職としては、台湾土木建築協会長、日本土木建築請負業連合会台湾支部長、台北州労務協力会常任理事など業界団体役員や台北市会議員など多数の公職を兼務していた[64]。日本通運株式会社台湾支店総監督兼台北支店長の安座上真は、1888年に福岡県に生まれ、朝鮮郵船株式会社を経て仁川の吉田回漕店支配人となり、同店が内国通運株式会社に合併されると同社仁川支店長となった。さらに国際通運株式会社が設立されると同社に移り、1930年3月に国際通運が台湾の株式会社後藤組を合併するに際して台湾支店総監督兼台北支店長として渡台した。そののち同社が1937年に日本通運株式会社へ改組されると理事兼台湾支社長に就任した[65]。三井物産株式会社台北支店長の池田卓一は1889年に香川県に生まれ、1914年に東京帝大法学部を卒業して三井物産に入社した。国内外の支店勤務を経て台北支店支店長代理として渡台し、1936年に同支店支店長になる。三井物産では主に石炭部に属し、日東拓殖や基隆炭砿株式会社の役員も兼任した。公職としては台湾石炭同業組合長、台湾米穀移出商同業組合長を兼務し台北商工会の役員でもあった[66]。三菱商事株式会社台北支店長の松本雄吉は1894年に和歌山県に生まれ、1919年に東京帝大法学部を卒業し三菱商事に入社した。三菱商事では主に欧州支店に勤務し、仏国三菱商事常務取締役、本店肥料部長代理を経て、

1936年に台北支店長として台湾に渡った。翌37年には高雄支店長を兼任し、公職として台湾物価委員会委員でもあった[67]。株式会社日本勧業銀行理事台北支店長の宮沢源吉は1886年に山梨県に生まれ、1912年に東京帝大法学部を卒業して東京市電気局に就職する。そののち、1915年に日本勧業銀行に入行し、京都支店長、債券検査兼主計課長を経て1936年に理事兼台北支店長として台湾に渡った[68]。

　株式会社華南銀行代表取締役副総理の有田勉三郎は1886年に山口県に生まれ、1914年に東京帝大法学部を卒業して台湾銀行に入行する[69]。その後、頭取席秘書課長を経て1927年に華南銀行副総理に就任した。公職としては台北市協議会員、台北州会議員のほか、熱帯産業調査会、台湾放送協会の役員を歴任し、1942年6月には第2期の台北商工会議所副会頭にも就任した[70]。台湾瓦斯株式会社社長の辻本正春は1892年に兵庫県に生まれ、1915年に大阪商大を卒業後、山下汽船株式会社に入社し同社台湾支店開設にともない支店長として台湾に渡った。1925年に公称資本金10万円（全額払込）で石炭、木材等を取り扱う辻本商事株式会社を設立した。1930年に台湾電力株式会社から分離独立する形で台湾瓦斯株式会社が公称資本金100万円（67万5000円払込）で設立されると専務取締役に就任する。その後、台湾瓦斯の社長となり、基隆の山下汽船代理店であった台湾産業株式会社の社長も兼任した[71]。これら日本企業・国策企業に属する7名の参事・議員はすべて台湾総督の任命による官選議員であった。

(4) 台湾人企業家

　最後に台湾人企業家について見ておきたい。11名の議員のうち参事に就任した議員が3名、台湾総督任命の官選議員が5名、民選1級議員が1名、2級議員が5名の構成であった。官選議員で参事に選出された張（福島）清港は1886年に台北市に生まれ、1905年に台北師範学校の前身である国語学校を卒業し三井物産に入社する。1914年に三井物産を退職し、同社台北支店の食料雑貨、マッチ、朝鮮人参等の一手販売権を得て、栄裕商行、捷裕蔘壮、元裕行を開業するが、退職後も三井物産との関係は深かった。1917年に稲江信用組合が設立さ

れると専務理事になり、公職としても台北市会議員、台北州会議員のほか、台北食料品雑貨卸商組合長に就任した[72]。同じく官選議員で参事の許智貴は1885年に台北市に生まれ、国語伝習所を卒業後の1901年に臨時台湾土地調査局に入り、同局廃止後は台北庁に勤務した。1911年に台北庁を退庁し、林本源総事務所を経て1914年に新設された北投製酒公司の代表社員に就く。これ以降、酒精輸出の連発商行、日栄商事社長など多数の会社役員を兼任した。公職としては台北市協議会員、台北州会議員、さらに台湾における国会議員にも擬せられた台湾総督府評議会員にも任ぜられ、治安警察の末端機能である保甲協会長も務めた[73]。やはり官選議員で参事の郭廷俊（香久忠俊）は1882年に台北州士林に生まれ、国語学校卒業後に台湾総督府陸軍部の通訳を経て、専修学校（専修大学）経済科、同校高等研究科で学ぶ。1917年に東洋協会台湾支部付属台湾商工学校の講師となる。これ以降に州税調査委員、台北市協議会員、台北州協議会員、台湾社会事業協会理事、台北総商会会長など多種の公職を歴任し、1930年には総督府評議会員に任命されている。郭は稲江信用組合長や林本源訓眉建築、台湾軌道、台湾合同電気株式会社など多数の会社役員をたしかに兼務していたが、むしろ「六十余を算する社会事業の代表者に推されて名声嘖々」、皇民奉公会中央本部参与として「皇民運動に尽瘁」と記されるような植民地行政機構における立場が議員官選の理由と思われる[74]。

　官選議員の林煜灶（林尚志）は1893年に台北市に生まれ、1915年に台北工業学校を卒業した後、株式会社高石組など土木建築会社に勤務する。1919年に土木建築請負業の協志商会を創立して総督府、台湾電力あるいは軍関連施設の建設工事を中心に事業を行った。また、台湾殖産工業株式会社社長など複数の会社の役員を歴任し、皇民奉公会台湾支部の役員でもあった[75]。同じく官選議員の陳（田川）清波は1905年に台北市で生まれ、1924年に厦門中華中学校を卒業後に家業の錦記茶行で台湾茶の南洋貿易に従事した。錦記茶行を経営する父の陳天来は、茶商公会長や台北商業会副会長を歴任するとともに台北州協議会員も務めた有力者であった。陳清波は錦記茶行と錦記製茶株式会社常務に就任し、台湾第一劇場、三共商事株式会社の社長も兼任した。公職としては台北商工協

会を設立して会長に就任し、さらに大稲埕青年団長、台北市会議員も務めるなど台北市の若手台湾人企業家の中心的存在であった[76]。台湾人で唯一の民選1級議員であった張水福は1898年に台北市に生まれ、1918年に国語学校を卒業して新高銀行に入行し、新荘、桃園など各地の支店・出張所長を歴任する。その後、張東隆商行に入り基隆支店長となり、1936年に改組された張東隆商事株式会社取締役支配人から同社社長に就任した。このほか、張東隆殖産、第一タクシー、双葉商行株式会社などの役員を兼任し、公職としては台北州石油統制組合、台北州石油販売商組合などの役員や皇民奉公会台北州支部役員を歴任した[77]。民選2級議員の陳煌は1891年に台中州に生まれ、国語学校師範部を卒業後に台湾特産品輸出を目的に神戸で帽子商となり、その後帰台して大甲信用組合、米穀取扱い金連昌公司を経営し、さらに大甲興業株式会社を設立して社長に就任する。1926年に台中州で林献堂を社長とする大東信託株式会社が創立されると取締役となり台北支店長を兼務した。公職に就いては確認できない[78]。同じく2級議員の陳（東）作霖は1884年に台北市に生まれ、台湾総督府医学校を中退して基隆税関に勤務する。そののちに台湾日日新報社勤務を経て、1908年に東西薬房を開業し、厦門、大阪に支店を開設して薬品貿易も手掛ける。そのほか、株式会社興亜商事、興大公司社長も兼任し、薬種商組合役員でもあった[79]。陳（田川）春金は1901年に彰化市に生まれ、公学校卒業後に彰化市で陳合春商行を開業するが、専門的知識の修得を目的に1917年に大阪の川口商業学校へ入学する。卒業後に台北で和洋雑貨取扱いの源春商行を開業し、さらに1920年に永楽ホテルを開業した。1937年には改組した源春商事合資会社の代表社員に就任した。公職としては台北商工協会、台北雑貨卸商組合の常務理事や台北市会議員に就いていた[80]。顔（成田）必従は1899年に台北市に生まれ、国語学校を卒業後に台北師範学校訓導として公学校で教鞭を執る。1928年に龍泉飲料水株式会社役員となり、さらに1933年には土子製紙の特約販売店である同成商会を開業した。特別な公職は確認できていない[81]。また、楊接枝は2級議員選挙で定数10名中第7位の得票で当選しているが、楊が捷茂薬行に勤務し、台北漢薬業組合の有力会員であったとする以上の情報は得られていない[82]。

第3節　高雄商工会議所議員の特性

(1) 役員選挙

　1937年12月17日に高雄市公会堂において高雄商工会、高雄実業新興会、高雄実業協会の3団体が打合せ会を開催し、高雄商工会議所の設立が決定された。その後の発起人会を経て、1938年2月17日に創立総会が開催され、定款や予算案が決定された。さらに4月27日に台湾総督による官選議員の告示と民選議員選挙が行われた[83]。この議員選挙で1級議員7名と2級議員8名が選出されたが、この第1回議員選挙の有権者数は未詳である。但し、1942年4月27日に実施された第2回議員選挙では1級議員の有権者は20名、2級議員の有権者が1,003名であったことが確認できる。ちなみに第2回選挙でも1級および2級議員の定数は第1回と変更はない[84]。

　1938年4月の議員選挙を受けて、同年5月10日に高雄商工会議所第1回議員総会が高雄市公会堂で25名の議員が参加して開催された。この第1回議員総会では役員選挙が行われることになっていた。しかし、総会の場で官選議員として出席していた大阪商船株式会社の町野一が「会頭及副会頭ノ選挙ヲ省略シテ知事閣下ニ御指名ヲ願ツテハ如何」と発言し、台湾人の民選2級議員であった王天賞も「知事閣下ニ御願スルコトハ真ニ意義アルコトデ其ノ上ニ参事ノ選挙モ併セテ知事閣下ニ指名ヲ御願シタイ」、「何事ニモ官民融和ノ実績ヲ上ゲ居ルコトハ高雄州ノ誇トスル所デ有リマス故ニ参事選挙モ之ヲ省略シテ閣下ニ御指名ヲ願ヒタイ」と発言した。さらに同じく台湾人の民選2級議員であった高十三も「王天賞君カラ提案ガ有リマシタ参事ノ指名モ知事閣下ニ御願ヒ致シタイ」と重ねて発言した。これらの議員発言を受けて来賓として総会に出席していた高雄州知事の内海忠司は、会頭に中村一造、副会頭に本地才一郎および山本雄一を指名し、総会で決定された。しかし、参事に関しては議員総会の議長を務めていた台湾倉庫株式会社の中村一造が「事毎ニ指名ト云フノモ如何カト

思ハレマスノデ参事ハ選挙ニ依ル方ガ良カラウト存ジマス或ハ外ニ詮衡委員ヲ設ケテ人選シテモ善イトモ思ヒマス」と発言し、高十三が「詮衡委員ノ方法ガ良イト思ヒマス」と再び発言した。その後に日本人議員数名から意見が表明されたが、三井物産株式会社の山本雄一の「詮衡委員ヲ選挙スル方法モアルガ参事ハ選挙スルコトニシタシ」とする意見が採られ、参事は7名連記の投票による選出となった。投票総数175票のうち17票を得票した高木拾郎が最高得票で、大槻嘉造、宮川精九郎、杉原清三郎の3名が各11票で参事に選出された。次点は得票10票の新田政樹で、台北商工会議所と同様に得票の分散状況から見て実質的な選挙であったと思われる。但し、この選挙で選出された参事7名は全員日本人であった[85]。

(2) 日本人地場企業家

表8-5は、1938年5月の第1回議員総会で選出された役員を含めた設立時の高雄商工会議所の役員・議員に関し、表8-4の台北商工会議所の場合と同様に属性で区分したものである。議員定数30名のうちやはり過半数の16名が日本人地場企業家に分類できる議員であった。そのうち10名が官選議員であり、民選1級議員が2名、2級議員が4名となっている。会頭および副会頭1名はこの属性から選出されたが、もう1名の副会頭は日本企業から選出されている。定数7名の参事のうち過半数の4名がこの属性より選出されている点は台北の事例と同様であるが、そのうちの2名が民選2級議員である点は台北とは異なる。

会頭に就任した中村一造は1871年に広島県に生まれ、和仏法律学校（法政大学）を卒業して領台直後の1895年に台湾に渡って臨時台湾鉄道隊に入り、台湾総督府鉄道部で基隆駅長などを歴任する。そののちの1907年に運輸係長として台湾製糖に入社し、社内鉄道の敷設業務に従事した。さらに台湾倉庫株式会社が創業されると1918年に取締役高雄支店長として入社する。同社に加えて、高雄魚市、高雄中央卸売市場、高雄地所、台湾合同運送株式会社など多数の社長を兼務したほか、多数の会社役員を兼任した。公職も多く高雄州会議員のほか、

表 8-5　高雄商工会議所議員（1938年4月）

属　性	役　職	氏　名	会社（団体）名	会社（団体）役職	会員名義	選出方法
日本人地場企業家	会　頭	中村一造	台湾倉庫株式会社	取締役高雄支店長	法人	官選
	副会頭	本地才一郎	株式会社丸一組	取締役社長	個人	官選
	参　事	高木拾郎	高雄共栄自動車株式会社	取締役社長	法人	官選
	参　事	杉原清三郎	杉原産業株式会社	専務取締役	法人	官選
	参　事	中村秀	高雄劇場株式会社	専務取締役	個人	民選2級
	参　事	宮川精九郎	宮川商行	店主	個人	民選2級
	議　員	小浜浄鉱	台湾合同鳳梨株式会社	専務取締役	法人	官選
	議　員	船橋武雄	合資会社山半商店	代表社員	法人	官選
	議　員	池尻重雄	高雄雑貨卸売株式会社	専務取締役	個人	官選
	議　員	久保佃	株式会社台湾鉄工所	営業部長	法人	官選
	議　員	吉井長平	合名会社吉井百貨店	代表社員	個人	官選
	議　員	真砂由次郎	泰山製氷株式会社	社長	個人	官選
	議　員	杉本三郎	台湾運輸株式会社	取締役社長	法人	民選1級
	議　員	永原喜太郎	株式会社日東商船組	専務取締役	法人	民選1級
	議　員	大野米次郎	高雄土木組合	組合長	個人	民選2級
	議　員	大田垣清次郎	春田旅館	店主	個人	民選2級
日本企業	副会頭	山本雄一	三井物産株式会社	高雄支店長	法人	官選
	参　事	三谷清一	三菱商事株式会社	高雄支店長	法人	官選
	参　事	町野一	大阪商船株式会社	高雄支店次席	法人	官選
	議　員	新田政樹	浅野セメント株式会社	台湾支店長	法人	民選1級
	議　員	石塚森男	日本水産株式会社冷凍部	高雄出張所長	法人	民選1級
	議　員	吉村政吉	日本通運株式会社	高雄支店長	法人	民選1級
	議　員	星野直太郎	東洋製纜株式会社	取締役高雄工場長	法人	民選1級
国策企業	参　事	大槻嘉造	株式会社台湾銀行	高雄支店長	法人	官選
	議　員	塚本憲一郎	台湾電力株式会社	高雄営業所長	法人	民選1級
台湾人企業家	議　員	陳啓清	陳中和物産株式会社	専務取締役	法人	官選
	議　員	王沃	高雄魚市株式会社	取締役	個人	民選2級
	議　員	林塗盛（松岡重盛）	林塗森商会	店主	個人	民選2級
	議　員	王天賞	高雄文具株式会社	取締役社長	個人	民選2級
	議　員	高十三	未詳	未詳	個人	民選2級

出典：『商工時報　高雄』第1巻第1号、高雄商工会議所、1938年7月、92～94、107～110頁より作成。

　高雄協同漁業組合長、高雄労働需給組合長、さらに高雄商工会議所の母体でもあった高雄商工会長も兼務し、「高雄市民間唯一の代表者」あるいは「高雄の大御所」と呼ばれる存在であった[86]。

　副会頭の本地才一郎は1894年に岡山県に生まれ、高等小学校を卒業後して1916年に22歳で台湾に渡り、運輸艀船業の丸一組を高雄に創業する。丸一組は辰馬汽船、大同海運、大連汽船株式会社などの総代理店として台湾各地に支店を設け、台湾倉庫、日本通運、日東商船組などを凌駕する事業を展開した。同社に加えて山ヨ運送、台湾海運、高雄新報社、高雄興業株式会社などの社長も

兼務した。公職としては高雄市会議員、高雄州会議員や各種同業組合役員を兼務し「高雄市実業界一方ノ雄」と呼ばれる存在であった[87]。

次に4名の参事について見てみる。高木拾郎は1890年に大分に生まれ、16歳で台湾に渡り基隆の清水商店に勤務する。いったん帰郷ののち、1914年に再度渡台し日東商船組高雄本店に勤務するが、1919年に採篏事業を開始し台湾採篏株式会社社長となる。そのほか、高雄共栄自動車、高雄製氷、寿山遊覧自動車株式会社社長を兼務し、多数の会社役員も兼任した。公職としては高雄州会議員をはじめ高雄造船報国会長、高雄商工会幹事などを歴任し「新興高雄市の顔役」と呼ばれた[88]。杉原清三郎は1898年に兵庫県に生まれ、大連外国語学校を経て1919年に浦塩斯徳極東協会露語科を卒業し、大連の伊丹商会に勤務する。1926年に台湾に渡り、有数の肥料・米穀取扱商社に成長した杉原商店に入店し、1936年には杉原産業株式会社の専務に就任した。また、高雄市会議員でもあった[89]。中村秀は1893年に熊本県に生まれ、1912年に熊本商業学校を卒業後に南満洲鉄道株式会社勤務を経て、早稲田大学に入学し同大中退後に大連汽船株式会社に入社する。1919年に亜細亜製粉株式会社支配人となり、さらに1921年に合資会社持木商会高雄支店長として台湾に渡った。そののち高雄製氷株式会社常務を経て1926年に電気機械器具販売業の中村商会を開業した。このほか、高雄劇場、共栄自動車株式会社専務を兼任するとともに、公職として高雄市会議員、参事会員、高雄市常置会員などを兼務している[90]。最後の宮川精九郎は1893年に福岡県に生まれ、福岡県立農事試験場を経て海城中学校を卒業し、1913年に中山農事試験場農業実習学校に教諭として勤務する。1917年に台湾に渡り高雄警察署巡査となるが、1919年には退官して高雄市に和様雑貨取扱の宮川商行を開業した。企業家として、同商行以外の企業とのかかわりは確認できないが、宮川は「氏を称して社会事業の神様」と記されるように高雄州方面委員、高雄市社会事業助成会理事などを歴任し、「貧困者救済、免囚の保護強化」に「八方尽瘁」した。これら以外にも高雄市協議会員、市会議員、郷軍高雄分会副長、台湾社会事業協会評議員など多数の公職を歴任している[91]。参事4名のうち2名が官選で2名が民選2級議員であったが、高木拾郎は高雄州会議員

であり、他の3名もすべて市会議員として植民地行政機構の中枢にあった点を指摘しておきたい。

　議員の10名のうちわけは官選が6名、民選1級および2級が各2名であった。官選議員の小浜浄鉱は1886年に東京府に生まれ、1912年に東京帝大法学部を卒業して内務省に入る。郡長や各県理事官などを経て1928年に福井県知事に就任し、さらに1932年台湾総督府内務局長として渡台する。1937年に退官して台湾合同鳳梨株式会社専務となり、翌年には台湾青果加工株式会社取締役も兼任した[92]。船橋武雄は1889年に栃木県に生まれ、高等小学校卒業後の1908年に19歳で台湾に渡り、機械金物商山光商店、株式会社山一商行金物部勤務を経て、1919年に高雄市で金物取扱業山半商店を開業する。そのほか、台湾農具製造、台湾証券、松田脂肪工業株式会社社長をはじめ台湾鋼材配給、台北コークス株式会社など多数の会社の役員も兼務して、「実業界にも絶対的勢力を扶植」した台湾の代表的企業家の一人であった。また、高雄市会議員をはじめ高雄金物電気商組合長や高雄店舗住宅信用利用組合長など多くの公職を兼務した[93]。池尻重雄は1895年に福岡県に生まれ、1919年に台湾に渡り台湾製塩株式会社に勤務した。その後、越智商店高雄支店主任を経て1932年に食料品雑貨卸業を開業する。また、高雄海運、高雄新報株式会社の役員も兼任し、公職として高雄市会議員や高雄商工会議所の母体の一つであった高雄実業新興会副会長などを務めている[94]。久保佃は1891年に兵庫県に生まれ、兵庫県立工業学校を卒業後に日本紡績株式会社に勤務する。その後に渡台し、台湾製糖株式会社を経て1919年に株式会社台湾鉄工所に入社し、大阪出張所長から本社営業部長に就任する。さらに、同社取締役と台湾故銅鉄屑統制株式会社社長も兼務した。公職としては台湾鉄工業協会理事長を確認できる[95]。吉井長平は1883年に滋賀県に生まれ、1903年に20歳で台湾に渡り台北市の馬淵商店の見習いとなる。1908年に高雄市で洋雑貨商を開業し、1920年に呉服商に転じて、1938年に合名会社吉井百貨店を創立し代表社員となった。その間に高砂紡毛、高雄製氷、港都土地株式会社等の会社の役員を兼務した。公職としては高雄市会議員のほか、高雄織物商組合長、台湾絹工業組合理事、台湾製綿統制組合監事をはじめ多数就任してい

た96)。真砂由次郎は1880年に三重県に生まれ、1908年に台湾に渡り台湾総督府打狗工事部に勤務したのち、高雄に和洋雑貨商真砂商店を開業して洋家具の製造販売を手掛けた。また、泰山製氷株式会社社長を兼任し、高雄製氷、中央卸市場株式会社などの役員も兼任した。さらに、高雄市会議員をはじめ区会顧問、高雄商工会幹事等の公職にも就いていた97)。

　民選1級議員であった杉本三郎は1899年に大阪府に生まれ、1924年に東京帝大法学部を卒業して政治部記者として報知新聞社に入社する。そののち養父杉本音吉が創業した台湾運輸株式会社の事業を継承するため1927年に台湾に渡る。翌28年には同社専務取締役に就任し、さらに中国へも事業を拡大し長江運輸公司や海南運輸公司を創立した。杉本もまた高雄市会議員に官選されている98)。同じく民選1級であった永原喜太郎は1876年に佐賀県で生まれ、少年時に大阪の呉服商の住み込み見習いとなるが、1900年に33歳で台湾に渡り合資会社基隆商船組に入社する。同社の日東商船組改組後の1913年に嘉義支店長となり、1932年には専務取締役となった。新竹州自動車運輸株式会社役員も兼任し、公職としては嘉義市協議会員をはじめ台湾運輸業組合常議員に就いていた99)。民選2級議員の大野米次郎は1874年に愛媛県で生まれ、1904年に30歳で台湾に渡り1907年に土木建築請負業を開業する。高雄市の公共事業を中心に事業を拡大し、「高雄市に於ける土木建築請負業者中最も老輩」な事業者であった。公職としては高雄土木組合長や文化住宅利用組合理事に就いている100)。

　やはり民選2級議員に選出された大田垣清次郎が、高雄市の春田旅館の経営者であった点は確認できるが、それ以上の履歴は未詳である101)。

　以上のように確認しうる限りでも、10名の日本人地場企業家議員のうち5名は高雄市会議員であった。それ以外に永原喜太郎は嘉義支店長時代に地方行政制度整備以前の実質的な市会議員である嘉義市協議会員であり、小浜浄鉱の前職は台湾総督府高官であった。このように役職者に限らず高雄商工会議所の日本人地場企業家議員の大半が植民地行政機構を支える存在であったことがわかる。

(3) 日本企業・国策企業

次に7名の日本企業現地社員と2名の国策企業社員に関して見てみる。これら9名はいずれも法人会員であり、高雄支店の責任者が会員として名を連ねた。したがって人事異動で担当者が交代した場合は、新たな責任者がその役割を継承していた。その意味で個人特定の意義は必ずしも高くはないが、以下で簡単にその履歴を確認しておきたい。副会頭に選ばれた三井物産株式会社の山本雄一は1888年に山口県に生まれ、慶應義塾大学を経て1907年に三井物産に入社し、台南、シドニー、小樽の各支店を経て1937年に高雄支店支店長に就任した。また、その後の1940年に高雄州会議員に選出されている[102]。参事となる三菱商事株式会社の三谷清一は1894年に広島県に生まれ、1915年に早稲田大学商学部を卒業して三菱合資会社に入社し、同社大阪支店燃料部主任や本店砂糖課長などを経て、1937年に三菱商事高雄支店長に就任している[103]。同じく参事の町野一は福岡県に生まれ、1919年に京都帝大法学部を卒業し大阪商船株式会社に入社、同社大阪支店を経て高雄支店次席に就任した[104]。以上の3名は官選議員である。浅野セメント株式会社の新田政樹は1887年に岩手県に生まれ、1912年に早稲田大学商学部を卒業して浅野セメントに入社、北海道支店会計課長などを経て同社台湾支店長に就任した。しかし新田は1938年8月には東京本店に転勤となり、議員としての職務は新支店長黒田一郎に引き継がれている[105]。日本水産株式会社の石塚森男は1900年に神奈川県に生まれ、1923年に水産講習所を卒業して星製薬株式会社に入社、日本食料工業株式会社を経て、1938年に日本水産の冷凍部高雄出張所長に就任した[106]。日本通運株式会社の吉村政吉については福井県出身の高雄支店長という以上の履歴は未詳である[107]。東洋製缶株式会社の星野直太郎は1892年に兵庫県に生まれ、1914年に水産講習所を卒業して農商務省実業練習生として北米、沿海州などの水産調査に当たり、1921年に東洋製缶に入社している。1925年に同社取締役高雄工場長なって渡台し、1933年に台湾合同鳳梨株式会社が設立されると同社常務を兼務し、高雄州会議員にも選出された[108]。これら4名はすべて民選1級議員であった。

国策会社では次の2名が議員であった。官選議員で参事に就任した台湾銀行高雄支店長の大槻嘉造は1885年に兵庫県に生まれ、1904年に神戸高商を卒業して台湾銀行に入行する。そののち、大阪、厦門支店を経て台北頭取席検査課長から高雄支店長に就任している[109]。民選1級議員で台湾電力株式会社高雄営業所長の塚本憲一郎は1890年に茨城県に生まれ、1914年に早稲田大学理工学部を卒業し、台湾総督府電気作業所に入所するために渡台した。同作業所が台湾電力として独立すると基隆、台南営業所長などを経て、1933年に高雄営業所長に就任した。塚本も高雄市会議員を兼務していた[110]。これら国策企業はもとより法人会員となった7社の日本企業もまた台湾に進出した最有力な日本企業であった。そのうちの4社は官選議員であり、他の5社もすべて無競争で選出された1級議員であった。これらの日系法人会員が議員構成の5分の1以上を占有したことは、有力大企業が商工会議所活動に強い影響力を行使し得る階層的特質の創出にくわえて台湾人中小商工業者の影響力排除という植民地台湾に固有の課題を同時に満たすものであった。

(4) 台湾人企業家

最後に議員構成比で12.5%を満たすに過ぎなかった5名の台湾人企業家について見てみよう。高雄商工会議所には216名の日本人個人会員に対して277名の台湾人個人会員がいたが、そこから選ばれたわずか5名の台湾人議員とはどのような人物であったか、その点を確認する。5名の議員のうちただ一人台湾総督が任命する官選議員となったのが陳啓清である。陳は台湾五大家族と呼ばれた高雄陳家の出身で、台湾を代表する企業家であった陳中和の五男として1903年に生まれた。1926年に明治大学法学部を卒業して帰台し、高雄陳家の経営する新興製糖株式会社専務取締役に就任する。明治大学時代は有力なラグビー部員であったとされる。1931年には陳中和物産株式会社専務に就任し、さらに烏林製塩、東港製氷株式会社など多数の会社役員を兼務した。また、官選の高雄市会議員であるとともに高雄商工会議所の設立母体の一つである高雄実業協会会長でもあった。このほかに皇民奉公会中央本部委員や高雄青年挺身隊長など

多数の公職にあり、「将来の大実業家を以て任ずる素地を備えた」人物と見られていた[111]。陳以外の4名はいずれも2級会員選挙によって選出された議員である。高雄魚市株式会社取締役の王沃は1889年に高雄州東港街に生まれ、1909年に高雄市で鮮魚卸売業を開業し、そののちは漁業にも進出して高雄魚市場最大の仲卸商に成長する。また、王は高雄魚市仲買人組合長、高雄漁船互助会長、高雄鮮魚輸移出組合長、高雄州水産会議員など多数の同業団体の役員を兼務した「南部水産界ノ第一人者」であり、高雄実業会理事を務める有力企業家であった[112]。林塗盛（松岡重盛）は1903年に台北市に生まれ、公学校高等科を卒業して、1920年に基隆市の藤田豆粕製造株式会社に入社する。同社高雄工場販売主任を経て、1932年に高雄にセメント、酒類等の貿易業林塗盛商会を開業した。林も高雄市会議員をはじめ多数の公職に就いていたが、特に高雄警察署保甲協会副会長、高雄州連合保甲協会副会長など統治・治安行政を補完する公職に就いていた点が注目される。台湾で改姓名が開始されると子供の名前も日本名に改名し、「皇民として忠誠の念に富み、挺身よく臣道実践に邁進するところ、稀有の逸材」と同時代の人名録に記される人物であった[113]。

　王天賞は1903年に高雄市に生まれ、公学校、目白英語学校などで学んだのちの1917年に大正無尽株式会社高雄支店に勤務する。その後、後藤組高雄支店勤務、日本留学を経て、1926年に台湾倉庫株式会社高雄支店に勤務し、さらに1932年に振文書局を開業した。そのほか、高雄文具株式会社、旗後鮮魚移出公司代表なども兼任する。公職として高雄市会議員のほか、高雄州水産会議員、高雄印刷文具紙商組合副組合長など同業団体役員や高雄市銃後後援会理事、高雄市奉公委員を兼務した。また陳啓清、王沃らと高雄実業協会を組織し総務部副部長に就いていた[114]。なお、最後の高十三は、管見の限りであるが、その履歴を示す情報を残念ながら得ていない。

　結果的に4名の台湾人議員に限定されたが、少し詳細にその履歴を紹介した。そのうち陳啓清と王天賞は高雄市会議員であり、さらに王沃を加えた3名は高雄実業協会の役員であったことがわかる。また、林塗盛は保甲制度という植民地治安体制を支えた中心的人物であった。履歴が判明するこれら4名の台湾人

議員を見てみると、彼らが高雄市における有力企業家であった点は事実であるが、それ以上に日本の植民地統治機構の内部に組み込まれた存在であったことが注目される。この点に着目すれば、日本人か台湾人か、あるいは官選議員か民選議員か、こうした区分にかかわりなく、高雄商工会議所の議員体制は植民地統治権力に同化した性格が濃厚な体制であったと考えることができる。

おわりに

　本章の目的は、植民地期台湾の商工会議所制度に内包された植民地的特質を台北および高雄商工会議所の役員・議員の具体的属性の検討を通じて明らかにすることにあった。その検討結果を概括することで結びとする。どのような階層的利益を体現していたか、この点がこれまでの商工会議所研究における重要な研究課題の一つであった。しかし、植民地においては、そうした経済的階層性に加えて民族的差異性の問題が付加される。本章で検討を加えた台湾では商工会議所制度の導入が、朝鮮や樺太などほかの植民地域に比較し大幅に遅延した。この点を出発点として、本章では商工会議所を市場経済と植民地統治権力を媒介する経済制度として把握し、役員・議員属性を具体的に検討することで、そこに内包された経済的階層性と民族的差異性の複層的特質、言い換えれば植民地的特質について検討を加えた。

　台湾において制度導入が遅延した最大の理由は、台湾人中心の会員構成が役員・議員構成に反映することで、その活動が植民地統治の安定性を動揺させる危険性を台湾総督府が懸念した点にあった。そのため台湾においてはその危険性を回避する装置として、1）会員資格として高い基準納税額の設定、2）経費賦課額による会員区分、3）台湾総督任命議員の高い構成比、この3点が導入されることとなった。これらの装置を導入することで、台湾人会員占有率と組織の意志決定主体である議員構成とを遮断することが企図された。実際に台湾各地の商工会議所で台湾人会員数が日本人会員数を上回っていた。それにもかかわらず、彰化商工会議所を例外として、そのほかの9会議所で日本人議員

数は台湾人議員数を大きく上回っていた。

　また、台北商工会議所および高雄商工会議所の役員・議員の具体的属性を検討すると、官選議員を中心に国策的企業や日本本国大企業の現地支店責任者が役員・議員構成の一定比率を占めていたことがわかる。また、台北、高雄ともに議員の過半数を占めたのは日本人地場企業家であった。日本本国の営業税問題に見られたように、もちろん日本人企業家中心の議員構成は、それ自体で必ずしも植民地統治権力に対する順応性を保証するものではない。しかし、その個々の属性を検討すると彼らの多くがその公職を通じて植民地行政機構の内的主体であったことが確認できる。また、台湾総督府など植民地統治権力を出自として地場企業家に転身した事例もまた少なくない。こうした議員構成から見れば、結果として植民地統治権力がその制度設計に際して導入した装置は有効に機能していたと評価できる。しかし、遮断装置の結果として低い構成比に止まった台湾人議員もまた、その公職を通じて植民地統治権力と親和性の高い企業家であった。

　こうした検討結果から、台湾における商工会議所制度は民族的差異性が最優先された制度設計が図られ、植民地統治権力が企図した役員・議員構成が実際に実現していたと結論できる。行政機関に対して自由主義原理に基づく組織的行動を法的に保障される機関が商工会議所であったが、植民地期台湾の商工会議所は植民地統治の安定性を基軸に制度化された結果、民族的差異性が全面化する濃厚な植民地性を帯びた経済団体となっていたと言えよう。

1）　日本本国の商工会議所に関するこれまでの代表的な研究としては、山口和雄『明治前期経済の分析』（東京大学出版会、1956年）に収められた「明治十年代の『資本家』団体」、永田正臣『明治期経済団体の研究』（日刊労働通信社、1967年）、江口圭一『都市小ブルジョア運動史の研究』（未来社、1976年）、三和良一『日本近代の経済政策史的研究』（日本経済評論社、2002年）などを指摘できる。
2）　松本貴典編『戦前期日本の貿易と組織間関係――情報・調整・協調』（新評論、1996年）。
3）　こうした機能に関しては、松本貴典「工業化過程における中間組織の役割」（社

会経済史学会編『社会経済史学の課題と展望』有斐閣、2002年）でコンパクトに整理されている。
4）　こうした研究の先駆的研究は高嶋雅明「商業会議所活動と海外通信情報」（『経済理論』〔和歌山大学〕第235号、1990年5月）であり、商工会議所の情報活動を海外通称情報の地域商工業者への報知媒体と位置付けた。しかし、その分析には特徴的な事例を恣意的に抽出するという問題点が残る。その他、須永徳武「商業会議所のアジア経済情報ネットワーク」（波形昭一編『近代アジアの日本人経済団体』同文舘、1997年）、木村昌人「経済団体の情報機能」（佐々木聡・藤井信幸編『情報と経営革新』同文舘、1997年）、若林幸男「日清戦後『東京商業会議所月報』の分析」（『明大商学論叢』第83巻第3号、2001年3月）、平野隆「戦前期地方商業会議所の組織と情報活動」（『三田商学研究』第51巻第6号、2009年2月）などがある。
5）　もちろん、近年では「情報の非対称性」や「市場の失敗」に関する理論など、不完全競争市場に関する理論的認識は大きく進化している。
6）　杉山伸也「情報の経済史」（社会経済史学会編『社会経済史学の課題と展望』有斐閣、1992年）、石井寛治『情報・通信の社会史』（有斐閣、1994年）、佐々木聡・藤井信幸編『情報と経営革新』（前掲）、藤井信幸『テレコムの経済史』（勁草書房、1998年）、石井寛治『情報化と国家・企業』（山川出版社、2002年）など。
7）　森田良雄『日本経営者団体発達史』（日刊労働通信社、1958年）、31～32頁。
8）　永田正臣『経済団体発展史』（小藤書店、1956年）、40頁。
9）　石井寛治「解題『商業会議所報告』」（商品流通史研究会編『近代日本商品流通史資料』第6巻、日本経済評論社、1979年）、8頁。
10）　江口圭一『都市小ブルジョア運動史の研究』（未来社、1976年）、158～160頁。
11）　同上、162頁。
12）　竹内壮一「独占ブルジョアジー」（石井寛治・海野福寿・中村政則編『近代日本経済史を学ぶ（下）』有斐閣、1977年）、30～31頁。
13）　前掲「解題『商業会議所報告』」11頁。
14）　代表的な研究として、たとえば竹内壮一「大正期における地方商業会議所──長野県上田商業会議所の有権者・議員分析──」（『千葉史学』第2号、1983年1月）、上川芳美「明治期大阪商業会議所の議員構成」（『社会科学』同志社大学人文科学研究所、第38号、1987年3月）、上川芳美「明治期京都商業会議所の議員構成」（『社会科学』同志社大学人文科学研究所、第47号、1991年8月）などを示すことがきる。
15）　商工会議所の制度設計に内在した植民地性に関しては、須永徳武「植民地期台湾の商工会議所と植民地性」（『アジア太平洋討究』第22号、2014年3月）を参照。
16）　波形昭一「台湾における経済団体の形成と商業会議所設立問題」（前掲『近代ア

ジアの日本人経済団体』)、波形昭一「台北商工会議所の設立と展開過程」(柳沢遊・木村健二編『戦時下アジアの日本経済団体』日本経済評論社、2004年)。

17) 「台湾商工会議所令ヲ定ム」『公文類聚』第60編昭和11年第54巻（JACAR（アジア歴史資料センター）A01200730200）、台北商工会『台湾商工会議所関係法規』（調査及資料第23輯）、1937年。

18) 『台湾日日新報』（1927年1月11日）、『台北商工会報』第2巻第6号（1936年11月)、20頁。

19) この点は波形昭一が「台湾人商工業者の加入問題」として指摘した点である。前掲「台湾における経済団体の形成と商業会議所設立問題」29～31頁を参照。

20) 前掲「台北商工会議所の設立と展開過程」54頁。

21) 『台北商工会報』第3巻第20号（1938年3月)、6～7頁。

22) 「台湾の商工会議所設置問題管見」(『台湾金融経済月報』台湾銀行、第75号、936年1月)、45頁。

23) 『台湾日日新報』1937年6月12日。

24) 『台北商工会報』第3巻第18号（1938年1月)、1頁、同第3巻第19号（1938年3月)、14頁、前掲「台湾の商工会議所設置問題管見」49～50頁。

25) 台湾商工会議所編『台湾全島商工会議所一覧』(1942年11月)。

26) 台北商工会『台湾商工会議所関連法規』(調査及資料第二十三輯)（1937年12月)、17、26頁。

27) 但し、基隆、新竹、嘉義、花蓮港、宜蘭商工会議所は級別区分を導入していない。

28) 『台北商工会報』第4巻第21号（1938年5月)、4～5頁。

29) 『台北商工会報』第4巻第22号（1938年6月)、1頁。

30) 『台湾日日新報』(1938年4月28日、5月10日、6月21日、1942年6月21日)。

31) 木村晴壽「戦前日本の商用会議所立法――商業会議所法の制定・改正・再改正」『松本大学研究紀要』第7号（2009年1月)、14～18頁。

32) 前掲『台湾商工会議所関連法規』4～5頁。

33) 「朝鮮商工会議所令制定案」『公文類聚』第54編昭和5年第26巻（JACAR（アジア歴史資料センター）A01200615600)。

34) 前掲「台湾の商工会議所設置問題管見」45頁。

35) 前掲『台湾全島商工会議所一覧』。なお、17名の台湾人官選議員の大半は公職を通じて植民地行政機構に包摂される存在であった。この点に関しては、前掲「植民地期台湾の商工会議所と植民地性」を参照。

36) 『台湾商工会議所報』第1巻第1号（1938年9月)、2～3頁。

37) 同前、3～5頁。

38) 『大衆人士録──外地、海外編』第13版（帝国秘密探偵社、1940年）、7頁、上村健堂編『台湾事業界と中心人物』（台湾案内社、1919年）、237頁、太田肥洲編『新台湾を支配する人物と産業史』（台湾評論社、1940年）、238頁、『台湾人士鑑』台湾新民報社（1934年）、6頁、大園市蔵編『台湾の中心人物』昭和10年版、日本植民地批判社（1935年）、107頁、山川隣編『戦時体制下に於ける事業及人物』（東京電報通信社、1944年）、60頁。

39) 唐澤信夫編『台湾紳士名鑑』（新高新報社、1937年）、270頁、内藤素生編『南国之人士』（台湾人物社、1922年）、11頁、『台湾人士鑑』日刊一周年記念版（台湾新民報社、1934年）、33頁、原幹洲編『自治制度改正十周年紀念人物志』（1935年）、46頁、原幹洲『南進日本之第一線に起つ──新台湾之人物』（拓務評論社、1936年）、724頁、『台湾人士鑑』日刊十周年記念版（興南新聞社、1943年）、107頁。

40) 西本駒之進編『躍進台湾の産業と山口県人』（1940年）、112頁、前掲『台湾事業界と中心人物』252頁、大園市蔵編『台湾人事態勢と事業界』（新時代社台湾支社、1942年）、153頁、中西利八編『新日本人物体系』（東方経済学会出版部、1936年）、492頁、大園市蔵編『科学と人物』（日本植民地批判社、1930年）、62頁。橋本白水編『台湾統治と其功労者』（南国出版協会、1930年）、54頁、前掲『南国之人士』12頁。

41) 前掲『躍進台湾の産業と山口県人』110頁、前掲『戦時体制下に於ける事業及人物』40頁、大園市蔵編『台湾人物誌』（矢沢書店、1916年）、164頁、岩崎潔治編『台湾実業家名鑑』（台湾雑誌社、1912年）、121頁。

42) 前掲『戦時体制下に於ける事業及人物』373頁、柳田久太郎編『新台湾』御大典奉祝号（新台湾社、1915年）、71頁、前掲『南国之人士』51頁、林進発編『台湾官紳年鑑』第4版（民衆公論社、1934年）、74頁、前掲『台湾人士鑑』172頁。

43) 前掲『大衆人士録──外地、海外編』第13版、49頁、前掲『南進日本之第一線に起つ──新台湾之人物』756頁、前掲『台湾人士鑑』日刊十周年記念版、294頁、前掲『自治制度改正十周年紀念人物志』48頁、前掲『新日本人物体系』269頁。

44) 前掲『南国之人士』130頁、前掲『台湾実業家名鑑』73頁、福田広次編『専売事業の人々』（台湾実業興信社、82頁）、前掲『台湾人士鑑』127頁。

45) 吉田静堂編『続財界人の横顔』（経済春秋社、1933年）、169頁、前掲『大衆人士録──外地、海外編』第13版、3頁、前掲『戦時体制下に於ける事業及人物』101頁、前掲『台湾人士鑑』14頁。

46) 台湾苧麻紡織株式会社は、その後に改組され台湾繊維工業株式会社となる。

47) 前掲『大衆人士録──外地、海外編』第13版、36頁、『大衆人士録──外地、海外編』第14版（帝国秘密探偵社、1943年）、48頁、前掲『台湾人士鑑』293頁。

48) 台北カネタツ株式会社は1938年に金辰商事株式会社に改組される。

49) 前掲『大衆人士録——外地、海外編』第13版、41頁、前掲『大衆人士録——外地、海外編』14版、56頁、前掲『台湾人士鑑』333頁、前掲『新台湾を支配する人物と産業史』191頁、前掲『続財界人の横顔』32頁。

50) 前掲『戦時体制下に於ける事業及人物』373頁、前掲『大衆人士録——外地、海外編』第13版、50頁、前掲『大衆人士録——外地、海外編』14版、67頁、前掲『新日本人物体系』139頁、前掲『台湾人士鑑』391頁。

51) 林進発編『台湾経済界の動きと人物』(民衆公論社、1933年)、328頁、『最近の南部台湾』(台湾大観社、1923年)、51頁、『今次の台湾と人物』(台支通信社、1930年)、152頁、前掲『台湾の中心人物』420頁、前掲『台湾人士鑑』175頁、前掲『台湾官紳年鑑』297頁。

52) 『台湾実業名鑑』(台湾新聞社、1934年)、6頁、前掲『大衆人士録——外地、海外編』第13版、8頁。

53) 前掲、『台湾紳士名鑑』129頁、前掲『台湾実業家名鑑』50頁、前掲『台湾の中心人物』118頁、前掲『科学と人物』46頁、前掲『戦時体制下に於ける事業及人物』96頁。

54) 前掲『大衆人士録——外地、海外編』第13版、42頁、前掲『大衆人士録——外地、海外編』第14版、56頁、前掲『台湾人士鑑』336頁、前掲『戦時体制下に於ける事業及人物』468頁。

55) 前掲『台湾人物誌』42頁、前掲『大衆人士録——外地、海外編』第14版、60頁、前掲『台湾紳士名鑑』40頁、前掲『台湾人士鑑』358頁、前掲『戦時体制下に於ける事業及人物』85頁。

56) カフェーモンパリは1940年10月に喜楽園に改組される。

57) 前掲『大衆人士録——外地、海外編』第13版、48頁、前掲『大衆人士録——外地、海外編』第14版、64頁、前掲『台湾人士鑑』380頁。

58) 『台湾日日新報』1938年6月21日。

59) 前掲『台湾人事態勢と事業界』144頁、前掲『南進日本之第一線に起つ——新台湾之人物』674頁、前掲『台湾経済界の動きと人物』355頁、前掲『新台湾を支配する人物と産業史』187頁、前掲『大衆人士録——外地、海外編』第13版、13頁。

60) 前掲『大衆人士録——外地、海外編』第13版、14頁、前掲『台湾人士鑑』93頁。

61) 前掲『続財界人の横顔』115頁、前掲『新台湾を支配する人物と産業史』625頁、前掲『大衆人士録——外地、海外編』第13版、53頁。

62) 前掲『大衆人士録——外地、海外編』第13版、15頁、前掲『台湾人士鑑』99頁。

63) 福田広次編『土木建築界の人物』(台湾実業興信社、1937年)、61頁、前掲『台

湾の中心人物』501頁、前掲『台湾人事態勢と事業界』264頁、前掲『大衆人士録
——外地、海外編』第14版、639頁。
64) 前掲『新日本人物体系』706頁、前掲『台湾統治と其功労者』125頁、前掲『台湾経済界の動きと人物』353頁、前掲『大衆人士録——外地、海外編』第13版、43頁、前掲『大衆人士録——外地、海外編』第14版、59頁。
65) 大園市蔵編『時勢と人物』（日本植民地批判社、1930年）、23頁、前掲『台湾統治と其功労者』129頁、前掲『台湾の中心人物』405頁。
66) 猪也三郎編『大衆人士録』（帝国秘密探偵社、1937年）、2頁、前掲『台湾人士鑑』13頁。
67) 前掲『大衆人士録』19頁、前掲『大衆人士録——外地、海外編』第14版、47頁、前掲『台湾人士鑑』525頁。
68) 前掲『大衆人士録』20頁、前掲『大衆人士録——外地、海外編』第14版、49頁。
69) 華南銀行は林本源家の林熊徴を総理とし、華僑資本の動員を目的に日台合弁で設立された銀行であるが、その設立経緯、出資状況、役員構成から台湾銀行の別働銀行と判断し国策企業として取り扱う。この点に関しては、門脇源太郎編『台湾産業金融事情』（金融之世界社、1942年）、37〜38頁、久末亮一「『華南銀行』の創設——台湾銀行の南進における『大華僑銀行』案の形成と結実：1912-1919」（『アジア経済』第51巻第7号）を参照。
70) 羽生国彦編『台湾の交通を語る』（台湾交通問題調査研究会、1937年）、497頁、前掲『台湾の中心人物』135頁、前掲『台湾紳士名鑑』54頁、前掲『台湾人士鑑』13頁。
71) 住屋図南編『台湾人士之批評記』（南邦公論社、1937年）、71頁、前掲『台湾経済界の動きと人物』352頁、前掲『戦時体制下に於ける事業及人物』113頁。
72) 前掲、『台湾紳士名鑑』51頁、前掲『続財界人の横顔』5頁、前掲『大衆人士録——外地、海外編』第13版、32頁、前掲『大衆人士録——外地、海外編』第14版、43頁。
73) 林進発編『台湾人物評』赤陽社、1929年、49頁、大園市蔵編『現代台湾史』（日本植民地批判社、1933年）、138頁、前掲『自治制度改正十周年紀念人物志』50頁、前掲『台湾の中心人物』138頁。
74) 大園市蔵編『台湾産業と人物の巻』（日本植民地批判社、1930年）、14頁、前掲『南進日本之第一線に起つ——新台湾之人物』732頁、前掲『専売事業の人々』37頁、前掲『台湾紳士名鑑』112頁、前掲『南国之人士』9頁。
75) 前掲『大衆人士録——外地、海外編』第13版、57頁、前掲『大衆人士録　外地、海外編』第14版、76頁、前掲『土木建築界の人物』18頁、前掲『台湾人士鑑』460頁。

76) 前掲『南進日本之第一線に起つ──新台湾之人物』676頁、前掲『台湾紳士名鑑』57頁、前掲『続財界人の横顔』225頁。
77) 前掲『台湾人士鑑』250頁。
78) 前掲『台湾人士鑑』260頁、前掲『戦時体制下に於ける事業及人物』51頁。
79) 前掲『台湾人士鑑』9頁。
80) 前掲『台湾人士鑑』128頁、前掲『台湾人士鑑』日刊十周年記念版、219頁。
81) 前掲『台湾人士鑑』日刊十周年記念版、307頁。
82) 『台湾日日新報』1934年12月4日、1938年6月21日。なお、趙祐志『日拠時期台湾商工会の発展（1895-1937）』（稲郷出版社、1998年）は、商工会議所設置までの台湾の商工団体について網羅的かつ多面的に検討した研究成果である。特に第5章の「商工会与台人商工領導階層的凝塑」には、商工会議所設立直前の時期の各地商工団体、台北市では台北商工会、台北実業会、台北商業会、台北総商会の台湾人役員が網羅的に掲出されているが、同書にも楊接枝の記載はない。
83) 『商工時報　高雄』（高雄商工奨励館・高雄商工会議所）第1巻第1号、1938年7月、103～106頁。
84) 『高雄商工時報』（高雄商工会議所）第49号、1942年5月、1頁。
85) 前掲『商工時報　高雄』93～102頁。
86) 住屋孤南編『台湾人物展望』（台湾月旦社、1932年）、49頁、中山聲・片山清夫編『躍進高雄の全貌』1940年、371頁、『最近の南部台湾』（台湾大観社、1923年）、53頁、間島三二編『南台湾の宝庫と人物』（図南社、1931年）、215頁、前掲『南国之人士』324頁、前掲『新台湾を支配する人物と産業史』505頁、前掲『台湾人士鑑』303頁。
87) 前掲『躍進高雄の全貌』410頁、前掲『台湾人士鑑』362頁、前掲『台湾人事態勢と事業界』42頁、前掲『台湾紳士名鑑』302頁。
88) 前掲『台湾官紳年鑑』841頁、前掲『南国之人士』347頁、前掲『台湾現代史』150頁、前掲『躍進高雄の全貌』373頁、前掲『台湾人事態勢と事業界』34頁。
89) 前掲『大衆人士録──外地、海外編』第14版、27頁。
90) 前掲『躍進高雄の全貌』403頁、前掲『大衆人士録──外地、海外編』第14版、50頁、前掲『台湾人士鑑』297頁。
91) 前掲『躍進高雄の全貌』412頁、前掲『台湾人士鑑』386頁。
92) 前掲『大衆人士録──外地、海外編』第13版、9頁、前掲『新台湾を支配する人物と産業史』554頁、前掲『台湾人事態勢と事業界』93頁。
93) 前掲『台湾の中心人物』昭和10年版、110頁、前掲『南台湾の宝庫と人物』235頁、前掲『躍進高雄の全貌』407頁、前掲『大衆人士録──外地、海外編』第13版、44頁、

前掲『大衆人士録——外地、海外編』第14版、59頁。
94) 前掲『大衆人士録——外地、海外編』第13版、4頁、前掲『台湾実業名鑑』298頁、前掲『躍進高雄の全貌』385頁、前掲『戦時体制下に於ける事業及人物』259頁、前掲『台湾人士鑑』12頁。
95) 前掲『大衆人士録——外地、海外編』第13版、17頁、『台湾日日新報』1937年7月27日、1938年11月13日、1939年3月4日。
96) 前掲『南国之人士』339頁、前掲『台湾実業家名鑑』482頁、前掲『大衆人士録——外地、海外編』第13版、54頁、前掲『大衆人士録——外地、海外編』第14版、73頁、前掲『戦時体制下に於ける事業及人物』342頁。
97) 前掲『南国之人士』340頁、前掲『台湾人士鑑』341頁、前掲『台湾人物展望』64頁、前掲『躍進高雄の全貌』411頁。
98) 前掲『躍進高雄の全貌』397頁、前掲『大衆人士録——外地、海外編』第13版、27頁、前掲『戦時体制下に於ける事業及人物』226頁。
99) 前掲『大衆人士録——外地、海外編』第13版、37頁、前掲『大衆人士録——外地、海外編』第14版、51頁、前掲『戦時体制下に於ける事業及人物』352頁、前掲『台湾人事態勢と事業界』7頁。
100) 『南部台湾紳士録』1907年2月、513頁、前掲『大衆人士録——外地、海外編』第13版、10頁、前掲『土木建築界の人物』137頁、前掲『南台湾の宝庫と人物』117頁。
101) 前掲『台湾実業名鑑』237頁。
102) 前掲「『躍進台湾の産業と山口県人』311頁、前掲『台湾人士鑑』414頁。
103) 大澤定吉編『台湾関係人名簿』(愛光新聞社、1959年)、173頁、前掲『大衆人士録——外地、海外編』第14版、48頁。
104) 前掲『大衆人士録——外地、海外編』第13版、18頁、前掲『大衆人士録——外地、海外編』第14版、46頁。
105) 前掲『大衆人士録——外地、海外編』第13版、15頁、前掲『台湾実業名鑑』288頁、『台湾日日新報』1938年8月16日。
106) 前掲『大衆人士録——外地、海外編』第13版、5頁。
107) 前掲『台湾実業名鑑』285頁。
108) 前掲『新日本人物体系』557頁、前掲『南台湾の宝庫と人物』141頁、前掲『新台湾を支配する人物と産業史』504頁。
109) 前掲『南台湾の宝庫と人物』185頁、前掲『大衆人士録——外地、海外編』第13版、10頁。
110) 前掲『台湾実業名鑑』288頁、前掲『大衆人士録——外地、海外編』第13版、33頁、

前掲『大衆人士録――外地、海外編』第14版、45頁。
111) 前掲『大衆人士録――外地、海外編』第13版、32頁、前掲『大衆人士録――外地、海外編』第14版、44頁、前掲『時勢と人物』10頁、前掲『南進日本之第一線に起つ――新台湾之人物』527頁、前掲『台湾の中心人物』昭和10年版、421頁。
112) 前掲『現代台湾史』419頁、前掲『自治制度改正十周年紀念人物志』48頁、前掲『台湾人士鑑』40頁、前掲『南台湾の宝庫と人物』181頁。
113) 前掲『台湾人士鑑』368頁、前掲『戦時体制下に於ける事業及人物』347頁。
114) 前掲『躍進高雄の全貌』388頁、前掲『台湾人士鑑』69頁、前掲『戦時体制下に於ける事業及人物』385頁。

第Ⅲ部

産業化と市場

第9章　汽車会社台北支店の製作事業──汽車会社と台湾──

老川　慶喜

はじめに

　日本の鉄道は、1886～89年の企業勃興期に開業距離を著しく延長するが、それにともなって機関車や客貨車をはじめとする鉄道用品の輸入額が増大した。表9-1は、鉄道の開業距離の延長と機関車、客貨車など鉄道用品の輸入額の推移を示したものであるが、1886～90年の開業距離、鉄道用品輸入額の増加率が最も高い。そして企業勃興期以降も、鉄道用品輸入額は開業距離が延長するのにともなって増加していることがわかる。

　こうした結果をもたらしたのは、機関車や客貨車の国内生産体制が未確立であったからである。とりわけ機関車の国内生産は未熟で、1908年9月12日刊行の『東京経済雑誌』（第1456号）に掲載された論説「機関車の供給増加と内地建造計画」によれば、1906年から07年にかけて実施された鉄道国有化後の鉄道庁が所管する機関車は総計1924台にのぼるが、そのうち国内で建造されたのはわずか75台にすぎず、1800余台を英、米、独など欧米諸国からの輸入に仰いでいた。国内で製造された機関車75台の内訳は汽車会社の建造によるものが55台、鉄道庁神戸工場の建造によるものが20台であった[1]。

　1908年の段階で、民間で機関車を製造していたのは汽車会社のみであった。同社は、鉄道専門官僚の井上勝が1893年3月に鉄道庁長官を辞任したのち、毛利元徳、岩崎弥之助、渋沢栄一、眞中忠直、益田孝、藤田伝三郎らとはかって

表9-1　鉄道の路線延長と鉄道用品輸入額の推移

	営業距離		鉄道車輛・同部品		鉄道機関車・同炭水車	
	距離（km）	増加率（%）	金額（円）	増加率（%）	金額（円）	増加率（%）
1883～1885	569.2	—	75,722	—	175,356	—
1886～1890	2251.2	295.5	14,936,613	19,625.6	1,430,558	715.8
1891～1895	3685.5	63.7	1,545,709	-89.7	3,896,393	172.4
1896～1900	6,202.8	68.3	4,851,516	213.9	13,851,516	255.5
1901～1905	7,695.8	24.1	7,000,952	44.3	7,000,952	-49.5
1906～1910	9,978.6	29.7	8,829,329	26.1	8,829,329	26.1

出典：東洋経済新報社編纂『日本貿易精覧』1975年、野田正穂ほか編『日本の鉄道――成立と展開』日本経済評論社、1983年。

「高価なる外国製造品の輸入を防ぎて低廉なる内国製造品を奨励する」ことを目的に設立した、鉄道用機関車、各種車両および器具の製造・販売会社である。鉄道工場を大阪、東京、台北に設置し、将来的には年間機関車12台、客車50両、貨車200両の製造をめざしていた[2]。

　汽車会社は、1896年9月14日、汽車製造合資会社という社名で設立登記を完了した。同社は、大阪府西成郡川北村嶋屋新田に約2万坪の工場用地を取得して工場を建てたが、東京の平岡工場に太刀打ちできず、設立当初の経営は不振をきわめた。そこで、1899年6月の臨時総会で平岡工場の経営者である平岡熙を副社長として招くことにしたが、それにともない社名を大阪汽車製造合資会社と改称した。しかし、1901年7月に平岡工場を買収すると、社名をもとの汽車製造合資会社にもどした。このように社名はしばしば変更しているが、本章では煩雑を避けるため「汽車会社」と統一することにした[3]。

　ところで、鉄道業界の業界紙『鉄道時報』は1900年当時の汽車会社について「目下製造中のものは客車、貨車、神戸水道鉄管、台湾の貨車等にして本年一月来の受負価額のみにても二十万円以上に達せり」と紹介している[4]。汽車会社は、客貨車、水道鉄管のほか、台湾縦貫鉄道用の貨車を製造していたのであるが、1900年9月25日に台湾の台北に台湾分工場を開設し、翌01年10月26日には台北支店に昇格させている。

　本章は、この汽車会社の台湾分工場（台北支店）について検討を加えようと

するものであるが、同分工場についてはすでに沢井実が「一九〇〇〜〇七年には台北工場の一部を汽車製造合資会社に貸与して縦貫鉄道の建設に必要な客貨車・鉄橋・ポイント類を現地生産させた」、あるいは汽車会社にとって「明治三〇年代の経営改善策として平岡工場と並んで重要だったのが一九〇〇〜〇七年の間操業した台北分工場であった」などと指摘している[5]。しかし、同書は日本の鉄道車両工業の全体像を明らかにしようとしたものであるから、汽車会社台湾分工場（台北支店）についてそれほど詳しく検討しているわけではない。そこで本章では、汽車会社台湾分工場（台北支店）が開設される経緯とそこでの製作事業の実態を明らかにし、それが汽車会社の経営、さらには台湾総督府が推進する台湾縦貫鉄道の敷設事業にどのような意義をもったのかを検討することにしたい。

第1節　台湾分工場の開設

(1) 随意契約と台湾縦貫鉄道

　日本は、1895年4月に下関で日清講和条約を締結して台湾を領有すると、基隆〜打狗（高雄）間の台湾縦貫鉄道の敷設を計画した。台湾縦貫鉄道を敷設するため、台湾鉄道会社という私設鉄道の設立が計画されたが[6]、児玉源太郎が1898年2月に台湾総督府総監に就任し、翌3月に後藤新平が同民政局長（6月に民生長官）となると総督府によって敷設されることになり、1899年3月に台湾事業公債法および台湾鉄道増設改良資金2,880万円が議会の協賛を得た。そして、1899年4月には総督府に線路の敷設や改良工事を担当する臨時鉄道敷設部がおかれ、同年11月に臨時台湾鉄道敷設部と総督府民政部鉄道掛（運輸営業）が合併して台湾総督府鉄道部が誕生し、後藤新平が鉄道部長、長谷川謹介が技師長となった。台湾領有から5年目、軍政から民政に移って4年目、鉄道の管轄が軍隊から民政局に移って3年目のことであった。

　台湾縦貫鉄道の敷設にあたって、実際の計画、改良、建設を推進したのは鉄

道部長の後藤ではなく、技師長の長谷川謹介であった[7]。それは、後藤自身が「自分は明治三十二年四月台湾鉄道部創設以来同三十九年同島を去るまで台湾鉄道部長の職に在つたが、それは唯名義だけの部長で、鉄道のことは長谷川君に一任して盲判を捺して居たに過ぎない」と述べていることからも明らかであろう[8]。

　長谷川は、汽車会社の社長井上勝が鉄道専門官僚であったときの1877年5月、大阪駅構内に開設した工技生養成所の第1回生で、井上の弟子として重用され、国内では逢坂山隧道や柳ケ瀬隧道など数々の難工事を手がけてきた。後藤が鉄道作業局長官松本荘一郎に技師長の人選を依頼し、松本が日本鉄道会社の社長小野義真にはかって長谷川に決めたとのことである。また長谷川は長州藩の出身であったので、同郷の井上勝や井上馨にも相談をしたという[9]。

　なお、汽車会社技師長の長谷川正五は長谷川謹介の甥である。長谷川正五は、1895年に東京帝国大学機械科を卒業したのち日本鉄道会社大宮工場に技師長として入社し、その後アメリカに留学してボールドウィン機関車会社（Baldwin Locomotive Works）で機関車の設計および製造法を勉強してきた若手技術者であった。井上勝は、この長谷川正五を1899年に日本鉄道から貰い受けたのである。叔父の長谷川謹介が台湾総督府鉄道部の技師長に就任するのと、甥の長谷川正五が汽車会社の技師長に就任するのはほぼ同じ時期であったということになる。

　長谷川謹介は台湾縦貫鉄道の敷設にあたって「一呎でも先へ線路を延し、一日でも早く汽車を走らせ、大なり小なり収入を上ぐる」ことを要諦とした。これは「速成延長主義」とよばれ、「当時の台湾を交通不便より救い、産業を助長し、匪賊生蕃の平定を速かならしむる利益がある」とみられていた[10]。

　また長谷川は、「速成延長主義」を実現するには鉄道敷設の請負や鉄道用品の購入を、入札方式ではなく随意契約方式でなさなければならないと主張した。1899年7月4日に勅令が出され、島内ならびに内地からの鉄道敷設や灯台建築などに必要な用品の購入や工事の請負には、随意契約が適用できるようになった。随意契約が認められたのは、「本島ニ於テ将来ニ施行スヘキ鉄道敷設、灯

台建築等ノ事業ニ要スル材料ハ最モ正確確実ヲ期スヘキヲ以テ其製造所及販売人ノ如キハ特ニ選択ニ注意セサルヘカラス、労力者ノ雇傭ハ従来ノ経験ニ徴スルニ資産、経歴ヲ有スル本島土人ニ就キ請負ヲ命スルヲ利便トスル場合甚タ多シ、故ニ材料ノ購入、労力ノ雇傭ノ如キハ競争入札ノ方法ニ依ラス随意契約ノ方法ヲ採ルノ必要アルヲ信ス」という理由からであった[11]。

長谷川謹介は、1908年10月の台湾縦貫鉄道の全通式にさいして、その成功の第1の要因として「工事の請負並に重なる内外品購入には競争入札を排して随意契約の法を取りたること」をあげ、次のように述べた[12]。

　元来政府会計法に於ては、工事の請負若くは物品の購入は、競争入札によるを以て本則とするのであるが、鉄道工事は由来長里程に亘るものにて、殊に台湾の縦貫鉄道の如く南北同時に工を起し数区に画りて其の工を急くものに於ては、其各区の工事を順序良く進捗せしむることが最も必要である。即ち其大部分の工区は洵に都合よく工事が進行するとしても、残る一部の工事に何等かの障碍を生ずるとか、購入物品の到着が遅延するとか云ふ場合には、全部の工事にそれが影響を及ぼして、或は工事の進捗を鈍らし、或は営業の開始を遅らすは必然である。然かも台湾に於ては御承知の通り、港湾の良好なるものが無い。即ち北に基隆あり南に打狗あれども、当時の基隆は今日と異なりて、冬季は風浪に遮られて屡々艀船を通ずる能はざることあり、打狗亦遠浅にして荷役に頗る困難にて、夏季は殊に甚しく、僅に二三千噸の汽船にして荷役を了る迄に二三回澎湖島に浪を避けた例もあると云ふ次第で、南北とも船便を或る期間に限らゝゝ結果として、工事にしても物品にしても期限を誤るの虞が殊に多い。されば此の工事は期限を過った場合には罰金を納めれば宜いと云ふ様な、ソンナ責任の軽い者には請負はされ無い、即ち競争入札ではいけない、どうしても資力あり、経験あり責任を重んずる者を撰んで、特別に契約するに非ざれば、予定の期間に工事の竣成を見んことは殆ど不可能であると云ふのが理由となって、最初は大分困難であつたが終に此の契約による事を許された。それが為め

に幸に適当なる請負業者を得て、期限も過らず、ヒドク儲けられもせず、首尾能く右の如く全線の竣工を見た様な次第である。

　長谷川謹介によれば、台湾縦貫鉄道の敷設には難工事が予測された。同鉄道の路線が南北に長いということばかりでなく、「速成延長主義」を貫くため全線をいくつかの工区に分けて起工することになっていたので、工事を速やかに進捗させるためには各区の工事を順序よく進めなければならなかったからである。ほとんどの工区の工事が順調に進捗しても、一部の工区の工事に支障がおこると、全体の工事を遅らせることになりかねないのである。

　また、鉄道建設資材の輸送難も台湾縦貫鉄道敷設のさいの支障となった。材木、石材、石炭など、建設資材のほとんどを内地や諸外国から輸入しなければならなかったが、当時台湾航路は危険視され船便も少なかった。港湾も浅く、大型船は沖合に停泊せざるを得ず、陸揚輸送や海上輸送を著しく損ねていた。長谷川謹介の伝記には、1899年5月に長谷川と事務官の遠藤剛太郎が上京し、「機関車、客貨車、軌条等を首め材木、石材、セメント、石炭等」を購入したが、この8,000トンにも及ぶ巨大な貨物を台湾に輸送するのに大変な苦労をしいられたことが記述されている[13]。鉄道建設資材の遅着は「工事の進行を著しく狂はせる」ので、鉄道用品をいかに購入するかは台湾縦貫鉄道の敷設にとってきわめて重要な問題であった[14]。

　このようななかで長谷川は、台湾縦貫鉄道の敷設を「速成延長主義」をもって進めるためには、資力があり経験豊かで、なによりも責任を重んずる業者を選ばなければならないと考え、鉄道工事の請負や用品の購入には競争入札ではなく、随意契約を適用することにした。汽車会社の台湾分工場の開設も、基本的にはこのような文脈のなかで捉えられるように思われる。

(2) 台北砲兵工廠工場の撤収と汽車会社台湾分工場の開設

　台北砲兵工廠は「鉄道、造船、兵器其他の製作本局」で、「台湾唯一の鉄工場」であったが、1900年11月末日を限りに設備を撤収し、すべての工場を鉄道部に

引き渡した。そのため「今の台北停車場構内に在る鉄道修理工場は、勢ひ不用とな」り、これを有効に利用する一つの方策として汽車会社の台湾分工場が開設されたのである。すなわち、「大阪汽車製造会社の分工場を設置するの運びに至りたる」所以は次のようであった[15]。

> 元来鉄道部の経常部に属する工業は、鉄道部自身の経営する所にして、かの臨時部に属する縦貫鉄道完成の暁までは、汽車の新造より橋桁の組立其他鉄道建設に必要の雑品は、之を内地に仰ぐよりは成るべく台北に於て供給せしむること刻下の急務なれども、現在台北に散在する私設鉄工場にては如何にも此希望を満たすに足らず、加ふるに製薬所といひ、樟脳局といひ若くは民間会社といひ、製造諸器械の修理製作に応ぜんとするには、大資本大仕掛けなる一大工場を要するは、之れ又上下の熱望する所ならん

このように鉄道部は、臨時部に属する台湾縦貫鉄道の敷設にあたって、汽車の新造、橋桁の組立、その他鉄道用品の供給は、内地に仰ぐのではなく台北で供給できるようにしたいと考えていた。しかし台北には、それに対応できる「大資本大仕掛けなる一大工場」がないので、汽車会社の分工場を誘致したのである。

一方、汽車会社は台湾縦貫鉄道の敷設工事がはじまると、台湾総督府鉄道部から鉄道用品や建設資材の注文を受けるようになった[16]。そのため、1900年7月31日の臨時株主総会で「台湾台北ニ於テ本社ノ事業経営ノコト」という決定がなされた[17]。これは、同年8月12日付『台湾日日新聞』で、「今般砲兵工廠工場は鉄道部所属となるべき事に決し而して右工場は鉄道修繕に充てらるゝ事なるが、将来車輛その他の製造多ければ大阪汽車製造会社にては右鉄道部所属工場の一部を借受け分工場を当地に設けん計画なりと云ふ」と報道された[18]。また同社の『第9回営業報告』は、台湾分工場の開設にいたる経緯を次のように説明していた[19]。

台湾ニ於テハ目今鉄道其他施設ノ事業多ク、本社ノ注文品中運搬等ノ為
　　メ同所ニ於テ製造スルノ便益アルモノ夥多ナルヲ以テ同所ニ於テ本社事業
　　ヲ経営スルノ利アルヲ知リ、技師ニ託シ状況ヲ実際ニ調査シ又本社ノ職員
　　ヲ派遣シ事業施設ノ方法ヲ考査セシメ、遂ニ台北ニ於テ分工場ヲ設置セリ

　汽車会社はさっそく鉄道部から橋桁の組み合わせを請け負い、技師長の子安雅をはじめ職工十数名を台湾に派遣した[20]。また社長の井上勝は、1900年11月28日に打狗（高雄）停車場構内で開催された台湾縦貫鉄道高雄〜台南間開通式に来賓として参列するために渡台したさい[21]、台湾総督府と鉄道工場家屋の一部と同工場の機械設備の借用に関する打ち合わせを行った。その結果、台湾総督府鉄道部長の後藤新平は、1900年12月10日、台湾総督の児玉源太郎にあてて、次のような上申を提出した[22]。

　　　工場及機械類使用許可ニ関シ上申
　　大阪汽車製造合資会社長子爵井上勝ヨリ鉄道部工場ノ一部及機械汽機類ノ若干ノ使用許可ヲ受度旨願出候処、右ハ異例ニ渉ルモノニ付何分ノ処置ヲ為スニ先チ一応経伺ヲ為スヲ妥当ナリト認メ左ニ意見ヲ具シ御認可相仰候
　一　鉄道部平常ノ工作ハ工場及機械汽機類ノ全部ヲ用ユルヲ要セス、若干ノ余剰アルニ依リ之ヲ利用スルノ方法トシテ他人ニ使用セシメ之ニ応スル使用料ヲ徴スルヲ適当ト信ス、而シテ之ヲ他人ニ使用セシムルニ当テハ技術ニ熟シ経験ヲ有シ且資本及信用ノ確実ナル者ヲ選フヲ必要トスルニ依リ右会社ハ資格ニ於テ充分ナルベク出願ハ聴許スルノ値アリ
　一　鉄道部ハ時々重要ノ工作ヲ為スノ必要ニ迫ルコトアリ、此等ハ施工上特別ノ熟練ヲ要スルモノナルニ依リ従来台湾ニ於テ加工スルニ由ナク、去リテ外国ニ於テ加工シ来ルトセバ其加工品ノ輸入税額ハ原料ノ輸入税ニ加工賃ヲ加ヘタルモノヨリモ貴ク、結局一度内地ニ廻送シ加工スルノ外ニ策ナケレハ之力為メ陸揚積込ノ費用時日手数等ヲ冗消シ敷設工事

ニ重大ノ結果ヲ及ホスノ憂アリ、若シ夫レ此等熟練ノ施行者ヲ鉄道部ニ常置セン乎、重要ノ工作ハ日々ニ生スルモノニ非ザレハ平常ハ他ノ工作ニ従事セシメサル可ラサルモ鉄道部ノ工作ハ平常已ニ限アリ一般ノ需用ニ応スルモノニ非サルヲ以テ経済ノ点ヲ顧慮シ決シテ常置ヲ可トシ難シ、故ニ今ヤ全会社カ此等熟練ノ施行者ヲ率来テ平常ハ一般ノ需用ニ応スルモノトセハ会社ハ敢テ苦痛ヲ感セスシテ鉄道部ハ寔ニ好都合ヲ得ル次第ナリ、加之築港、灯台、船舶、修繕等一般ノ需用者ハ従来内地ニアラサレハ得サリシ工作ヲ爾後台湾ニ得ルニ至ラン

一　現行ノ法令ニハ随意契約ヲ以テ官有不動産ヲ貸下クルコトヲ得ルノ規則ナシ、然レトモ何時タリトモ返納セシムルノ条件ヲ付シ政府ノ義務ヲ設定スルコトヲ避ケテ使用ヲ許可スルハ現今ノ例ナリ故ニ同一条件ヲ用ウルヲ要ス

右ノ次第ニ付別案ノ通リ命令致度候間此段及上申候也

　　　　明治三十三年十二月十日

　　　　　　　　　　　　台湾総督府鉄道部長後藤新平　㊞

　台湾総督男爵児玉源太郎殿

　このように汽車会社の社長井上勝は、鉄道部の工場の一部と若干の機械・機器類の使用許可を願い出た。後藤はこれを「異例ニ渉ルモノ」と認識し、台湾総督の児玉源太郎に伺いを立てるとともに、みずからの見解を上申した。その主張は次のようであった。

　鉄道部は平常の作業で工場や器械・機器類をすべて使用しているわけではなく「若干ノ余剰」がある。したがって、これを「他人ニ使用セシメ之ニ応スル使用料ヲ徴スル」のが適当であると思われるが、そのさい「技術ニ熟シ経験ヲ有シ且資本及信用ノ確実ナル者ヲ選フ」必要がある。汽車会社は「資格ニ於テ充分」であり、同社の「出願ハ聴許スルノ価」があるというのである。

　鉄道部は、ときどき「重要ノ工作ヲ為スノ必要」に迫られることがあったが、「施工上特別ノ熟練ヲ要スルモノ」については「台湾ニ於テ加工スル」方法が

なかった。だからといって外国で加工したものを輸入すれば、「輸入税額ハ原料ノ輸入税ニ加工賃ヲ加ヘタルモノヨリモ貴ク」なるので、「一度内地ニ廻送シ加工スル」ほかなかった。そのため「陸揚積込ノ費用時日手数等ヲ冗消し」、台湾縦貫鉄道の「敷設工事ニ重大ノ結果ヲ及ホスノ憂」があった。

そこで、もし「熟練ノ施工者」を鉄道部に常置しても、「重要ノ工作」は日々に生じるわけではないので、「平常ハ他ノ工作ニ従事」させざるを得ない。また、鉄道部の工作には「平常已ニ限」があり、「一般ノ需要ニ応スルモノ」ではない。そのため、鉄道部に「熟練ノ施工者」を常置しても採算がとれない。そこで、汽車会社が「熟練ノ施工者」を率いて来台し、「平常ハ一般ノ需用ニ応スルモノ」とすれば、同社は「敢テ苦痛ヲ感」じることはないし、鉄道部にとっても「寔ニ好都合」ということになる。さらに、築港、灯台、船舶、修繕など、「一般ノ需用者ハ従来内地ニアラサレハ得サリシ工作ヲ爾後台湾ニ得ル」ことができるようにもなる。なお、法令では随意契約で「官有不動産ヲ貸下クル」ことができるという規則はない。しかし「何時タリトモ返納セシムル」という条件を付し、「政府ノ義務ヲ設定スルコトヲ避ケテ使用ヲ許可」すればよいではないかというのである。

こうして汽車会社の台湾分工場は、1901年1月に鉄道部工場の一部および同工場の機械設備の使用許可命令が出されると本格的に業務を開始し[23]、「専ラ縦貫鉄道用材料の製造」に従事し、橋桁や鈑桁を製造することになった[24]。すなわち、大阪の本店工場で製作したものを台湾分工場で組み立てて納入するようになったのである[25]。

第2節　汽車会社の経営と台湾分工場（台北支店）

(1) 営業収支と主要製造品

汽車会社は、1899（明治32）年上半期（1～6月）になると当初企画していた「興業上ノ設備」がおおむね完了し、営業開始を公表する前から「各地ヨリ

車輛及ヒ鉄製建築材等ノ注文」を受けていた[26]。1899年7月に開業式を迎え、9月には「本社内部ノ整理稍々緒ニ付キ」、10月には「漸次注文ヲ引受ケ製作上ノ進歩」を遂げ、同期末になると「稍盛況ヲ呈」した。しかし「一般経済上ノ消長」が影響を及ぼし、「萎靡不振」をきわめていた鉄道事業が恢復したのにもかかわらず「外国ニ於テ鉄物ノ騰貴ハ殆ント底止スルノ状ナク」、期末には「金利ノ引上ケヨリ恐慌ヲ来シ、為メニ注文ノ気ヲ阻喪セシ事」となった[27]。

1900年になっても1月から3月中旬までは「注文引受高極メテ僅少」であった。しかし、3月下旬から「続々重要ナル製作品ヲ引受ケ」、期末には「職工ヲ増加シ製造器械ノ全力ヲ挙ケテ」製作に従事することになった。汽車会社の経営が進展し、「諸種ノ設備緒ニ付漸次信用ヲ官公諸庁、鉄道会社及有力ナル会社銀行等ニ博」するようになったからである。しかし、請負品の大部分は半製品のまま次期に繰り越さざるを得ず、決算高は僅少であった。製作品の主なものは客車、貨車、橋桁、機鑵、水道鉄管、鉄製建築材料などで、設計中の機関車が1台あり、原料を海外から輸入しつつあった[28]。

汽車会社の1900年から10年までの営業収支をみると表9−2のようである。1900年、01年は赤字であったが1902年からは黒字に転じ、日露戦争が始まる1904年には、前年比260.8％の24万3,001円の利益を出している。この間、1899年6月に平岡工場の社長平岡熙を副社長に迎え、91年7月には平岡工場を合併して東京支店とした。平岡工場は、鉄道車両製造の草分けで、1890年3月に東京市小石川区の陸軍砲兵工廠内の工場の一部を借用し、匿名組合を組織して営業を開始した。経営は順調で、1894年10月には出資金を償還して平岡の個人経営とし、96年3月に工場借用期限が満期を迎えると、東京市本所区錦糸町に工場を建設し移転した。

また、1900年9月には台湾の台北に分工場を開設し、01年10月には同工場を台北支店に昇格させた。つまり、汽車会社は1900〜01年に大阪の本店工場のほか、東京と台湾の台北に支店工場を開設し、02年から営業収支が黒字に転じたのである。そして、翌1905年には利益が30万5,256円とピークに達し、日露戦争後にはやや減じるが台湾縦貫鉄道の全通式が開催された08年までは10万円を

表9-2 汽車会社の営業収支

年	収入					支出			
	製品損益		家賃	賃貸車賃貸料	計	利息	報酬	給料	雑費
1900	52,561	95.0%	—	—	55,347	—	6,000	19,401	—
1901	139,185	96.4%	—	—	144,336	—	3,400	35,214	—
1902	211,527	94.7%	—	—	223,458	—	6,600	45,799	—
1903	324,291	96.5%	939	3,256	336,067	23,969	6,600	47,913	22,250
1904	503,924	94.8%	1,031	4,669	531,556	29,160	6,600	43,968	—
1905	709,267	96.5%	1,138	9,376	734,701	54,903	6,600	44,180	—
1906	517,264	94.4%	1,149	8,937	548,101	42,394	6,600	50,515	—
1907	520,690	96.0%	984	8,262	542,535	56,236	6,600	51,325	—
1908	584,366	97.4%	863	7,614	600,026	83,184	6,600	45,510	35,166
1909	208,009	63.6%	847	6,917	327,150	58,791	5,775	43,706	15,269
1910	258,084	94.5%	759	6,247	273,182	39,913	2,350	44,547	18,280

出典:汽車製造合資会社『営業報告書』各期。

こえていた。しかし、1909年、1910年には再び赤字となった。

　汽車会社の収支を規定したのは、いうまでもなく「製品損益」であった。収入には「家賃」「賃貸車賃貸料」などもあるが、1909年をのぞいて95%前後を「製品損益」が占めていた。また、支出の30〜40%を「工場雑費」が占めているので、汽車会社の収支は同社が製造する機関車、客貨車、橋桁などの製品によって規定されていたといえる。1904年から08年までの「製品損益」は50万円をこえており（ピークは1905年の70万9,267円）、同期間の営業収支は良好であった。1909年には5万4,335円の赤字となるが、それは「製品損益」が前年度比64.3%減の20万8,009円と大きく減少したからにほかならない。1910年の「製品損益」も25万8,084円で、1904〜08年の半分にも達しなかった。

　汽車会社の主な製造品を大阪本店、東京支店、台北支店別にみると、おおよそ次のようである。大阪の本店工場では機関車、客貨車、橋桁、器械、気罐、鉄道用建築材、鋼鉄建設物などを製造していた。東京支店は、客貨車、電車を製造し、機関車は製造していなかった。台北支店はもっぱら橋桁を製造し、さらに鋼鉄材、鋼鉄建設物なども製造していた。機関車を製造していたのは大阪の本店工場のみで、東京支店や台湾分工場（台北支店）では製造されていなか

第9章 汽車会社台北支店の製作事業

表9-3 台湾縦貫鉄道の機関車・客貨車需要

(単位:円)

工場雑費		計	損益
27,258	36.9%	73,821	-18,474
50,261	32.2%	156,225	-11,889
70,724	34.2%	207,029	16,429
82,681	30.8%	268,713	67,354
103,794	36.0%	288,555	243,001
167,958	39.1%	429,445	305,256
183,472	41.4%	442,736	105,365
179,399	40.9%	438,414	104,121
170,718	35.6%	479,487	120,539
133,127	34.9%	381,485	-54,335
112,300	36.7%	306,196	-33,014

年度	機関車		客車		貨車	
	台数	指数	両数	指数	両数	指数
1899	16	100	35	100	144	100
1900	16	100	42	120	157	109
1901	19	119	47	134	208	144
1902	30	188	56	160	258	179
1903	30	188	75	214	310	215
1904	31	194	87	249	426	296
1905	34	213	88	251	449	312
1906	37	231	94	269	495	344
1907	39	244	99	283	595	413

出典:台湾総督府鉄道部編『領台二十年記念台湾鉄道要覧』1915年。

った。台北支店では、機関車どころか客貨車も製造していなかった[29]）。

　そこで以下では、汽車会社の製作事業についてやや具体的に検討しておこう。汽車会社は1900年に関西各私鉄の橋桁設計をほとんど一手に引き受け、鉄道工務所の注文で20フィート2連、30フィートおよび40フィート各1連の鋼製鈑桁を製作した。このように、汽車会社は関西の私鉄向けの橋桁や鉄道工務所向けの鋼製鈑桁の製造を始めたが、創業当初の同社に大きな影響を及ぼしたのは、台湾総督府鉄道部からの受注であった。

　台湾縦貫鉄道の機関車および客貨車の需要をみると表9-3のようで、1899年から1907年までの8年の間に機関車は2.4倍、客車は2.8倍、貨車は4.1倍に増加した。そのうち鉄道車両の輸移入額をみると表9-4のようになり、1903年、1906～07年と1912年以降については、日本からの移入額が諸外国からの輸入額よりも多くなっている。汽車会社は、こうした台湾縦貫鉄道の鉄道用品需要をあてにしていたといえる。

　台湾総督府鉄道部は汽車会社に対し、1899年にカーブ・シューを注文し、翌1900年には80フィート6連の鈑桁を試作させた。これは台北駅の西6kmの新店渓に架設されることになっていた、当時としては最大規模の橋桁で、日本で

表9-4　台湾における鉄道車輌・同部品の輸移入額

(単位：円)

年度	輸入（諸外国）(A)	移入（日本）(B)	(A)-(B)
1900	4,998	—	—
1901	15,668	—	—
1902	—	49,000	
1903	17,859	65,750	-47,891
1904	58,857	47,970	10,887
1905	25,944	24,800	1,144
1906	11,016	66,200	-55,184
1907	39,733	64,204	-24,471
1908	238,816	145,168	93,648
1909	129,416	37,525	91,891
1910	357,611	36,859	320,752
1911	252,218	249,718	2,500
1912	67,964	310,716	-242,752
1913	89,174	217,762	-128,588
1914	10,237	92,302	-82,065
1915	62,355	243,392	-181,037

出典：東洋経済新報社編『日本貿易精覧』

はまだ製作したことがなかったが、鉄道部は英断をもって汽車会社に注文したのである。汽車会社では慎重を期して試作し、1901年2月に加重試験をクリアした[30]。以後、鉄道部は縦貫鉄道の建設に必要とされる鈑桁のほとんどを汽車会社に発注した。鉄道部技師長の長谷川謹介は、1907年6月に完成した濁水渓橋梁仮橋の本橋への改築工事にあたって、200呎構桁14連の製作を汽車会社に製作させた。構桁を汽車会社に依頼することには多くの人びとが危惧の念をもっていたが、長谷川は「何時迄も躊躇逡巡するに於ては何れの日にか我国技術の進歩を期せんや、是の製作を完全に達成せしむるは独り汽車会社の責任とすべきものに非ず、吾人亦進んで其責任の一半を負ひ是れを援助し以て我国技術上に貢献する覚悟と抱負を有せざる可らず」と語ったという[31]。

　汽車会社は、1898年4月、客車、貨車100両分の鉄材を英国に注文し、99年1月から5月にかけて毎月10両ずつ50両の7トン積み有蓋車を製造した。50両のうち、中国鉄道（現在のJR西日本津山線）に26両、阪鶴鉄道（同福知山線）に24両を納入した。

　東京の平岡工場が台湾総督府から貨車を受注すると、汽車会社は7トン積みブレーキ付土運車16両の製造を引き受け、平岡工場を援助した。汽車会社は、1904年末までに台湾総督府に約190両の貨車を納入した。客車については1902年に三等客車7両を納入し、04年までに16両を納入した。中国の南清地方の潮汕鉄路は軌間4フィート8インチ半の標準軌で、機関車は米国ブルックス

（Brooks）社製のものを使用していたが、橋梁と客貨車は汽車会社の製品が用いられた。汽車会社の大阪本店工場では1901年8月に第1号機関車を完成させたが、引き続き第3〜6号機関車の製作に着手した[32]。

1901年下半期の『営業報告書』は、大阪本店の機関車製作について次のように述べている[33]。

　　機関車ハ弐輛落成シ四輛製作中ナリ、此製造ハ営業品トシテハ殆ト本邦ニ於テハ嚆矢ニ属シ其製作ノ精否並ニ製造益ノ如何ハ最モ注目スヘキモノナリシニ、幸ヒ其節ニ於テ厳重ナル試運転ヲ行ヒ良好ノ結果ヲ得、外国輸入品ニ比シ毫モ遜色ナク製造益モ亦製造創始ニ付比較的費途多カリシニモ拘ハラス多少之ヲ挙クルコトヲ得タリ、爾今製造費ヲ省キ其員数ヲ増スニ至レハ本社最大ノ利源トナリ且一般鉄道事業ニ貢献スルトコロ尠カラサルヘシ

　汽車会社は機関車の製造に着手したが、これは「本邦ニ於テハ嚆矢」であった。まだ製造技術が未熟であったため、どのような機関車ができあがるか予測できなかったので、機関車はほとんどが見込生産であった。注目されるのは、6台の機関車のうち3台が鉄道部向けであったことである。1号、2号および6号機関車が台湾鉄道向けで、残りは3号、4号機関車が北海道鉄道向け、5号機関車が東武鉄道向けであった。ただし、1号機関車は1901年10月に大倉組が所有する汽船「鶴彦丸」で台湾に向けて神戸港を出航したが、九州の五島沖で事故にあい沈没してしまった。台湾総督府は台湾縦貫鉄道を建設中で、戦利品としての機関車のほか、鉄道作業局から数両の機関車を譲り受け、さらには輸入もしていたが、なお機関車は極度に不足していたのである。

　汽車会社で製作した機関車は試運転の結果も良好で、外国製と比べても遜色なかった。しかし、価格は1号、2号機関車を例にとると、鉄道部からの受注価格22円20銭、汽車会社予算25円、同製造費19円22銭、荷造費29銭で、英国のナスミス・ウィルソン（Nasmyth Wilson）社製の蒸気機関車の購入価格が24

円24銭5厘であったことと比較するとかなり廉価であったといえよう[34]。その意味では、汽車会社設立の目的の一端は実現されたとみることができる。

このように汽車会社は旺盛な製作事業を展開したが、そのため1902年上半期には「製作業ノ繁忙ナルニ連レ製造用器械等ノ不足ヲ感シ」るようになった[35]。しかし、設備投資がうまくいかず、1902年下半期の『第13回営業報告』には「機関車及橋桁ノ注文大ニ加ハリタルヲ以テ旋盤及製罐器械ノ力未タ充分之ニ適応スル場合ニ至ラ」なかったと記述されている[36]。

日露戦争がはじまった1904年の汽車会社は、「普通製品ノ需用ヲ減シタ」が「臨時用品ノ注文多ク」、それほど大きな打撃を受けることはなかった[37]。また、1905年には「軍用品ノ注文多ク且普通ノ注文品モ多カリシ」という状況になり[38]、1904年には24万3,001円、05年には30万5,256円と、この両年に大きな利益をあげている。

しかし、日露戦争期には「戦時用品ノ製造」に追われ、「普通ノ注文品ニシテ機関車ノ如ク精巧ヲ要スルモノ」の製造は遅延し、1906年には前期と比べて決算高が少ないだけでなく、「新注文ヲ謝絶」せざるを得なく「引受高モ亦少ク」なった。しかし、同年には鉄道国有化が実施され、南満洲鉄道も設立された。日露戦争後の「各種事業ノ発展ト共ニ本社製品ノ供給ヲ待ツモノ益増加」し、汽車会社は「今後大ニ製造力ノ拡張ヲ図リ以テ之カ需用ニ応」じなければならなくなった[39]。汽車会社は、1907年には「漸次製造力増加ノ必要ヲ感シ」、大小諸機械30点を増やし、原動力不足を補うため大阪電灯から供給を受けていた「電灯用電力ヲ原動力ニ使用スルコト」にした。また、機罐室（木造、19坪3合余）1棟および煙突1基を新設し、旋工場（鉄製、150坪）1棟を増築した[40]。

(2) 台湾分工場（台北支店）の動向

以上、汽車会社の営業収支と製造品について検討を加えてきた。そこで、次に台湾分工場（台北支店）の製作事業の実態をできる限り明らかにし、同工場の意義を台湾総督府鉄道部と汽車会社の両面から検討することにしたい。

表9-5　汽車会社工夫数の推移

(単位：人)

年	職員				工夫			
	本店	東京支店	台北支店	合計	本店	東京支店	台北支店	合計
1900	39	—	9　18.8%	48	305	—	58　16.0%	363
1901	42	50	11　10.7%	103	220	115	175　34.3%	510
1902	42	49	14　13.3%	105	366	230	299　33.4%	895
1903	45	34	22　21.8%	101	390	229	331　34.8%	950
1904	43	38	15　15.6%	96	457	661	171　13.3%	1,289
1905	55	38	16　14.7%	109	780	522	148　10.2%	1,450
1906	64	36	14　12.3%	114	773	228	163　14.0%	1,164

出典：汽車製造合資会社『営業報告書』各期。

　汽車会社の支配人で、同社副社長平岡熙の実弟平岡寅之助によれば、1901年7月現在における台湾分工場の状況はほぼ次のようであった。職工は台湾人が苦力をのぞいて約120人、日本人が約70人であった。台湾人職工が仕事に慣れていないので、日本人職工1人を台湾人職工6人に配置して監督させているが、台湾人職工も「追々熟練せる」ので日本人職工の数を減らすことができる。製造品は、鉄道橋桁、鉄道機罐のほか、鋳物、扉、給水パイプ、鉄柵などであった。また、「元より商売なれば損を蒙りても他の利益を計ること能はざれど出来得る範囲内に於て汽車会社は本島の為め尽さんとす」という営業方針で事業に臨んでいたという[41]。

　台湾分工場は1901年10月に台北支店に昇格し、平岡寅之助が支店長に就任した。それにともない、台湾分工場の主任であった子安雅は「本店詰め」となり大阪に赴いた[42]。台湾分工場を台北支店に改組したのは、将来同支店を拡張する計画があるためとみられていた。

　実際、表9-5の汽車会社の本支店別職員および工夫の人数の推移をみると、台北支店では1903年まで増加していることがわかる。同支店は、「今日は勿論将来と雖も……出来得る限り一般の依頼に由り器械の製作又はその修繕の急需に応じ……本島工業の発展に資」するとことを目的としていた。台湾人職工についても「今日頗る成績の良好なるものあ」るが、さらに「巧妙勤勉の職工と

なるべき見込あり」とみていた。また、機関車もゆくゆくは同支店で製造し、木材も台湾産を使用し内地からの供給を仰がなくてもよいようにしたいと考えていた。さらに、同支店を拡張し「成功の暁には本島をして南清は元より南洋の鉄道用その他鉄工製作品の需要に対する供給地たるまでに発達せしむる希望」があるともしていた[43]。

このように台湾分工場（台北支店）は、単に鉄道部の要請に応えて鉄道用品を製造したり鉄道建設資材を組み立てたりするだけでなく、鉄道部外の需要に応じて台湾の工業化を推進し、台湾人職工を養成するという課題を負っていた。そこで、以下では台湾分工場（台北支店）がどのような製作事業を展開していたかを具体的にみてみよう。

台湾分工場は1900年9月に開設されて以来、橋桁の組立、改造、修繕を請け負っていたが、1901年からは鈑桁の製作を始めた。以来1907年6月に工場を閉鎖するまで、台湾の鉄道で使用される橋桁のほとんどを製作した。以下、汽車会社の『営業報告書』によって台湾分工場（台北支社）の橋桁製作の動向をみておこう。

1901年下半期も、台北支店は「依然橋桁製作ヲ主」としていた。鉄道部からの受注はそれほど増えなかったが、同支店の「製造品ノ信用声価ハ漸ク同地方ニ普及」し、3月頃から「鉄道部外の追次増加ノ傾向ヲ来」した[44]。しかし、同期には台北にペストが大流行し、日本人の職工2名が肺ペストにかかり死亡した[45]。

1902年下半期には、11月中旬に散在していた諸器械を「一団ノ区域内ニ取纏メ作業上大ニ便宜ヲ得」た[46]。台北支店は「依然橋桁ノ製作及其修繕」を主要な作業内容としていたが、同期には「鉄鋼材ノ製作原料外国ヨリ来着延引セシ」ため落成高は少なかった。しかし、「能ク商機ヲ図ル」ことができ、「鉄道部以外ノ官署若クハ個人ノ注文品増加シ同地ニ於ケル一般ノ商況不振ナルニ比シテハ好景気ヲ呈」した。なお、7月頃からコレラが流行したが、幸い台北支店では「大事ニ至」らなかった[47]。

『台湾日日新聞』は「各商社近情」という記事を連載していたが、1902年7

月11日の同紙で汽車会社を取り上げ、1900年10月の開業以来02年上半期までの台湾分工場（台北支店）の製作事業の概要を紹介している。それによれば、台湾分工場（台北支店）の橋桁製作は、修繕1,464トン、改造384トン、組立1,109トン、製造1,178トン、合計4,035トンに及んだ。うち、1902年上半期には修繕、改造は皆無で製造のみに従事し、収入は7万5,000円であった。職工は約300人を使用し、内訳は内地人50人、台湾人250人であった。賃金は日本人が最高1円72銭、最低32銭、台湾人が最高80銭、最低17銭であった。こうして橋桁製作の費用については「充分節約を加へ」ることができ、1トンの費用は82円から76円に下がり、なお「将来は七十円までに節減するの見込み」と予測されていた。機械は圧縮機械のみを使用しており、水圧機械は「放置」されていた[48]。

なお、この時期の作業は橋桁のみであったが、鉄道部購入の材料は1902年末にならなければ到着せず、それまで台北支店の工場は閑散となることが予測された。そこで台北支店工場は、「一般の依頼に応じ鉄具の製造、諸鋳物、其他鉄工に関しては親切に製作に従事」し、「台湾鉄道の材料供給の外、他の方面に向かつて大に其武を進むるの計画」を立てた[49]。

さらに同紙は、台湾分工場（台北支店）の台湾人職工について、以下のように台湾の工業化にかかわる興味深い指摘を行っている[50]。

　　同工場は土人職工に関して多くの経験を学び得たる由にて其の使役せる職工は重に本島人なり、当初に於ては本島人の創作力極めて遅鈍にして其の監督甚だ難く到底其の用に堪へざるべしと予想したりしに実際は之れに反して毫も業務に倦怠の模様なく今日に至りては監督を要せずして充分に其の業務を執り、土人のみにて橋桁（十五尺迄）の組立製造を為し、更に何等の支障なきに至れり、彼が多少技術上の智識を有し比較的労働賃金の低廉なるは以て本島に工業を起さんとするものゝ為めに好便宜を与ふること大にして汽車会社支店の如きは其事業の進捗に与りて力ありと謂ふべきか。

表9-6 台湾縦貫鉄道

年次	総係費 金額	割合(%)	土工費 金額	割合(%)	橋梁費 金額	割合(%)	隧道費 金額	割合(%)
1899	276,859	14.0	296,071	15.0	294,979	14.9	90,907	4.6
1900	296,795	6.6	763,317	16.9	1,450,710	32.1	161,166	3.6
1901	176,599	6.7	295,363	11.2	846,197	32.0	54,550	2.1
1902	184,695	5.9	323,098	10.3	1,097,104	35.0	242,901	7.8
1903	218,293	8.3	857,827	32.8	298,103	11.4	148,295	5.7
1904	230,902	8.3	433,928	15.7	579,100	20.9	378,322	13.7
1905	187,966	10.8	115,976	6.7	466,024	26.9	337,943	19.5
1906	164,235	6.4	147,344	5.8	963,412	37.8	502,541	19.7
1907	185,017	6.9	91,729	3.4	941,502	35.0	471,090	17.5
合計	1,921,361	7.8	3,324,653	13.5	6,935,131	28.2	2,387,715	9.7

出典:台湾総督府鉄道部『台湾鉄道紀要』台湾日日新報社、1908年、61~63頁。

　汽車会社台北支店の台湾人職工が勤勉に働き、橋桁の組立、製造の技術を身につけていっているというのである。しかも台湾人職工の労働賃金は低廉で、台湾の工業化を推進するうえでの好条件となっている。汽車会社台北支店は、台湾人職工の養成を通じて植民地台湾の工業化に貢献しているというのである[51]。

　1903年になっても、台北支店の主たる製造品は鉄道部から受注した鋼製の橋桁であった。鉄道部外からの需用の「緊縮及繰延」は、汽車会社の経営に大きな影響を及ぼしていた。しかし、『第14回営業報告』は「鉄道業ノ発達ニ随伴シ其用品ノ需用ハ前途大ニ増進ノ傾向アリ」と、鉄道業関連の需要の増加に期待していた。なお、同期には高田商会主の高田慎蔵が台湾総督府の特許を得た度量衡の製造・運搬をすべて引き受け、東京支店とともに台北支店が業務を執り行った[52]。ただし、此の度量衡の製作は1904年10月を限りに廃止している[53]。

　台湾縦貫鉄道は、1908年10月に全線を開業した。そのため、汽車会社台北支店では鉄道部からの受注が激減し、鉄道部外の受注に依存するようになった。『第15回営業報告』は、この点について「台北支店ハ同地鉄道部ノ興業最早大部分ヲ了リシノミナラス事業ノ繰延トナリシヲ以テ注文品減少セルモ幸ヒ同鉄

建設・改良費内訳

(単位：円)

軌道費		車輛費		運搬費		合計
金額	割合(%)	金額	割合(%)	金額	割合(%)	
421,657	21.3	235,373	11.9	122,074	6.2	1,975,096
629,064	13.9	39,837	0.9	348,498	7.7	4,524,894
685,100	25.9	170,868	6.5	132,034	5.0	2,642,903
312,253	10.0	368,731	11.8	217,097	6.9	3,132,440
479,768	18.3	136,635	5.2	170,795	6.5	2,618,894
373,494	13.5	277,864	10.0	188,429	6.8	2,766,368
39,302	2.3	139,851	8.1	132,432	7.6	1,734,849
188,336	7.4	85,082	3.3	110,764	4.3	2,547,844
212,350	7.9	226,190	8.4	67,680	2.5	2,686,593
3,341,324	13.6	1,680,431	6.8	1,489,803	6.0	24,629,881

道部外ノ注文ハ増加セリ、其主タル製造品ハ鋼橋桁及鋼建設物ナリ」[54]、あるいは「台北支店ノ製造品ハ同地鉄道ノ敷設概ネ竣成ヲ告ケタルヲ以テ鉄道部ヨリノ注文減少セルモ他官衙及個人ヨリノモノ及南清ノ鉄道用品漸ク増加シ利益ヲ挙クルコトヲ得タリ」[55] などと記述している。

　台北支店は、1906年には鉄道部の命を受けて、同部から借用していた建物のうち倉庫1棟を返還した[56]。しかし、同支店は「橋桁工事及鉄製建設物」を主要な製造品としながらも、「鉄道部以外ノ注文益増加」し、経営を継続していた[57]。

　こうして汽車会社台湾分工場（台北支店）はもっぱら橋桁を製造し、台湾縦貫鉄道に供給していたといえる。島の東側を台湾山脈が南北に縦走しているので台湾の河川は西に向かって流れ、その数は多く川幅も広かった。そのため台湾縦貫鉄道の建設にあたって橋の数は301カ所、3万8,720フィート（11.8km）に達し橋桁の需要が多く発生した。表9-6は台湾縦貫鉄道の建設・改良費の内訳をみたものであるが、橋梁費が1900年、01年、06年、07年では全体の30％をこえ、1899～1908年の総額では28.2％であった。橋桁は台北支店で製造したので、日本にとっては外貨の節約になったし、鉄道部にとっては加重な輸入税

を免れ、運搬や取扱上の費用が軽減された。また、1901年からは鈑桁の製作を開始し、同年下期には数十連の新規注文を受け、1907年に閉鎖されるまで台湾の鈑桁はすべて台湾分工場（台北支店）で作られた。

おわりに

　以上、汽車会社台湾分工場（台北支店）の開設から閉鎖に至る経緯と製作事業の実態を検討してきた。台湾分工場（台北支店）が主として製作したのは橋桁で、「縦貫線使用橋桁ノ製作ハ概子同工場ニ於テ完成」したので、台湾総督府鉄道部は高級な職工を多数雇入れたり、機械を増備したりすることを免れることができた。また台北支店は、鉄道部の受注に応じるだけでなく鉄道部以外からの受注にも積極的に応じていた。そのため、「従来築港、灯台及船舶、要具等ノ修理作業ハ内地ニアラサレハ能ハサリシ工作ヲ爾後台湾ニ於テ得ルニ至レル」ことになった。つまり、台湾分工場（台北支店）は、日本内地の技術を台湾に移転するのに大きな役割を果たしたのである。これは、台湾の開発にも大きく貢献したということができる[58]。

　汽車会社台湾分工場（台北支店）が担ってきた役割は、同支店閉鎖後は総督府鉄道部工場が担うことになった。1906年8月25日、総督府鉄道部工場に「機械ノ製作修理引受ニ関スル勅令」が発布され[59]、同工場は官庁、会社、個人から機械、その他の製作、修理を請求された場合には、それを引き受けることができるようになった。同勅令を必要とする理由については、次のように説明されていた[60]。

　　従来台湾総督府鉄道部工場ハ台湾官設鉄道ノ需要ニ応スルカ為メ作業ヲ為スニ過キサリシカ台湾近来ノ趨勢ヲ顧ミレハ漸次各般ノ施設並殖産其ノ他諸工業ノ進運ニ伴ヒ之ニ要スル諸機械其ノ他ノ製作物及修理等ノ需用漸ク大ナラントス、此秋ニ際シ本島ニ於テハ一二小規模ノ私設鉄道工場ナキニシモアラスト雖モ未タ内地ニ於ケルカ如ク有力ナル資本、信用及経験ア

ル大規模ノ会社其ノ他ノ工場全ク之レナシ、之ヲ以テ自然此等ノ供給ハ之ヲ内地ニ仰クノ不便ト不経済トヲ免レス、若シ之ヲ今日ノ侭ニ放任シ置クトセン乎、新事業ノ発展ヲ防クルコト大ナリ。然ルニ縦貫鉄道工事モ略ホ完成ニ近ツキタルカ為メ鉄道部工場ニ於テハ自家ノ必要ヲ充タシテ多少ノ余力ヲ生スルニ至ルヘキ見込アリ。依テ此際台湾総督府鉄道部工場ニ余力ノ容ルスヘキ限ニ於テ此等ノ要求ニ応シ、而シテ之カ収支ハ同運転資金ノ計算ニ組入ルルノ便法ヲ啓クトキハ右等諸種ノ不利益ヲ除去スルコトヲ得、亦本嶋ノ発達上ニモ裨益勘カラサルヘシト信ス、是レ本案発布ノ所以ナリ

　汽車会社台北支店が閉鎖されたのは、この勅令が発布された年の翌年6月30日であった。ただし、汽車会社の技術が台湾にどのように移転されたかについての具体的な検討は別稿に期するほかない。

（付記）本稿の執筆にあたって、川崎重工業株式会社の社内資料を閲覧させていただいた。同社のご厚意に深甚なる謝意を表する。

1）「機関車の供給増加と内地建造計画」（『東京経済雑誌』第1456号、1908年9月12日、499頁）。
2）「汽車製造合資会社設置の計画」（『東京経済雑誌』第818号、1896年3月28日、522～523頁）。
3）なお、汽車会社の概要については、老川慶喜『井上勝』（ミネルヴァ書房、2013年、221～246頁）を参照のこと。
4）「汽車製造業の現況」（『鉄道時報』第53号、1900年6月25日）、12頁。
5）沢井実『日本鉄道車輛工業史』（日本経済評論社、1998年）、22頁、51頁。
6）老川慶喜「台湾縦貫鉄道をめぐる「官設論」と「民設論」」（老川慶喜・須永徳武・谷ヶ城秀吉編『植民地台湾の経済と社会』日本経済評論社、2011年）、39～60頁。
7）鶴見祐輔『正伝　後藤新平』3〈台湾時代〉（藤原書店、2005年）、285頁。
8）長谷川博士伝編纂会編『工学博士長谷川謹介伝』1937年、59頁。
9）同前、57～58頁。
10）同前、63頁。
11）「勅令案」（『台湾総督府公文類纂』000003610160204、国史館台湾文献館所蔵）。

12）「台湾鉄道回顧　長谷川謹介談」（『鉄道時報』第475号、1908年10月24日）。なお、長谷川謹介の台湾縦貫鉄道の敷設に果した役割については、蔡龍保「長谷川謹介と日本統治時代台湾の鉄道発展」（『現代台湾研究』第35号、2009年3月）を参照のこと。ちなみに長谷川は、第2の要因として鉄道部長の後藤新平が工事を任せてくれたこと、第3の要因として部下に人を得たことをあげている。

13）前掲『工学博士長谷川謹介伝』67～68頁。

14）同前、73頁。

15）「大阪汽車製造合資会社台湾分工場設立に就て」（『台湾協会会報』第28号、1901年1月）、62頁。

16）『汽車製造株式会社四十年史』28頁。

17）大阪汽車製造合資会社『第九回営業報告』（1900年下半季）、2頁。

18）「大阪汽車製造会社分工場の創設」（『台湾日日新聞』1900年8月12日）。

19）前掲『第九回営業報告』（1900年下半季）、2頁。

20）「大阪汽車製造会社分工場」（『台湾日日新聞』1900年9月30日）。

21）「台湾鉄道の開通式」（『鉄道時報』第70号、1900年12月15日）。

22）後藤新平「工場及機械類使用許可ニ関シ上申」1900年12月10日（『台湾総督府公文類纂』000046190060114）。

23）志摩矢人「汽車会社物語（25）」（『KSKライフ』1955年2月1日、2頁）。

24）「大阪汽車製造会社工場」（『台湾日日新聞』1900年12月11日）。

25）前掲『工学博士長谷川謹介伝』98～99頁。

26）大阪汽車製造合資会社『第6回事業報告』（1899年上半期）、1頁。

27）前掲『第7回事業報告』（1899年下半期）、7～8頁。

28）前掲『第8回営業報告』（1900年上半期）、6～7頁。

29）前掲『営業報告』各期。

30）志摩矢人「汽車会社物語（27）」（『KSKライフ』1955年4月1日、2頁）による。

31）前掲『工学博士長谷川謹介伝』228～229頁。

32）前掲「汽車会社物語（27）」による。

33）前掲『第11回営業報告』（1901年下半期）、9～10頁。

34）前掲「汽車会社物語（27）」2頁。

35）前掲『第12回営業報告』（1902年上半期）、5頁。

36）前掲『第13回営業報告』（1902年下半期）、8頁。

37）前掲『第15回営業報告』（1904年）、5頁。

38）前掲『第16回営業報告』（1905年）、8頁。

39）前掲『第17回営業報告』（1906年）、7～8頁。

40）　前掲『第18回営業報告』（1907年）、5頁。
41）　「汽車製造会社分工場の事業」（『台湾日日新聞』1901年7月21日）。
42）　「人事会事　子安雅氏」（『台湾日日新聞』1901年10月30日）。
43）　「汽車製造会社支店の拡張計画」（『台湾日日新聞』1901年10月20日）。
44）　前掲『第12回営業報告』（1902年上半期）、9〜10頁。
45）　同前、11頁。
46）　前掲『第13回営業報告』（1902年下半期）、5頁。
47）　同前、9〜10頁。
48）　「各商社近情（六）　汽車製造合資会社」（『台湾日日新聞』1901年10月30日）。
49）　同前。なお、台北支店工場では1901年末に「本島人農夫の使用する鋤、鍬その他農具」の製造を計画していた（「農具製造計画」『台湾日日新聞』1901年12月24日）。
50）　同前。
51）　こうした状況は汽車会社台北支店閉鎖後も続き、台湾総督府鉄道部は1915年に領台20年を記念して編んだ『領台二十年記念鉄道要覧』において、台湾縦貫鉄道の工場を「工場職工及保線運輸運転に従事する現業員は従来本島人を混用し居れり、是れ一つは殖民地政策の本領なるのみならず、其の給料廉価なるを以て鉄道経済上甚だ利益なるに因る、況んや本島人にして近来往々其の技能の内地人に比し遜色なきものあるに於ておや」と評している（61頁）。
52）　前掲『第14回営業報告』（1903年）、8頁。
53）　前掲『第15回営業報告』（1904年）、7頁。
54）　同前、5〜6頁。
55）　同前、9頁。
56）　前掲『第17回営業報告』（1906年）、6頁。
57）　同前、8頁。
58）　『台湾鉄道史』下巻、182〜183頁。
59）　『台湾総督府公文類纂』000012030250210。
60）　『台湾総督府公文類纂』000012030250209。

第10章　石炭産業の発展

島西　智輝

はじめに

　東アジアでは、19世紀半ば以降の貿易の拡大とそれに続く工業化にともなって、石炭産業が発展していった。周知のように、近代日本の石炭産業の歴史については、隅谷三喜男の先駆的な研究をはじめとして[1]、膨大な研究が存在する。また、中国のそれについては、Tim Wright によって詳細に研究が行われている[2]。これらの研究によって、日本と中国の石炭産業については、生産分析と市場分析の両方を重視する産業史的視点から生産と市場の動態、およびそれらの相互関係の分析をとおしてその発展過程が明らかにされている。

　日本や中国と同様に、台湾でも石炭産業が19世紀半ばに勃興、発展していった。この台湾の石炭産業の歴史を実証的に分析した嚆矢として、陳慈玉（Tsu-yu Chen）の一連の研究があげられる[3]。それらは、島内の工業化が限定的であったり炭層条件が良くなかったりしたために石炭産業の主要市場は輸移出市場に限られたこと、それゆえ三井などの日本資本による輸出の掌握と石炭産業への投資にもかかわらず石炭産業の発展が制約されたことを明らかにしている。しかし、陳の関心は主として台湾における財閥の影響力や日本の植民地支配期における石炭産業の位置づけの解明にあり、生産や市場の動態を追究していこうとする産業史的視点は希薄である。

　他方、台湾の石炭（台湾炭）の市場に注目した研究として、長廣利崇と朱曉

琦（Xiaoqi Zhu）の研究があげられる。長廣は、戦間期における三井物産による台湾炭取引の特徴を検討するとともに、三井が投資した基隆炭鉱の生産分析を行い、同炭鉱が零細請負炭鉱の寄せ集めであったことを明らかにしている[4]。朱は、1930年代初頭における撫順炭の台湾炭輸出を事例として日本の対アジア戦略を検討し、中国南部〜東南アジアが台湾炭の重要な市場であり、台湾炭輸出が日本のアジア進出で重要な役割を果たしたことを明らかにしている[5]。陳の研究と同様、これらの研究もまた、台湾の石炭産業について興味深い事実を提示しているが、戦間期の限定的な事例にとどまっている。

　このように、先行研究は、台湾石炭産業の生産と市場がもつ諸特徴を明らかにしている。それらを要約すれば、生産面については炭層条件の悪さ、零細炭鉱の残存、三井をはじめとした日本資本による炭鉱投資、市場面については島内需要の限定性、輸移出への依存、となろう。しかし、上述したように、先行研究は関心の偏りや事例の限定性のために、台湾石炭産業の発展過程そのものを明らかにするには至っていない。こうした先行研究の問題点を克服するためには、先行研究が明らかにした諸特徴を踏まえたうえで、台湾石炭産業の生産と市場の実態について産業史的視点から再検討する必要があろう。

　以上の問題意識に基づいて、本章は日本による台湾領有期、具体的には19世紀末から1930年代半ばまでの台湾石炭産業の発展過程を産業史的視点から検討する。なお、清領有期については、鉱業法制などが異なるため、稿を改めて検討したい。

第1節　需給動向の概観と時期区分

　具体的な検討に先立ち、まず台湾石炭産業の需給動向を概観しておこう。表10-1のうち、生産量と生産額の推移を見ると、第1次世界大戦前後までは緩慢な増加であったこと、大戦後半に急激に増加し、それが1927年まで継続したこと、それ以降は32年を底とする減少を経て、再び増加していったことがわかる。また、27年以降の不況期は生産額の下落率が生産量のそれより大きいもの

の、それ以外の時期は量、額ともに同様の推移をたどっている。

続いて主要需要別の需要量の推移を見ると、全体としては供給側とほぼ同様である。同表に基づいて全消費量に占める構成比を求めてみると、島内需要では鉄道用がほぼ一定比率（8～13％）を保つ一方、工場用と船舶用は第1次大戦前半までと27年以降の時期におおむね20～30％台の比率となっている。島外需要では、輸出の変動の大きさが目立つ。すなわち、19世紀末に需要の40％以上を占める一方で、日露戦争後は比率が低下し続け、1913年には4.8％となっている。しかし、第1次大戦後半から再び上昇し始め、20年代半ばまで40％前後の比率を保っている。その後、再び低下に転じ、35年には8.6％にとどまっている。輸出以外の島外需要では、輸出船用はおおむね10％前後であるが、日露戦争時と30年代の比率がやや高い。移出は第1次大戦後に限定されており、20年代前半の比率が高い。

以上の概観から、台湾石炭産業は需給動向が変化する時期と、主要な需要先が変化する時期がほぼ対応していることがわかる。そこで以下では、需給規模が緩慢に拡大するなかで需要が輸出中心から島内中心へと変化する第1次大戦半ば頃まで、需給規模が急拡大するなかで需要が輸移出中心となる第1次大戦半ばから20年代半ばまで、需給規模がV字型に変動するなかで島内需要が再び優勢となる20年代半ば以降、の3期間に区分して検討を進めていくことにする[6]。

第2節　緩慢な産業発展

(1) ジャンク船貿易と石炭

台湾北部の基隆周辺では17世紀から地域住民によって石炭が採掘されていたが、本格的な採掘が開始されたのは淡水や基隆が開港した1860年代に入ってからのことであった。当時、台湾島内での大口需要は鉄道を除いてほとんどなかったため、採掘された石炭の多くは対岸の中国南部から商品を運んできたジャ

表10-1　台湾の石炭需給

(単位：表中に記載)

年	供給（トン、円）		需要（トン）									合計
	生産量	生産額	島内					移出	島外			
			工場用	鉄道用	船舶用	その他	小計		輸出	輸出船用	小計	
1897	19,275	103,078	3,593	2,532	1,062	2,650	9,837		7,948	1,126	9,074	18,911
1898	42,262	188,191	8,445	2,075	9,955	3,869	24,344		15,707	1,205	16,912	41,256
1899	29,818	105,519	3,478	3,251	6,516		13,245		18,145	3,632	21,777	35,022
1900	41,944	160,227	12,723	4,181	16,650		33,554		24,001	6,458	30,459	64,013
1901	64,319	249,575	14,973	5,359	19,578		39,910		26,206	8,331	34,537	74,447
1902	96,585	316,607	19,193	8,129	23,504	5,765	56,591		31,575	12,645	44,220	100,811
1903	80,553	274,243	23,105	8,291	25,852		57,248		21,961	13,001	34,962	92,210
1904	82,020	258,653	21,086	10,503	19,194		50,783		20,647	15,387	36,034	87,817
1905	94,216	304,584	34,099	8,460	21,279		63,838	65	29,226	11,555	40,846	104,684
1906	102,384	340,457	33,108	15,872	47,781		99,965	72	33,060	22,040	55,172	155,137
1907	134,186	484,482	32,898	18,314	59,418	4,379	115,009	10	25,992	20,491	46,493	161,502
1908	152,099	542,209	47,782	17,620	51,344	21,089	137,835	100	22,779	22,902	45,781	183,616
1909	181,956	705,686	62,002	20,362	82,490	15,091	179,945		22,526	13,064	35,590	215,535
1910	229,802	824,147	81,612	34,875	50,517	80,217	247,221	703	16,298	14,516	31,517	278,738
1911	252,898	936,635	100,766	39,836	79,374	47,583	267,559	4	28,897	19,164	48,065	315,624
1912	276,246	976,584	159,299	55,328	112,903	35,371	362,901	2	29,324	27,583	56,909	419,810
1913	319,371	1,222,158	158,325	56,161	136,776	64,520	415,782		22,304	18,604	50,903	466,690
1914	342,787	1,311,129	168,806	54,567	182,964	51,862	458,199	1,614	41,563	25,480	68,657	526,856
1915	379,367	1,459,478	181,201	59,508	179,633	46,329	466,671		37,384	29,782	67,166	533,837
1916	509,887	1,905,696	182,472	66,713	108,112	17,321	374,618	10,549	78,270	48,106	136,925	511,543
1917	673,008	2,930,271	223,771	89,034	100,685	31,444	444,934	15,030	252,989	54,347	322,366	767,300
1918	801,520	5,501,363	204,132	89,183	91,815	83,381	468,511	8,268	282,086	61,431	351,785	820,296
1919	1,086,907	8,825,002	221,627	94,654	143,037	88,497	547,815	57,571	477,349	101,760	636,680	1,184,495
1920	1,139,358	9,148,809	240,440	120,020	123,428	127,403	611,291	90,295	458,077	99,092	647,464	1,258,755

年												
1921	1,029,410	8,263,406	254,019	114,281	183,163	131,460	682,923	56,092	454,589	128,583	639,264	1,322,187
1922	1,347,449	10,514,002	261,834	114,352	56,177	141,972	574,335	188,794	468,713	143,584	801,091	1,375,426
1923	1,444,921	11,415,500	259,639	136,447	165,673	123,269	685,028	181,088	484,913	122,778	788,779	1,473,807
1924	1,506,451	11,645,466	255,209	138,527	173,656	92,000	659,392	198,618	673,236	154,466	1,026,320	1,685,712
1925	1,704,581	12,998,768	311,549	152,198	178,808	63,184	705,739	189,694	700,593	184,738	1,075,025	1,780,764
1926	1,794,511	13,298,913	349,205	170,197	174,564	89,560	783,526	136,497	753,253	208,136	1,097,886	1,881,412
1927	1,857,257	16,933,170	358,112	168,927	82,440	255,354	864,533	129,797	560,390	197,879	888,066	1,752,599
1928	1,583,598	13,547,784	376,014	182,418	135,398	98,803	792,633	79,147	364,795	160,527	604,469	1,397,102
1929	1,530,025	10,064,568	519,448	171,417	324,813	24,725	1,040,403	42,860	346,087	179,349	568,296	1,608,699
1930	1,598,728	9,613,416	409,225	136,336	320,619	95,080	961,260	41,633	342,159	175,615	559,407	1,520,667
1931	1,421,544	7,164,598	383,333	157,233	290,476	57,336	980,776	64,094	309,319	157,496	530,909	1,419,287
1932	1,354,995	6,571,195	406,598	157,900	358,455	57,823	888,378	61,830	170,989	193,756	426,575	1,407,351
1933	1,533,103	7,681,689	437,047	141,628	359,178	79,936	1,017,789	146,515	186,950	233,318	566,733	1,584,572
1934	1,520,926	8,470,375	449,121	159,146	370,662	73,074	1,052,203	105,350	162,037	251,123	518,510	1,570,513
1935	1,596,672	9,968,193	462,556	160,756	462,117	77,912	1,163,341	81,526	147,450	313,984	542,960	1,706,301

出典：台湾総督府民政部殖産局鉱務部編『台湾鉱業統計便覧』各年版・台湾総督府殖産局鉱務課編（一部、台湾総督府民政部殖産局編）『台湾鉱業統計』各年版より作成。

注：1）需要は輸移入炭需要を含む。
　　2）島内需要の「その他」は煉炭製造用需要を含む。

ンク船のバラスト兼帰り荷として移出され、それ以外は寄港する汽船に焚料炭として供給されるのみであった[7]。

日本による台湾領有後もしばらくの間、対岸需要への依存が続いた[8]。20世紀に入っても石炭の多くは依然としてジャンク船のバラスト兼帰り荷として、温州、福州、泉州、厦門、汕頭地域へと輸出され、東アジア石炭市場の中心であった香港や上海にも輸出された（表10-2）。福州では福州船政局、香港や上海では汽船用、それ以外の地域では石灰焼成や瓦・煉瓦製造用の需要がそれぞれ存在していた。東アジア石炭市場の拡大が、台湾石炭産業の勃興を可能にしたのである。

表10-2から明らかなように、最大の需要地域である福州向けを除くと、

香港や上海向けも含めておおむね5百トン～数千トン程度の輸出にすぎず、輸出地域は小規模かつ分散していた[9]。また、暴風雨の影響を受けやすいこと、農産物を対岸から輸送する場合もあることから、ジャンク船貿易は季節の繁閑が大きく、頻度も一定しなかった。輸出量も不安定であり、上海、福州、泉州を除いた地域では、輸出量が大きく変動したり、ときには輸出が皆無になったりしていた。しかも、輸出の際には、仲買業者が粗悪炭、土石・灰燼・糞尿などを混合して出荷する不正行為が見られた[10]。対岸へのジャンク船での石炭輸出は、ロットが小規模分散し、かつ量、頻度、品質も不安定であったのである。

　日露戦争を境に、こうした需要構造はやや変化した。対岸貿易全体が縮小へ転じたのである[11]。日本の関税増徴政策によって、1907年頃の綿布、唐紙、小麦粉の対岸からの輸出は1900～01年頃の10分の1に減少した。また、淡水～福州間の汽船航路がジャンク船の貿易品を吸収した[12]。これらの結果、炭鉱地域に近い淡水、基隆のジャンク船の台湾入港量もまた1904年を頂点に減少した[13]。1910年の石炭輸出税撤廃、1911年の三井物産による四脚亭炭鉱炭の一手販売の開始（後述）、汽船による輸出の増加は対岸輸出を若干増加させたものの、1906年に記録した最大輸出量を上回るには至らなかった（表10-2）。さらに、日本の内地炭が対岸各地へ輸出され、台湾炭の市場を侵食していった[14]。東アジア石炭市場が拡大するなかでの石炭輸出の縮小は、後述する島内需要の増加にくわえて、対岸市場における内地炭との競合、そして輸出手段であるジャンク船の減少が大きく影響していたのである。

(2) 島内需要の分散

　対岸輸出に代わって台湾炭の主要需要となったのが、島内需要であった。前掲した表10-1を見ると、島内需要は1906～08年を境に増加に転じている。特に、この時期から工場用需要が伸びていることがわかる。1908年の縦貫鉄道開通によって、それまで日本からの移入炭を使用していた南部の製糖業が台湾炭を使用し始めたためである[15]。とはいえ、島内工場の地域別消費量をまとめた図10-1によれば、製糖業が多い台湾中南部の需要が大きく伸びるのは1917年以

表10-2　輸出先別台湾炭輸出量

(単位：トン)

年	中国									香港	東南アジア	合計
	上海	温州	福州	泉州	厦門	汕頭	広東	その他	小計			
1902	795	976	8,666	3,992	5,174	5,581	1,521	24	26,729	5,138		31,575
1903	810	574	11,584	3,736	1,591	700		15	19,010	2,950		21,961
1904	1,179	1,069	12,069	4,311	2,019				20,647			20,647
1905	1,381	698	17,778	5,170	3,782	129			28,938	288		29,226
1906	2,958	1,115	19,626	6,301	2,036	187		12	32,235	824		33,060
1907	938	719	14,841	4,121	5,163	196			25,978	14		25,992
1908	1,082	1,177	14,117	2,672	3,731				22,779			22,779
1909	672	345	17,160	2,771	1,110	8			22,066	460		22,526
1910	189	1,082	11,618	2,675	733		1		16,298			16,298
1911	177	2,363	16,243	579	5,128	67	600	160	25,317	3,580		28,897
1912	60	1,704	20,726	298	6,418				29,206	118		29,324
1913	161	2,731	12,093	701	6,603				22,289	15		22,304
1914	2,458	1,686	17,731	537	10,877	11	5,300		38,600	2,962		41,562
1915	210	1,174	17,276	540	3,676	103	2,553		25,532	11,850		37,384
1916	5,456	1,806	22,690	292	7,618	27	2,500		40,389	37,881	47	78,270
1917	3,966	2,326	26,197	407	10,579	10,113	33,041		86,629	164,148	2,200	252,977
1918	17,144	9,285	29,439	653	18,214	13,944	3		88,682	186,473	6,931	282,086
1919	25,053	5,704	31,592	549	14,615	9,837	10,590	2,463	100,403	287,766	89,180	477,349
1920	44,351	3,627	18,241	400	15,680	3,760	5,351		91,410	271,372	95,295	458,077
1921	51,356	6,167	28,441	60	19,263	1,535	51,430		158,252	264,276	32,061	454,589
1922	5,035	3,179	31,079	25	17,763	4,257	84,170		145,508	296,327	26,878	468,713
1923	21,272	2,529	25,179	145	9,171	8,801	120,441	1,300	188,838	274,575	21,500	484,913
1924	62,072	2,993	40,399	558	16,367	20,077	168,450	7,850	318,766	330,671	21,800	671,237
1925	122,625	5,421	53,040	190	22,100	27,130	181,902	55,210	467,618	207,765	25,210	700,593
1926	168,250	3,455	55,118	265	20,555	36,520	256,070	103,270	643,503	84,950	24,800	753,253
1927	88,340	1,798	67,134	534	13,982	36,072	160,340	7,300	375,500	155,440	29,450	560,390
1928	9,430	1,326	45,069	196	7,470	20,814	82,850	2,400	169,555	180,040	15,200	364,795
1929	1,780	2,516	36,811	1,192	8,097	32,410	90,660	11,200	184,666	159,621	1,800	346,087
1930		1,480	38,410		7,997	27,870	113,450	6,101	195,308	143,340	3,510	342,158
1931	22,600	1,733	33,425		9,089	22,711	72,510	5,100	167,168	130,561	6,700	304,429
1932	6,000	0	29,277		2,259			3,200	40,736	116,550	11,000	168,286
1933	44,670	0	16,279		6,313	1			67,263	102,848	13,884	183,995
1934	22,230	115	19,608		10,900	887		555	54,295	107,328	406	162,029
1935	15,269	75	27,431		12,535	2,895			58,205	87,198	2,032	147,436

出典：台湾総督府民政部財務局編『台湾外国貿易概覧』各年版；台湾総督府財務局編（台湾総督府民政部財務局税務課編、台湾総督府財務局編、台湾総督府税関編）『台湾貿易概覧』各年版より作成。

注：1）1901年以前は不明、空欄は実績なしで、0は1トン以下。表10-1と合計の異なる年があるが、そのままとした。

2）上海は寧波地域（寧波、鎮海、沈家門、舟山）を、温州は臺州地域（臺州、石塘、坎門）と三沙を、福州は海山を、泉州は興化と瓢窟を、厦門は石碼と漳州を含む。また、その他中国は関東州（1928年1トン、30年3トン）を、東南アジアはその他諸国（1918年1,170トン、29年2,100トン）を含む。

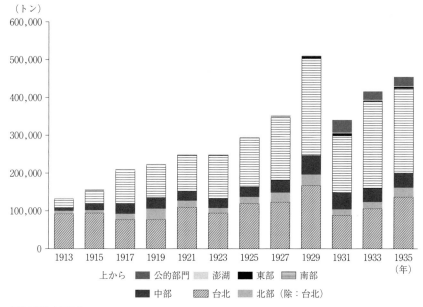

図10-1　地域別島内工場石炭消費量

出典：表10-1に同じ。
注：1）台湾炭のみで、原資料の合計値と実際の合計値が異なる場合は、後者の値を使用した。
　　2）行政区分変更のため、北部は1917年まで宜蘭、桃園、新竹の各庁合計値、19年以降は新竹州の値。中部は17年まで台中、南投の各庁合計値、19年以降は台中州の値。南部は17年まで嘉義、台南、阿猴の各庁合計値、19年以降は台南州と高雄州の合計値。東部は25年まで花蓮港庁のみの値、27年以降は台東と花蓮港の各庁合計値。澎湖の21～25年は記載無し。
　　3）公的部門の13～15、25～27年は鉄道部のみ、17～23年は記載無し、31～35年は専売局と鉄道部の合計。

降であり、それ以前は台北を中心とする北部が大部分を占めていた。第1次大戦までは、北部の工場用需要がジャンク船による輸出の減少を補っていたのである。

　工場用需要の推移を時系列で追える資料は少ないため、1914年の産業別消費量をまとめた表10-3を用いて、工場用需要の動向を検討しよう。同表を見ると、消費量は鉱業と製糖業で70％弱を占めており、公共部門を除けば窯業、製酒業がそれらに続いている。1工場の平均消費量を見ると、鉱業、ガス業、公共部門を除くと、平均2,000トン以下である。第1次大戦期までの台湾炭の工場用需要は、一般に北部の少数の大工場（鉱山）の需要と多数の零細工場の需要か

表10-3　主要産業別石炭消費量（1914年）

(単位：表中に記載)

産　業	工場（鉱山）数	消費量		
		(トン)	(％)	1工場平均（トン）
鉱業	8	39,982	38.0	4,998
糖業	19	30,987	29.5	1,631
公共部門	5	12,393	11.8	2,479
窯業	11	11,803	11.2	1,073
製酒業	19	4,059	3.9	214
ガス業	1	2,894	2.8	2,894
食品・製氷業（除：製酒業）	6	1,136	1.1	189
鉄工業	3	696	0.7	232
その他工業	4	65	0.1	16
その他・業種不明	6	1,151	1.1	192
合　計	82	105,165	100.0	

出典：「台湾内の主なる石炭消費高（大正三年）」『台湾鉱業会報』（第17号、1915年5月）35～44頁より作成。
注：1）消費量は骸炭を含む。
　　2）すべての消費量を合計したものではないため、表10-1とは数値が異なる。

ら構成されていたといえよう。

　船舶用需要と鉄道用需要についても瞥見しておこう[16]。船舶用需要については、90％以上が民間商船であり、なかでも大阪商船基隆支店が64.5％を占めていた。船舶用需要が増加していたのは、入港船舶数の増加にくわえて、神戸～基隆航路では台湾への移入貨物が多い往路航路で復路分の石炭を積み込むよりも、日本への移出貨物が少ない基隆で積み込んだほうが効率的だったからである[17]。また、鉄道用需要の90％以上は台湾総督府鉄道部向けであり、製糖鉄道向けは10％以下にすぎなかった。工場用需要とは異なり、これらの需要では少数の大需要者が大部分を占めていたのである。

（3）炭鉱開発の制約

　上述したように、台湾の石炭産業は日本領有期以前に勃興していた。日本領有時に相次いで行われた炭田調査によれば、台湾北部の主要炭田は一般に炭層が薄く、傾斜も急であった。また、清領有期から零細な採掘が行われており、

休坑や廃坑も数多く存在した。これらの炭鉱はいずれもいわゆる狸掘りであり、地上から露頭を掘り進んだのち、通気の悪化や浸水が起こると採掘を終えて別の露頭を掘り進むという生産方法をとっていた[18]。日本の台湾領有時から、台湾の主要炭田は乱掘によって荒廃していたのである。

　1896年に制定された台湾鉱業規則は、こうした零細な狸掘りの存続を容認するものであった。すなわち、1897年まで台湾住民の鉱業継続を認め、帝国臣民になる場合にはそれ以降の継続も認めた[19]。また、すでに日本内地で導入されていた選定鉱区も導入されなかった[20]。それゆえ、1896～1906年の期間、鉱区数は4から199に増えた一方で、1鉱区当たり面積は12万9,000坪から5万3,000坪に減少した。1鉱区当たり面積はその後増加したものの、1916年で12万5,000坪であり、1896年とほぼ同等の面積にとどまった。

　無論、これらは平均値であり、大規模鉱区が皆無だったことを意味しない。たとえば、1907年に解放された海軍予備炭田のうち、荒井泰治は87万坪を、鉄道部は15年に23万坪を取得した。しかし、13年実施の調査によれば、台湾北部の炭田では鉱区の大小を問わず、炭層変化の多さ、旧坑の存在、そして周辺の小鉱区の存在などが計画的、長期的な生産の障害になっていた[21]。実際、荒井所有の大鉱区を譲り受けた賀田組の四脚亭炭鉱でさえ[22]、鉱区は1～2尺の炭層で旧坑が数多く存在したため[23]、13年時点で日産240トンの生産能力があったにもかかわらず、実績は120トンにとどまっていた[24]。大鉱区を有する炭鉱も零細炭鉱と同様の狸掘りに近い生産を余儀なくされていたのである。

　ところで、やや時期は下るが、21年の調査によれば、零細炭鉱では「炭鉱附近土著の農民農閑の余剰労力」が労働力の中心であり、大炭鉱では「所用労働者の三分の一乃至三分の二の出稼労働者募集を桃園新竹宜蘭方面」に求め、さらに対岸から苦力を輸入したこともあった。島内労働者は「半農半労の不精錬労働者多く……米作の植付収穫製茶等の農繁期に於ては帰農者」が続出した[25]。労働力の不安定性や労働力不足もまた、大規模な炭鉱開発や計画的な生産を困難にしたのである。1905年以降、原動機その他の機械設備が導入され始めたが[26]、台湾石炭産業では労働力問題を抱えつつも労働集約的な生産が行われて

いたといえよう。

　こうした条件の下では、鉱区所有者が炭鉱を自ら経営することはリスクが高くなる。くわえて、当時は需要も分散的かつ不安定であった。それゆえ、鉱区所有者は坑口単位で採掘・販売、または採掘のみを請け負わせることで、生産や販売にともなうリスクを請負者に転嫁するのが一般的であった[27]。たとえば、四脚亭炭鉱の各坑口の採掘は、荒井が鉱区を取得した当初から顔雲年が請け負い続けていた[28]。第1次大戦半ばまでの台湾石炭産業は、需給双方の制約から緩慢な発展を遂げざるをえなかったのである。

第3節　輸出産業化の進行

(1) 輸移出の拡大と仕向先の分散

　台湾炭の輸出は1917年から一挙に増加し[29]、26年には約75万トンに達した（表10-1）。この結果、第1次大戦後半〜26年頃までの台湾炭の需要に占める輸出の比率は30〜40％で推移した。輸出地域を詳細に見ていくと、香港向けが圧倒的地位を占めたのち、広東向けが増加している（表10-2）。時期は限定されているが、上海向けや東南アジア向け輸出も行われている。島内需要への依存が強まっていた状況から一転して、輸出市場が拡大したのである。

　これらの輸出が急拡大した契機は、第1次大戦開戦後の中国や東南アジア各地における石炭需給の逼迫であった。また、大戦後には、広東の製糸工場をはじめとした各地における工業化の進展や蒸気船の増加にくわえ、円安による輸出価格低下が台湾炭の需要を刺激した[30]。東南アジア向けは大部分がフィリピン向けであった[31]。

　輸出市場拡大の過程で輸出の70％前後が汽船輸送へと移行したが[32]、30％前後は依然としてジャンク船貿易に依存していた[33]。第1次大戦以降に米、大豆、小麦粉、葉煙草などの島内需要が増加した結果、20世紀初頭に縮小していたジャンク船貿易が再び活発になったからである[34]。その結果、表10-2に示され

るように、大戦以前の主要需要地域であった福州向け輸出はほぼ一定量を維持し、汕頭、厦門、温州、泉州向けのそれも残存した。台湾炭は、「近距離にして運賃の低廉なると需要に応じ比較的少量を随時輸入し得る」ために[35]、東アジアの主要石炭市場に輸出が集中する一方で、対岸各地への分散的な輸出も継続していたのである。輸出市場では、引続きジャンク船による小ロットの輸出が可能な余地が残されていたことがわかる。

　1919年から20年代半ばにかけては、移出市場も拡大した（表10-1）[36]。その中心は、名古屋を中心とする東海地域と大阪であり、24年には両地域で約63％を占めていた[37]。東海地域では製陶業の燃料として塊炭が使用されていたほか、九州炭や北海道炭の生産制限などによって台湾炭が相対的に安値となった場合、各地への移出が促進された。ただし、23年以降、台湾炭の移出は四脚亭産の粉炭がほとんどであった[38]。移出市場は、11年から四脚亭炭鉱の石炭を一手に販売していた三井物産が販売量を調整するために利用していた独占的な市場であったといえよう。

　このように、台湾炭の輸出市場は東アジア石炭市場の中心地である香港、広東、上海市場へ、さらには東南アジア市場へと拡大しただけでなく、移出市場も形成された。このことは、台湾石炭産業にとっては、新たな需要が形成、拡大する一方で、島外の需要地域がさらに分散することを意味していた。

　他方、24年以降は第2次奉直戦争とその後の混乱（24～27年）、25年の円安から円高への転換によって、とくに香港への輸出が急速に不利になっていった[39]（表10-2）。移出市場も、26年から縮小に転じた。島外への輸移出市場が香港向けを中心に安定していた期間は長くは続かなかったのである。なお、この時期の特徴として、台湾の経済発展や基隆港の整備にともなって[40]、輸出船用需要が増加したことも指摘できる（表10-1）。輸出船用需要は、台湾炭の島外需要をさらに押し上げるとともに、需要をいっそう分散させるものであったといえよう。

(2) 島内需要の不安定性

　図10-1によれば、第1次大戦期から南部における需要が拡大し、1923年には台北のそれを凌駕した。島内需要は、北部と南部に分散し、しかも南部の重要性が高まったのである。南部の需要拡大の要因として、製糖業における燃料消費の増加があげられる。22、23年度の製糖用炭需要はそれぞれ約6万トン、約5万トンであり、24年度は10万トン以上に達した。しかし、以上の数値からもうかがえるように、製糖用炭需要は不安定であった。製糖用燃料はバガスが主であったため、甘蔗の豊凶によって石炭需要が大きく変動したからである。しかも、製糖用炭の需要期は11月から5月であったため、夏期には需要が大きく減少した[41]。

　資料の制約により、石炭消費量が判明する産業が限られるため、ここでは1910年代以降に成長した新たな石炭消費産業について検討しよう。電力業が、それである。10年代以降、民間電気事業者の設立が相次ぎ、半官半民の台湾電力を含めると21年時点で25の発電所が存在し、うち6カ所が汽力発電所であった[42]。石炭消費量を時系列で追える嘉義電燈の事例によれば、石炭消費量は20年度から持続的に増加し、26年度には年間1万3,000トンに達した[43]。また、同年度の嘉義電燈の発電量1kWh当たり平均石炭消費量を用いて、最大の電力事業者であった台湾電力の26年度の消費量を推計すると、約1万2,000トンとなる[44]。くわえて、島内にはほかにも石炭を原料とする骸炭火力発電所があり[45]、台湾電力は年間約3,200トン（25年）を消費するガス製造事業も抱えていた[46]。これら2社だけでも、年間約3万トンの需要が増加したのである。

　こうした電力用炭需要は、製糖業とともに下期の石炭需要を押し上げることになった。周知のように、渇水期である冬期（下期）の石炭需要のほうが、豊水期である夏期（上期）のそれよりも多いことが一般的だったからである[47]。

　前掲した表10-1を見ると、台湾の経済発展とともに鉄道用需要が持続的に増加していることがわかる。他方、船舶用需要は、増加傾向にあるものの、16、22年に急減するなど変動が大きい。需要急減の理由は不明だが、第1次大戦後

に増加傾向に転じたのは、汽船の大型化と高速化によって、台湾〜内地航路の汽船1隻当たりの石炭消費量が20年代初頭から半ばにかけて450トンから900トンへと増加したためであった[48]。

このように、第1次大戦半ばを境に島内では主要需要の大口化が進展する一方で、製糖用炭と電力用炭は季節変動が大きく、船舶用炭は年によって量が大きく変化していた。鉄道用需要を除くと、島内需要は依然として不安定だったのである。なお、塩水港精糖は浅野セメントとともに23年から撫順炭を輸入し、台湾炭と併用するようになった[49]。撫順炭輸入が製糖用炭需要の一部を侵食したことは確かであるが、特定企業向けの需要に限定されていたことから、この時期の需要全体への影響は限定的だったといえよう。

(3) 炭鉱の「大規模化」

台湾では総炭鉱数に関する時系列の統計が得られないため、その代理指標として鉱区数を見てみると、1917年に前年より100増加して455となり、20年には913に達した。これに対して、同時期に1鉱区当たりの生産量は1,479トンから1,248トンへと減少した。炭鉱の絶対数、とりわけ零細炭鉱の増加が急激な輸出増加を担ったことがうかがえる。しかし、大戦景気が終息して以降、この傾向は一変した。鉱区数は20年を頂点に減少し始める一方、1鉱区当たりの生産量が増加したのである。これらの結果、26年の鉱区数は634、1鉱区当たりの生産量は2,830トンとなった。鉱区の整理と鉱区当たり生産量の大規模化が進展したのである[50]。

これらを実現したのが、第1次大戦末から設立が増加した会社組織での炭鉱経営である[51]。なかでも最大の炭鉱は、賀田組所有の四脚亭炭鉱を買収し、さらに顔家所有の59鉱区を買収して18年に設立された基隆炭鉱であった[52]。この設立過程から明らかなように、基隆炭鉱は複数の坑口から構成されており、19年時点で50坑中直営が30、請負が20であった[53]。坑口数の変動は大きく、基隆炭鉱設立から26年までに6坑が廃止され、21坑が増加した[54]。基隆炭鉱は主要坑にくわえて沿道坑と呼ばれる零細な炭坑を所有していたため、これらの開廃

を含めれば坑口数の変動はさらに大きかったと思われる[55]。細分化された鉱区は、会社組織がまとめて買収することで整理されたものの、そこに存在する坑口は整理されず、多数の坑口での生産が存続していたのである。

他方で、19年に約30万トンであった基隆炭鉱の生産量は、前年比で減産となった25年を除いて持続的に増加し、26年には約84万トンを記録した[56]。日本内地で見られた、坑口を統合し、基幹坑道を開削するような合理化は行われなかったが、零細坑を含む多数の坑口からの出炭を寄せ集めた「大規模化」によって、需要増加に対応した増産を実現したのである。また、多数の坑口から産出される石炭は品質も多様だったから、分散した需要先に応じた品質の石炭を販売することができた。基隆炭鉱では、一等炭（田寮港、四脚亭、久年、大租坑の各坑）は「海陸工業汽罐」用、二等炭（南港、烘内、鹿寮、焿子寮の各坑）は「海陸汽罐用の外瓦斯」用に販売された[57]。

「大規模化」した炭鉱は、坑口当たりの生産量をどのようにして増加させたのであろうか。月産能率（就業者1人当たり、以下同様）は17年に前年の8.8トンから6.2トンに低下したのち一時的に上昇したが、22年の9.2トンをピークとして再び低下し、26年には8.7トンとなった。原動機と汽罐の設置馬力数、そして坑内外の軌条や鉄索などの延長は増加したが、能率の動向から見て、引き続き労働集約的な増産が行われたと見て良かろう[58]。

基隆炭鉱の主要坑では直営採掘が行われていたが、請負採掘も依然として残存していた。請負採掘の導入は基隆炭鉱のような大炭鉱だけでなく、3坑口で創業した台湾炭業や後宮炭鉱でも行われていた[59]。会社組織の炭鉱でも請負採掘が存続したのは、それが短期的な生産費削減や生産調整の手段として有効であったからである。たとえば、台湾炭業は21年に不況対策として「各坑全部を挙げて之を陳德慶氏の請負掘に委ね……社費全般に亘りて節約を」行った[60]。同社では、日本人、現地人問わず生産実績が芳しくない請負者を変更したり、廃坑の未採掘区域の再開発を請け負わせたりすることで増産することもあった[61]。昭和初期の基隆炭鉱でも同様の事例が見られた[62]。

直営による炭鉱開発や集約化が進展しなかった要因として、自然条件と労働

力の問題があげられる。上述したように、台湾の炭田は旧坑が多かったが、そこから坑道へ貯留水が噴出し、坑道を破壊することがあった[63]。また、採掘の深部化にともなって、坑口から浸水しやすい斜坑が増加したため、毎年発生する台風や大雨による坑内外設備の破壊も深刻な問題となった。この例は枚挙に暇がないが、被害が長期間にわたった台陽鉱業の石底炭鉱の事例では、26年10月に水害が発生し、その後「復旧意の如くならさる為め［各斜坑のうち――引用者］一坑及五坑の出炭」が大幅に減少した。被害を受けた各坑の排水が完了したのは、水害発生から3年が経過した29年のことであった[64]。他の炭鉱でも、水害による生産不振が続出した[65]。これらの炭鉱が水害を受けてもなお生産を継続できたのは、坑口が分散していたからにほかならない。台湾の自然条件のもとでは、大資本を投下して坑口を集中させることは、依然としてリスクが高かったのである。

　第1次大戦以降になると、台湾石炭産業でも専業労働者が増加した[66]。遠隔地募集の困難や、田畑を相続できなかった農家子弟の増加などが、その背景として指摘されている。しかし、専業労働者が支配的になることはなく、労働力は農業兼業者と専業者が混在するにとどまった[67]。それゆえ、農繁期には欠勤が増加するなど[68]、企業による体系的な労務管理は依然として不在であった。こうしたさまざまな属性の労働者を管理するためにも、炭鉱企業は現地人の苦力頭や鉱業家による請負採掘に依存せざるを得なかったのである[69]。

第4節　産業構造の維持

(1) 輸出市場の縮小と島内需要産業の変化

　表10-1を見ると、1926年に約75万トンを記録した台湾炭の輸出は、35年には15万トン弱まで減少したことがわかる。27年以降に頻発した日貨排斥、29年以降の為替高騰の影響、中国本土における国共内戦、中華民国政府による関税増徴、さらには日貨排斥に乗じて輸出を拡大した安価なインド炭やボルネオ炭

の中国向け輸出の増加のためであった[70]。これらの結果、香港に次ぐ需要地域であった広東向け輸出は31年を最後に途絶した。しかし、表10-2から明らかなように、福州と厦門向けは輸出が途絶することはなく、上海と汕頭向けも一時的な途絶を経て輸出が継続した。これらに香港と東南アジア向けをくわえると、広東を除けば輸出地域は第1次大戦前半とほぼ同様であり、減少傾向が続いた福州と香港を除けば年ごとの輸出量の変動も大きかった。この時期にジャンク船による輸出がどの程度の比率を占めていたかは不明だが、輸出市場の急激な拡大と縮小を経て、輸出市場は小規模な仕向先が分散し、かつ量や頻度も不安定な構造へと回帰したのである。

移出については、台湾炭が内地石炭産業の不振により価格競争力を失ったため、33年に内地の石炭需要が回復するまで低迷した。この間、名古屋以外の東海地域の需要を失い、大阪向けも33～34年を除いて大幅に減少した結果、名古屋地域に移出が集中するようになった[71]。また、少なくとも30年までは移出市場では四脚亭炭鉱の石炭が依然として大部分を占めていたこと、換言すれば移出市場が三井物産の独占的な市場であったことが確認できる[72]。移出市場は輸出の急減を補うほど量的、地域的に拡大しなかったのである。

島内需要に目を転じると、工場用需要は景気後退を反映して10年代末をピークに減少し、30年代半ばにかけて若干回復している（表10-1）。主要需要のうち、電力用炭については民間電気事業者が発電用燃料の重油やガスへの切り替えや自家発電から買電への切り替えを進めたこと、そして34年に発電を開始した日月潭水力発電所の影響によって、正確な数量は不明だが、需要が大幅に減少した[73]。台湾電力が経営していたガス事業用の石炭もまた、33年度で約2,500トンと、20年代半ばと比較すると減少した[74]。

他方、大茎種の普及によるバガス燃料の減少や、製糖量そのものの拡大にともない、製糖用炭の需要が増加した[75]。また、30年代に入ると煎熬塩製造用の石炭消費量も増加した。たとえば、台湾製塩（19年創業）では、32年上期までは1期当たり4,000～5,000トン台であった石炭消費量が、33年上期以降は6,000～9,000トン台に達した[76]。製糖業、製塩業ともに南部が中心地であったため、

20年代後半以降、南部での石炭消費量が島内消費量の45〜50％を占め続けた（図10-1）。台湾石炭産業の南部需要への依存は変化しなかったのである。製糖業と同様、製塩業も12〜5月の製塩期の石炭需要が多かったことから[77]、需要が下期に集中する構造もまた変化しなかった。

工場用需要とともにほぼ一貫して増加し続けた鉄道用需要は、20年代後半を境に漸減〜横ばいとなり、伸びが止まっている。26年の台東線全通による需要押し上げ効果は見られなかったのである。

これらの需要は、いずれも急激に縮小した輸出需要を補うほどには拡大しなかった。これに対して、輸出船用需要は28年まで漸減したのち増加に転じ、35年には約31万トンに達した（表10-1）。船舶用需要も、29年にそれまでの10万トン台から一気に30万トンを超え、35年には約46万トンにまで増加した。南部の工場用需要にくわえて内外の貿易船の焚料炭向け需要が拡大したことで、台湾炭の市場規模のさらなる縮小は抑制されたのである。

このように、27年以降の台湾炭の市場は、輸移出市場の急激な変動と縮小を経て、島内需要と輸出船需要を中心とした構造に変化した。しかし、輸移出需要は皆無になったわけではなく、島内の工場用需要も産業別に見ると変化が大きかった。台湾炭の市場は、その内実を変化させつつも、不安定かつ分散的な構造は基本的には変化しなかったといえよう[78]。

(2) 生産機械化の限界

石炭生産量は1927年の約186万トンをピークに減少し、32年には約135万トンまで落ち込んだ（表10-1）。27年以降の需要の減少を受けて、各炭鉱が生産制限を行ったり、休廃坑したりしたためであった[79]。その後、上述した輸出船用需要や島内需要の回復にともない、生産量は再び増加し、35年には約160万トンまで回復した。こうした景気変動に対応するため、大炭鉱では、直営坑の生産調整にくわえて、請負採掘を利用した短期的な生産費削減や生産調整を行った。たとえば、基隆炭鉱は、28年の不況期には3坑を請負採掘に移行して生産費を削減する一方で[80]、需要が回復した34年には生産費削減と増産の両方を目

的として12坑を請負採掘で開坑する計画を立て、順次実施に移した[81]。炭鉱の直営化は進展しなかったのである。また、36年時点で年間生産量10万トン以上の炭鉱は総炭鉱数の3.8%に過ぎず、3万トン以下の炭鉱が80.8%を占めていた[82]。不況を経ても零細炭鉱が消滅することはなく、大炭鉱と零細炭鉱が併存し続けていたことがわかる。

生産方法はどのように変化したのであろうか。まず、この時期の顕著な変化として、28年頃から選炭部門において水洗が開始されたことがあげられる。これによって、低品質炭の品質が向上し、高品質炭を求めていた船舶用需要や製糖用需要に振り向けられるようになった[83]。30年代に入ると、基隆炭鉱や台陽鉱業などの大炭鉱では機械選炭機（水選機）も新設された[84]。出荷時の不正行為が存続したか否かは不明だが、低品質炭の供給は抑制されるようになったと考えられる。

他方、20年代初めから機械化を進めていた基隆炭鉱に続き、31年には台陽鉱業が坑内構造の改革と機械化を同時に実施した[85]。また、ポンプなどの排水設備も各炭鉱で整備された[86]。これらの結果、27～35年に原動機台数と総馬力数はそれぞれ166台から384台、5,450馬力から1万3,022馬力へと増加した[87]。しかし、排水設備を除くと、こうした設備投資は大炭鉱に集中しており、大部分の炭鉱では、運搬は依然として人力に依存していた。また、32年末で削岩機を備えるのは6炭鉱で60台（空気動27、電動33）、コールカッターは2炭鉱でわずか3台と、採掘機械については大炭鉱ですらほとんど導入されなかったため、機械採掘による生産量は総生産量の10%以下にとどまった[88]。

月産能率については、28年には7.1トンに低下したが、30年には8.7トンまで回復した。しかし、それ以降は再び低下し、35年には7.4トンまで低下した[89]。長廣によれば、20～31年の基隆炭鉱のトン当たり平均生産費は5.4円、32～36年のそれは4.8円であり、僅かに低下したにすぎなかった[90]。生産の機械化も、その能率上昇効果も、石炭産業全体で見れば限定的であり、労働集約的な生産が続いたのである。

また、炭層の変化が大きく鉱区内が細分化されているという自然条件も変わ

っていなかったし、旧坑からの浸水や水害による生産中止も散発していた[91]。それゆえ、各炭鉱が生産量を維持するためには、絶えず坑口を分散させつつ、開廃を繰り返さねばならなかった。たとえば、基隆炭鉱では、27～35年にかけて炭量枯渇、断層遭遇、そして炭層状態悪化のために13坑が廃坑となり、8坑が新たに開坑した[92]。

さらに、34～35年には金鉱業をはじめとした他産業の好況によって労働力の流出と不足が続いた[93]。やや時期は下るが、38年に至っても労働者の約60％が炭鉱付近から通勤する兼業者であり、彼らは欠勤が多く、移動も頻繁であった[94]。台湾の炭鉱は、専業者を直接雇用することも、機械化生産に習熟するまで兼業者を長期間雇用することも困難だったのである。こうした自然条件と労働力の下では、各炭鉱が直営化や集約化を進めたり、生産の機械化のための設備投資を行ったりすることは、依然としてリスクが高かったといえよう。

以上見てきた生産面の問題にくわえて、不安定で分散的な市場に対応した柔軟な供給量・供給先変更の必要性が継続したことを考慮すれば、台湾石炭産業が従来の生産構造を大幅に変更するインセンティブは乏しかったと考えられる。第1次大戦期から「大規模化」や設備投資の拡大が見られたとはいえ、20世紀初頭に形成された台湾石炭産業の生産構造は30年代まで基本的にほぼ維持されたのである。

おわりに

最後に、台湾石炭産業の市場と生産の発展過程を整理し、その特徴を述べることで、本章のまとめとしたい。

輸出市場が台湾炭の主要市場であったのは、19世紀後半から日露戦争期、そして第1次大戦後半から1926～27年頃までであった。輸出市場で特徴的なことは、19世紀後半以降に東アジア石炭市場が拡大するなか、主要需要地は福州から香港と広東へ、さらに香港へと変化しつつも、対岸の中国南部各地に分散的かつ不安定な市場を形成、維持していたことである。日本領有以前からのジャ

第10章　石炭産業の発展　313

ンク船貿易による取引関係と、対岸の政治経済の不安定性が、こうした市場構造が形成された背景であった。他方、移出市場は東海地域向けを中心に第1次大戦後半から拡大した後、1920年代後半以降に縮小した。移出市場は移出炭のほとんどを占めていた四脚亭炭の島外市場をさらに分散させた。

　島内市場のうち、工場用需要は、製糖業を中心とした工業の発展にともなって南部で拡大し、輸出市場の縮小期には輸出市場に代わる主要市場となった。工場用需要で特徴的なことは、台湾の主要産業の石炭需要が冬期に偏っており、しかも気候や農作物の豊凶に左右されたことである。これらの不安定な市場に対して、比較的安定した市場を形成していたのが、鉄道用、輸出船用、船舶用需要であった。しかし、これらは30年代に入るまで主要市場を形成することはなかった。こうして、台湾炭の主要市場は19世紀末から30年代まで分散的かつ不安定な市場が維持されることになったのである。

　次に、生産の発展過程をまとめよう。日本領有以前から石炭の狸掘りと対岸への輸出が行われていたため、日本領有時の台湾の炭田はすでに荒廃していた。また、炭層も薄層や断層が多く、台風や大雨による水害が起こるなど、自然条件も悪かった。さらに、労働力の半数以上は農業との兼業者であった。台湾の石炭産業は、これらの悪条件に起因する諸問題を克服するのではなく、悪条件を前提とした生産構造を基本的に形成、維持しながら発展していった。

　第1次大戦期までは、旧坑や断層で細分化された炭層にしたがって坑口が多数開削され、狸掘りによる生産が継続した。第1次大戦期を境として資本力をもつ会社組織による炭鉱経営が登場したが、それらは多数の坑口を集積することで「大規模化」した。それと並行して、一部の大炭鉱では生産の機械化が進行したが、大部分の炭鉱は排水や運搬の一部を機械化するにとどまった。生産される石炭の品質は坑口によって多様であり、分散した需要に対応した供給が行われた。20年代以降は、石炭の水洗が普及し、全般的に品質の向上がはかられた。会社組織の炭鉱は所有坑口すべてを直営するのではなく、現地の苦力頭や鉱業家に所有坑口の一部を請け負わせることで、移動や欠勤の多い兼業労働力を管理するとともに、自然条件や市場の変動に起因する生産面のリスクの低

下をはかった。

 こうした台湾石炭産業の発展過程を、坑口を集約し、生産を機械化し、労働力の直接雇用と専業化を進めていった日本内地の石炭産業のそれと比較すると、台湾石炭産業では長期的な存続のための設備投資が軽視されていたといわざるをえない。他方で、短期的な収益確保という観点から見れば、台湾石炭産業は生産面での悪条件や市場の変動に柔軟かつ合理的に対応したという評価もできる。いずれにせよ、日本領有期の台湾石炭産業は、清領有期からの社会経済的諸条件に制約されながら発展していったのである。

1) 隅谷三喜男『日本石炭産業分析』(岩波書店、1968年)。
2) Tim Wright, *Coal mining in China's economy and society, 1895-1937*, Cambridge; New York: Cambridge University Press, 1984.
3) Tsu-yu Chen, "The Development of the Coal Mining Industry in Taiwan during the Japanese Occupation", in Sally M. Miller, A. J. H. Latham and Dennis O. Flynn (eds.), *Studies in the economic history of the Pacific Rim*, London; New York: Routledge, 1998, pp. 181-196、陳慈玉「日本植民地時代の基隆炭鉱株式会社——台湾土着資本家と日本財閥の事例研究」(西島定生博士追悼論文集編集委員会編『西島定生博士追悼論文集 東アジア史の展開と日本』山川出版社、2000年)、517~540頁、陳慈玉(星野多佳子訳)「戦時統制下の台湾炭鉱業——1937-1945」金丸裕一編『近代中国と企業・文化・国家』(ゆまに書房、2009年)、307~342頁。
4) 長廣利崇「戦間期三井物産の外国石炭取引——台湾炭取引を中心に」安藤精一・高嶋雅明・天野雅俊編『近世近代の歴史と社会』(清文堂出版、2009年)、294~315頁。
5) Xiaoqi Zhu, "Re-examining Taiwan's Coal Mining Industry Crisis in 1932: Crisis Management and Its Dependence on the Strategy of the Empire of Japan", *Waseda University Journal of the Graduate School of Asia-Pacific Studies*, No. 20, 2011, pp. 213-234.
6) この区分は、需給規模がV字型に変動する1932年前後を一括して検討することになるが、本章の主要な関心は短期的な需給変動ではなく40年弱にわたる石炭産業の発展過程の把握にあるので、特に問題はないであろう。
7) 以上は、James W. Davidson, *The Island of Formosa, past and present: history, people, resources, and commercial prospects: tea, camphor, sugar, gold, coal, sul-*

phur, economical plants, and other productions, London: Macmillan, 1903, pp. 476-491、福留喜之助「日本領有以降台湾石炭鉱業史」(『台湾鉱業会報』第82号、1921年1月)、10〜72頁による。以下、本章では『台湾鉱業会報』を『会報』と略記する。

8) 以下は、台湾総督府民政部財務局編『明治三十五年　台湾外国貿易概覧』(1904年)、134〜139頁、同『明治三十六年　台湾外国貿易概覧』(1905年)、177〜178頁、同『明治三十七年　台湾外国貿易概覧』(1906年)、156頁、同『明治三十八年　台湾外国貿易概覧』(1906年)、150〜151頁による。

9) 注8) に掲げた資料によれば、1902〜05年の台湾炭の輸出仕向地は22、輸出量は最小でわずか10トンであった。実際の輸出はさらに小規模かつ分散していたのである。22仕向地の内訳は、寧波、鎮海、沈家門、舟山、臺州、石塘、坎門、福州、海山、温州、三沙、興化、泉州、獺窟、石碼、漳州、厦門、汕頭、広東、平海、蓮河の清国各地と香港である。

10) 「本島炭の海外輸出」『会報』(第32号、1916年8月)、31〜32頁、竹本篁處『台湾炭業論』(南方経済研究社、1921年)、134〜135頁。

11) 台湾総督府財務局編『明治四十年　台湾貿易概覧』(1909年)、4頁。以下では初出時を除いて、『台湾貿易概覧』を『概覧』(○○年) と略記する。

12) 台湾総督府財務局編『明治四十二年　明治四十三年　台湾貿易概覧』(1912年)、121頁。

13) 以上は、村上衛『海の近代中国——福建人の活動とイギリス・清朝』(名古屋大学出版会、2013年)、322〜332頁による。

14) 台湾総督府財務局編『明治四十一年　台湾貿易概覧』(1910年)、107頁、『概覧』(明治42、43年)、120〜121頁。

15) 『概覧』(明治41年)、107頁、Chen, *op. cit.*, p. 182. それまで、製糖業は筑豊や八重山からの移入炭を使用していた。1905年以前の移入量は不明だが、1906年で1万9,421トンであった。

16) 以下は、「台湾の主なる石炭消費高」『会報』(第17号、1915年5月)、35〜44頁による。

17) HS生「雑録　本島炭業不振の原因」『会報』(第6号、1914年5月)、111〜112頁。

18) 以上は、台湾総督府民政局殖産部編『台湾産業調査録』(1896年)、223〜225頁、同『台湾総督府民政局殖産部報文』第1巻第2冊 (1896年)、155頁、台湾総督府民政部殖産課編『台湾北部煤田調査報文』(1900年)、94〜95頁、細谷源四郎『山仔脚煤田調査報告』(台湾総督府民政部殖産局、1912年)、46〜48頁、前掲『台湾炭業論』115頁による。

19) 以上は、台湾鉱業規則 (律令第6号) および同施行細則 (台湾総督府令第33号)

による。
20) 選定鉱区とは、中小・零細炭鉱が乱掘を繰り返していた筑豊炭田の大規模開発をはかるために、1888～89年に政府が1,500万坪の鉱区を34鉱区に再分割したものである（前掲『日本石炭産業分析』229～243頁）。
21) みやかわ生「炭坑視察行脚記」『会報』（第4号、1913年10月）、67～72頁。引用は70頁。
22) 四脚亭炭鉱は、のちに基隆炭鉱の主要炭鉱となる。
23) 「基隆賀田組炭坑調査復命ノ件（細谷源四郎）」『台湾総督府公文類纂』(1910年)、台湾総督府檔案1687-5-10-4。
24) 前掲「炭坑視察行脚記」69～70頁。海軍予備炭田だった鉱区は、台湾総督府によって15年まで年間生産量が5万トンに制限されていたが（前掲「日本植民地時代の基隆炭鉱株式会社」519頁）、日産120トンでは365日稼動したとしても制限量には遠くおよばない。
25) 以上は、台湾総督府殖産局商工課編『鉱業労働ニ関スル調査』(1921年)、34頁による。引用も同様。また、炭鉱労働者は男性が大多数で、かつ日本内地人は労働者の数％を占めるにすぎなかった（台湾総督府民政部殖産局鉱務部編『台湾鉱業統計便覧』各年版、台湾総督府殖産局鉱務課編（一部、台湾総督府民政部殖産局編）『台湾鉱業統計』各年版）。
26) 前掲『台湾鉱業統計便覧』、前掲『台湾鉱業統計』。なお、軌条は1901年から、鉄索は1906年から導入が確認できる。
27) 台湾総督府民政部殖産局鉱務課編『台湾鉱業一斑』(1908年)、33頁、前掲『台湾炭業論』112～113頁。
28) 三井鉱山株式会社「基隆炭礦株式会社の設立」『三井鉱山五十年史稿　巻五』(1943年)、15～16頁、前掲「日本植民地時代の台湾炭鉱株式会社」519頁。
29) 表10-1の1916～22年の輸出には八重山炭の中継貿易が含まれる。特に、16年の輸出量約8万トンのうち、八重山炭は約3万トンを占めていた。それゆえ、台湾炭の輸出量が増加したのは正確には1917年からとなる（台湾総督府民政部財務局税務課編『大正自元年至五年　台湾貿易概覧』1918年、347～348頁）。
30) 以上は、台湾総督府財務局編『大正八年及九年　台湾貿易概覧』(1923年)、97～98頁、同『大正十年及十一年　台湾貿易概覧』(1923年)、114～115頁、台湾総督府税関編『大正十二年　台湾貿易概覧』(1925年)、98～99頁、同『大正十三年　台湾貿易概覧』(1926年)、103頁、同『大正十四年　大正十五年　昭和元年　台湾貿易概覧』(1927年)、119頁による。
31) 前掲『台湾炭業論』65頁。

32) 台湾炭の輸出の過半を占めていた三井物産による輸出の増加が、汽船輸送増加の要因の一つと考えられる（前掲「戦間期三井物産の外国石炭取引」306〜307頁）。
33) 前掲『台湾炭業論』134頁。
34) 『概覧』（大正 8、9 年）、107頁。
35) 台湾総督府民生部財務局税務課編『大正六年　台湾貿易概覧』（1919年）、97頁。
36) 1917〜18年の移出のほとんどは徳山での煉炭生産向けのホンゲイ炭の中継貿易であった（台湾総督府財務局税務課編『大正七年　台湾貿易概覧』1921年、148頁）。台湾では1925〜29年にもホンゲイ炭輸入が見られるが、それらも日本へ移出された。
37) 『概覧』各年版。本章では、名古屋、半田、四日市、清水を東海地域とした。
38) 以上は、台湾総督府税関編『大正十二年　台湾貿易概覧』（1925年）、200〜201頁；同『大正十三年　台湾貿易概覧』（1926年）、207頁による。
39) 前掲「戦間期三井物産の外国石炭取引」299〜300頁。
40) 「島炭品不足の眞因　本島海運界の活況と船舶焚料炭の需要激増」（『台湾日日新報』1926年 5 月 4 日）。
41) 以上は、『概覧』（大正10、11年）、172頁、「製糖用炭成約」『会報』（第113号、1924年 8 月）、56頁、「製糖用炭消費減少」『会報』（第114号、1924年 9 月）、47〜48頁、「台湾石炭鉱業の特質」『三井鉱山五十年史稿　巻五』15頁による。
42) 湊照宏「近代台湾における中小工場と電気事業」（李昌政・湊照宏編著『近代台湾経済とインフラストラクチュア（現代中国拠点　研究シリーズ No. 9）』東京大学社会科学研究所現代中国研究拠点、2012年）、63〜82頁。
43) 嘉義電燈株式会社『営業報告書』（第 1 〜23期、1919〜1930年）。以下では、初出時を除いて『営業報告書』は『報告書』と略記するとともに、社名のうち「株式会社」を省略する。
44) 1926年上期〜27年上期の 3 期分の平均石炭消費量を算出し、産炭地である北部の火力発電所 2 カ所の総発電量（kWh）に乗じて推計した（嘉義電燈『報告書』第14〜16期、1926〜1927年）、台湾電力株式会社『営業報告書』（第14〜15期、1926年））。
45) たとえば、1920年代前半の台湾合同電気は骸炭専焼もしくは骸炭・薪炭混焼であった（台湾合同電気株式会社『営業報告書』第 2 〜 9 回、1921〜1924年）。
46) 台湾電力『報告書』（第13期、1925年）。
47) 前掲『報告書』（第 1 〜23期）。
48) 前掲「島炭品不足の眞因」。
49) 『概覧』（大正12年）、143〜144頁、『概覧』（大正13年）、147〜148頁、『概覧』（大正14、15、昭和元年）、119頁。

50) 以上は、前掲『台湾鉱業統計』各年版による。
51) 前掲『台湾炭業論』113〜115頁。
52) 基隆炭鉱設立の経緯の詳細については、「(2) 基隆炭砿株式会社」『三井鉱山五十年史稿　巻五』、前掲「日本植民地時代の基隆炭鉱株式会社」518〜521頁を参照。
53) 前掲『台湾炭業論』141頁。
54) 「基隆各坑開廃一覧」『三井鉱山五十年史稿　巻五』。
55) 基隆炭鉱株式会社『営業報告書』(第12回、1923年)、4頁。
56) 前掲「戦間期三井物産の外国石炭取引」507〜508頁。
57) 前掲『台湾炭業論』144〜145頁。
58) 以上は、前掲『台湾鉱業統計』各年版による。
59) 台湾炭業株式会社『営業報告書』(第2回、1921年)、2頁、後宮炭鉱株式会社『営業報告書』(第4期、1923年)、2頁。後宮炭鉱の前身の城崎炭坑(個人経営)も採掘を他者に請け負わせていた(前掲『台湾炭業論』183〜185頁、台湾実業界社編『金山王　後宮信太郎』蓬莱書院、1934年、71頁)。
60) 台湾炭業『報告書』(第2回) 2頁。
61) 台湾炭業『報告書』(第8回、1924年)、3頁、同『報告書』(第13回、1927年)、2頁。
62) 基隆炭鉱『報告書』(第21回、1928年)、4頁。
63) 後宮炭鉱『報告書』(第2期、1922年)、2〜3頁。
64) 以上は、台陽鉱業株式会社『営業報告書』(第17〜23期、1926〜1929年)による。引用は第18期報告書の3頁。
65) 台湾総督府税関編『昭和二年　台湾貿易概覧』(1928年)、113頁。
66) 第1次大戦後の炭鉱労働者に占める日本内地人の比率は1%程度であった(前掲『台湾鉱業統計』)。
67) 以上は、台湾省石炭調整委員会編／山田闢一著『台湾炭砿事業に就て——既往を顧みて将来を示唆す』(台湾省石炭調整委員会、1947年)、157頁による。
68) 「炭況一班」『会報』(第111号、1924年6月)、52頁；台湾炭業『報告書』(第13回)、2頁。
69) 前掲『鉱業労働ニ関スル調査』47〜49頁、前掲「戦間期三井物産の外国石炭取引」310〜311頁。
70) 『概覧』(昭和2年)、113〜114頁、台湾総督府税関編『昭和三年　台湾貿易概覧』(1929年)、119頁、同『昭和四年　台湾貿易概覧』(1930年)、106頁、同『昭和五年　台湾貿易概覧』(1931年)、109頁、同『昭和六年　台湾貿易概覧』(1932年)、103頁、同『昭和七年　台湾貿易概覧』(1933年)、101〜102頁、台湾総督府財務局

税務課編『昭和八年　台湾貿易概覧』(1936年)、104～105頁、同『昭和九年　台湾貿易概覧』(1937年)、125～126頁、同『昭和十年及十一年　台湾貿易概覧』(1938年)、151～152頁。

71) 以上は、『概覧』各年版による。
72) 『概覧』(昭和5年)、242頁。
73) 『概覧』(昭和9年)、249頁。
74) 台湾電力『報告書』(第29回、1933年)、12～13頁。
75) 『概覧』(昭和2年)、221頁；『概覧』(昭和3年)、119頁、『概覧』(昭和9年)、249頁、『概覧』(昭和10、11年)、151頁。
76) 台湾製塩株式会社『営業報告書』(第19～32期、1929～1935年)。
77) 同前。
78) 先行研究が取り上げている31～32年の撫順炭輸入(2年で約10万トン)の問題について再検討する紙幅の余裕はないが、この時期は需給規模全体が縮小していたため(表10-1)、撫順炭輸入は台湾石炭産業に脅威を与えたと考えられる。
79) 『概覧』(昭和3年)、119頁。
80) 基隆炭鉱『報告書』(第22回、1928年)、5頁。
81) 基隆炭鉱『報告書』(第35回、1935年)、4頁、同『報告書』(第36回、1935年)、8頁。
82) 前掲「戦時経済統制下の台湾炭鉱業」317～318頁。
83) 前掲『台湾炭砿事業に就て』72～74頁。
84) 基隆炭鉱『報告書』(第26回、1935年)、5頁、台陽鉱業『報告書』(第29期、1932年)、3頁、同『報告書』(第31期、1933年)、3～4頁。
85) 台陽鉱業『報告書』(第26期、1931年)、3～4頁、同『報告書』(第28～31期、1932～1933年)。引用は第26期報告書の3～4頁。
86) 台陽鉱業『報告書』(第23期、1929年)、4頁、「昭和七年台湾鉱業の概況(総督府殖産局鉱務課発表)」『会報』(第176号、1934年7月)、57頁。
87) 前掲『台湾鉱業統計』各年版。
88) 前掲「昭和七年台湾鉱業の概況」50～58頁。
89) 前掲『台湾鉱業統計』各年版。
90) 前掲「戦間期三井物産の外国石炭取引」311頁。
91) 台湾炭鉱『報告書』(第24期、1929年)、2～3頁、同『報告書』(第25期、1930年)、2～3頁。
92) 基隆炭鉱『報告書』(第22期、1928年)、4～5頁、「基隆各坑開廃一覧」『三井鉱山五十年史稿　巻五』。

93）『概覧』（昭和9年）、250頁、『概覧』（昭和10、11年）、151頁。
94）「台湾石炭産業の特質」『三井鉱山五十年史稿　巻五』14〜15頁。

第11章　動力革命と工場立地[1]

湊　照宏

はじめに

　戦間期の日本において、機械を動かす主要な動力源は蒸汽から電気へ転換した（「第二の動力革命」）[2]。人力や畜力に替わる動力源として最初に普及した原動機は水車であったが、出力に季節性のある水車よりも安定性のある蒸汽機関は大型化によって高出力を達成した。しかし、蒸汽機関はボイラーやコンデンサーを必要とするために小型軽量化が不可能であった。また、動力が作業機械に伝達されるまでに巨大なシャフトやベルトを必要とした。こうした制約を打破したのは電動機であった。作業機械に直結する電動機はシャフトやベルトを不要とし、大工場内の機械配置の合理化を促したとともに、中小工場の動力化をも可能とした。蒸汽機関よりも低廉で、制御が容易である汎用小型電動機の登場は、零細資本の参入および発展を容易にし、中小工場の急速な動力化を促したのだった。蒸汽力の時代が短く、電力時代の到来が早かったという日本の動力革命の特徴は、中小工場の生産性を高め、中小工場が淘汰されることなく数多く存立し得た原因の一つとなったといわれる。

　戦間期の台湾においても数多くの中小工場が存立していたことが知られている。植民地期台湾における従業員100人以上の大工場は日本人資本の比率が高かったものの、99人以下の中小工場は台湾人資本の比率が圧倒的であり、そのほとんどが籾摺・精米工場であった[3]。籾摺・精米工場の経営主体は台湾人資

本であり、彼らは自身が経営する工場へ積極的に電動機を導入していた[4]。台湾総督府殖産局の『工場名簿』には、職工5人未満であっても動力を有していれば工場として登録され、その零細中小工場のほとんどが、台湾人を経営主とする籾摺・精米工場であった[5]。工場といっても自家内に小型の籾摺・精米用電動機を据え付けた程度のものがほとんどであったが、台湾経済史研究において「土礱間(トランケン)」と呼ばれる彼らは重要な経済主体として登場する[6]。「土礱間」は小作農金融を本業として発生したが、回収した籾米を玄米にして現金化するために籾摺機能を有するようになり、次第に籾摺業者として叢生した彼らは移出米集荷過程において主要な役割を担う[7]。移出米の籾摺機能に加え、島内消費米の精米機能をも有するようになった「土礱間」は、1930年代後半まで増加していく。植民地期台湾の籾摺・精米業者は、北部と南部で先行して増加したのち、1920年代に入って小型電動機が普及するとともに中部でも増加し、零細な籾摺・精米工場が台湾全域に立地するにいたったことが明らかにされている[8]。

　本章では、籾摺・精米業を中心とする中小工場の立地と電気事業の進展との関係を主要な分析焦点とする。第1節では、第1次世界大戦期の籾摺・精米工場の勃興過程から検討し、使用された原動機を地域別に確認する。第2節では、両大戦間期における工場電化を可能とした電気事業の進展を概観し、工場立地に影響を与えたと推測される配電網の広がりを地域別に検討を加える。そして、戦間期における工場の動力化および電化について工業別に概観したうえで、籾摺・精米工場の立地状況の変化を確認していく。植民地期台湾の電気事業では日月潭の大容量水力開発が注目されるが、それ以前における電気事業者による中小容量の電源開発と配電網の整備が、台湾人資本による籾摺・精米業への新規参入を促進し、多数の中小工場が分散的に立地したことが論じられるであろう。

第1節　第1次世界大戦期における動力化

(1) 籾摺・精米工場の勃興

　従来台湾の農家は一般に籾の調整用具として安価な小型「土礱」を所有し、これを物置部屋などに設置して自ら籾摺を行っていた。農家が籾摺を行うことは植民地化初期においてもなお広範に行われ、北部・中部の農村では明治末期まで続いていた。

　台湾において機械的籾摺・精米業が勃興し始めたのは1910年代に入ってからであった。自家籾摺・精米は衰退し、専業者においても足踏みまたは水車による籾摺・精米が衰退していく[9]。表11-1に示されるように、1914年時では籾摺業者の多くは嘉義・台南に立地し、精米業者の多くは台北・台中・台南に立地していた。ただし、数量面からみると、阿猴（高雄）の籾摺量が嘉義・台南を上回っており、精米量では台中が突出して多い。台北・台中では精米量が籾摺量を大幅に上回っており、籾摺を経た多くの玄米が庁外から持ち込まれて精米されていたことがうかがえる。逆に、嘉義・阿猴では籾摺量が精米量を大幅に上回っており、庁外に多くの玄米を搬出していたことが推測される。以上から、1910年代半ばにおいては、籾摺と精米は地域的に分業されていたことがわかる。

　籾摺・精米業者が勃興した1910年代半ばにおいて、工場の動力化はそれほど進展していなかった。表11-1に示された1914年の籾摺業者数610に対し、動力使用工場は114であり[10]、動力化率は16.7％と未だ低い状態にある。表11-2は動力使用籾摺業者を地域別・原動機別に分類したものである。表中からは、1913～1914年の動力使用籾摺業者の多くは南部に立地しているが、1915年には北部に立地する業者も出始めていることが確認される。後節との関連では、中部において動力使用業者がほぼ皆無であることに留意したい。原動機についてみると、馬力数からみれば石油発動機・汽機の比重が高く、電動機の比重は低

表11-1　籾摺・精米業者の地域分布と規模（1914年）

庁	業種	籾摺業者					精米業者				
		A戸数	B職工	B/A	C数量(石)	C/A	A戸数	B職工	B/A	C数量(石)	C/A
北部	台北	34	134	3.9	58,738	1,728	96	168	1.8	137,519	1,432
	宜蘭	41	167	4.1	44,200	1,078	32	60	1.9	11,842	370
	桃園	55	105	1.9	57,389	1,043	22	88	4.0	25,736	1,170
	新竹	29	94	3.2	27,387	944	39	71	1.8	30,068	771
中部	台中	37	136	3.7	18,450	499	97	166	1.7	446,967	4,608
	南投	39	105	2.7	7,625	196	21	38	1.8	7,130	340
南部	嘉義	137	601	4.4	178,185	1,301	65	93	1.4	25,678	395
	台南	186	562	3.0	183,025	984	124	229	1.8	65,197	526
	阿猴	52	364	7.0	203,344	3,910	34	116	3.4	22,629	666
東部	花蓮港	—	—	—	—	—	1	3	3.0	1,240	1,240
	台東	—	—	—	—	—	8	18	2.3	2,080	260
	計	610	2,268	3.7	778,343	1,276	539	1,050	1.9	776,085	489

出典：台湾総督府民生部殖産局『台湾第十産業年報（大正三年）』1917年、305頁。

い。また台数からみても、電動機使用業者よりも石油発動機使用業者の方が多い。1915年の阿猴では電動機使用台数が前年より倍増していると同時に、石油発動機使用台数も増加している。表11-1にみたように籾摺量が最も多い地域は阿猴であったが、阿猴の1戸当たり職工数、1戸当たり籾摺石高は他地区よりも多くなっており、石油発動機を使用する大規模の籾摺業者が多かったことが推測される。また、嘉義では電動機使用業者は皆無で、石油発動機が普及している。こうした南部における籾摺業者の石油発動機導入は、改良糖廍の衰退と関連している[11]。嘉義庁の報告によれば、新式製糖工場に駆逐された改良糖廍の使用機器を転用する籾摺業者が登場し、彼らは積極的に石油発動機を導入したという[12]。

ただし、全体的な変化として、汽機・電動機を使用する業者が増加していることは注目すべき事象であろう。台南においては石油発動機から電動機への転換が起こり始めていたと推測されるし、籾摺業者による電動機導入の動きは1915年に台北でも急速に広まっており、1915年の電動機使用台数合計は前年より倍増している。

それでは次に精米業者の状況をみよう。表11-3は動力使用精米業者の地域

表11-2　籾摺業者の使用動力（1913～15年）

1913年

庁	原動機	汽機 台数	汽機 馬力	石油発動機 台数	石油発動機 馬力	電動機 台数	電動機 馬力	水車 台数	水車 馬力	計 台数	計 馬力
北部	台北	—	—	—	—	1	1	—	—	1	1
北部	宜蘭	—	—	—	—	—	—	2	8	2	8
北部	桃園	1	2	—	—	—	—	—	—	1	2
北部	新竹	—	—	1	3	—	—	—	—	1	3
中部	台中	—	—	—	—	—	—	—	—	—	—
南部	嘉義	4	60	13	46.8	—	—	—	—	17	106.8
南部	台南	6	96	14	66.5	7	22	—	—	27	184.5
南部	阿猴	3	32	45	138.6	6	13	—	—	54	183.6
	計	14	190	73	254.9	14	36	2	8	103	488.9

1914年

庁	原動機	汽機 台数	汽機 馬力	石油発動機 台数	石油発動機 馬力	電動機 台数	電動機 馬力	水車 台数	水車 馬力	計 台数	計 馬力
北部	台北	—	—	1	2	4	4	—	—	5	6
北部	宜蘭	—	—	—	—	—	—	2	8	2	8
北部	桃園	4	17	—	—	—	—	—	—	4	17
北部	新竹	—	—	—	—	—	—	—	—	—	—
中部	台中	—	—	—	—	1	5	—	—	1	5
南部	嘉義	8	94	12	56.5	—	—	3	6	23	156.5
南部	台南	3	115	9	27.1	14	37.8	—	—	26	179.9
南部	阿猴	3	32	44	136.5	7	18	—	—	54	186.5
	計	18	238	66	222.1	26	64.8	5	14	115	558.9

1915年

庁	原動機	汽機 台数	汽機 馬力	石油発動機 台数	石油発動機 馬力	電動機 台数	電動機 馬力	水車 台数	水車 馬力	計 台数	計 馬力
北部	台北	3	7	—	—	20	23	1	1	24	31
北部	宜蘭	1	8	—	—	—	—	1	4	2	12
北部	桃園	17	60.5	—	—	—	—	—	—	17	60.5
北部	新竹	—	—	—	—	—	—	—	—	—	—
中部	台中	—	—	—	—	—	—	—	—	—	—
南部	嘉義	6	63	15	62	—	—	3	?	24	125
南部	台南	1	20	6	20	20	32	—	—	27	72
南部	阿猴	3	32	52	166.4	14	38	2	2	71	238.4
	計	31	190.5	73	248.4	54	93	7	7	165	538.9

出典：台湾総督府民生部殖産局『台湾第十産業年報（大正三年）』1917年、295～296頁。台湾総督府民生部殖産局『台湾第十一産業年報（大正四年）』1918年、284～285頁。

表11-3　精米業者の使用動力（1914年）

庁		原動機	汽機		石油発動機		電動機		水車		計	
			台数	馬力	台数	馬力	台数	馬力	台数	馬力	台数	馬力
北部	台北		1	2	12	13	32	55	―	―	45	70
	宜蘭		―	―	2	5	―	―	―	―	2	5
	桃園		6	25.5	―	―	―	―	―	―	6	25.5
	新竹		―	―	1	2	―	―	―	―	1	2
中部	台中		1	10	1	3	2	8	22	33	26	54
南部	嘉義		―	―	―	―	5	17.5	―	―	5	17.5
	台南		―	―	―	―	32	46	―	―	32	46
	阿猴		3	32	44	140.8	8	21	―	―	55	193.8
計			11	69.5	60	163.8	79	147.5	22	33	172	413.8

出典：台湾総督府民生部殖産局『台湾第十産業年報（大正三年）』1917年、296～304頁。

別分布を示したものである。表11-1に示された1914年の精米業者数539に対し、動力使用工場は172あるので、動力化率は31.9％となり、籾摺業者のそれよりも高い。表11-1にあったように1914年時で精米量が突出して多かった台中では、動力使用業者のなかでは水車による精米が主流であった。しかし、島内全体からすると、電動機と石油発動機を使用する業者が多く、阿猴では石油発動機が普及し、台北と台南では電動機が普及していることが確認される。

台北における電動機を使用した精米業の勃興は内地移出米の増加と連動しており、1910年時において既に足踏み式精米が駆逐され、回転式精米機の普及を経て、摩擦のより少ない「スプリング」式精米機の普及が台北庁から報告されている[13]。

籾摺・精米の分業から兼業化への動向について、詳細はよくわからない。1914年の動力使用籾摺業者114のうち精米兼業者は14のみであり、使用原動機別にみると、電動機5、石油発動機5、汽機2、水車1となっている[14]。そのうち11の業者が阿猴に立地していた[15]。また同年の動力使用精米業者172のうち籾摺兼業者は9のみであり、使用原動機別にみると電動機6、石油発動機3となっていて、いずれも阿猴に立地している[16]。3年後の1917年の動力使用籾摺業者は227に急増し、そのうち精米兼業は87もあり、原動機使用別にみると

汽力（汽罐・汽機）が最も多く、電動機が続いている[17]。わずか3年間で動力使用籾摺業者がほぼ倍増したことについては、統計資料作成時の分類基準の変更によって生じた変化の可能性もあるが、ここでは籾摺・精米の兼業化が進展していたことに留意したい。

表11-1でみた籾摺・精米業の地域的分業から、籾摺・精米業

表11-4　電気事業者の動力用電気需要用途（1920年12月）

用途	台数	%	馬力数	%	使用戸数	%
精米	759	53.0	1,495	13.6	727	60.0
鉄工	107	7.5	371	3.4	90	7.4
製材	52	3.6	760	6.9	39	3.2
煉瓦製造	6	0.4	470	4.3	5	0.4
揚水	39	2.7	1,290	11.7	31	2.6
製糖用	22	1.5	418	3.8	13	1.1
荷役	11	0.8	639	5.8	2	0.2
鑿岩機	2	0.1	120	1.1	1	0.1
鉱業	13	0.9	433	3.9	11	0.9
コンクリート用	5	0.3	105	1.0	4	0.3
造船	3	0.2	155	1.4	2	0.2
セメント製造	21	1.5	2,105	19.1	1	0.1
灌漑用	10	0.7	435	3.9	6	0.5
化学工業	6	0.4	733	6.7	2	0.2
埠圳工事	8	0.6	135	1.2	3	0.2
その他	367	25.6	1,355	12.3	275	22.7
合計	1,431	100	11,017	100	1,212	100

出典：台湾総督府土木局『台湾電気事業』1921年、33～34頁。

者の兼業化という傾向については、仏領インドシナの事例が参考になろう。1910年代の仏領インドシナでは、大規模の籾摺工場が減少した一方で中小規模の籾摺・精米工場が急増したが、この背景には籾摺・精米を同時に行うエンゲルバーグ式精米機の普及があった[18]。同時期の台湾においてもエンゲルバーグ式精米機が導入され始めており[19]、この機器が普及するとともに中小規模の籾摺・精米兼業者が次第に増加したと推測される。

以上から、第1次世界大戦期においては、動力化率はいまだ低い状態にあったものの、日本への移出米が増加するとともに籾摺・精米業者は石油発動機・電動機を導入し始めていたことがわかる。表11-2と表11-3からは、新竹の籾摺・精米業者による原動機導入はほとんどみられないが、1917年度の新竹庁の報告によれば、移出米が増加するとともに原動機の導入が進展し、籾摺・精米業者89戸のうち動力化されたものは10戸となっていた[20]。籾摺・精米業者に導入された電動機は国産品が多く含まれていたが[21]、地域によっては輸入品が主

流であったようである。1916年度の台北庁の報告によれば、米国式電動籾摺機が普及したことにより、台北の籾摺量は前年より倍増したという[22]。

籾摺・精米業への電動機導入の動きはその後急速に広まったようである。表11-4は、1920年における動力用電気の需要用途の内訳を示したものである。馬力数において最大の比重を占めているのはセメント製造用の19.1%であり、これは高雄に工場を有する浅野セメント会社からの需要であろう。次に高い比重を占めているのは精米用の13.6%である。さらに揚水用の11.7%が続いており、農業関連の需要が高いことが確認できる。製糖用の需要がきわめて低いことはこの時期に限ったものではなく、後述するように製糖工場は電気事業者からの買電に頼ることなく、自家発電容量を増加させていく。電動機台数において精米用は過半を占めており、その数は759にたっしている。同表の精米には籾摺も含まれていると思われ、表11-2および表11-3から確認される1914年の籾摺・精米業者の電動機台数105から急増していることがわかる。

こうした籾摺・精米業者による電動機導入の可否は電気事業が進展していたか否かが大きく作用したといえる。次項では電気事業者による電源開発を中心に、電気事業の進展を概観しよう。

(2) 電気事業の進展

台湾の電気事業はまず北部において官営によって始まった[23]。台湾総督府電気作業所は1905年に出力660馬力の台北第一発電所から台北市街への電気供給を開始した。翌年には同発電所下流に出力3,000馬力の第二水力発電所を竣工させ、1919年には同発電所の容量を1,000馬力増設している。中部においては1909年に出力1,200馬力の后里発電所が完成し、台中・彰化市街への送電が開始されている。南部では1907年に出力2,000馬力の竹仔門発電所が完成し、台南・打狗（高雄）市街への送電が開始されていた。さらに、1912年には同発電所の上流で出力4,000馬力の土壠湾発電所の建設に着手され、これが1918年に完成すると同時に両発電所をつなぐ送電線を敷き、台南・打狗への送電を強化した。以上の官営電気事業は1919年に設立された半官半民の台湾電力会社に引

き継がれる。

　官営電気事業を補填するように、中小規模の民営電気事業も展開された[24]。1911年には嘉義電灯会社と宜蘭電灯会社が、1912年には新竹電灯会社が、1913年には澎湖電灯会社が設立された。第1次世界大戦期に入ると、1914年に埔里社電灯会社と桃園電気会社が、1917年には花蓮港電気会社が設立されている。これら民営電気事業者7社の1918年時の発電容量合計は767馬力であり、官営と比較して小規模であった。第1次大戦後も民営電気事業者の設立は相次ぎ、表11-5に示されるように中小規模の電源開発が進展した。1918年には樸仔脚電灯会社・台東電灯会社・台湾電化会社が、1919年には玉里電灯会社・中港電灯会社が設立され、いずれも小規模火力発電による電灯用電気を供給していた。その後は電気事業者の統合が進展し、1920年に埔里社電灯会社が台湾電力会社に買収された。さらに同年、桃園電気会社・澎湖電灯会社・台東電灯会社・台湾電化会社、樸仔脚電灯会社・中港電灯会社の6社が合併して台湾合同電気会社が設立され、同社は中部において主力となる社寮角水力発電所の建設に着手し、これを1921年に竣工させた。また、1921年には資本金600万円の台湾電気興業会社が設立され、宜蘭電気会社は同社に買収された。同社の経営権は台湾電力会社が握り、宜蘭・羅東・蘇澳への電気供給を担い、当時の台湾としては大規模な天送埤発電所の建設に着手する。

　電気需給の逼迫は続いたが、各地で需給逼迫の緩和が図られている。北部において、1921年に台湾電力会社は基隆火力発電所の建設を完成させ、さらには台湾電気興業会社からの電気購入のために送電線建設に着手している[25]。同社は中部においては彰化火力発電所を建設し、また、台湾合同電気会社社寮角発電所から電気を購入している[26]。1922年になると、台湾電力会社は台湾電気興業会社が完成させた天送埤発電所からの買電を開始し、北部での電気需給逼迫を緩和している[27]。こうした台湾電力会社による他社からの買電は、後述するように、同社が最大の配電網を有していたことと関連しよう。

　以上の動きと並行して自家発電も進展していた。1907年の自家発電はわずかに1,144kWであったが、1912年には3,849kWに急増し、1916年には4,490kW

表11-5　1921年時台湾の各電気事業者の発電所

会社名	発電所所在地	発電所名	建設年月	原動力種類	出力 (kW)
台湾電力会社	台北州文山郡	台北第一	1905年	水力	824
	台北州文山郡	台北第二	1909年	水力	2,637
	台北市	台北予備火力	1917年	汽力	989
	台北州基隆街	基隆火力	工事中	汽力	2,060
	台中州豊原郡	后里	1911年	水力	824
	台中州彰化郡	彰化火力	工事中	ガス力	247
	台中州能高郡	東埔	1916年	水力／ガス力	91
	台中州新高郡	日月潭第一	工事中	水力	93,100
	高雄州高雄街	高雄予備火力	工事中	汽力	461
	高雄州屏東郡	土壠湾	1918年	水力	2,966
	高雄州旗山郡	竹仔門	1910年	水力	1,648
台湾合同電気会社	新竹州桃園街	桃園	1920年	汽力	165
	新竹州大渓郡	大渓	1916年	汽力	99
	新竹州竹南郡	竹南	1920年	ガス力	41
	新竹州苗栗郡	三叉	1920年	ガス力	49
	台中州東勢郡	東勢	1919年	ガス力	30
	台中州東勢郡	社寮角	工事中	水力	900
	台南州東石郡	朴子	1918年	ガス力	49
	高雄州澎湖郡	澎湖	1914年	ガス力	49
	台東庁台東街	台東	1919年	ガス力	33
宜蘭電気会社	台北州宜蘭街	宜蘭	1913年	ガス力	45
	台北州羅東郡	羅東	1919年	ガス力	12
新竹電灯会社	新竹州新竹街	新竹第一	1913年	ガス力	87
	新竹州竹東郡	軟橋水力	1919年	水力	206
	新竹州新竹街	新竹第二	1921年	ガス力	40
	新竹州苗栗郡	苗栗	1921年	ガス力	100
嘉義電灯会社	台南州嘉義街	嘉義	1913年	汽力	447
	台南州嘉義街	嘉義	工事中	汽力	155
	台南州斗六郡	斗六	1920年	汽力	180
花蓮港電気会社	花蓮港庁番地	第一	1920年	水力	206
玉里電灯会社	花蓮港庁玉里庄	玉里	1920年	ガス力	31
台湾電気興業会社	台北州羅東郡	天送埤	工事中	水力	8,240

出典：台湾総督府土木局『台湾電気事業』1921年、18～20頁。
注：資料中の出力はkWとkVaで表記されていたが、1kVa=0.824kWとしてkWに統一した。

表11-6 地方別発電容量

(単位：kW)

			1925年				1932年				
			水力	汽力	ガス力	合計	水力	汽力	ガス力	重油力	合計
北部	台北州	電気事業者	9,695	2,050	62	12,707	12,300	8,229	—	35	19,700
		自家発電	62	263	—	325					864
	新竹州	電気事業者	208	200	165	573	217	198	107	180	499
		自家発電	—	107	—	107					203
中部	台中州	電気事業者	3,400	—	262	3,662	3,954	2,694	—	—	3,650
		自家発電	315	915	—	1,230					2,998
南部	台南州	電気事業者	—	550	48	598	1,654	12,842	—	15	4,500
		自家発電	500	6,854	—	7,354					10,011
	高雄州	電気事業者	4,480	1,500	113	6,093	5,050	19,583	—	122	18,600
		自家発電	—	3,087	—	3,087					6,155
東部	花蓮港庁	電気事業者	225	—	30	255	625	—	—	60	685
		自家発電	—	480	—	480		590	30	—	620
	台東庁	電気事業者	—	—	—	—	115	20	—	160	270
		自家発電	28	28	29	29					25
離島	澎湖庁	電気事業者	—	—	—	—				211	210
		自家発電	—	—	—	—					1
	計	電気事業者	18,118	5,200	680	23,998	23,915	44,156	137	783	36,233
		自家発電	877	11,726	—	12,603					19,201
	合計		18,995	16,926	680	36,601					68,992

出典：台湾総督府交通局編纂『電気事業要覧 大正十四年末現在』1926年、10～11頁。台湾総督府交通局編纂『第10回 電気事業要覧 昭和7年度』台湾電気協会、1933年、64～65頁。
注：自家発電には官庁用も含む。

にたっしている[28]。その中心は製糖業であり、1907年に349kW（発電所数2）であった発電容量は1912年には3,046kW（発電所数17）に急増し、1916年には3,442kW（発電所数24）にたっした[29]。中部・南部に立地する製糖工場は官営電気事業の配電網から離れていたこともあり、バガス（甘蔗搾滓）を燃料とする小規模火力自家発電を選択したと推測される。第1次大戦期に電気需給が逼迫するなかで、台湾総督府電気作業所による電気事業が進展してはいたが、官営配電網が行き届かない地域では自家発電を招いていたのであった。

その後の地域別発電容量の推移については表11-6を利用して確認しよう。1925年時の電気事業者の発電容量に関しては、台北州と高雄州が大きい一方で、新竹州と台南州が小さい。その後、1932年時にかけて新竹州の発電容量は増加

表11-7 台湾の自家用電気工作物施設者（1925年）

第一種

施設者	工場	地区	出力(kW)	原動力
台湾製糖会社	台北	台北市	20	汽
	埔里	台中州	24	汽
	灣裡	台南州	12	汽
	車路墘	台南州	175	汽
	三崁店	台南州	24	汽
	後壁林	高雄州	175	汽
	橋子頭	高雄州	160	汽
	屏東	高雄州	335	汽
塩水港製糖会社	岸内	台南州	336	汽
	旗尾	高雄州	490	汽
	壽	花蓮港庁	240	汽
	大和	花蓮港庁	240	汽
明治製糖会社	渓湖	台中州	170	汽
	南投	台中州	160	汽
	蕭壠	台南州	155	汽
	蒜頭	台南州	769	汽
	総爺	台南州	493	汽
帝国製糖会社	新竹	新竹州	40	汽
	中港	新竹州	32	汽
	台中	台中州	300	汽
	潭子	台中州	39	汽
新高製糖会社	彰化	台中州	152	汽
	嘉義	台南州	215	汽
東洋製糖会社	北港	台南州	363	汽
	斗六	台南州	25	汽
大日本製糖会社	虎尾	台南州	706	汽
台南製糖会社	宜蘭	台北州	120	汽
	玉井	台南州	15	汽
新竹製糖会社	苗栗	新竹州	17	汽
台東製糖会社	馬蘭	台東庁	20	汽
朝日製糖会社	大湖	新竹州	2	汽
高砂麦酒会社	上埤頭	台北州	70	汽
三井合名会社	埤角	台北州	4	汽
	竹崙	台北州	4	汽
台北工業学校		台北市	30	汽
合計			6,132	

第二種

施設者	工場	地区	出力(kW)	原動力
台湾製糖会社	東港	高雄州	424	汽
塩水港製糖会社	新営	台南州	1,340	汽
東洋製糖会社	烏日	台中州	30	汽
	南靖	台南州	715	汽
嘉南大圳		台南州	500	水
浅野セメント会社	高雄	高雄州	1,500	汽
台陽鉱業会社	煉子寮	台北州	62	水
台湾製麻会社	豊原	台中州	255	水
台湾炭砿	万里	台北州	15	汽
日本石油会社	赤崎子	新竹州	1	汽
	苗栗	新竹州	15	汽
	竹頭崎	台南州	1	汽
	内寮	高雄州	3	汽
基隆炭礦	瑞芳	台北州	300	受電
田中礦山	瑞芳	台北州	535	受電
日華紡織会社	台北	台北市	360	受電
岩橋利三郎		台北市	6	受電
永戸トミ		台北市	3	受電
台北市水道		台北市	1,358	受電
台中市水道		台中州	40	汽
台南市水道		台南州	660	汽
勧化堂	勧化堂	新竹州	45	水
合計			8,168	
		内受電	2,562	

出典：台湾総督府交通局編纂『電気事業要覧　大正十四年末現在』1926年、7～8頁。
注：1）第一種は「一邸宅又ハ一構内ニ施設スル低圧ノ電気工作物」で、第二種はそれ以外。
　　2）各工場の発電所数は基本的には1。第1種の明治製糖蒜頭工場と大日本製糖虎尾工場、第2種の台陽鉱業と台湾製麻の発電所数は2。受電の施設者の発電所数は0。

しておらず、また、嘉義電灯会社の火力発電所（出力3,000kW）竣工によって台南州の発電容量は増加したものの、前述した天送埤発電所・台湾電力会社松山火力発電所（出力5,000kW）が竣工した台北州や、同社高雄第二火力発電所（出力1万3,000kW）が竣工した高雄州と較べるとかなり小さい。台中州も発電容量は増加しておらず、中部は相対的に発電容量が小さい地域となっている。自家発電に関しては、台南州と高雄州において火力設備を中心に建設されていたことがうかがえる。表11-7には1925年時の自家用電気工作物施設者が示されているが、受電を差し引いた自家発電容量合計1万1,738kWのうち、72.7％の8,533kWを製糖会社が占めている。表中に示される台南州の製糖工場火力容量は5,843kW、高雄州のそれは1,584kWと南部が圧倒的である。こうした南部における自家発電容量の増加は、1930年代初頭にかけてさらに進展したことは表11-6より明らかである。

第2節　戦間期における工場の電化と立地

(1) 配電網の整備

　籾摺・精米工場と電気事業の関係においては、発電容量の増加よりも配電網の整備の方が重要であろう。表11-8は電気事業者別の電線路亘長の推移を示したものである。1920年代を通じて島内の電線路亘長距離は1,424kmから約2.4倍の3,356kmにまで延びており、その約7割から8割が台湾電力会社による敷設であった。台湾電力会社以外の電気事業者の電線路亘長も着実に伸びており、すべての電気事業者が配電網の構築に貢献していたことも確認される。
　それでは表11-9を利用して1920年代後半および1930年代前半における地域別の送配電線路亘長の推移を検討しよう。東部の配電網整備は遅れているが、西部の配電網は1920年代後半に着実に伸長し、1930年代に入ってから急伸している。1925年に約2,287kmであった電線路亘長は1929年に約3,356kmとなり[30]、1934年には約8,700kmにまで伸びている。1920年代後半を通じて、最

表11-8 事業者別電線路の推移

	1920年	1921年	1922年	1923年	1924年	1925年	1926年	1927年
台湾電力会社	1,103.2	1,209.1	1,455.0	1,516.6	1,532.3	1,574.6	1,770.1	1,845.5
新竹電灯会社	118.4	110.2	149.0	144.6	144.9	145.9	151.9	154.4
嘉義電灯会社	61.6	110.4	111.5	114.6	117.0	119.0	125.8	141.1
台湾合同電気会社	101.4	168.8	197.8	202.1	239.0	259.5	268.1	263.2
花蓮港電気会社	18.1	39.8	49.7	50.9	50.9	54.7	54.5	55.0
台湾電気興業会社	—	19.8	89.9	94.1	98.2	108.2	126.6	137.4
宜蘭電気会社	19.8	—	—	—	—	—	—	—
玉里電燈会社	1.4	1.4	—	—	—	—	—	—
恒春電気会社	—	—	—	—	9.9	9.9	20.6	20.6
南庄物産商会	—	—	—	—	1.0	1.0	1.0	1.0
合　　計	1,424.0	1,659.7	2,052.9	2,122.9	2,193.2	2,272.8	2,518.6	2,618.2
指数（1920年基準）	100	117	144	149	154	160	177	184

出典：台湾総督府交通局編纂『第五回　電気事業要覧　昭和二年十二月末現在』1928年、71～72頁。台湾総督府交通事業要覧　昭和三年十二月末現在』1929年、24～25頁。台湾総督府交通局編纂『第七回　電気事業要覧　昭和四年、52～53頁。

も配電線路亘長が長い地域は台北州であり、最も短い地域は新竹州であったが、台中州・台南州・高雄州は年度によって順位が変動しており、概して西部においては地域的に偏ることなく配電網の整備が進展したといってよい。

　そもそも台湾の送電網は北部・中部・南部と別個に系統が形成されていた[31]。台湾電力会社は1929年に台北～豊原間に送電線を敷設して、北部系統と中部系統を接続した。1929年に新竹州の送電線路が急伸しているのはこのことによる。供給不足であった中部系統に北部系統からの電気供給が可能となったことにより、1930年代に入ってから中部の配電線路亘長が急伸し、1931年から1933年まで台中州が最も配電線路亘長が長い地域となっている。これらから、北部系統と中部系統の連系によって中部での配電網強化が可能となったことがわかる。さらに台湾電力会社は1930年に中南部系統連絡送電線路建設工事に着手し、これを1931年に完成させ、ここに台湾西部の送電系統はすべて接続されることになった[32]。以上の系統接続は出力10万kWの日月潭第一発電所竣工に備えた措置であろう。同発電所の完成による供給過剰が予想されるなか、各系統を接続したうえで配電網を整備することにより、需要増加が図られたと推測される。

南部でも1931年以降に配電線路亘長が急伸しており、北部・中部をしのぐ配電網が構築されている。以上のように、配電網の整備という観点からすれば、1920年代後半と1930年代前半では劇的に差がある。このことは電気供給区域の急拡大を意味しており、後節で述べる籾摺・精米工場の立地との関連で留意しておきたい。

続いて、表11-10を利用して地域別動力用電気需要の推移を確認しよう。1925年に1万2,879kWであった契約kWは、1932年には1.4倍の1万8,014kWに増加している。地域別にみると、台北州が突出しており、高雄州が続いて、台南州と台中州が年度によって順位を変えながら追っている。1930年の台北州の落ち込みには台湾電力会社のカーバイド製造事業の中止が影響していることは明らかであるが、

電線路亘長（単位：km）

	1928年	1929年
	2,108.0	2,657.8
	157.4	166.2
	145.9	157.2
	267.6	283.7
	63.4	67.6
	143.4	—
	—	—
	—	—
	20.6	22.1
	1.4	1.4
	2,907.8	3,356.0
	204	236

局編纂『第六回　電気年十二月末現在』1930

全体として不況によって契約kWの伸びが抑制された[33]。その一方で、需要家数の推移をみると、1925年の2,330から1932年には1.8倍の4,222まで増加している。契約kWの伸びよりも需要家数の伸びが相対的に高いことは、中小規模の動力用電気需要家の増加を反映していよう。不況時においても1931年の台北州以外は増加しており、底堅い需要があったことがわかる。1931年まで台北州・台中州・高雄州・台南州・新竹州の順は変動しておらず、電気事業者の発電容量が相対的に小さかった台中州が第2位を維持し、また、台南州の需要家数が1932年に高雄州のそれを上回ったことは、先にみたような配電網整備による電気供給区域拡大の影響であろう。

(2) 工場の電化と立地

本項ではまず、戦間期における台湾全体の工場の動力化について概観しておこう。表11-11は1914年から1933年の工場数と動力化率の推移が示されている。好況であった第1次大戦期を挟んで、1914年から1921年の7年間で工場数はほぼ倍増しているが、動力化率は44.3％から44.6％への微増にとどまっている。

表11-9　地方別電線路亘長

			1925年	1926年	1927年	1928年	1929年	1930年
北部	台北州	送電線（km）	184.1	187.1	187.5	195.6	231.3	229.2
		配電線（km）	428.3	473.6	497.2	521.6	567.9	637.7
		対前年伸び率（%）	n. a.	10.6	5.0	4.9	8.9	12.3
	新竹州	送電線（km）	56.5	56.5	56.5	56.5	149.9	156.9
		配電線（km）	259.6	281.9	283.2	294.0	304.0	335.3
		対前年伸び率（%）	n. a.	8.6	0.5	3.8	3.4	10.3
中部	台中州	送電線（km）	131.7	181.6	184.0	243.5	251.9	278.7
		配電線（km）	330.6	352.1	384.3	418.3	427.4	575.0
		対前年伸び率（%）	n. a.	6.5	9.1	8.8	2.2	34.5
南部	台南州	送電線（km）	62.6	81.9	107.0	115.0	204.4	211.9
		配電線（km）	311.4	370.1	377.9	371.4	457.6	522.9
		対前年伸び率（%）	n. a.	18.9	2.1	△1.7	23.2	14.3
	高雄州	送電線（km）	94.1	92.8	92.8	142.5	162.2	167.9
		配電線（km）	344.7	345.8	354.3	447.5	493.2	557.2
		対前年伸び率（%）	n. a.	0.3	2.5	26.3	10.2	13.0
東部	花蓮港庁	送電線（km）	8.7	8.7	8.7	8.3	8.3	8.3
		配電線（km）	46.3	45.8	46.3	55.1	59.3	55.9
		対前年伸び率（%）	n. a.	△1.1	1.1	19.0	7.6	△5.7
	台東庁	送電線	—	—	—	—	—	—
		配電線	28.2	28.4	28.7	28.7	28.8	29.9
		対前年伸び率（%）	n. a.	0.7	1.1	0.0	0.3	3.8
離島	澎湖庁	送電線	—	—	—	—	—	—
		配電線	—	12.3	9.8	9.8	9.8	11.2
		対前年伸び率（%）	n. a.	n. a.	△20.3	0.0	0.0	14.3
送電線　計			537.7	608.6	636.5	761.4	1,008.0	1,052.9
配電線　計			1,749.1	1,910.0	1,981.7	2,146.4	2,348.0	2,725.1
合　計			2,286.8	2,518.6	2,618.2	2,907.8	3,356.0	3,778.0

出典：台湾総督府交通局編纂『電気事業要覧　大正十四年末現在』1926年、12〜13頁。台湾総督府交通局編纂『第1927年、26〜27頁。台湾総督府交通局編纂『第五回　電気事業要覧　昭和二年十二月末現在』1928年、26〜27要覧　昭和三年十二月末現在』1929年、26〜27頁。台湾総督府交通局編纂『第七回　電気事業要覧　昭和四年交通局編纂『第八回　電気事業要覧　昭和五年十二月末現在』1931年、54〜55頁。台湾総督府交通局編纂『第気協会、1932年、58〜59頁。台湾総督府交通局編纂『第10回　電気事業要覧　昭和7年度』台湾電気協会、11回　電気事業要覧　昭和8年度』台湾電気協会、1934年、66〜67頁。台湾総督府交通局編纂『第12回　電気66〜69頁。

（1925～34年）

1931年	1932年	1933年	1934年
241.6	250.4	n.a.	n.a.
787.3	894.2	997.6	1303.7
23.5	13.6	11.6	30.7
155.7	188.5	n.a.	n.a.
339.5	349.4	348.4	412.9
1.3	2.9	△0.3	18.5
324.4	312.3	n.a.	n.a.
1,032.4	1,513.2	1,598.6	2,003.7
79.5	46.6	5.6	25.3
214.6	232.9	n.a.	n.a.
808.1	1,409.2	1,592.1	2,019.7
54.5	74.4	13.0	26.9
183.3	177.7	n.a.	n.a.
783.8	992.1	1,196.1	1,416.6
40.7	26.6	20.6	18.4
7.9	7.8	n.a.	n.a.
56.6	59.7	61.0	61.4
1.3	5.4	2.2	0.7
—	—	n.a.	n.a.
30.7	31.0	31.2	31.2
2.7	1.0	0.6	0.0
—	—	n.a.	n.a.
11.3	11.6	11.6	13.0
0.9	2.6	0.1	12.1
1,127.0	1,169.6	1,269.2	1,438.0
3,849.7	5,260.3	5,836.6	7,262.2
4,976.7	6,429.9	7,105.8	8,700.2

四回　電気事業要覧　昭和元年十二月末現在』頁。台湾総督府交通局編纂『第六回　電気事業十二月末現在』1930年、52～53頁。台湾総督府九回　電気事業要覧　昭和六年末現在』台湾電1933年、68～69頁。台湾総督府交通局編纂『第事業要覧　昭和9年度』台湾電気協会、1935年、

しかし、1920年代から工場数の増加とともに動力化率は上昇し始め、1926年の56.6％から1930年は71.1％に急増し、1933年には73.7％にたっしている。動力化率に関しては、特に1920年代後半に著しく上昇したことになる。

動力化率が73.7％にたっしていた1933年時における工業別の動力化率と使用原動機を表11-12と表11-13を利用して確認しよう。表11-12に示されるように、原動力使用工場数4,880のうち、3,975工場が食料品工業であり、同工業の動力化率は92.3％と突出して高い。原動機使用台数の合計7,217台のうち、79.6％に相当する5,747台が食料品工業で使用されている。また、馬力についても、電気ガス業を除いた14万1,773馬力のうち、83.1％に相当する11万7,806馬力が食料品工業である。以上から、戦間期台湾における工場の動力化は食料品工業を中心に進展したといえる。食料品工業以外に、動力化率が平均以上である工業は、機械器具工業85.2％、金属工業83.2％、印刷製本業77.4％があげられる。逆に、平均以下である工業は、電気ガス業を除いて、製材・木製品工業62.5％、紡織工業60％、化学工業32.2％、窯業7.2％となっている。きわめて低い動力化率となっている窯業については、台南州・高雄州に立地していた

表11-10　地方別動力用電気需要（1925〜32年）

			1925年	1926年	1927年	1928年	1929年	1930年	1931年	1932年
北部	台北州	需要家数	980	1,049	1,118	1,190	1,314	1,411	1,303	1,315
		対前年伸び率（%）	n.a.	7.0	6.6	6.4	10.4	7.4	△7.7	0.9
		契約kW	6,809	7,709	7,958	8,231	9,319	7,642	8,357	7,929
		対前年伸び率（%）	n.a.	13.2	3.2	3.4	13.2	△18.0	9.4	△5.1
	新竹州	需要家数	158	178	227	254	273	296	322	351
		対前年伸び率（%）	n.a.	12.7	27.5	11.9	7.5	8.4	8.8	9.0
		契約kW	368	474	550	541	559	617	699	773
		対前年伸び率（%）	n.a.	28.8	16.0	△1.6	3.3	10.4	13.3	10.6
中部	台中州	需要家数	489	583	687	726	777	856	909	1,033
		対前年伸び率（%）	n.a.	19.2	17.8	5.7	7.0	10.2	6.2	13.6
		契約kW	1,114	1,433	1,826	1,997	2,781	2,460	2,632	2,517
		対前年伸び率（%）	n.a.	28.6	27.4	9.4	39.3	△11.5	7.0	△4.4
南部	台南州	需要家数	263	308	361	454	523	601	629	736
		対前年伸び率（%）	n.a.	17.1	17.2	25.8	15.2	14.9	4.7	17.0
		契約kW	1,185	1,489	1,757	2,290	2,647	2,582	2,219	2,414
		対前年伸び率（%）	n.a.	25.7	18.0	30.3	15.6	△2.5	△14.1	8.8
	高雄州	需要家数	398	434	497	546	611	680	699	698
		対前年伸び率（%）	n.a.	9.0	14.5	9.9	11.9	11.3	2.8	△0.1
		契約kW	3,209	3,656	3,542	3,932	4,320	4,446	3,945	4,008
		対前年伸び率（%）	n.a.	13.9	△3.1	11.0	9.9	2.9	△11.3	1.6
東部	花蓮港庁	需要家数	26	29	39	42	51	52	54	63
		対前年伸び率（%）	n.a.	11.5	34.5	7.7	21.4	2.0	3.8	16.7
		契約kW	177	176	181	262	278	322	340	322
		対前年伸び率（%）	n.a.	△0.6	2.8	44.8	6.1	15.8	5.6	△5.3
	台東庁	需要家数	7	12	18	23	19	20	23	24
		対前年伸び率（%）	n.a.	71.4	50.0	27.8	△17.4	5.3	15.0	4.3
		契約kW	17	24	34	53	54	55	54	47
		対前年伸び率（%）	n.a.	41.2	41.7	55.9	1.9	1.9	△1.8	△13.0
離島	澎湖庁	需要家数	n.a.	1	4	4	5	5	3	2
		対前年伸び率（%）	n.a.	n.a.	300.0	0.0	25.0	0.0	△40.0	△33.3
		契約kW	n.a.	2	9	9	10	9	4	3
		対前年伸び率（%）	n.a.	n.a.	350.0	0.0	11.1	△10.0	△55.6	△25.0
	合計	需要家数	2,330	2,594	2,951	3,239	3,573	3,921	3,942	4,222
		対前年伸び率（%）	n.a.	11.3	13.8	9.8	10.3	9.7	0.5	7.1
		契約kW	12,879	14,964	15,857	17,316	19,968	18,133	18,250	18,014
		対前年伸び率（%）	n.a.	16.2	6.0	9.2	15.3	△9.2	0.6	△1.3

出典：台湾総督府交通局編纂『電気事業要覧　大正十四年末現在』1926年、18頁。台湾総督府交通局編纂『第四回　電気事業要覧　昭和元年十二月末現在』1927年、40〜41頁。台湾総督府交通局編纂『第五回　電気事業要覧　昭和二年十二月末現在』1928年、40〜41頁。台湾総督府交通局編纂『第六回　電気事業要覧　昭和三年十二月末現在』1929年、40〜41頁。台湾総督府交通局編纂『第七回　電気事業要覧　昭和四年十二月末現在』1930年、72〜73頁。台湾総督府交通局編纂『第八回　電気事業要覧　昭和五年十二月末現在』1931年、74〜75頁。台湾総督府交通局編纂『第九回　電気事業要覧　昭和六年末現在』台湾電気協会、1932年、80〜81頁。台湾総督府交通局編纂『第10回　電気事業要覧　昭和7年度』台湾電気協会、1933年、98〜99頁。

注：1925年の澎湖庁は高雄州に含む。

表11-11 工場の動力化率

	1914年	1921年	1926年	1930年	1933年
工場数	1,309	2,841	4,458	6,128	6,618
原動力使用工場数	580	1,266	2,522	4,358	4,880
動力化率（％）	44.3	44.6	56.6	71.1	73.7

出典：台湾総督府殖産局商工課『台湾の商工業』1935年、14頁。

表11-12 工業別原動機使用状況（1933年）

	原動機 未使用工場	原動機 使用工場	動力化率（％）	原動機 台数	原動機 馬力数
紡織工業	24	36	60.0	66	944
金属工業	17	84	83.2	141	1,208
機械器具工業	28	161	85.2	247	1,389
窯業	592	46	7.2	138	13,622
化学工業	324	154	32.2	304	3,278
製材・木製品工業	100	167	62.5	203	2,791
食品工業	333	3,975	92.3	5,747	117,806
印刷製本業	31	106	77.4	154	235
電気ガス業	33	23	41.1	61	68,794
その他	289	128	30.7	156	500
計	1,738	4,880	73.7	7,217	210,567

出典：台湾総督府殖産局商工課『台湾の商工業』1935年、14〜15、44頁。

電動機を使用しない瓦・煉瓦製造業の多さに起因していると推測される。また、化学工業の低い動力化率についても、台中州・台南州に立地していた植物性油製造業や製紙業が電気事業の進展と無関係であったことが関連していると思われるが、この点については後述する。

表11-13中で注目すべきは電動機の突出した比重である。原動機使用台数の合計7,217台のうち73.7％にあたる5,320台を電動機が占めている。表11-10で確認された1920年代後半の急速な工場の動力化は、電動機の普及によるものであったことがわかる。特に食料品工業では電動機が4,046台（3万1,413馬力）も導入されており、このことが食料品工業の突出した高い動力化率をもたらしていた。これらの電動機は籾摺・精米業者によって導入されたものがほとんど

表11-13　工業別原動機使用状況（1933年）

工業 \ 原動機	電動機 台数	電動機 馬力数	蒸汽機関 台数	蒸汽機関 馬力数	蒸汽タービン 台数	蒸汽タービン 馬力数	ガス発動機 台数	ガス発動機 馬力数	石油発動機 台数	石油発動機 馬力数	その他 台数	その他 馬力数
紡織	64	826	1	13	—	—	—	—	—	—	1	105
金属	126	973	1	1	—	—	1	5	8	23	5	206
機械器具	231	1,199	5	97	—	—	—	—	11	93	—	—
窯業	121	8,906	2	22	3	4,500	—	—	12	194	—	—
化学	240	2,654	19	364	—	—	1	7	19	120	25	133
製材・木製品	195	2,552	1	15	—	—	1	35	3	55	3	134
食料品	4,046	31,413	687	64,475	48	16,018	5	43	734	5,001	227	856
印刷製本	153	234	—	—	—	—	—	—	1	1	1	1
電気ガス	5	27	—	—	11	34,876	2	55	8	952	35	32,884
その他	139	299	1	5	—	—	1	35	8	41	7	120
計	5,320	49,083	717	64,992	62	55,394	11	180	804	6,480	303	34,438

出典：台湾総督府殖産局商工課『台湾の商工業』1935年、14〜15、44頁。
注：その他はタービン水車、ペルトン水車、日本型および本島型水車。

であったと思われる[34]。また、食料品工業の原動力使用工場の馬力数合計は11万7,806馬力にたっしており、蒸汽機関687台（6万4,475馬力）、蒸汽タービン48台（1万6,018馬力）が含まれている。これらは先にみた製糖会社の自家発電設備に導入されたものであろう。

食料品工業に限らず、そのほかの工業でも工場電化は進展している。たとえば、表11-12で動力化率が高かった機械器具工業では、1920年に使用されていた原動機の馬力数は蒸汽機関518馬力、電動機272.5馬力、石油発動機11馬力であった[35]。しかし、表11-13から確認されるように、1933年には蒸汽機関は97馬力に減少し、電動機は1,199馬力に増加している。こうした原動機の蒸汽機関から電動機への転換は、機械器具工場の小規模化を促した[36]。

以上から、1920年代後半に工場の動力化率が急上昇したこと、また、それは食料品工場の電化が中心であったことが確認された。第1次大戦期における籾摺・精米工場の電化は台北と台南から始まっていたが、その後はいかなる変化を示したであろうか。その手がかりを得るために、使用動力はわからないが、1930年代前半における動力もしくは常時職工を5人以上使用する工場の地域別分布を表11-14から検討しよう。

1930年末時における島内の工場数は6,000を超え、その多くは台北州・台中

州・台南州に立地していた。工場数合計の約65％にあたる3,957が食料品工場である。職工数からみても、全体の5万8,116名のうち約55.2％にあたる3万2,092名を食料品工場が占めている。食料品工場の立地数を州別にみれば台中州（1,100）・台北州（933）・新竹州（613）・台南州（598）・高雄州（576）の順位となっており、地域別にみれば北部（1,546）・中部（1,100）・南部（1,174）と、西部全域にわたって食料品工場が分散的に立地していたことがわかる。

　1932年末になると工場数合計は6,267にたっし、そのうち約66％にあたる4,140が食料品工場となっている。食料品工場の職工数3万3,808名が全体の職工数5万9,867名に占める比重はほぼ変化しておらず、約56.5％である。工場数を州別にみれば台中州（1,070）・台北州（978）・台南州（690）・新竹州（654）・高雄州（593）という順位であり、地域別にみれば北部（1,632）・中部（1,070）南部（1,283）となっている。1930年末時に対して北部が約5.6％、南部が約9.3％の増加を示している一方で、中部は2.7％減少していることになる。表11-9において1930年から1932年にかけて台中州の動力用電気需要家数は約20.7％増加していたが、表11-14では台中州の工場数は減少している。このことは、同地域で工場の電化が進展したことを示していよう。

　その後、工場数は増加を続けて1934年末時になると6,750に達し、そのうち4,445が食料品工場で、その比重を維持している[37]。地域別にみれば北部（1,775）・中部（1,153）・南部（1,347）となっており、1932年末時に対して北部が約8.8％と増加速度を上げ、中部が約7.8％の増加に転じた一方で、南部は約5.0％に増加速度が下がっている。

　表11-14において食料品工業の次に工場数・職工数が多い窯業と化学工業についてふれておこう。1932年末時の窯業工場数595のうち、291工場が瓦製造業、204工場が煉瓦製造業であり、それぞれ3,223名と3,980名の職工を抱え、そのほとんどが台湾人を工場主とし、南部を中心に立地していた[38]。また、1932年末時の化学工場数399のうち、185工場が植物性油製造業、91工場が製紙業であり、それぞれ1,030名と877名の職工を抱えていた。いずれもそのほとんどが台湾人を工場主とし、植物性油製造業は台中州に立地する落花生油・胡麻油製造

表11-14 工場および職工の分布

1930年末

州・庁		紡織 工場数	紡織 職工数 男	紡織 職工数 女	金属 工場数	金属 職工数 男	金属 職工数 女	機械器具 工場数	機械器具 職工数 男	機械器具 職工数 女	窯業 工場数	窯業 職工数 男	窯業 職工数 女	化学 工場数	化学 職工数 男	化学 職工数 女	製材・木製品 工場数	製材・木製品 職工数 男	製材・木製品 職工数 女	食料品 工場数	食料品 職工数 男	食料品 職工数 女	その他 工場数	その他 職工数 男	その他 職工数 女	計 工場数	計 職工数 男	計 職工数 女
北部	台北州	31	138	801	52	620	48	70	926	2	94	1,410	261	54	433	556	114	828	39	933	3,856	4,691	179	1,559	1,572	1,527	9,770	7,970
	新竹州	3	3	16	4	26	—	5	14	—	53	360	50	32	180	21	14	70	—	613	3,263	114	56	311	526	780	4,227	727
中部	台中州	6	178	315	27	130	10	22	114	1	144	1,336	164	169	908	218	78	445	8	1,100	5,543	2,633	98	558	395	1,644	9,212	3,744
南部	台南州	15	85	367	14	76	5	30	305	6	206	2,551	345	184	1,002	164	30	193	5	598	5,709	649	62	457	196	1,139	10,378	1,737
	高雄州	4	4	2	7	50	4	29	526	1	123	1,859	215	18	420	41	16	86	—	576	3,141	1,305	41	371	737	814	6,457	2,305
東部	花蓮港庁	—	—	—	5	22	—	—	—	—	1	12	—	3	31	—	10	76	—	83	619	28	7	37	10	109	797	38
	台東庁	—	—	—	—	—	—	—	—	—	—	—	—	—	—	—	—	—	—	41	414	45	2	14	—	43	428	45
離島	澎湖庁	—	—	—	1	6	—	2	10	—	14	70	35	8	57	—	—	—	—	13	43	39	3	14	7	41	200	81
計		59	408	1,501	110	930	67	158	1,895	10	635	7,598	1,070	468	3,031	1,000	262	1,698	52	3,957	22,588	9,504	448	3,321	3,443	6,097	41,469	16,647

第11章　動力革命と工場立地　343

1932年末

		31		38		90		98		58		114		978		237		合計	
北部	台北州	149	1,512	882	4	562	84	3	1,012	6	1,307	262	393	468	837	60	3,697	4,157	1,691	1,878
																			9,648	7,797
																			1,644	
	新竹州	12	10			11	—		15	—	42	60	36	20	18	—	654	227	57	479
																			4,483	796
																			829	
中部	台中州	5		19		3	29	1	317	60	126	167	157	173	62	1	1,070	3,160	116	382
																			8,531	4,227
																			1,584	
南部	台南州	184	317	127	26	8	173	1	1,172	167	210	463	884	114	329	1	5,100	849	562	212
																			11,054	1,946
																			1,158	
	高雄州	94	303	32	3	5	34	1	2,867	463	98	251	711	51	255	1	6,341	1,958	450	573
																			6,490	2,856
																			805	
東部	花蓮港庁	3	—	5	4	33	304	2	1,556	—	4	—	338	2	93	17	3,535	63	47	25
																			1,043	118
																			143	
	台東庁	5	—	—	5	61	492	—	52	28	—	—	24	—	12	—	107	—	11	—
																			357	60
																			40	
離島	澎湖庁	—	—	—	18	—	1	—	—	—	17	—	—	—	84	—	798	60	64	—
																			359	102
																			64	
		—	—	2	—	3	—	—	—	—	—	32	—	—	—	38	—	13	3	
																		344	2	
	計	56		80		13	—		202	—	61	53	241	6	—	—	10	—	11	21
		444	1,512	824	117	2,037	10	7,332	1,284	2,790	834	1,671	79	23,312	10,496	3,555	3,570	41,965	17,902		
																			6,267	
																			536	
																			4,140	

出典：台湾総督府殖産局『昭和五年末現在工場名簿』1932年，1～3頁。台湾総督府殖産局『昭和七年末現在工場名簿』1934年，1頁。
注：動力もしくは常時5人以上の職工を使用する工場。

表11-15 食料品工業の工場および職工の分布

1932年末

州・庁		製糖業 工場数 職工数 男 女	罐詰製造業 工場数 職工数 男 女	製茶業 工場数 職工数 男 女	製麺業 工場数 職工数 男 女	籾摺精米業 工場数 職工数 男 女	その他 工場数 職工数 男 女	小 計 工場数 職工数 男 女
北部	台北州	3 495 17	— — —	152 1,189 3,446	37 172 19	628 1,042 84	158 799 591	978 3,697 4,157
	新竹州	43 1,287 10	2 3 50	145 1,146 58	26 122 45	425 852 58	13 54 6	654 3,464 227
中部	台中州	32 2,113 106	38 746 2,815	3 29 2	43 214 17	874 1,665 156	80 333 64	1,070 5,100 3,160
南部	台南州	23 4,566 57	3 148 471	— — —	25 79 33	547 1,083 149	92 465 139	690 6,341 849
	高雄州	14 1,721 32	21 661 1,803	— — —	23 78 10	486 867 91	49 208 22	593 3,535 1,958
東部	花蓮港庁	5 411 20	1 2 6	— — —	4 6 3	67 126 9	30 253 25	107 798 63
	台東庁	2 167 1	— — —	— — —	— — —	24 37 —	12 140 59	38 344 60
離島	澎湖庁	— — —	— — —	— — —	7 19 13	— — —	3 14 9	10 33 22
計		122 10,760 243	65 1,560 5,145	300 2,364 3,506	165 690 140	3,051 5,672 547	437 2,266 915	4,140 23,312 10,496

出典:台湾総督府殖産局『昭和七年末現在 工場名簿』1934年、93頁より作成。
注:動力もしくは常時5人以上の職工を使用する工場。

工場、製紙業は台中州・台南州に立地する竹紙製造業者が中心であった[39]。こうした瓦・煉瓦製造業者や植物性油製造業・製紙業者の立地には、電気事業の進展はあまり関係なく[40]、原料賦存状況が影響したと推測される。

続いて、表11-15で1932年末時における食料品工業の内訳をみてみると、工場数からすれば籾摺・精米業の3,051が最大で、約74%を占める。州別にみれば台中州が最も多いが、概して西部全域に籾摺・精米工場が分散的に立地している。そのほとんどが電動機を導入していたと思われ、1工場当たりの職工数は約2名程度であったことが確認される[41]。籾摺・精米工場立地の分散化に関

しては、1932年頃までは工場数が多い地域における増加率よりも、工場数が少ない地域における増加率の方が高かったことが明らかにされている[42]。前節で検討した第1次大戦期と比較して、稲作地帯である中部への立地が急速に進むとともに、北部・南部へも広範に籾摺・精米工場が拡散したことが戦間期の注目すべき変化であろう。中部において籾摺業者が増加した時期は1920年代後半、精米業者が増加した時期は1920年代全般とされ、籾摺業者の増加については移出米買付け競争の激化と関連して、精米業者の増加については島内消費米の増加と関連して理解されている[43]。

ただし、1930年代に入ると中部の籾摺・精米工場数は激しく変動する。1930年末に887あった台中州の籾摺・精米工場は[44]、1932年末には表11-15に示されたように874に減少した後、1934年末には表11-16に示されるように960に増加している。その理由は定かではないが、1931年に始まった米穀検査の改正が関係しているかもしれない。台湾総督府の検査当局はゴムロール式籾摺機の使用でなければ3等米以上に合格させないこととし[45]、杉原商店や加藤商店などの日本商社は、従来のエンゲルバーグ式籾摺機に替わるゴムロール式籾摺機を籾摺・精米業者に貸与することにより[46]、台湾商人に替わって日本商社が移出米の取り扱い比率を高めていく[47]。こうした移出米品質の厳格化と移出商の再編が、籾摺・精米工場の再編をも促した可能性が高い。表11-16に示されるように、1930年末時の籾摺・精米工場数は2,836であったが、1934年時の籾摺・精米工場は3,300にたっした。その過半を占める1,692工場が1930年以降に設立されているが、注目すべきは、この期間において、1920年代前半に参入した工場は146減少し、1920年代後半に参入した工場は576も減少していることである[48]。1930年代前半における籾摺・精米工場の設立ラッシュは、1920年代参入組の退出をともなっていたことがわかる。それでも西部全域の分散的立地が維持されたのは、その前提として配電網整備による劇的な電気供給区域の拡大があったと理解すべきであろう。

表11-16 籾摺・精米工場の事業開始年

事業開始年

1930年末時		工場数	~1899年	1900~04年	1905~09年	1910~14年	1915~19年	1920~24年	1925~29年	1930年	不詳
北部	台北州	590	5	2	4	6	50	110	317	96	0
	新竹州	379	0	0	1	15	12	54	230	67	0
中部	台中州	887	0	2	6	22	59	143	548	106	1
南部	台南州	442	2	3	5	13	24	45	276	72	2
	高雄州	469	1	1	3	7	32	121	239	65	0
東部	花蓮港庁	51	0	0	0	1	2	7	32	9	0
	台東庁	18	0	0	0	0	0	1	14	3	0
合　計		2,836	8	8	19	64	179	481	1,656	418	3

事業開始年

1934年末時		工場数	1895~99年	1900~04年	1905~09年	1910~14年	1915~19年	1920~24年	1925~29年	1930~34年	不詳
北部	台北州	678	2	2	3	7	26	71	173	391	3
	新竹州	472	0	0	1	10	7	39	170	245	0
中部	台中州	960	0	1	5	11	38	101	332	471	1
南部	台南州	580	2	1	2	9	25	33	199	308	1
	高雄州	509	0	1	3	8	23	82	174	218	0
東部	花蓮港庁	74	0	0	0	0	1	7	24	42	0
	台東庁	27	0	0	0	0	0	2	8	17	0
合　計		3,300	4	5	14	45	120	335	1,080	1,692	5

出典：台湾総督府殖産局『昭和五年末現在 工場名簿』1934年、153~277頁。台湾総督府殖産局『昭和九年末現在 工場名簿』1936年、163~320頁。

注：動力もしくは常時5人以上の職工を使用する工場。

おわりに

　植民地台湾の産業構造は、稲米・甘蔗作を中心とする農業が中心にあり、工業においては籾摺・精米業と製糖業が主軸をなしていた。大規模製糖工場は日本資本が経営していたが、中小規模の籾摺・精米工場は台湾人によって担われていた。
　籾摺・精米業はまず南部で発達し、消費地の北部が移出基地化するにともない北部においても発展を遂げ、そして広大な稲作地帯である中部においても急速に発達した[49]。籾摺・精米工場の勃興期であった第1次大戦期においては、動力として石油発動機と電動機が導入されたが、戦間期においては電動機の導入が一般化した。小型の電動機は多くの資本や設備を必要としないうえに不連続の作業にも適していたことから、多数の台湾人が電動機を使用する籾摺・精米業に参入したことにより、中小規模の籾摺・精米工場が西部全域に立地した。第1次大戦期においては、籾摺・精米工場は電気事業が先行していた北部と南部に立地し、中部での立地は少なかった。しかし、戦間期において電気事業者によって中小容量の発電設備が建設され、配電網が整備されると、北部・中部・南部にわたって分散的に工場が立地した。この間において、特に中部への工場立地が急速に進展した。原料籾が籾摺によって玄米に加工される過程で重量が半減されるため、そもそも籾摺業の立地は稲作地への吸引性が強い[50]。その立地は運輸コストを節約しうる鉄道の駅付近に集中しやすい[51]。こうした原料立地条件からすれば、稲作地帯を抱え、縦貫鉄道が通る中部は籾摺・精米業が発展しうる潜在性を有していた。しかし、中小容量の発電地点としては恵まれていなかったため、勃興期であった第1次大戦期において中部の籾摺・精米業では電動機の導入が遅れた。その後、戦間期になると配電網が整備されたことによって電動機を導入しうる地域が拡がり、中部における籾摺・精米工場の立地を急速に促したのである。ただ、こうした1920年代に確立した籾摺・精米工場の西部全域にわたる分散的立地は、1930年代にそのまま継承されたのでは

ない。1930年代初頭の移出米業界の再編にともない、籾摺・精米工場は設立ラッシュとともに多くの1920年代参入組の退出を招いた。1930年代前半に電気供給区域が劇的に拡大したことが、西部全域における籾摺・精米工場の大量参入・大量退出を促したため、分散的立地が維持されたのだった。

その一方で、製糖会社の各工場ではバガスを燃料とする自家火力発電が可能であったため、電気事業の進展に関係なく、甘蔗栽培適地であった中部・南部を中心とした工場立地は変化しなかった。こうして、戦間期台湾で数において最大比重を占めた食料品工場は、電気事業者から少量電気の供給を受けて西部全域に中小規模籾摺・精米工場が分散的に立地し、自家発電設備を備える大規模製糖工場が中部・南部を中心に立地する構造となった。

1) 本章は拙著「近代台湾における中小工場と電気事業」(李昌玟・湊照宏編『近代台湾のインフラストラクチュア』東京大学社会科学研究所現代中国研究拠点研究シリーズ No. 9、東京大学社会科学研究所、2012年)の内容および構成を大幅に修正したものである。なお、表11-16のデータ入力においては、大阪産業大学大学院経済学研究科博士前期課程に在籍する王天鴻および冀延甲の両氏の御助力を得た。記して謝意を表する。
2) 南亮進『動力革命と技術進歩——戦前期製造業の分析』(東洋経済新報社、1976年)。本段落の記述は本書を参考にした。
3) 木村光彦「植民地下台湾、朝鮮の民族工業」(名古屋学院大学 Discussion Paper 3、1981年)。
4) 根岸勉治『南方農業問題』(日本評論社、1942年)、74頁。
5) 堀内義隆「日本植民地期台湾の米穀産業と工業化——籾摺・精米業の発展を中心に」(『社会経済史学』第67巻第1号、2001年5月)は、籾摺・精米業を事例に、台湾人中小資本の活動こそが台湾の資本主義化を牽引したことを強調している。
6) 「土礱」は土造籾摺臼を意味し、「間」は室を意味する。
7) 涂照彦『日本帝国主義下の台湾』(東京大学出版会、1975年)、第3章第3節。
8) 前掲「日本植民地期台湾の米穀産業と工業化——籾摺・精米業の発展を中心に」。
9) 「本業ハ近来漸ク進歩発達ノ機運ニ向ヒ自家籾摺並ニ精米ハ漸次減少ノ傾向ヲ示シ同時ニ専業トシテ機械的ニ本業ヲ経営スル者増加ノ趨勢ナリシ」(台湾総督府民生部殖産局『台湾第十産業年報(大正三年)』1917年、289頁)。1914年度の阿猴庁の報告によれば、「庁下ニ於ケル籾摺業及精米業ハ水力ヲ利用スル旧式ノモノハ漸

第11章　動力革命と工場立地　349

　　　　次廃滅ニ帰シ石油又ハ電気ヲ原動力トスル新式機械ヲ用ユルニ至レリ」とある（同
　　　　前、306頁）。
10)　前掲『台湾第十産業年報（大正三年）』289～295頁。
11)　前掲「日本植民地期台湾の米穀産業と工業化——籾摺・精米業の発展を中心に」。
12)　「斯業ハ製糖業発展ノ過渡期ニ当リ改良糖廍ノ駆逐セラルルヤ其ノ機器機関ヲ利
　　　用シ転シテ之ヲ営ムモノヲ出シ爾後石油発動機ノ普ニヨリ俄ニ企業盛況ニ向フ」
　　　（台湾総督府民生部殖産局『台湾第十三産業年報（大正六年）』1920年、278頁）。
13)　「斯業［精米業——引用者］ハ近時電力ヲ応用セザルモノナキニ至リ従来ノ足踏
　　　ニ依ルモノハ殆ント其跡ヲ絶ツニ至リ精米機ハ大稲埕北門口街岡田組ノ一手販売
　　　ニ依ル「スプリング」式精米機其大部分ヲ占メ三、四年以前ニ流行セシ回転式精
　　　米機ハ摩擦ノ為メ砕米ヲ生スルコト多ク現時ハ全ク之ヲ使用スルモノナキニ至レ
　　　リ而シテ其精米ノ大部ハ直ニ内地移出ニ供セラレ明治四十年末ノ工場三十五箇所
　　　此精米高約十万石ニ達シタリ」（台湾総督府民生部殖産局『明治四十四年産業状況』
　　　1913年、180頁）。
14)　前掲『台湾第十産業年報（大正三年）』289～295頁。
15)　同前、289～295頁。
16)　同前、304頁。
17)　前掲『台湾第十三産業年報（大正六年）』274頁。
18)　高橋塁「コーチシナ精米業における近代技術の導入と工場規模の選択——玄米
　　　輸出から白米輸出へ」（『アジア経済』第47巻第7号、2006年7月）。
19)　「両三年前ヨリ盛ニ『エンゲルバルブ』式籾摺機使用ノ流行ヲ致シタル」（前掲
　　　『台湾第十産業年報（大正三年）』289頁）。
20)　「内地移出激増ト本島人機械力利用ノ発念トハ此方面ニ電力、汽力等ヲ応用スル
　　　モノ漸次増加シ期業八十九戸中是等ノ動力ニ依ルモノ十箇所アリ」（同前、277頁）。
21)　「殊ニ近年泉式、芝浦三相交流誘導電動機、岩田式汽機及アイテーアル、システ
　　　ム石油発動機等ノ使用盛ナルニ至リ」（台湾総督府民生部殖産局『台湾第十二産業
　　　年報（大正五年）』1919年、425頁）。
22)　「近年米国式籾摺器ノ輸入セラレ該器ノ作業迅速ニシテ且ツ経済的ナルヲ知ルニ
　　　及ヒ各地ニ歓迎セラレ庁下大稲埕、艋舺、新店、淡水、枋橋等ノ籾摺業者ハ多ク
　　　之ヲ使用セリ而シテ之レカ動力ハ主ニ電力ヲ用ヒ普通（一馬力一日十時間ニテ電
　　　気料四十銭）一台ニ付キ四人ノ人夫ヲ要シ一日籾五十四石ヲ摺リ得其ノ能力ノ大
　　　ナル土礱ト比スヘキニアラス本年ノ籾摺額八十一万五千七百二十八石ニシテ前年
　　　ニ約倍加セリ」（同前、428頁）。
23)　本節における電気事業の開始と進展については、台湾総督府土木局『台湾電気

事業』（1921年）、1～6頁を参照。

24) 本段落の記述は、台湾総督府民政部土木局『電気需要ノ現況ト今後増進ノ趨勢』（1918年）、1～4頁を参照。
25) 台湾電力株式会社『第五回営業報告書』（1921年下期）。
26) 同前。
27) 台湾電力株式会社『第七回営業報告書』（1922年下期）。
28) 前掲『台湾電気事業』40～41頁。
29) 同前、40～41頁。
30) 1925年の電線路亘長は表11-7と表11-8で異なるが、資料中の数字をそのまま掲載した。
31) 「本社ノ送電系統ハ元北部、中部、南部ノ三系統ニ分レ各々独立ノ形ナリシカ中部ニ於ケル需要ニ対スル供給力ニ不足ヲ告ケタルヲ以テ北部ヨリ電力ノ補給ヲ計ル為メ昨年台北豊原（台中ノ北方数里ノ地点）間ニ日月潭水力電気工事用ノ鉄塔ヲ建設シ（昭和四年十月竣工）北部系統ト中部系統トヲ連絡シタル」（台湾電力資料31「昭和四年末　営業並技術概況」、東京大学大学院経済学研究科・経済学部所蔵）。
32) 台湾電力株式会社『第二十四回営業報告書』（1931年上期）。
33) 台湾電力株式会社の営業報告書には、不況のために電気需要が抑制されたが、供給区域の拡大によって営業成績は良好であるという趣旨の内容が、第21回（1929年下期）から第27回（1932年下期）まで記されている。
34) 籾摺・精米業者のうち電動機使用者の占める比率は、1910年代末に30～40％であったが、1920年代末には70～80％に上昇した（堀内義隆「近代台湾における中小零細商工業の発展」堀和生『東アジア資本主義論Ⅱ——構造と特質』ミネルヴァ書房、2008年）。
35) 台湾総督府殖産局商工課『台湾の商工業』（1935年）、60頁。
36) 「動力関係に付いて見るに二、三の工場を除いては、工場が小規模である関係上、一乃至五馬力程度のものが大部分である。……種類別に見るときは蒸汽機関及蒸汽タービンは減少して、電動機及石油発動機が増加を示し、大部分電化してゐる」（同前、59頁）。
37) 台湾総督府殖産局『昭和九年末現在　工場名簿』（1936年）、1頁。
38) 台湾総督府殖産局『昭和七年末現在　工場名簿』（1934年）、27頁。
39) 同前、57～58頁。
40) 1930年時の「化学工業」に分類される「窯業」の電動機台数は41、「製紙」は13、「製油及製蠟」は34と少数であった（台湾総督府交通局編纂『第八回　電気事業要

覧　昭和五年十二月末現在』1931年、74〜75頁)。
41) 職工数からみると、最多の雇用を抱えていたのは製糖業であり、ほかにも、中部・南部に立地する罐詰製造業や、北部に立地する製茶業が女性の職工を多数抱え、籾摺・精米業の職工数を上回っていた。
42) 前掲「日本植民地期台湾の米穀産業と工業化——籾摺・精米業の発展を中心に」。
43) 同前。
44) 台湾総督府殖産局『昭和五年末現在　工場名簿』1932年、103頁。
45) 前掲『南方農業問題』60頁。
46) 同前。
47) 谷ヶ城秀吉『帝国日本の流通ネットワーク——流通機構の変容と市場の形成』(日本経済評論社、2012年)。
48) 台南州で1910年代後半に事業を開始した工場が、1930年末時よりも1934年末時の方が一つ多いが、資料から整理した数をそのまま掲載した。
49) 前掲『南方農業問題』65頁。
50) 同前。
51) 同前、68頁。

第12章　中国人労働者の導入と労働市場

大島　久幸

はじめに

　戦前期台湾の労働市場に関しては、尾高煌之助の一連の研究によって、すでにその全体像が実証されている[1]。尾高は、『台湾総督府統計書』や『台湾商工統計』等を用いて、長期の整合的な統計データをもとに実質賃金水準の推移を検証し、台湾では第1次世界大戦期のごく一時期を除いて、「労働が『無制限供給的な』経済」であったと結論付けた。またその際、「とりわけ、工業化が進行し始めたと思われる1930年代に……実質賃金が下降しているのは注目されなくてはならない」としている[2]。

　しかし、尾高の実証結果とは異なり、台湾ではとりわけ1930年代にかけて労働力不足が経営上の課題として、同時代の経営者の間に広く認識されていた可能性を指摘できる。たとえば、同時代に鮎川義介はこの点を次のように表現している[3]。

　　初めて見た台湾は思いの外よく開拓され農村が思いの外裕福で景気の好いのに驚いた。有り態に云ふと台湾は資源も豊富だし、原料もあり、日月潭水電の開発による動力供給と、豊富低廉なる労力とに依り、化学工業は当然起り得るものと信じてゐたのであるが、実地を視察するに及んで多少認識不足の感なきを得なかった。それは米価高の為米作熱旺盛で、農村の

景気よく、従て労銀も割に高くなってゐるのみでなく、鉱山、工場は建設工場等に必要なる労働力を求むるのが容易でないということであ（る）……内地だと農村の労働者と都会地の職工とはハッキリ区分けがついてゐるので、農村の景気が好いからと云って都会地の工業にさうした影響は余りないのであるが、台湾は労働者の多くが農村から出稼ぎするものだけに、米価高と農村景気が、労力の需給と労銀に影響し、一般事業界に非常な障害を与えることになるのである。今度の視察で私が最も痛切に感じた事は実に此の一点である[4]。

1937年に『現代台湾経済論』を著して台湾経済を分析した高橋亀吉も「農村人口は……寧ろ不足状態にして、その所得は比較的豊富である……台湾農民は、内地又は朝鮮の如く労働予備軍としての直接的な役割を果たしてゐるものではなく、それが工・鉱業への転出の度合いは比較的に僅少である」としている[5]。

こうした実態と認識の差異がなぜ生じたのかという点は、重要な課題となるが、本章では、その前提となる台湾労働市場の制約に関する企業側の認識について、事実確認の意味を込めて検証したい。その際、本章では台湾における中国人労働者の動向を分析することを通じて上記の課題に応えたい。なぜなら、上述した労働市場の制約という認識の中でその解決策の一つと考えられていたのが対岸を中心とする中国人労働者の導入であったからである。

なお、台湾華工と呼ばれる中国人労働者に関しては主として華僑研究や外国人労働者に対する雇用政策の観点からの先行研究が存在する[6]。しかし、それら研究では中国人労働者を雇用する産業の側の視点からの分析がない。以下では、それら華僑研究での成果も紹介しつつ、中国人労働者の導入過程を産業側の視点に即して分析していきたい。

第1節　中国人労働者の渡台制度と南国公司

(1) 中国人労働者の渡台制度

　各産業による中国人労働者の受け入れ状況について検討する前に、台湾における中国人労働者の渡台制度について簡単に概観しておこう。

　台湾が日本に編入され、中国人の自由な渡台が禁止された際、最初に問題となったのは、イギリス人商人等が製茶業で使役していた中国人労働者であった。製茶業に従事する茶工達は春から秋末にかけての製茶季節に台湾へ渡り季節が終了すれば帰還する出稼ぎ型の労働者であったからである。この結果、総督府では製茶業者の要求を受け入れ、これら茶工の入国を許可する清国人茶工券規則が制定された。

　その後、これら茶工を除く中国人労働者の入国についても、1899年に発布された「清国労働者取締規則」によって認められることになった。その際、中国人労働者の管理は、保証金を納めて許可された労働者請負人を通じて行われることとなった。ただし、同制度によって規定された労働者請負人には、保証金の納付のほか、労働者が罹病した際の救済や送還義務、失踪防止などの義務が課され罰則規定も設けられていたことから、当初は許可者が多数いたものの、最終的には三井物産台北支店長の藤原銀次郎のみという状況となった[7]。

　こうした状況を反映して、1904年には清国人茶工券規則と旧「清国労働者取扱規則」を廃止して新たに「清国労働者取扱規則」が制定され（1920年には「支那労働者取扱規則」と名称を変更）、新たに指定された「清国労働者取扱人」を介した中国人労働者の受け入れ制度が整えられた。そしてこの「清国労働者取扱人」として唯一認定されることとなったのが、台華植民合資会社（1915年に南国公司へ改組）であった。

(2) 南国公司について

　台華植民合資会社（以下、南国公司で統一する）は「清国労働者取扱人規則」が定められた1904年に、南米移民大陸植民合資会社の支配人であった後藤猛太郎が唯一の取扱人として指定されたことを受けて設立された会社であり、中国人労働者の独占的労力供給業者となった。これを受けて、旧制度で最後の清国労働者請負人となっていた藤原銀次郎の請負人業務は同社に移管された。1915年に南国公司へと改組された時点では、本社を台北に置き、渡台する中国人労働者の拠点となっている厦門、福州に支店を設置し、その他、基隆、淡水、台南、汕頭、東京の各地に出張所を設けていた。

　同社が単独の請負業者になる際の総督府からの条件は、渡台可能な受入労働者の定員は原則1万人とし（ただし当局は必要によりその数を増減する）、保証金として1万円を納付すること、労働者から徴収する手数料は当局があらかじめ設定すること、その他当局の命令に従うこと、というものであった。南国公司は労働者の台湾への入国に際して、写真を添付した申込書を作成し、渡航証明書等と照合のうえ、上陸手続きを代行するとともに帰国時にも帰還証明書を発行し、その他、台湾滞在中の病気その他の費用も負担するものとされていた[8]。

(3) 中国人労働者の渡台状況の推移

　では南国公司を介して入国した中国人労働者数はどのように推移したのか。1904年の「清国労働者取扱規則」以後の動向を確認しておこう。図12-1は、1904年から1936年までの中国人労働者（家族を含む）の入国者と出国者、残留者数の推移を示したものである。同表によれば、入国者と出国者の数値は1920年前後や1930年代などの一時期を除いてほぼ連動しており、1930年代初頭のように出国者の方が上回っている時期もある。これは、毎年大量の中国人労働者が入国する一方で、それと同程度の中国人労働者が出稼ぎを終えて帰国していることを意味しており、全体的には入れ替わりが激しく、滞在は比較的短期間

第12章　中国人労働者の導入と労働市場　357

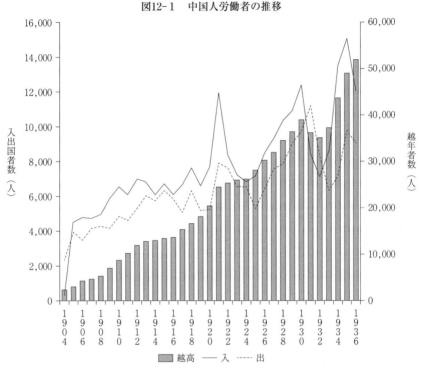

図12-1　中国人労働者の推移

出典：松尾弘「台湾と支那人労働者」（『南支南洋研究』第28号、1937年11月）91〜113頁より作成。

であったことを示している。ただし、後述のように長く台湾にとどまる中国人労働者も相当数あったと考えられる。この点は本論の中で検討したい。

このように中国人労働者は、大量に入国する一方、大量に帰国するという動向を示したが、入国者数は1920年代半ばと1930年代初頭の時期を除いて、全体的に増加傾向にあった。入国者数は、1930年代になると南国公司に認められた1万人を超える年も多くなり、残留者が徐々に積みあがって、1936年には中国人労働者とその家族の総数は5万2,000人にまで増大している。

ところで、以上で検討した台湾における中国人労働者の動向を、尾高の分析した台湾における実質賃金の動向と比較すると興味深い点をいくつか指摘できる。尾高は台湾における日雇いと農作夫（いずれも男子）の賃金比率を分析し、

台湾の日雇賃金が農業賃金とほぼ同水準で推移した点を解明した[9]。すなわち、日雇い労働者の供給は農業部門の労働市場と密接にかかわっていると指摘したのである。従って、単純労働力としての性格を持つ中国人労働者の入国数の変化は、尾高の推計した農業部門の労働賃金の動向を反映したものとなるはずである。この点を考慮して、中国人労働者数の動向を確認すると、図12-1にみられる中国人労働者の入国が増加する時期のうち、1919年以降の急増期と1925年から28、29年にかけての急増期は農作夫の実質賃金の上昇とほぼ連動していることが確認できる[10]。しかし、1930年代に入ると、農作夫の実質賃金の推移と中国人入国者数の推移は全く連動しなくなる。すなわち、1920年代までの中国人労働者の受け入れは、台湾労働市場の逼迫に対応したものであったが、その後については中国人労働者の動向には別の論理が必要ということになる。本章ではこの点について、台湾における企業経営者の労働市場に対する認識が影響していると考えており、これら経営者の認識については、本論のなかで具体的に触れていきたい。

次に、中国人労働者の従事した職業について、職業別の残留者数の推移を示した図12-2から確認してみよう。なお同表の元となるデータを示した松尾の「支那人労働者出入統計」で確認できる職種は農業夫や漁業夫のような一次産業から桶工や竹細工、豆腐工、菓子工、料理工、理髪工、人力車夫、織物工など30種以上にのぼるが、以下ではそのうち、製茶工、鉱夫、大工、雑役、家族の推移のみを示した[11]。

まず当初労働者として重要な地位にあった製茶工については、1905年時点では台湾に上陸した中国人労働者総数4,482人の内、茶工は1,496人と全体の3割以上に上ったが、19年には1,000人を下回り、以後漸減していった。残留者数でみても1912年の時点では全体の3％にまで減少している。台湾独自で茶工が養成できるようになるなかで茶工の渡台はその役割を低下させたのである[12]。

一方、雑役夫や大工は1930年代初頭に一時的に減少するものの総じて増加傾向にあり、1930年代後半には雑役夫は1万人を超え、大工も6,000人を超えた。その結果、1936年には雑役夫は全体の22％、大工は同12％となり、両者で全体

第12章　中国人労働者の導入と労働市場　359

図12-2　職業別中国人労働者数推移

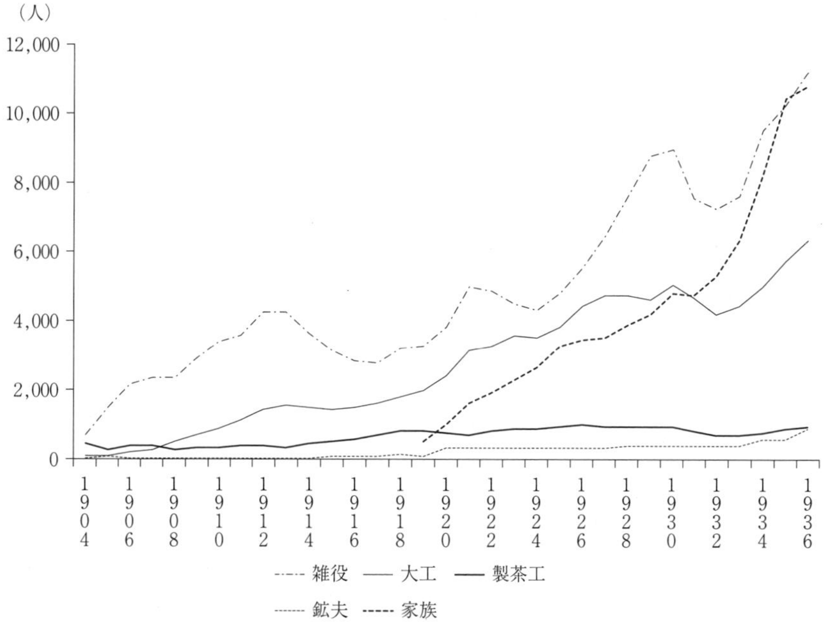

(グラフ: 1904年から1936年までの職業別中国人労働者数の推移)

----- 雑役　―― 大工　━━ 製茶工
‥‥‥ 鉱夫　----- 家族

出典：図12-1に同じ。

の3割以上を占めた。また1919年以降に項目に新たに加わった「家族」が急激に増加しており、全体の21％を占めた。こうした「家族」が増加したことに関して、台湾における中国人労働者の雇用政策を分析した阿部康久は「当初は季節労働者として訪れていた中国籍労働者が、徐々に定着性を高めていったことが推測できる」としている[13]。

　また、総督府の1936年の戸数別の職業分類のデータをもとに中国人労働者の構成を示した安井三吉は、雑役苦力、炭鉱夫、人力車夫の数が多い一方で、雑貨商、呉服商、時計商、洋服裁縫業のような独立営業者が少ない点を明らかにしている。あわせて、その資産も100円未満のものが約半数を占め、5,000円を超える資産を有する者は全体の20分の1を占めるに過ぎずただひたすら「自己の生活を考慮する以外何物もなききわめて下層階級の者」であったという資料を紹介している。

ただし、安井によって中国人労働者の主たる職業として指摘された炭鉱夫に相当するはずの図12-2の「鉱夫」は1936時点で年全体の2％を占めるに過ぎない。実際、1930年代後半の鉱山業では中国人労働者の導入に消極的な事業所も存在した。この点は本論の中で詳述していきたい。

以上のように雑役苦力と呼ばれる単純労働力を中心に1920年から30年代にかけて中国人労働者の入国者数が増加していったことがわかる。こうした中国人労働者の増加は、産業界の意向を反映したものであった。そこで、以下では個別産業のレベルにおいて中国人労働者の導入がどのようにはかられたのかを具体的に検討しよう。

第2節　糖業連合会による中国人労働者の導入

産業界において労働市場の需給調整に中国人労働者をどのように位置づけていたのかを端的に示す事例として、第1次大戦期における糖業連合会の中国人労働者の導入が挙げられる。以下では、台湾の主要産業であった製糖業において中国人労働者の導入が図られた経緯を検討しよう。

台湾総督府では日月潭電源開発事業計画の実現に向けて1919年4月には台湾電力会社令が公布され、同年8月には台湾電力会社が設立された[14]。こうした大型プロジェクトは大量の労働力を必要とすることから労働需要を逼迫させる要素となることが予想された。他方、1910年代後半にかけての時期、台湾ではすでに労賃は高騰傾向にあった。ここでは農作日傭賃金の推移を示した表12-1からこの点を確認しよう。

労賃は1906年を例外として年々上昇傾向にあり、1910年代後半の増加率は18年を除けば米価の上昇率を上回る水準であったことがわかる。

このような事態に対して、労働者を多く使用する製糖業界では労働需給の逼迫に対して強い懸念を抱いた。そこで、台湾電力の設立に先立って、1919年3月には糖業連合会の台湾支部会議において官設工事主体に対して労働力供給に関する問い合わせを行うことが決定された。この間の経緯を記した記録ではそ

表12-1　農作日傭賃金（台湾人）推移と台湾産白米（中米）小売相場の推移

(単位：円)

	男賃金 平均	女賃金 平均	白米相場	男賃金	女賃金	白米
1905	0.335	0.194	0.956	100	100	100
1906	0.320	0.186	1.091	96	96	114
1907	0.381	0.204	1.384	114	105	145
1908	0.390	0.218	1.111	116	112	116
1909	0.400	0.270	1.211	119	139	127
1910	0.428	0.235	1.166	128	121	122
1911	0.400	0.255	1.468	119	131	154
1912	0.468	0.254	1.797	140	131	188
1913	0.476	0.260	1.727	142	134	181
1914	0.483	0.269	1.352	144	139	141
1915	0.440	0.262	1.104	131	135	115
1916	0.472	—	1.200	141		126
1917	0.522	0.307	1.067	156	158	112
1918（上半期）	0.570	0.338	2.487	170	174	260

出典：台湾総督府殖産局「台湾ノ農業労働ニ関スル調査」（『殖産局出版』230号、1919年）151～157頁より作成。

の理由について次のように説明している。

　一般物価ノ昂騰ニ伴ヒ労銀ノ昂騰スルハ免ル、能ハサル処ナリト雖モ近ク起工セラル、日月潭電力工事、鉄道海岸線工事ニ使用セラル、労力ヲ若シ濫リニ官憲ノ力ヲ以テ島内ヨリ供給セラル、コト、モナラバ、爾余ノ民間事業家ノ蒙ル苦痛耐フ可カラザルモノアラント思ハル、就テハ如此臨時的大工事ニ使用スル労力ノ供給ニ関シテハ永遠ニ労力ヲ要スル事業ニ対シ障碍ヲ貽サ、ル様適切ナル方法ヲ採択スヘク総督府及右２工事当局者ニ対シ交渉スルコトヲ希望ス[15]

　日月潭電力工事や鉄道海岸線工事に伴う大量の労働需要に対して、「官憲ノ力ヲ以テ」島内から労働者を求めることになれば、民間事業者の苦痛が大きいというのである。その結果、連合会では専門の委員を選出したうえで、臨時的

大工事には台湾人労働者を使用せず全部中国人働者を使用するよう、当局並びに大工事首脳者に交渉することが決定された。

　こうして、1919年6月には塩水港、明治、大日本、東洋、台湾の各製糖会社の労力委員と連合会の幹事が総督府長官に面会し、陳情を行った。しかし、その回答は必ずしも糖業連合会の意向に沿うものではなかった。その内容は、第一に、対岸の中国人労力の募集は「対岸ノ民情並ニ本島ノ治安上面白カラサル故見合ス」こと、第二に、山東省からの労働力募集は「西伯利亜ヨリ帰来セル者アルト且ツ気候保健上ノ理由ヨリ招致ハ見合セ度シ」という点にあり、そのため目下、仏領インドの労働者を招致しようと調査を進めているという回答であった16)。

　その後、糖業連合会では同年9月には旧台湾総督府土木局長で新たに台湾電力の副社長に就任した角源泉と面談を行い、「全社ニテ使用セル（直接間接トモ）労力ハ可及的島外ヨリ之レヲ招募シ若シ島内苦力ヲ募用セラルルトキハ一地方ニ偏シテ之レヲ採ラズ全島普遍的ニ招募スルコト及最高賃金ヲ制限スルコト」を提案した。これに対する台湾電力角副社長の回答は次のようなものであった。

　　……総督府ニテハ対岸、山東ニ於ケル政状況民情ガ全地方労力ノ招募ニ至難ナルヨリ仏領印度……計画シ多少ノ胸算アリシヤナリシモ遂ニ実行不能ノ結果ニ了リ現下沖縄労力移入ニ関シ調査中ナルヤナルモ是亦不結果ニ終ルモノノ如シ　而シテ日月潭水電工事ノ一部北山坑発電所建設ト一部軽鉄ノ急設ヲ要スルモノアリテ先ニ入札ニ附シタル処入札価額ノ過大ナル為メ数次改為シテ此頃高石組ニ落札シタルガ入札価額ノ過大ナルコトニ付請負業者ハ何レモ労力賃金ノ昂騰シタルコト並ニ其ノ昂騰ノ原因ハ製糖会社ガ慢リニ労力賃金ヲ引上ケタルニ在リト唱ヘ居レリ……此際会同シテ隔意ナキ協議ヲ遂ゲ労力賃金ノ昂騰ニ対スル事業家ノ態度ヲ一定シ以テ将来ニ於ケル不自然ナル賃金ノ昂騰ヲ控制シ併セテ現在過大ナル賃金ヲ低減スルノ一策トシテ事業家聯盟シテ労力賃金ノ最高限度ヲ協定センコトヲ考エ居

リ……一方島内各方面ニ於ケル労力ヲ調査シタル処ヲ見ルニ労力ハ世評ノ如ク不足スル処ナキガ如ク思ハル[17]

　総督府が検討した仏印からの募集が難しい中で、沖縄等他の候補地を検討したものの実現困難という結果が出た点、賃金の上昇は製糖会社による賃金引上げによるものであり賃金最高限度について協定を行いたいという考えを有する点、さらに台湾電力による調査では労働力の不足は生じていないという認識を有している点が示されている。

　労働力不足は発生しておらず、賃金の上昇が製糖会社の賃金引き上げによるものだという台湾電力の主張を検証する材料が現時点では得られていない。ただし、局地的に労働需給が逼迫していた点は、1919年9月の工場別の台湾製糖の賃金を示した表12-2によって確認できる。なお同表では参考までに判明する内地人の賃金についても掲げた。

　前掲表12-1に用いた殖産局の農作日傭賃金データでは1918年上半期の全島平均賃金と地域別の平均賃金が判明する。18年上期の全島平均賃金、0.57円と比較すると1919年9月の台湾製糖の台湾人臨時傭の農事担当者の賃金でその水準を上回っているのは後壁林、阿緱、台北の3工場のみである。以上の点から賃金の上昇は局地的であったと考えることもできる。実際、1918年上半期における台湾南部、阿衡の農作日傭賃金（男性）は0.5円、台北（男性）は0.7円であったのに対して、台湾製糖の臨時農事担当者の台湾人賃金は阿衡0.75円、台北0.73円であった（表12-2）。全島での賃金上昇は確認できないが、とりわけ後壁林、阿衡など南部の賃金上昇が急激であった点は確認できよう。

　以上のように、総督府や台湾電力との交渉が難航するなかで糖業連合会がとった対策が、福州からの中国人労働者の受け入れであった。この間の経緯について、連合会資料では次のように説明している。やや長くなるが引用しよう。

　　台湾電力株式会社及ビ総督府ノ意ヲ亨ケ南国公司ニ於テ其ノ輸入ニ就キ調査計画シタル結果支那官憲ノ干渉、排日気運盛ナル為メ只今ノ処到底望

表12-2　製糖各社賃金

(単位：円)

[台湾製糖]

	橋仔頭				後壁林				阿緱			
	常傭		臨時		常傭		臨時		常傭		臨時	
	日本人	台湾人	日本人	台湾人	日本人	台湾人	日本人	台湾人	日本人	台湾人	日本人	台湾人
機械	1.32	0.59	0.75	0.55	1.20	0.63	0.78	0.67	1.24	0.67	1.01	0.70
鉄工	1.72	0.57	1.23		1.74	0.73			1.37	0.95	0.68	
木工	1.74	0.66			1.82	0.92	0.95		1.77	0.89		
鉄道	1.38	0.59	0.70	0.50	1.28	0.61		0.60	1.29	0.65	0.82	0.60
農事	0.92	0.55		0.50	1.13	0.59		0.75		0.61	0.94	0.75
雑役				0.50				0.55	1.67			0.50

	車路墘				三崁店				港裡			
	常傭		臨時		常傭		臨時		常傭		臨時	
	日本人	台湾人	日本人	台湾人	日本人	台湾人	日本人	台湾人	日本人	台湾人	日本人	台湾人
機械	1.23	0.56	1.30	0.51	1.33	0.60	0.95	0.44	1.11	0.54	0.75	0.53
鉄工	1.82	0.87				0.92			1.81	0.62		
木工	1.63				1.85				1.83			
鉄道	1.42	0.62	0.80	0.50	1.32	0.60	0.55		1.50			
農事	0.94			0.50	1.30			0.50				0.48
雑役		1.00		0.50				0.45		1.08		0.45

	埔里社				台北			
	常傭		臨時		常傭		臨時	
	日本人	台湾人	日本人	台湾人	日本人	台湾人	日本人	台湾人
機械	1.31	0.65	1.37	0.65	1.56	0.55	0.68	0.70
鉄工	1.73	0.77			1.25	0.89		
木工	1.76				1.69			
鉄道	1.31	0.68	1.28	0.60	1.26	0.44	0.90	0.70
農事	0.82	0.65		0.60				0.73
雑役				0.55				0.65

[大日本製糖]

	常傭		臨時				苦力			
	日本人男	台湾人男	日本人男	日本人女	台湾人男	台湾人女	日本人男	日本人女	台湾人男	台湾人女
機械	1.247	0.679	0.888		0.511				0.4	
鉄工	1.314	0.651	1.78		0.58		0.4		0.5	
木工	1.95	1.1	1.76		0.7		1.93		0.5	
鉄道	1.377	0.684	1.02	0.51	0.506	0.9		0.413	0.546	0.275
農事	100.9	0.792	0.862		0.65				0.4	0.35
雑役	0.93	0.67							0.6	

出典：糖業連合会台湾支部「各製糖工場労力賃金調書」(1919年9月22日) より作成。

ミナキ旨ノ報告ニ依リ当支部［糖業連合会台湾支部――引用者］ガ在福州西輝洋行謝呂西ニ托シ其ノ輸入ヲ実行セントスルヤ殆ンド失敗ヲ前定シテ冷笑ノ態度ヲ持シタリシモ客月（1919年10月）16日第一回50名ヲ輸入シ来ルヤ南国公司並ニ其ノ報告ヲ信認セシ向ハ事ノ意外ニ驚キタルノ状有之候特ニ南国公司ハ主事小阪某右輸入後直ニ福州ニ出張シ何等カ策画スル処アリシモノノ如ク周旋者謝呂西ヨリ書記黒木実信ノ同行渡航ヲ要求シタルニ付福州労力界ノ実況ヲ調査シ兼テ輸出上関係少ラザル商船台銀等ニ便宜ヲ与フルコトノ交渉ヲ為サシムベク客月22日同地出張ヲ命シタル処諸種ノ障碍続出シタルモ幸ニ支那官憲ノ黙認ト民間一流有力者等ノ好意並ニ排日学生一部ノ了解ヲ得テ第２回48名、第３回100名、第４回52人ヲ本月16日迄ニ輸入シ尚58名乃至65名ハ去19日馬尾出帆ノ温州丸ニテ輸出スベク既ニ福州ニ招致シ黒木書記ハ16日帰来シタル処同日福州ニ於ケル台湾籍民対排日学生ノ衝突事件ノ為メ其輸入ヲ見合セ（た――引用者）18)

　前述のように1919年の６月から９月にかけての総督府や台湾電力との交渉では糖業連合会が要求する中国人労働者の導入には否定的な見解が示されていたが、その根拠となっていたのが中国人労働者の唯一の仲介業者であった南国公司の調査であった。そこで糖業連合会台湾支部では福州の西輝洋行の謝呂西という人物と直接交渉して中国人労働者の受け入れを検討したところ10月には第１回で50名、その後も第２回から第４回までに200名以上の中国人労働者が渡台することとなったとしている。こうした状況は当初「殆ンド失敗ヲ前定シテ冷笑ノ態度」を取っていた南国公司に衝撃を与え、その結果、南国公司の小阪某が福州に出張して何らか画策が行われたようだと伝えている。ただし、資料では第５回の中国人労働者の渡台は排日運動によって募集までは行われたものの実際の渡台は中止されたとしている。

　こうして、糖業連合会が手配し農耕夫として渡台した中国人労働者は台湾製糖の埔里社19)等に受け入れられたが、「本件ノ手続ハ今日ノ処支部労力輸入取扱特許者南国公司ヲシテ之レニ当ラシムルノ外ナク交渉ノ結果今回ダケ右写真

料、上陸許可手数料ダケニテ取扱フコトニ協定シタリ」[20]とされるように形式上は南国公司の仲介という形がとられた。

　以上のように労働市場の逼迫に対して製糖業界では連合会を通じて総督府や台湾電力との最高賃金の設定や労力調整といった課題を克服するよう協議を求めたが十分な回答が得られず、最終的には自ら中国人労働者の受け入れを図ることで解決策を模索していった。このように第1次大戦期に労働市場の逼迫が企業側に認識される中で、中国人労働者の受け入れがその解決策として模索されていったのである。この点について1919年に台湾銀行の川北という人物が調査した結果を纏め糖業連合会に提出した『台湾ニ於ケル労働者ノ受給ニ就テ』と題する冊子が結論部分でこの点を端的にまとめている。大戦期の状況を端的に示しているので最後に引用しておこう。

　　台湾ニ於ケル労働ハ現在ニ於テモ其ノ需要ニ対シ供給不足ヲ告ケツ、アルノミナラス将来鉱工業鉱山業及土木業等各種事業ノ企画セラルヘキモノ頗ル多カルヘク就中既ニ着手シタル日月潭水電事業並ニ近ク着手スヘキ官佃溪大埤圳ノ如キハ其ノ進行ニ伴ヒ漸次労力ノ需要ヲ激増スヘキハ明カナルヲ以テ今ニ於テ之カ調節補充ノ途ヲ講スルコトハ最緊要ナルヘク而シテ之カ方策トシテハ支那労働者ノ輸入ニ力ムルト同時ニ賃金ノ引上渡航費用ノ低廉其ノ他労働者優遇ノ方法ヲ講シ一面機械ノ使用、保甲ノ利用、労働組合ノ設立、労働能率ノ昂進等有ラユル方法ヲ講セサルヘカラス又労働者輸入機関ハ従来唯一ノ南国公司アリト雖其ノ実際ノ取扱上ニハ或ハ募集費ノ高キヲ貪リ或ハ手続ノ煩雑ナル等幾多改善スヘキモノアリ[21]

　ただし上掲資料で想定された事態は第1次大戦終結後、労働需給が緩和される中で直ちに実現することはなかった（図12-1参照）。糖業連合会の記録にもその後、福州からの中国人労働者の受け入れが行われた事実は確認できない。こうした問題が大きく取り上げられるのは1930年代以降のこととなる。そこで、1930年代の動向を次節で検討しよう。

第 3 節　1930年代における中国人労働者の動向

(1) 日月潭事業の再興にともなう労銀統制会議の開催

　日月潭電源開発計画は1922年半ば以降、資金調達が困難となり、26年末には打ち切りとなったものの、1928年には再興が決定された[22]。こうした大型事業の再開に際して再び労働需給の逼迫が懸念されることになる。1929年4月には基隆炭礦の大竹勝一郎から各事業者に対して、「労銀ノ統制ニ就テ」と題する次のような呼びかけがなされた[23]。

　　　往年台湾電力株式会社日月潭発電工事起業ノ為メ本島労働者ノ労銀暴騰ヲ来シタルハ各事業家ノ斉シク記憶ニ新ナル処ニ有之実ハ当時小生ヨリ台湾電力株式会社外ニ鉄道港湾等各般大事業ノ当局者ニ対シ相協調シテ労銀ヲ統制セン事ヲ協議致シタル処其主意ニハ孰レモ多大ノ賛意ヲ表セラレタルニ不拘時已ニ遅ク主要ナル諸工事ハ既ニ悉ク請負ニ附セラレタル後トテ如何トモ策ヲ施スベキ途ナカリシ次第ニ御座候　此度台湾電力会社日月潭工事再興ノ議決定ト共ニ先ツ心ニ浮ヒ候事ハ往年労働者不足ノ嘆ヲ繰返スコトナキヤノ点ニ有之……予メ之カ対策ヲ考究シ置ク必要ヲ痛感スルモノニノ御座候[24]

　上述の資料によれば、第1次大戦期にも日月潭電力工事にともなって基隆炭礦では「労銀の統制」について協議を申し入れたが実現せず苦慮したため、日月潭工事の再興に際して事前に協議を行いたいというものであった。ちなみに同資料では「当局者ヨリ漏聞ク処ニヨレハ台電社ニテハ今回ハ朝鮮労働者ノ移入ヲ考慮シツヽアリトノ事」と記されており、産業界にとって日月潭事業の再興にともなう労働需給の逼迫が重要な課題と認識されていたことがわかる。この呼びかけに対して「原田総務長官閣下ニ此儀内申致候処早速御諒解ヲ得タル

ノミナラス進テ御自身音頭取トナリ各関係者ノ協調ニモ援助セラル事ヲ御快諾アリ」というように総督府の側でも積極的な対応を進めることとなった結果、総務長官官邸において「成ル可ク秘密ニ」会合が開催されることとなった。

　この労働需給に関する秘密裏の会合では関係各所が会合して幅広い内容が検討されことが確認できるが、議論の内容の詳細は史料的制約からうかがい知ることができない。討議された項目と総督府の各部局の意見のみが確認できるがその内容は次のようなものであった。本章に関連する部分のみ列挙してみよう。

　　労働者需給ニ関スル研究
　　・（労働者の）補充策如何、又其所要員数ノ見込如何
　　　イ、内地ヨリ移入スベキカ　ロ、朝鮮ヨリ移入スベキカ　ハ、支那ヨリ移入スベキカ　ニ、言語ノ関係並ニ仕事ニ対スル適応性如何　ホ、所要員数ノ見込並ニ振分使用先ノ決定　ヘ、南国公司ノ問題
　　・本問題ニ関シ督府ノ採リ得ル処置如何又事業家ノ督府ニ対スル希望如何
　　・労銀統制ノ方策如何（特ニ請負ニ附スベキ工事ニ付テ）
　　・右等諸問題研究ノ為メ左記関係者ノ会合ヲ催スコト
　　　督府鉄道並ニ港湾当局者　電力会社　糖業連合会　港湾荷役業者トシテ三井物産　鉱業者トシテ基隆炭礦会社[25]

　労働需給の逼迫を想定して内地、朝鮮、中国からの労働者の受け入れが広く検討されており、併せて「労銀統制」に関して関連する総督府の鉄道部、道路港湾課、台湾電力、糖業連合会、港湾荷役業者、鉱業関係者に広く意見を求めたことがわかる。

　これら検討内容に関しては産業界の意向は史料的に判明しないが、総督府の各部局の意見の一部が判明するので以下紹介しよう。

　　鉄道部：電力工事施行ノ為島内ニ於ケル労力ノ需要増加シ自然労銀ノ騰貴ヲ促ス虞アルヲ以テ……会社ニテ相当考慮ノ上之カ調節緩和ニ努メラ

レ度シ殊ニ人為的暴騰ヲ来ス事ナキ様配慮相成度シ
　専売局：脳丁（樟脳生産労働者）其他製脳従業員ニシテ同工事再興ノ声ニ
　　動シ猥リニ転業ヲ志サントスルモノ不尠ルノミナラス就中之ヲ好機ニ
　　傭主タル製脳会社ニ対スル借財其他ヲ踏ミ倒シテ逃亡セムトスル者ヲ
　　生スヘシト懸念セラル依テ出来得ベクハ脳丁ハ原則トシテ該工事ノ労
　　役夫トシテ雇傭セサルコトニ取計ハレ度
　道路港湾課：島内労力需給状況ヲ考察シ場合ニ依リテハ集団労力移入等ノ
　　方法ニ俟チ労銀ノ昂騰ヲ防遏スヘキ適切ノ方法ヲ講シ以テ官営事業ニ
　　影響セシメサランコトヲ期セラレタシ　尚労力ノ移入ニ就テハ集団ノ
　　勢力ヲ悪用シ従来本島ニ馴致セラレタル労働者ノ気風ノ破壊セラレタ
　　ランコトニモ亦最善ノ考慮ヲ望ム[26]

　なお、同資料では風俗上の取締、衛生面に関する対応（警務局）、労働者の倹約奨励（社会課）や貯蓄奨励（為替貯金課）など幅広い観点からの検討も行われた。後述のように満州事変後、1930年代にかけて総督府では同化政策の強化という観点から中国人労働者の受け入れに対して公には消極的態度を表明していくことになるが、多数の労働者を使用する現場では労働需給調整のための中国人労働者の導入の必要性を求める声が存在していたことに留意する必要があろう。総督府の中国人労働者の受け入れ問題は、必要性を認識しつつ積極策を取りえないという矛盾をはらんでいたといえよう。

(2) 労力と労銀問題に関する座談会

　1920年代末に実施された日月潭事業の再興に伴う労銀統制会議は、図12-1に見られるようにその後、昭和恐慌期にかけて労働需給が緩和されたことで現実的な問題としての対応がとられることはなかった。しかし、1930年代後半にかけて再び産業界で大きな課題として取り上げられることとなっていく。ここでは1937年に『台湾日日新報』紙上で展開された「台湾ニ於ケル労力と労銀問題」と題された座談会での議論から政策側と産業界の意向をそれぞれ確認して

いこう。

　まずは政策側から検討しよう。中国人労働者の雇用政策を分析した阿部康久は、漢民族住民が人口の大半を占める台湾では、中国人労働者の拡大は、同化政策の観点から政策側に抵抗があり、とりわけ1930年代に入ると日中両国の軍事的緊張を背景に中国人労働者への規制強化の必要性に迫られていたと指摘している[27]。座談会では以下の中山中佐の意見がこうした内容を最も反映している。

　　中山中佐：工業労働者をお使ひになると云ふ様な問題は支那人は取止めて頂きたい。朝鮮人も朝鮮の方の産業の勃興の関係や色々との関係でさう云ふのも無理だと存じます。採算とか算盤とかは別問題として内地人の労力を是非入れて貰ひたい。更に有事の際、兵力を使用するというようなことになりました場合には勢ひ将来〇〇（ママ）と云ふことを予想されなければならぬ、さふ云ふ様な現実の状態でありますから内地人の移民と云ふことに対して今少し関係各位の御考慮を願いたい[28]

　このほかにも総督府の側では中国人労働者の受け入れに抑止的な意見も多くみられた。たとえば、島内労働力の活用に余地があるのかという点に関しての台湾苧麻紡織や大倉土木と総督府警務部とのやり取りが挙げられる。

　　台湾苧麻（中島道一）　島内に失業者が1万8,000人居ると云ふ話でありますが、どう云ふ基準で此失業者と云ふものを御計算になりましたか疑問を抱くのであります……社会上の刑罰を犯して刑法上の體刑を受けて到底扱ひないと云ふものとか或は又本島人の中によくある所謂老鰻で正業に就かず……世の中を渡って居る……斯う云ふものまで入って1万8,000人であるならば、之を利用するには容易ならぬ苦心がある
　　佐々木警務部長　入って居ない……就業の能力のないものはそれから除いて居ります

細井警務課長　兎に角遊んで居る人間と云ふものは相当ある、その中で今の労働の意思のなきもの或いは労働する不能力者は省いて居る

大倉土木（藤江醇三郎）　日月潭の仕事に対して多数の苦力頭を使ひ、凡ゆる方法を以て募集しましたが、若し何千人もブラ付いて居て夫れが働く者とすれば直ちに連れて来た筈であり、又他に於ても捨てておく訳は無かったと思いますが

細井警務課長　之は半分に見ても相当多くあると云ふ訳であります[29]

　以上のように労働力不足という認識は産業界で根強いものがあったが、その解決策の一つとして考えられていた中国人労働者の位置づけに関しては事業所で意見に差が見られた。

　積極派の例としては上記に挙げた大倉土木が代表的である。日月潭第二期発電工事を担当している大倉土木の場合、現状で必要な人員が集まらず非常に苦心しいることから労力調整のための調査委員会を設けて、「その年に必要なる量を相談し本年は之だけの人数を入れようと数を決め」るとともに「今後の労力は支那を経済的にもリードして行くという立場から……将来は南支、北支より呼び寄する事が良いではないか」と発言している[30]。この時期、土木業では大倉土木に限らず、労働需要が逼迫しており、政策的な対策が必要という認識が広く共有されていた点は、1936年の台湾土木建築協会の第20回全党大会で総督府に対して提起された次の建議内容によって確認できる。

　　本島に於ける各種産業の興隆に伴ひ労力の需要多きに拘らず、其の供給著しく不足を感じつゝあり、是れは一に農村好況の反響なるべきも、而も本島事業界の将来を考慮すれば、遠からずして労力払底に因る企業難……を想定せる。由来、本島には専業の労働者尠く、多くは農業の余力に俟つものなれば、農業生産の価値豊なる現在にありては、其の余力益々低下の傾向を有す。近時、土木建築業の如き其の請負事業遂行に当り、労力払底に依る不利不便少からず、如斯は、単り右業者のみならず、多数労働

者を要する事業に携わる各種の業者亦同一の状態なるべし。依って将来更に進展すべき本島企業に対応し、労力調整に関する統制委員会の如きを設け、以て対策を講ぜらるゝ様其筋へ建議せんとするものなり[31]

　しかし、鉱山業者のなかではむしろ異なる意見を主張する者もいた。たとえば、台湾炭業会社の丸山珍樹は「私の鉱山では支那人の苦力を使用しない様にして居る、支那人苦力はその土地の苦力と折合が非常に悪いので苦力小屋に於ても言葉が通じないで喧嘩をする」と述べている[32]。また総督府鉄道部の速水工作課長は満州事変の後に、帰国する内地熟練工が増加し、「熟練工で内地から移入したものが極く僅かしか残って居ない、それで非常に遅蒔でありますけれども之は自給自足で自分の方で養成しなければならぬと云ふので今頻りに……養成している」と述べ、労働力不足はむしろ熟練工の不足である点を主張している[33]。

　労働力不足という認識ではある程度、産業界で共通していたものの、産業の特性によって中国人労働者が代替し得ると考えられる労働需要も存在する一方、そうでない業種も多く存在したのである。では具体的に各産業において中国人労働者はどのような作業に従事していたのか。以下、個別の事業所の状況を確認しよう。

(3) 中国人労働者の雇用状況

　1930年代の中国人労働者の状況について、まずは従来、中国人労働者が多く雇用されているとされてきた鉱山業について、台湾で代表的な基隆炭礦と金瓜石鉱山の事例を検討しよう。

　基隆炭礦と金瓜石鉱山では中国人労働者の導入において対照的な状況を示していた。この点を基隆炭礦の瑞芳一坑、瑞芳三坑、基隆三坑の状況を示した表12-3から確認してみよう。基隆炭礦の場合、3つの事業所で最も導入が進んでいる瑞芳三坑の場合でも全体の1割に満たず、基隆三坑では2％程度に過ぎなかった。しかもその多くは就業1年未満であり短期の労働力という性格が強

表12-3　基隆炭礦における労働編成と中国人労働者の勤務年数（1936年）

(単位：人)

	中国人							台湾人	日本人	総計
	1年未満	1～2年	2～3年	3～4年	4～5年	5～6年	小計			
瑞芳一坑	43	7	2	2	4		58	1,072	―	1,130
基隆三坑	9	5	6	0	1	1	22	1,049	1	1,072
	1年未満	1～10年			10年以上					
瑞芳三坑	55	6			1		62	580	―	642

出典：前掲「台湾と支那人労働者」69～70頁より作成。

　かった。ただし、10年以上勤務している中国人労働者が存在したことにも留意する必要があろう。調査に回答した瑞芳一坑では「当坑に於ては別段に支那人労働者を需要する理由なし、本島人よりも優秀なりや否やの比較は甚だ困難なるも只支那人特有の個性より見て彼等は坑内の非常に暑い個所にても根気強く作業に堪え得る特性を有するものヽ如し」と述べており、同所では必ずしも中国人労働者の導入の必要性を有していなかったことがわかる[34]。

　他方、同じ鉱山でも金瓜石鉱山の場合、1936年10月時点において2,400～2,500程度の中国人労働者が雇用されていた。同年春には3,000人程が従事していたが、宜蘭道路、台基道路、基隆外港の築港等の土木事業に労働者が移動したため減少したとされる。1937年の座談会における台湾金属鉱業の三毛菊次郎は、従業員約8,000人の内、日本人が530人、台湾人が5,200人で残る2,000人強が中国人労働者であると発言している[35]。

　金瓜石鉱山では、従業員の構成は「係員」、「助手」、「内地人常傭夫」、「本島人支那人常傭夫」（直轄苦力より人物技能優秀にして日本語を理解する人員を選抜して登用）、「本島人支那人直轄苦力」（会社において直接雇傭する一般苦力）、「臨時請負夫」（苦力頭に直属する請負夫）で構成されており、臨時請負夫の8割が中国人労働者であった。中国人労働者の多くは扒土夫と称され、坑内で採掘された原鉱の運搬や台車後押し、支柱助手、坑外の運搬夫等に従事していた。中国人労働者が多く雇用されている理由について、同鉱山副所長の後藤章司は次のように説明している。

（中国人労働者）賃金は本島人と同じで……支那人労働者だから安く使へるだろうと考へる人あらばそれは非常な誤解で、決して安くないのである……我々は本島人でも支那人でも一向差支へないのであって、唯真面目に腰を据えて会社の為めに働いて呉れる労働者を歓迎する。所が此の点になると本島人は仕事に定着性のないのが甚だ多く、3日か4日働いて直ぐ他所へ行って了ふ。それに台湾の農業家には大きな資本家が居り、之は一種の農業労働者を使用するが、何時も農繁期になると急に賃金を高くして他者から労働者を吸収する。そして暇になると賃金を急に下げるから、是等労働者は炭坑や鉱山へ出稼ぎに行く。斯うしたことを年中やってゐる農業資本家の方は便利かも知れぬが、多大な資本を固定させて大規模に事業を経営して居る我々には非常な不便を与へる[36]

　同様な状況は三井物産基隆出張所の貯炭場でも見られた。同所では岸壁荷役労働者の総数約700人のうち7割が中国人労働者でそのほとんどが温州人であった。他方、70〜100名程の海上荷役労働者の場合、ほとんどすべてが台湾人という構成であった。同所で中国人労働者が多用される理由について同所の池本義憲は次のように説明している。

　　例年収穫時期になると皆村へ帰って了ふ為め普通400人位居る本島人労働者も収穫時期には半減する。そこへ行くと対岸から来た支那人労働者は専ら労働を目的に遠い所から稼ぎに来たのであるから非常に定着性がある。此の定着性があることが大いに重要なのであって、支那人労働者だから安く使へるといふ訳では決してない。賃金は本島人と同様に与へて居るが、能率の点でも本島人と変わらない様に思へる[37]

　金瓜石鉱山と三井物産基隆出張所貯炭場の中国人労働者の導入の理由として共通しているのは農繁期と農閑期で変動する台湾人労働者を補ううえで、中国

人労働者が不可欠であったという点である。ただし、金瓜石鉱山の扒土夫に見られるようにその労働形態は単純労働に限定されていた。中国人労働者の場合、季節的な変動はないものの、その多くは長期に勤務するものではなかったと考えられることから、企業内で長期に養成される労働力としての役割は決して大きくなかった。その意味で中国人労働者の導入は限定的であったといえよう。

おわりに

　本章で明らかにしたように先行研究によって労働が無制限供給的な経済であったと規定される台湾労働市場であったが、労働力の逼迫に対する産業界の危機感はたびたび顕在化した。第１次大戦期には実質賃金が上昇するなかで、日月潭に代表される大型プロジェクトが労働需給をゆがめるという危機感から多くの労働者を使用する製糖業界では労働需給の調整のための政策を総督府や関係事業主に求めることとなった。その際、重要な解決策の一つに位置付けられていたのが対岸を中心とする中国からの労働者の受け入れであった。しかし、政策側では中国人労働者の受け入れに対しては治安やその他の面から抑止的であり、製糖業界ではそうした政策側の消極的対応に苦慮し、自ら中国人労働者の受け入れを模索することとなった。

　中国人労働者の入国数は1920年代に入って労働需給の緩和によって減少するが、20年代後半に入ると実質賃金の上昇と連動して増加に転じ、さらに20年代末に日月潭事業の再興が決定されると再び産業界に労働需給の逼迫に対する危機感を高めることとなった。

　その後1930年代にかけて実質賃金の低下と労働需給が緩和したものの、30年代後半になると労働市場の逼迫が各事業主に切実な課題として認識されるようになっていった。その結果、日中両国の軍事的緊張のなかで中国人労働者への規制強化の必要性から総督府側では受け入れに対して抑止的態度を示したものの、受入労働者の定員とされた１万人を超えて中国人労働者数は増加傾向に転じた。しかし、中国人労働者は短期の出稼ぎ労働者であり単純労働という性格

を強く持つため、産業界が求める労働者としては限定的な役割しか果たさなかった。また、1930年当時でも職業人口中わずか2％程度を占めるに過ぎない中国人労働者では産業界が抱く危機感が本質的に緩和されることはなかったのである[38]。

1) 代表的なものとして、尾高煌之助「日本統治下における台湾の労働経済」(『経済研究』第20巻第2号、1969年)、同「日本統治下における台湾の雇用と賃金」(篠原三代平・石川滋『台湾の経済成長——その終了経済的研究』(アジア経済出版会、1972年)、同「日本統治下における台湾・朝鮮の労働経済」(溝口敏行・梅村又次『旧日本植民地経済統計』東洋経済新報社、1988年) がある。
2) 前掲「日本統治下における台湾・朝鮮の労働経済」81〜82、86頁。
3) この点については尾高も早くから自覚しており、尾高は本文で紹介した高橋亀吉『現代台湾経済論』(千倉書房、1937年) の文献をもとに、「豊富な労働力の供給を強調する見解が大勢を占める中で、それを否定する少数意見があるのは興味深い」(前掲「日本統治下における台湾の労働経済」135〜136頁) としている。尾高は台湾で過剰労働力が存在するにもかかわらず「少数の」当事者に労働力不足という認識が生まれるという矛盾した事態について、ミントの研究を参考に、伝統的な労働供給行動の下では、労働者は多くの場合、渡り職人や出稼ぎ労働者であり、一定の職場に定着しない点を指摘し、そうした労働者が主体となる場合、労働移動率は賃金引き上げに結果せず、経営者の側も労働者教育や厚生施設に投資する意欲がわかない。そのため、低賃金・低資本装備率・低生産性という悪循環が繰り返されるとしている。労働の無制限供給下でありながらなぜ労働力不足という認識が生まれたのかという点についての分析は今後の課題とするが、本章では差当りこうした矛盾そのものに焦点を当て、同時代の高橋のような見解が決して「少数意見」ではなかった点を検証したい。
4) 『台湾日日新報』(1936年8月29日)。同発言については松尾弘「台湾と支那人労働者」(『南支南洋研究』28号、1937年) が台湾の労働力不足を端的に示すものとしてすでに紹介している (58〜59頁)。
5) 高橋亀吉『現代台湾経済論』(千倉書房、1937年) 387頁。
6) 呉文星『日本拠時期在台「華僑」研究』(台湾学生書局、1991年)、渋谷長紀・松尾弘「台湾の華僑」(『台湾経済年報 (昭和18年版)』1943年)、市川信愛「日拠時期台湾における華僑学校開設顛末考」(『天理台湾研究会年報』8、1999年) などがある。

7）　松尾弘「台湾と支那人労働者」(『南支南洋研究』28号、1937年)、1～21頁。
8）　安井三吉『帝国日本と華僑――日本・台湾・朝鮮』(青木書店、2005年)、95～102頁。
9）　前掲「日本統治下における台湾・朝鮮の労働経済」82～83頁。
10）　同前、81頁。
11）　松尾によれば、南国公司の労働者の職業別の統計は1925年までは75種に細分されていたが、1926年からは35種に整理された(前掲「台湾と支那人労働者」91頁)。
12）　同前、40～42頁および前掲『帝国日本と華僑』96頁。
13）　阿部康久「近代日本の植民地における中国籍労働者雇用政策――台湾の事例を中心に」(『華僑華人研究』創刊号、2004年)、162頁。
14）　湊照宏『近代台湾の電力産業』(御茶の水書房、2011年)、25～32頁。
15）　糖業連合会「労力問題ニ関スル顛末略記」(『第99回　台湾支部議事録』1925年10月)。
16）　同前。
17）　糖業連合会「労力ニ関スル件ニ付台湾電力株式会社角副社長ト会見ノ顛末ノ概要並其他ノ記事」(『協議会議案』1919年8月28日)。
18）　糖業連合会「福州苦力輸入ノ件」(『第44回支部仮決議』1919年11月4日)。
19）　前述のように第4表の結果から見れば台湾製糖の後壁林や阿緱工場の昂騰が激しかったがこの時、試験的に導入が図られた工場は埔里社工場であった。
20）　糖業連合会台湾支部「福州苦力輸入ニ関スル件」1919年10月12日(『協議会議案』1919年、165頁所収)。
21）　台湾糖業連合会『台湾ニ於ケル労働者ノ需給ニ就テ』(1921年)20頁。
22）　前掲『近代台湾の電力産業』48、92頁。
23）　大竹は1924年には『台湾の関税と労銀』のなかで「一体、我国に於て支那労力を利用することを考へぬのは間違ってゐる。左ればとて支那労力をドシドシ内地に輸入するといふような事は種々の故障があって実行不可能であろう。それには台湾は誂へ向きである。宜しく此処に於て大々的に支那苦力を利用すべきである」と述べており、中国人労働者の受け入れを早くから主張していた(前掲『現代台湾経済論』400頁)。
24）　大竹勝一郎「労銀ノ統制ニ就テ」(1929年4月18日、糖業連合会『協議会議案』1929年、202頁所収)。
25）　同前。
26）　糖業連合会「第136回支部例会議事録」(『協議会議案』自43回6至499回、1929年)。
27）　前掲「近代日本の植民地における中国籍労働者雇用政策」166～168頁。

28) 「台湾における労力と労銀問題（10）」（『台湾日日新報』1937年9月16日）。
29) 「台湾に於ける労力と労銀問題（11）」（『台湾日日新報』1937年9月17日）。
30) 「台湾に於ける労力と労銀問題（1）」（『台湾日日新報』1937年9月5日）。
31) 前掲『現代台湾経済論』397頁。
32) 「台湾に於ける労力と労銀問題（2）」（『台湾日日新報』1937年9月6日）。この点について、東洋協会調査部『台湾の地下資源』（1936年）では台湾の鉱山労働者の多くは出稼ぎ労働者であり、農繁期に帰農するため「対岸の支那人苦力の輸入が試みられた。これは、本島人労働者に対する統制難、賃金引下げ等から言っても当然の試みであった。しかしこの試みも、本島人の賃金に比して2割乃至3割の低位にある支那人苦力と本島人労働者との対立、支那人労働者の鉱山労働に対する無経験等のために失敗に終り、現在の支那人労働者数は極めて少数である」（12〜13頁）と述べている。
33) 「台湾に於ける労力と労銀問題（5）（6）」（『台湾日日新報』1937年9月11日、9月12日）。
34) 前掲「台湾と支那人労働者」66〜72頁。
35) 「台湾に於ける労力と労銀問題（2）」『台湾日日新報』1937年9月6日。
36) 前掲「台湾と支那人労働者」84〜85頁。
37) 同前、72〜73頁。
38) 前掲『現代台湾経済論』398〜399頁。

終　章　総括と展望

須　永　徳　武

　本書では植民期の台湾経済に関して、「物流の形成」、「制度の移植」、「産業化と市場」の三つの側面に着目して検討を加えてきた。日本、台湾を問わず決して厚い研究蓄積を有するとは言い難い台湾経済史研究に対して、これら三つの側面に限定されるとはいえ、12章からなる研究成果を付加しえたことは、研究史に対する一定の貢献を果たせたものと考えている。本書に結実した共同研究の特徴は、日本経済史あるいは経営史研究の現在的水準を踏まえた課題設定と分析方法を意識した点にある。台湾人研究者である蔡龍保を例外として、本書を執筆したメンバーで自らの専門領域を台湾経済史と自己認識している者はいない。湊照宏、谷ヶ城秀吉、平井健介など、植民期の台湾経済を対象とした研究業績をこれまで比較的多く積み上げてきた執筆者も含まれるが、彼らの問題意識や研究視角は明確に現在の日本経済史・経営史研究の最前線の動向と水準にある。その点から見れば、本書はむしろ台湾経済史研究の「素人」集団による共同研究の成果である。本書に結実する共同研究を始めるにあたり、現在の日本経済史・経営史研究の最前線で存在感を発揮している若手・中堅研究者に参加を求めた。従来の台湾経済史研究や日本植民地研究の枠にとらわれず、メンバーそれぞれの研究蓄積と鋭敏な問題意識を動員した新鮮な研究視角から、あらためて植民地期台湾の経済発展を考えてみたいと考えたからである。有体に言えば、植民地台湾の「植民地」をいったん脇に置き、当該期の台湾経済を日本経済史・経営史研究における課題設定や分析方法を用いて検討したとしたら、何が見えてくるか。そうした問題意識であった。少なくとも、現在の

日本経済史・経営史研究に示される研究水準を踏まえた台湾経済史研究を進めることは、共同研究の発足時からメンバーに共有された認識であった。こうした認識の背景には、研究が進展しつつあるとされる台湾史研究の方法論的拡散や低迷する植民地経済史研究の現状に対する我々なりの批判的意識がある。こうした我々の認識や問題意識の当否、あるいは本書がそれをどの程度の水準で達成しえているか、これについては読者の批判を待ちたい。特に、これまで厚い研究蓄積を積み上げてきた帝国主義史研究や日本植民地研究から厳しい批判が寄せられることは覚悟しているが、市場経済分析一般の方法を適用して植民地期台湾経済を分析することで、新たな何らかの断面を発見できないか。この点が本共同研究の素朴な問題意識である。本書で我々が提示した植民地台湾像が批判を含めて研究の活性化に寄与できるとすれば、本共同研究の存在意義はあると考えている。

　以上のような意図と問題意識で進めた研究の結論を概括することで本書の総括としたい。

　第1章の「鉄道業の展開——推計と実態」(林采成)は、領台以降活発に進んだ鉄道投資が1930年代になると低迷した事実を指摘し、本章で採用した資本ストック推計を用いることなく、既存研究で利用される鉄道投資累積額で分析すると、台湾鉄道業の意義を過大評価する危険性が生じる点を実証的に明らかにした。こうした投資低迷の反面で輸送力増大が実現した要因として、本章では1920年代における輸送システムの効率化に着目した。台湾の国有鉄道を資本集約度や生産性の観点から評価すれば、労働集約的な鉄道運営が高い生産性を実現したと林采成は指摘する。こうした指摘は高橋泰隆など既存研究で示された初期段階での経営安定性の確保とする通説に対する批判を意図したものである。こうした通説的理解とは異なり、台湾鉄道は実際には初期段階では脆弱性を内包しており、その後の投資低迷の過程で施設の効率的利用を図ることでむしろ経営の安定性が確保された事実を、踏み込んだ経営分析を通じて導出した。そして、その動揺は日中戦争勃発以降の事態であった点も明らかにした。

　第2章の「鉄道貨物輸送と地域間分業」(竹内祐介)は、台湾と朝鮮を比較

し台湾が鉄道ネットワークの充実に反して地域間分業に果たす役割が希薄であった点を指摘した。こうした事実を前提に、本章では台湾と朝鮮の市場形成の特質を帝国内分業への編入の観点から検討した。朝鮮が所与の諸条件から帝国内分業構造のなかで米移出と並行して工業中間財・消費財移出という二つの次元の分業関係を形成したのに対し、台湾は域内経済の均質的成長の結果として伝統的な狭小経済圏が維持され、移出商品としての米・砂糖に特化に特化する条件が付加されたため、域内分業構造が明確には形成されず同質的な食糧基地化が進展した点を指摘する。帝国経済圏内の分業構造研究で優れた成果を提示し、学会にインパクトを与えてきた堀和生の理解に対し、本章で竹内祐介はより本質的な要因として台湾の域内分業構造の未形成とそれを要因とする食糧基地化を対置する。

　第3章の「糖業鉄道の成立と展開」(渡邉恵一)は、台湾製糖株式会社による「糖業鉄道」の敷設の意義を、台湾鉄道業研究の枠を超えて、台湾製糖業の発展過程におけるその内在的意義として再提示した。1900年に創立された台湾製糖は、当初官設鉄道を前提に輸送上の便益を期待した。しかし、輸送インフラとして期待した官設鉄道は有効に機能せず、同社は原料甘蔗の円滑な輸送を目的に独自の輸送システムの構築を図り、甘蔗耕作地に近接した輸送ルートを設定した。こうした糖業鉄道の敷設と運用を組み込んだ台湾製糖のビジネスモデルは、後発製糖会社により追随・模倣されることとなった。この背景には官設鉄道を培養する支線建設を民間に代位させる台湾総督府鉄道部の意図が存在した。その後、糖業鉄道の路線長は四大製糖の形成と軌を一にして伸長し、その輸送量も台湾の商品流通にとって無視しえない役割を担っていくことになる。しかし、その反面でその営業状況は芳しくなく、糖業鉄道経営のポイントは生産コストとの関係にあることが指摘された。これらの検討結果を踏まえて、原料甘蔗輸送は官設鉄道と連携しない糖業鉄道という自己完結的な輸送システムに依って進められたこと、しかし同時に総督府から官設鉄道の培養線の役割を期待された糖業鉄道の経営は社用貨物中心であったため採算性の課題を内包するものであったと結論された。本章の検討を通じて、糖業鉄道に内在した統治

主体である総督府鉄道部の政策的意図と効率的な原料輸送の実現を図る製糖会社戦略の対立的構図が浮き彫りにされた。

　第4章の「海上輸送の変容」（谷ヶ城秀吉）は、市場競争の観点から不定期船と定期船市場を統合的に把握することを試み、その主体である海運企業の行動を検討することで帝国域内の海上輸送の変容過程を明らかにした。本章では台湾総督府の海運政策を背景に、北部命令航路は大阪商船と日本郵船の2社体制で運航され、両社の市場間競争は船舶の大型化による輸送効率化を軸とした競争であったことが指摘される。他方、海上輸送手段に劣位であった製糖地域の台湾南部では運賃率が上昇し、その対応策として糖業連合会が新興海運企業の参入を図った結果、海上輸送サービスの需給不均衡が解消された反面で企業間競争は激化した事実が提示された。その際、本章は第1次大戦期に建造された輸入中古船舶が用いられた事実を指摘し、戦間期の対日貨物輸送の需要増大への対応が大戦時の「遺産」を前提とする点が明らかにされた。本章では新興企業の市場参入による海上輸送サービスの供給増大とそれによる市場競争激化が砂糖のみならず他のバルク財全体の運賃率の引き下げを生じさせた点に着目し、1920年代から30年代の海運企業間競争は台湾の海上輸送サービスの向上に大きく寄与したとする結論が示される。

　第5章「鉄道建設と鹿島組」（蔡龍保）は、技術官僚と企業が日本から植民地に移植された日本の殖産興業政策の二大要素と指摘する。そして産業開発のインフラ整備は、植民地経営の重要な一環であることから台湾総督府政策の基礎であり、これが台湾の近代化を促進したと評価する。こうしたインフラ整備や社会資本の形成には日本本国企業の台湾進出が不可欠であり、この点に植民地台湾における産官連繋構造移行の契機があったと指摘した。具体的には、鹿島組と臨時台湾鉄道敷設部技師長長谷川謹介との関係に着目して検討が進められる。鹿島組は有力な土木建築請負企業であったが、鹿島組にとって台湾での最重要な土木建築工事となった台湾縦貫鉄道工事を受注する背景に長谷川の存在があったことを明らかにした。長谷川は日本本国における鹿島組との協力関係から、台湾の縦貫鉄道事業に随意契約で鹿島組を指名したと指摘される。本

章で蔡龍保は鹿島組の台湾事業における要が人材であった点を強調する。そして、台湾における鹿島組の発展は、日本本国の「人脈」と「協力集団」の移植により達成されたとする。この「協力集団」の形成は工事人夫や総督府技術官僚などの人材も含む集団であり、これが植民地政府との「人脈」となって政府工事受注の増大に寄与し、鹿島組の無形資産になっていた点を指摘した。これまで財閥資本や糖業資本に集中して捉えられてきた植民地台湾における日系企業活動を広範に把握する必要性を示唆したうえで、これら企業の日本本国での事業経験は総督府が台湾産業開発に日本の経験を「複製」する際に重要な意義を有した点を明示した。こうした「産官連繋構造」は植民地経営と企業経営の両面で利益創造を実現する。この点が帝国の植民地経営、鹿島組の会社経営、あるいは日本の技術・人員・資本の海外拡張にとってきわめて重要な歴史的意義を持つものと指摘し、こうした「産官連繋構造」は本章が対象とした土木建築事業に限定されるものではなく、さまざまな領域で見出される構造的な特質であると結論した。

　第6章「甘蔗作における『施肥の高度化』と殖産政策」（平井健介）は、設定した課題である製糖会社農事主任会議の開催理由について、「製糖業に対する政策のターゲットとアプローチの転換」と結論付ける。当初の台湾総督府の糖業育成政策は「保護」政策であったが、その後に製糖会社「甘蔗部門」の自立化「支援」政策へと政策転換が行われる。この点に着目して、本章では糖業政策が「製糖・保護」、「甘蔗・保護」、「甘蔗・育成」とターゲットとアプローチを変えながら継続的に維持された点が指摘される。そして本章で検討対象とされた「製糖会社農事主任会議」は、そうした政策転換を象徴する存在であった点を明らかにした。さらに、この農事主任会議の効果に関しては、これを契機に実施された地方肥料試験が各地の最適肥料成分を決定した点で重要な成果をもたらしたと評価する。このように同会議が「肥料効果試験を通じて肥料成分の最適化という、長期的に見れば重要な問題を解決する方法」を示し得た反面で、総督府と製糖会社の認識の不一致を原因として「施肥の最適化という短期的に重要な問題を解決できる生産的な方法」の発見に失敗したことが、同会

議を「記憶に残らない政策」にしたと結論付けた。

　7章「農業技術の移植と人的資源」(岡部桂史)は、農事試験場や農業教育における北海道帝大農学部の影響の大きさを指摘したうえで、その技術者ネットワークの意義を台湾農業への貢献と最新農業技術導入の遅延の相反する二面から検討を加えた。しかしその「植民地」的性格に鑑みれば、日本本国を基盤とする人事交流体制に台湾を包摂することは実際上困難であり、その代替として機能した北大農学部ネットワークは台湾農業技術にとって重要な意義があったと評価する。このネットワークを基盤とする制度拡充は台湾農業の近代化と農業技術者育成に意義を有した一方で、硬直的人事政策と継続性を重視する農業政策が日本本国の農業技術とは異なる方向に台湾農業を導き、その独自性を生じさせたと結論付けた。

　第8章「商工会議所議員の植民地的特質」(須永德武)は、商工会議所制度に内包された植民地的特質を台北および高雄商工会議所の役員・議員の具体的属性の検討を通じて明らかにした。本章は日本本国や他の植民地に比較して台湾で制度導入が遅れた点に着目し、台湾の商工会議所制度に内在した経済的階層性と民族的差異性の複層的特質を「植民地的特質」と位置付け検討が進められる。本章では制度導入の遅延要因として商工会議所活動と植民地統治政策との相反に対する台湾総督府の懸念が指摘された。そして総督府は懸念払拭のために、①会員資格として高い基準納税額の設定、②経費賦課額による会員区分、③台湾総督任命議員の高い構成比、この3点を制度に導入したことを明らかにする。さらに台北および高雄商工会議所の役員・議員の具体的属性の検討が加えられ、結論として台湾の商工会議所制度は民族的差異性に対する対応が優先された制度設計と植民地統治権力が企図した役員・議員構成が実現した結果、植民地性を濃厚に帯びた経済団体となったと結論付けられた。

　第9章「汽車会社台北支店の製作事業——汽車会社と台湾——」(老川慶喜)は、汽車会社台湾分工場が開設され、最終的に閉鎖に至る経緯と製造事業の実態を検討する。同分工場が主として製造したものは橋桁であったが、同時に鉄道部以外からも積極的に受注に応じた結果、日本本国の工業技術を台湾に移転

する役割を果たし、ひいては台湾開発にも貢献したと評価される。しかし、1906年8月に総督府鉄道部工場で「機械ノ製作修理引受ニ関スル勅令」が発布され、同分工場が果たした役割が総督府鉄道部工場に引き継がれることで、同分工場（台北支店）は閉鎖されたとする。

　第10章「石炭産業の発展」（島西智輝）では、まず台湾炭輸出市場の全体的な市場変動を検討してその特徴が示される。続いて島内市場の変動推移を検討し、台湾炭の主要市場は19世紀末から1930年代までは「分散的かつ不安定な市場」であった点を指摘する。また石炭生産については、台湾炭田の悪条件を前提とした生産構造が形成・維持された点を指摘する。第1次大戦期を境に台湾でも大資本の採炭会社が設立され「大規模化」と機械化が進む。しかし、労働力管理やリスク分散の観点から所有坑口を分散的に請負外注したため、坑口を集約して生産を機械化し、労働力の直接雇用と専業化を進めた日本本国の石炭産業に比較して長期的な存続のための設備投資が軽視されていたと指摘する。他面でこうした台湾石炭産業の発展過程は、収益性の観点から見れば、炭坑条件や市場変動に柔軟かつ合理的に対応したと評価することも可能であるが、実際には清朝領有期からの制約条件のほうが大きかったと評価された。

　第11章「動力革命と工場立地」（湊照宏）では、インフラ整備の進展と工場立地の変化に着目した分析が行われる。籾摺・精米業が南部から北部、さらに中部で発展した状況を確認したうえで、配電網の整備にともなう小型電動機の普及が籾摺・精米業への新規参入を促し、西部全域に中小規模の工場が立地した点が指摘される。また、1930年代初頭の移出米業界の再編にともない、籾摺・精米工場は設立ラッシュとともに多くの1920年代参入組の退出を招いたことも明らかにされる。以上の分析から、配電網の整備が全域化したのちには、移出米の品質や流通体制が工場立地に大きく影響したことが示唆される。総じて、台湾の食料品工業の工場立地は、少量電力の供給を受ける中小規模籾摺・精米工場が分散的に立地した北部・中部・南部地域と、自家発電設備を備える大規模製糖工場が集中した中部・南部地域とにより構成されていた点が明らかにされた。

第12章「中国人労働者の導入と労働市場」（大島久幸）では、農業部門の労働力吸収力に加え、1910年代以降の大規模産業開発事業によって労働市場が逼迫した結果、賃金や労働需給調整政策の必要性が高まった事実が指摘される。この解決策として想定されたのが、対岸を中心とする中国人労働者の受け入れであったが、植民地行政権力は治安面などを理由に抑制的な対応に止まった。労働力の逼迫は1930年代の工業化の進展にともない、より切実な課題として認識される。このため個別分散的な中国人労働力の導入が行政当局の抑制的政策意図を超えて進行するが、単純労働力としての性格が強い中国人労働者は、工業化にともなう労働力需要に対応する主体として必ずしも適合的ではなかった。この結果、工業化にともなう労働力不足問題は、台湾において根本的な解決が実現しえず、台湾の経済発展にとって制約要因として存続し続けたことを指摘する。

　これら各章の設定課題とその分析を通じて、日本植民地体制に編入された台湾経済の産業開発と市場経済化のプロセスを、具体的かつ実証的に明らかにすることが本書全体の課題であった。序章において述べたように、本書の経済基盤や産業分析を通じて意識した点は、これまでの研究で強調されてきた経済発展の停滞性や民族的差別性とは異なる原理、すなわち市場経済メカニズムに備えられた産業開発機能と市場拡張機能に着目した視角である。しかし、言うまでもないことであるが、日本による台湾植民地統治に内在した民族的差別性に象徴される〈植民地性〉を軽視する意図はまったくない。帝国主義国による〈植民地性〉を批判することと植民地経済における〈市場経済性〉に着目し、そこに成長要因を見出すことは相反しない論点と考えている。本書には帝国主義国が植民地支配を通じて課した負荷や問題点を正面から課題として設定した章が少ないことは事実であるが、それは植民地に課せられた〈植民地性〉を過小に評価しているからではない。本書では、その点をあえて研究視角の軸に据えなかったという理由があるにすぎない。〈植民地性〉批判の問題意識は各章執筆者全体に共有されている。そのうえで本書では〈市場経済性〉の側面に焦点を当てて検討を進める方針を採った。植民地経済であったとしても、定置された

市場経済システムは経済発展に機能したとする仮説を共通認識として本書は執筆されている。我々にとって重要な点は、植民地台湾の経済発展に市場経済メカニズムが果たした機能とそれに対する政策的規制の実態を具体的かつ実証的に明らかにすることにあった。そのうえで編者は、本書の分析が植民地台湾の経済に関して、市場経済システムの視角からは把握しきれない〈植民地性〉、言い換えれば植民地固有の問題点を、逆説的に浮き上がらせることができるのではないかと考えている。本書はそうした課題解明に向けた共同研究の小さな成果である。そうした共同研究者全体の意図と問題意識がどの程度まで本書に結実したかは我々が判断すべきことではない。本書が読者を得て、こうした問題意識が批判的かつ多面的に検討されること、これが編者ならびに執筆者一同の期待である。

あとがき

須永 德武

　本書は2011年9月に日本経済評論社から刊行した老川慶喜・須永徳武・谷ヶ城秀吉・立教大学経済学部編『植民地台湾の経済と社会』の続編にあたる。同書が刊行に至った経緯については、同書のあとがきに記されているが、2009年12月に立教大学経済学部と国立台北大学人文学院は国際学術交流協定を締結した。これに基づき2010年12月4・5日に立教大学で国際学術シンポジウム「植民地台湾の経済発展と市場の形成」が開催される。同書はこのシンポジウムの報告・討論をベースに編集・刊行された。国際学術交流協定に基づく国際学術シンポジウムはその後も継続して開催され、第2回のシンポジウムは2012年5月26・27日に国立台北大学で「近代東亜区域交流與秩序重編」として開催された。同シンポジウムの概要をここに記しておくと、王国良台北大学人文学院長、池上岳彦立教大学経済学部長、李若庸台北大学人文学院歴史学系主任による主催者挨拶ののち、6部構成でシンポジウムは進行した。

　第Ⅰ部　東アジアの政治〔司会：張勝彦（台北大学人文学院歴史学系兼任教授）〕
　　報告1　「後藤新平と東アジアの鉄道構想——欧亜連絡鉄道の実現と『東亜英文旅行案内』」
　　報告：老川慶喜（立教大学経済学部教授）
　　コメント：張隆志（中央研究院台湾史研究所副研究員）
　　報告2　「世紀転換期における新興国の台頭と国際政治の変容——日露戦争をめぐる日米関係を中心に」

報告：簑原俊洋（神戸大学大学院法学研究科教授）

コメント：黃自進（中央研究院近代史研究所研究員）

報告3 「極東選手権競技大会と東アジア政治勢力の運動（1936-1937）」

報告：林丁国（中央研究院台湾史研究所PD）

コメント：謝仕淵（台湾歴史博物館副研究員）

第Ⅱ部　東アジアの外交〔司会：張啟雄（中央研究院近代史研究所研究員）〕

報告1 「有田八郎外相の時期における日本の対華政策再考——1936-1937」

報告：陳群元（浙江大学歴史学系講師）

コメント：楊典錕（台湾大学歴史学系助理教授）

報告2 「明治20年代日本の対清政策と清国海軍の実力強化」

報告：李啓彰（東京大学大学院人文社会系研究科博士後期課程）

コメント：王立本（台湾科技大学兼任助理教授）

第Ⅲ部　植民地経済　①〔司会：陳慈玉（中央研究院近代史研究所研究員）〕

報告1 「台湾企業の株主構成と財務構造」

報告：須永徳武（立教大学経済学部教授）

コメント：黃紹恒（交通大学人文社会学系教授）

報告2 「台湾拓殖会社の事業部と関係会社」

報告：湊照宏（大阪産業大学経済学部准教授）

コメント：鍾淑敏（中央研究院台湾史研究所副研究員）

報告3 「戦間期東アジア市場における総合商社の活動」

報告：谷ヶ城秀吉（立教大学経済学部助教）

コメント：高淑媛（成功大学歴史学系副教授）

第Ⅳ部　植民地経済　②〔司会：呉聰敏（台湾大学経済系教授）〕

報告1 「時代の変遷と産業の発展——日治時期の三角湧における藍染を事例に」

報告：王淑宜（千葉大学大学院博士後期課程）

コメント：蔡承豪（故宮博物院図書文献処助理研究員）

報告2　「植民地期台湾の農業技術と人的ネットワーク」
報告：岡部桂史（南山大学経営学部准教授）
コメント：李力庸（中央大学歴史研究所教授）
報告3　「戦争・食糧・闇市——日治末期植民地台湾の食糧配給と社会秩序」
報告：曾品滄（中央研究院台湾史研究所助研究員）
コメント：蔡錦堂（台湾師範大学台湾史研究所副研究員）

第Ⅴ部　東アジアの社会〔司会：朱徳蘭（中央研究院人文社会科学センター研究員）〕

報告1　「鉄道員と身体——戦前日本国鉄における労働衛生の実態と政策」
報告：林采成（ソウル大学校日本研究所副教授）
コメント：劉士永（中央研究院台湾史研究所副研究員）
報告2　「工手学校の設立およびその卒業生の海外活動——台湾における考察を中心に（1895-1905）」
報告：蔡龍保（台北大学歴史系助理教授）
コメント：鄭麗玲（台北科技大学教養教育センター副教授）
報告3　「臨時台湾旧慣調査会と風水民俗知識の形成について」
報告：洪健栄（台北大学歴史系助理教授）
コメント：鄭政誠（中央大学歴史研究所教授）

第Ⅵ部　東アジアの文化〔司会：周婉窈（台湾大学歴史学系教授）〕

報告1　「東アジア文化と民族アイデンティティの形成——日本統治期の台湾における
中国・日本文化の創造、縺れ合い、融合」
報告：魏楚雄（澳門大学歴史学系教授）
コメント：陳佳宏（台湾師範大学台湾史研究所副教授）
報告2　「中国歴史区分の伝来と影響——『支那通史』および『東洋史要』の中国伝来を事例に」

報告：区志堅（香港樹仁大学歴史学系高級講師）
コメント：邱添生（台湾師範大学歴史学系兼任教授）
報告3　「抵抗の創意――満洲国の思想統制と文芸の生産」
報告：鐘月岑（清華大学歴史研究所副教授）
コメント：何義麟（台北教育大学台湾文化研究所副教授）
報告4　「民権の追求とアジアの連帯――近代日本における「共和」論の展開と越境」
報告：藍弘岳（交通大学社会・文化研究所助理教授）
コメント：張崑将（台湾師範大学東アジア学系教授）

　さらに2013年12月8日には再び立教大学を会場として、立教大学経済学部・国立台北大学人文学院主催、鉄道史学会・日本植民地研究会の共催で第3回シンポジウム「植民地台湾の社会資本と流通」が開催された。郭洋春立教大学経済学部長および劉慶剛国立台北大学人文学院長の主催者挨拶に続き、須永徳武が植民地統治下の台湾経済は〈植民地性〉と〈市場性〉の複合構造であり、それを〈市場性〉の視角から多角的に因子分析することで、そこに埋め込まれた〈植民地性〉の意味を再検討することが本シンポジウムの目的であると問題提起した。シンポジウムは岡部桂史南山大学経営学部准教授の総合司会の下で次のような構成で進められた。

第Ⅰ部　植民地台湾の社会資本〔司会：齊藤直（フェリス女学院大学国際交流学部准教授）〕
　報告1　「植民地台湾における鉄道業の展開とその特徴――推計と実態」
　報告：林采成（ソウル大学校日本研究所副教授）
　報告2　「鉄道貨物の『島内』輸送と建設資材流通」
　報告：竹内祐介（立教大学経済学部助教）
　報告3　「台湾における糖業鉄道の成立――第一次大戦までを中心に」
　報告：渡邉恵一（駒澤大学経済学部教授）
第Ⅱ部「植民地台湾の流通」〔司会：谷ヶ城秀吉（名城大学経済学部准教授）〕
　報告1　「近代東アジア石炭市場の拡大と台湾石炭産業の発展」

報告：島西智輝（香川大学経済学部准教授）
　　報告2　「1930年代における台湾小運送業の展開」
　　報告：大島久幸（高千穂大学経営学部教授）
第Ⅲ部「官と民の交錯」〔司会：湊照宏（大阪産業大学経済学部准教授）〕
　　報告1　「1910年代における製糖業の展開と殖民政策——「製糖会社農
　　　　事主任会議」を中心に」
　　報告：平井健介（甲南大学経済学部専任講師）
　　報告2　「産官連繋下における植民地経営——日本統治前期鹿島組の在
　　　　台活動を事例として（1899-1926）」
　　報告：蔡龍保（国立台北大学人文学院副教授）
　　コメント1　日本経済史の視点から
　　コメンテーター：石井寛治（東京大学経済学部名誉教授）
　　コメント2　アジア経済史の視点から
　　コメンテーター：神田さやこ（慶應義塾大学経済学部教授）
　　コメント3　西洋経済史の視点から
　　コメンテーター：竹内幸雄（日本大学商学部教授）
　須永徳武の問題提起と7本の報告に対して、コメンテーターからは「見えない台湾の人々」と言う表現で現地台湾の固有性に対する認識の希薄さが指摘され、さらに全体として開発援助的な〈市場性〉に視点が収斂し、民族差別性を内在した〈植民地性〉を論点とする問題意識に乏しいとの批判が加えられた。コメントおよびシンポジウム参加者との討論を踏まえて、最後に老川慶喜立教大学経済学部教授により総括報告が行われた。なお、本シンポジウムに関して、堀和生（京都大学経済学部）、中西聡（慶應義塾大学経済学部）両氏による簡潔かつ的確な参加記が『日本植民地研究会』第26号（アテネ社、2014年6月）に掲載されている。あわせてご参照いただければと思います。
　本書は主にこれら第2回・3回シンポジウムの成果を踏まえて執筆・編集されている。このシンポジウム開催にご支援いただいた国立台北大学の王国良人文学院長（第2回）、劉慶剛人文学院長（第3回）および立教大学の池上岳彦

経済学部長（第2回）、郭洋春経済学部長（第3回）にあらためて深く感謝申し上げます。また、シンポジウムの司会者および報告者、有益なコメントを寄せられたコメンテーター、熱心に討議いただいたシンポジウム参加者の皆様にも、この場を借りてお礼申し上げたいと思います。さらに、シンポジウムの開催にご協力いただいた立教大学経済学部および国立台北大学人文学院の大学院生・学生の皆様にも同様にお礼申し上げます。寄せられた指摘や批判に本書がどこまで応えられているか、この点については皆様のご判断に委ねたいと思います。

　本書の基礎となった研究会活動は、立教大学学術推進特別重点研究（立教SFR）「植民地台湾の経済発展と市場の生成に関する総合的研究」（研究代表者：須永德武、2010年度）、科学研究費基盤（B）「植民地台湾の経済発展と市場の生成に関する総合的研究」（研究代表者：須永德武、2011～13年度）の資金的支援なしに進めることは不可能でした。これらの支援に対しても深く感謝いたします。また、本書は立教大学経済学部叢書出版助成を得て、同叢書の1冊として刊行される。出版助成を与えられた立教大学経済学部、さらに本書出版をご快諾いただいた日本経済評論社の栗原哲也社長ならびに細心のご配慮で編集を進めていただいた出版部の谷口京延氏に記して感謝申し上げたいと思います。

　最後に少し私的な事情について記すことをお許しいただきたい。『植民地台湾の経済と社会』および本書に結実する共同研究は、立教大学経済学部プロジェクト研究「市場の地域性」として2009年に開始された。この研究代表者であり、その後6年におよぶ共同研究の中心には常に老川慶喜先生がおられた。編者を含め本書の執筆者全員が、本共同研究に限らずさまざまな形で、これまで老川先生から大きな学恩を受け、それぞれの研究を進めてきた。その老川先生が自らの母校であり、また教授として長く研究・教育に携わった立教大学経済学部を本年度を以て定年退職する。しかし、今後も先生が精力的に研究を進展させることは間違いなく、本書でことさらに「退職記念」や「捧げる」などと言うつもりはない。ただ、老川先生の立教大学経済学部における最後の作品の

一つとして本書を上梓できることを編者として嬉しく、そして誇りに思う。執筆者一同を代表して老川慶喜先生にこれまでの学恩を感謝すると同時に今後もこれまで同様のご指導をお願いして「あとがき」を閉じたい。

索　引

事　項

〈ア行〉

愛知県農事試験場　206
浅野セメント　252, 306
アジア・太平洋戦争　39, 43
アジア間貿易論　7
後宮炭鉱　307
阿里山鉄道（線）　146, 149-151, 157-159
安平　96, 97, 101
稲江信用組合　243, 244
岩手県人会　153
烏山頭ダム　131
エンゲルバーグ式精米機　327, 345
塩水港　169
塩水港製糖　74, 77, 91-92, 177, 189-190, 194
王子製紙　245
大分紡績　238, 241
大倉組　130-131, 134, 137-138, 142, 145-146, 157, 160, 241-242, 242, 281
大蔵省　144, 154
大倉土木　242, 370-371
大阪汽車製造会社　145, 273
大阪商船　94, 98-101, 105, 107, 108-111, 114-121, 124-126, 252, 301, 382
大阪商法会議所　222
大阪電灯　282
沖縄　98
沖縄県高等警察　238

〈カ行〉

会計法　139, 140, 143, 162
骸炭火力発電所　305
外務省　130
嘉義　73, 156-157, 169
嘉義庁　182
嘉義電燈　305, 329, 333
鹿児島　98
鹿児島高等農林学校　194
鹿島組　14-15, 131-132, 134-142, 146-165, 170, 242, 382
加藤商会　124
金井鉱山　236
華南銀行　243
嘉南大圳　131, 161
鹿屋農学校　194
カフェーモンパリ　240
花蓮港　26, 28, 33, 71, 146, 147, 153, 181, 241
川口商業学校　245
川崎汽船　94, 101, 108
川崎重工業　289
川本秀助商店　241
関西貿易会社　234
官選議員　230
汽車製造会社（汽車会社）　16, 267-268, 272, 274, 277, 282, 286, 384
義斉堂　236
亀甲萬醤油販売　237
橋仔（子）頭　71-75, 90
共進会　201
京都帝国大学　130
宜蘭（線）　26, 55, 131, 152-153, 159-160
宜蘭商工会議所　231
基隆　25-26, 28, 32, 48, 66, 70-71, 95-101, 109, 111, 114-117, 120-121, 138, 145, 150, 295
基隆商船組　251
基隆税関　245
基隆炭鉱　242, 306-307, 310, 367, 372
近海郵船　108, 116, 126
金瓜石鉱山　236, 372-373
熊本商業学校　249
熊本農学校　194
京城商工会議所　227
原料採取区域（制度）　177-180, 189-190, 192
興亜製鋼　238
工技生養成所　270
攻玉社　130
農業講習生　205, 209, 211
甲種農学校　210

398

工手学校　130
鴻巣試験地　215
神戸　95, 97-101, 109, 111, 114-117, 120-121
皇民奉公会　244-245, 253
小運送業法　36
国際汽船　94, 101, 108
国際通運　242
国民党政府　23
後藤回漕店　130
後藤組　242, 254
駒場農学校　193-194, 202

〈サ行〉

財閥（資本）　2, 130, 223
札幌農学校　130, 193, 194, 202, 212
三本柱（論）　3
産米増殖　201
四脚亭炭鉱　302, 306
日月潭　28, 131-132, 360, 367, 371
資本輸出　2, 3, 130
清水組　133, 134
ジャンク船貿易　295
上海日華紡織　238
縦貫線（縦貫鉄道）　13, 16, 23, 25-30, 33-34, 38-40, 42-43, 45, 55, 66, 69, 71, 73-75, 77-78, 88, 90, 131, 138, 145-146, 150-152, 154, 156, 159, 162-163, 269-274, 279, 282, 287, 347, 382
順天求合社　130
彰化　32, 91, 169
彰化銀行　239
彰化商工会議所　255
商業会議所条例　222
商業会議所法　222
商工会議所　6, 16, 221
商工会議所法　16
昭和恐慌　13, 25, 31, 38, 42
植民地近代（性）論　6, 10
植民地近代化論　18
植民地公共性論　6
新興製糖　74, 253
清国労働者取扱規則　355, 356
新竹　25-26, 70-71, 138, 150, 155
新竹州立農事試験場　206, 210
清朝（国）　23, 25, 33, 43, 70-71, 97-99, 116,

130-31, 138
水産講習所　252
杉原産業（杉原商店）　109, 124, 238, 240, 249, 345
鈴木商店　108, 238, 241
済々黌中学　238
製糖会社農事主任会議　15, 173, 175, 182-183, 188, 193, 196, 198, 383
製糖業（製糖業界）　203, 212, 311, 360, 373
製糖場取締規則　174, 175, 196
戦後恐慌　13, 25, 30-31
専修大学　237, 244
速成延長主義　272

〈タ行〉

第1次世界大戦　30-32, 35, 38-39, 41-43, 76, 93, 95-97, 100-101, 103-104, 116-118, 133, 160, 294-295, 300, 303, 305-308, 312, 322-323, 327, 329, 335, 340, 345, 347, 353, 360, 366-367, 375, 385
台華植民合資会社→南国公司　355, 356, 365
大正無尽　254
台中　147, 155-156
台中軽鉄　80, 87
台中高等農林学校　213
台中州青果同業組合　108
台東（線）　26, 31, 33-34, 43, 55, 67, 71, 74, 81, 90-92, 131, 146, 159
大同海運　248
台東製糖　91
台東庁　181
台南　28, 42, 71, 146, 151, 156, 160
台南県農事試験場　210
台南州立嘉義農林学校　213
第2次世界大戦　32
大日本製糖　74, 77-78, 80, 91, 362
大日本米穀会　240
台北県農事試験場　210
台北高等農林学校　201, 212-213
台北実業協会　237
台北帝国大学　204, 212, 216
　──付属農林専門部　213
台北鉄道　237, 239
台北　28, 33, 70-71, 153, 155
台北織物　237

索引 399

台北工業学校　244
台北市協議会　239, 243, 244
台北実業会　239
台北師範学校　243
台北市役所　156
台北州立宜蘭農林学校　213
台北商業会　244
台北商工会　225, 242
台北商工会議所　16, 224, 227, 229, 232, 236, 243, 247, 256, 384
台北商工協会　244, 245
台北製糖　191, 237
台北中央市場　236, 238
台北鉄道　80, 87
台北砲兵工廠　273
台陽鉱業　28, 308, 311
大連外国語学校　249
大連汽船　248, 249
台湾運送業組合　36, 236, 251
台湾海運　248
台湾瓦斯　243, 236, 237, 343
台湾銀行　229, 233, 236-237, 239, 253, 366
台湾金属鉱業　373
台湾工業協会　238
台湾鋼材販売統制株式会社　238
台湾合同鳳梨　250, 252
台湾国産自動車　238
台湾事業公債法　26, 71
台湾私設鉄道営業規則　75
台湾私設鉄道規則　75
台湾私設鉄道補助法　87
台湾社会事業協会　244, 249
台湾証券　250
台湾商工会議所令　225, 227, 230, 232
台湾商工銀行　237, 239
台湾正米市場組合　238, 240
台湾製塩　237, 250
台湾精機工業　238
台湾製紙　236, 237
台湾製糖　70-75, 77, 80, 86, 88, 90-91, 177, 192, 194, 247, 250, 362-263, 381
台湾倉庫　236, 246, 247, 248, 254,
台湾総督　98, 120, 230, 232,
台湾総督府　11, 14-15, 25-26, 28, 36, 39, 45, 69, 94, 98-100, 102, 116-117, 119, 121, 130-132, 138, 142-146, 152, 154-155, 157-158, 163-164, 164, 168, 174-175, 177, 180-181, 183, 187, 191-194, 196-197, 240
──医学校　245
──軍務局　240-241
──交通局　26, 36, 45, 70, 155-156
──高等農林学校　211-212
──財務局　154
──殖産局　161, 180-182, 189, 199, 203, 240, 322, 363
──中央研究所　201, 204, 206, 212
──鉄道部　26, 28, 33, 36-37, 45, 70-75, 77, 86, 89-90, 131, 152-161, 163, 239, 247, 269, 273, 279-280, 282-283, 287, 302, 372, 382
──鉄道部工場　288, 385
──電気作業所　253, 328, 331
──土木局　154, 155, 161, 171
──内務局　155, 250
──農事試験場　204-205
──農林専門学校　211-212
──民政局　202
──民政部鉄道掛　269
台湾拓殖　131
台湾炭業　307, 372
台湾貯蓄銀行　237
台湾苧麻紡織　237-239, 370
台湾適हい化　213, 216
台湾鉄道会社　26, 269, 380
台湾電力　232, 243, 244, 253, 305, 329, 360, 362, 365
台湾土地建物　236
台湾日日新報社（台湾日日新報）　236, 245, 285, 369
台湾日産自動車　237
台湾燃料　239
台湾農会　203
台湾農具製造　250
台湾米穀　238
台湾放送協会　243
台湾鳳梨缶詰　238
台湾米　238
台湾木材　236
台湾煉瓦　234, 236-237
高雄（打狗）　26, 28-29, 32-33, 42, 48, 66-67,

71, 95-97, 101-102, 105, 109, 111, 114, 119, 122, 145, 156, 171
高雄海運　250
高雄実業協会　246, 253
高雄実業新興会　246, 250
高雄州立農事試験場　206, 210-211
高雄州立屏東農業学校　213
高雄商工会　246, 249, 251
高雄商工会議所　16, 224, 227, 246-248, 253, 255-256, 384
高雄新報社（高雄新報）　248, 250
高雄製氷　249-251
高砂麦酒　236
高田商会　287
辰馬汽船　94, 101, 103, 105, 108-108, 111, 114, 116, 124-125, 248
淡水　28, 71, 295
千葉商業学校　239
中華民国　23
中国鉄道　281
朝鮮商工会議所令　231
朝鮮総督　231
潮汕鉄道　130
朝鮮郵船　242
陳中和物産　253
帝国汽船　94, 101, 108
帝国製糖　86
帝国論　6
逓信省鉄道局　144
鉄道国有化　282
鉄道時報　268
鉄道ホテル　234
桃園庁　153-155
東海自動車運輸　238-239
東京英語学校　236
東京経済雑誌　267
東京工手学校　239
東京市電気局　243
東京商法会議所　222, 225
糖業奨励規則　174, 175
東京帝国大学　154, 170, 202
東京農業高等学校　194
糖業連合会　94, 101-103, 105-106, 108-109, 116-118, 177, 179, 183, 192, 360, 362, 365-366, 382

東光興業　238
東西商工公司　237
同志社大学　234
東北帝国大学農科大学　205
東光油脂工業　237
東洋協会専門学校（拓殖大学）　240-241
東洋製糖　74, 77-78, 194, 362
独占資本（主義）　2-3
土壟間　322

〈ナ行〉

内閣官報局　236
内国通運　242
内在的発展論　5-6, 10
内務省　132, 250
長崎　98
ナスミス・ウィルソン社　282
南国公司　355-357, 363, 365-366, 368
新高銀行　245
新高製糖　77-78, 80, 86, 91, 194
新高堂　238
日露戦後経営　223
日露戦争（戦後）　26, 70-71, 74, 94, 96, 116, 133, 157, 177
日清修好条規　129
日清製油　241
日清戦争　71, 132, 137-138
日中戦争　31-32, 38, 43-44, 84
日東商船組　248-49, 251
日東拓殖　242
日本勧業銀行　243
日本銀行　237
日本国有鉄道　12
日本通運　242, 248, 252
日本鉄道　141, 152, 270
日本土木　137
日本紡績　250
日本郵船　94, 99-101, 116-117, 120, 126, 382
熱帯産業調査会　243
農会技術員　210-211
農機具　201, 206
農芸化学　204
農事試験場　201, 204, 384
農林省　201, 209, 214
農林省農事試験場　214, 217

索　引　401

〈ハ行〉

阪鶴鉄道　281
蕃薯寮庁　154
東アジア資本主義（史）　8-9
東満州人絹パルプ　236
兵庫県立工業学校　250
兵庫商法会議所　222
苗栗庁　155
平岡工場　268, 277, 281, 283
福岡県立農事試験場　249
福助綿業　240
藤田組　137, 139, 146, 157-158
双葉商行　245
仏国三菱商事　242
ブルックス社　281
米糖相剋　173
法政大学　247
報知新聞社　251
蓬莱米　240
ボールドウィン機関車会社　270
星製薬　252
ポスト・コロニアリズム　6
北海道帝国大学　202, 217, 384
北海道鉄道敷設部　144
北港製糖　190

〈マ行〉

マサチューセッツ農科大学　212
マルクス主義　4, 6
満洲製糖　236
三井（財閥）　131, 164, 293

三井鉱山　242
三井物産　108, 124, 130, 242-243, 246, 252,
　　　　294, 298, 304, 355, 374
三菱（財閥）　131, 164
三菱商事　124
三菱商事　242, 252
南日本製糖　191
南満州鉄道株式会社　249
邨松一造　237
明治製糖　74-75, 77, 86, 91, 191, 197
明治製糖　362
明治大学　253
命令航路　94, 98, 101, 116, 117
門司　98
盛岡高等農林学校　194

〈ヤ行〉

山下汽船　94, 101, 108, 243
横浜　95, 105, 109, 111, 114, 134, 162
米沢高等工業学校　238

〈ラ行〉

陸軍省　99, 153
林献堂　245
臨時台湾鉄道隊　247
臨時台湾鉄道敷設部　26, 142, 143, 144, 152,
　　　　162, 269, 382
臨時台湾糖務局　175, 177-180, 182, 194
臨時台湾土地調査局　130, 154-54, 244

〈ワ行〉

早稲田大学　239, 249, 252-53

《人　名》

〈ア行〉

鮎川義介　353
安座上真　242
浅田喬二　3-4, 19
浅田進史　19, 65
浅田毅衛　165
浅野総一郎　141
後宮信太郎　234
阿部猛　89

阿部康久　370
天野郁夫　165
荒井泰治　302
有田勉三郎　234, 243
有馬頼寧　202
池尻重雄　250
池田卓一　242
石井寛治　2, 18, 222-223
石塚森男　252
李昌玫　67, 92

井出松太郎　237
井上馨　141, 270
井上勝　134, 135, 139-141, 162, 267, 270, 274-275
林采成　12, 23, 44-45, 67, 380
岩崎弥之助　267
内田嘉吉　182
内海忠司　246
梅村又次　66
海野福寿　18
江口圭一　223
江原節郎　239
老川慶喜　16, 45, 89, 384, 389, 393
王世慶　165
王天賞　246
大島金太郎　204-205, 212
大島久幸　17, 119, 386
大田垣清次郎　251
大槻嘉造　247, 253
大野米次郎　251
岡崎邦輔　141
岡部桂史　15, 384, 392
岡部長職　26
岡部牧夫　2, 3, 19
尾高煌之助　353, 376
小野義真　270

〈カ行〉

貝山好美　240
角源泉　362
鹿島岩吉　134, 162
鹿島岩蔵　134-135, 138, 141-142, 146, 151, 162, 170
鹿島精一　139, 151, 153, 170
梶村秀樹　5-6, 19
柯志明　198
片倉佳史　89
片山邦雄　94, 117, 119, 126
勝部眞人　119
金子堅太郎　141
樺山資紀　25, 98, 119
神木次郎　240
萱場三郎　203
川本秀助　241
河原林直人　11, 20

金洛年　10, 19, 49, 59, 64
木村健二　19, 65
木村泰治　236
久保佃　250
久保文克　91, 165, 198
黒田一郎　252
桑田剛助　237
高坂知武　216
高十三　246-247
高成鳳　24, 44, 48, 64, 89
小風秀雅　119
児玉源太郎　26, 164, 269, 274-275
後藤章司　373
後藤新平　26, 28, 138, 142, 144-145, 162, 164, 269, 271, 274-275
後藤猛太郎　356
小浜浄鉱　250-251
小林英夫　3-4, 19, 198
呉文星　130, 165, 193, 200
駒込武　6, 19
子安雅　274

〈サ行〉

蔡正倫　44
蔡龍保　14, 24, 44-45, 92, 129, 165-166, 169, 379, 382
坂本信道　239
坂本素魯哉　239
鮫島守　236
山東直砥　135
重田栄治　234, 236
渋沢栄一　138, 141, 267
渋谷紀三郎　205
島西智輝　16, 17, 385
謝国興　64, 89
朱暁琦　293
杉原薫　7
杉原清三郎　247, 249
杉本音吉　251
杉本三郎　251
椙山清利　203
杉山伸也　222
鈴木暁　119
鈴木哲造　129
鈴木敏弘　89

須永徳武　16, 19, 45, 89, 384, 389, 392
隅谷三喜男　293
住吉秀松　149
荘天賜　193, 194, 200
曽山毅　89

〈タ行〉

戴宝村　119
高木拾郎　247, 249
高田慎蔵　287
高田元治郎　188
高橋由義　239
高橋猪之助　239
高橋亀吉　354, 376
高橋泰隆　23-24, 44, 48, 64, 69, 89, 380
竹内壮一　223
竹内祐介　13, 47, 64, 380
田付茉莉子　124
田端幸三郎　226
田村作太郎　241
田村貞雄　89
田村千之助　241
団琢磨　141
地田知平　119
張水福　245
張清港　234, 243
陳啓清　253
陳煌　245
陳作霖　245
陳慈玉　20, 130, 165, 293
陳春金　245
陳清波　244
陳中和　253
陳天来　244
塚瀬進　5, 19
塚本憲一郎　253
辻本正春　243
都留俊太郎　92
滕維藻　19
東郷実　203
杜恂誠　129
涂照彦　11, 20, 165, 198

〈ナ行〉

長江種同　135

中川敬一郎　93, 119
中島道一　234, 238
永田正臣　222
中辻喜次郎　237
永原喜太郎　251
長廣利崇　293
中村一造　246-247
中村哲　19, 64, 89
中村秀　249
中村政則　18
波形昭一　6, 19, 224
並木真人　6, 19
新見七之丞　146, 149
西村成雄　5, 19
新田政樹　247, 252
新渡戸稲造　175, 202
乃木希典　120

〈ハ行〉

橋口文蔵　202, 203
橋本寿朗　198
長谷川謹介　26, 135, 140-142, 144-146, 149, 151-152, 162-164, 168, 269, 272, 280, 382
長谷川正五　270
服部一馬　89, 199, 200
速水佑次郎　198
原朗　44
原敬　141
樋口弘　129
肥後誠一郎　238
檜山幸夫　89
平井健介　15, 173, 198, 379, 383
平井廣一　65
平井成　239
平岡寅之助　283
平岡熙　268, 277
平瀬亀之輔　135, 141, 162
藤井信幸　222
藤江醇三郎　234, 242
藤川頼蔵　237
藤田伝三郎　141, 267
藤田俱治郎　226
藤根吉春　203, 205
藤村久四郎　131, 166
藤原銀次郎　355-356

藤原辰史　198
船橋武雄　250
古河市兵衛　141
古川栄次郎　239
星加彦太郎　239, 241
星亨　141
星野直太郎　252
星野裕志　117, 126
堀内義隆　10, 12, 19-20, 49, 59, 64, 67
堀和生　7-10, 19, 63-65, 68, 89, 93, 118, 381, 393
本地才一郎　246, 248
本間英一郎　135, 141

〈マ行〉

真栄平房昭　119
真砂由次郎　251
益田孝　267
町野一　246
松浦章　119
松本雄吉　242
松本荘一郎　270
松本貴典　221
松本武祝　6, 19
松本俊郎　7, 10, 19, 66
松山直文　216
丸山珍樹　372
溝口敏行　66
三谷新八　240
三谷芳太郎　240
三ツ井崇　19
満尾君亮　37, 46
三谷清一　252
湊照宏　17, 67, 92, 379, 385
南亮進　25, 45
三巻俊夫　236
宮川精九郎　247, 249

三宅菊次郎　373
宮沢源吉　243
陸奥宗光　141
村上勝彦　2, 18
村崎永昶　238
本康宏史　120

〈ヤ行〉

谷ヶ城秀吉　14, 20, 45, 89, 118, 379, 382, 389
安井三吉　359
安川敬一郎　141
安田善次郎　141
矢内原忠雄　11, 20
柳沢遊　19, 65
柳本道善　203
やまだあつし　89, 203
山本美穂子　202
山本雄一　246-247, 252
楊接枝　245
横山荘次郎　203
吉井長平　250
吉村政吉　252

〈ラ行〉

劉銘伝　25, 70
林玉茹　20
林淑華　172

〈ワ行〉

渡邉恵一　13, 65, 69, 90, 381

〈外国人名〉

ヒルファーディング　1
ホブソン　1, 18
レーニン　1-3, 18
Wright, Tim　293

【執筆者紹介】(執筆順)

林采成（いむ・ちぇそん）
1969年生まれ
東京大学大学院経済学研究科博士課程修了、博士（経済学）
現在、（韓国）ソウル大学校日本研究所副教授
主要業績：『戦時経済と鉄道運営――「植民地」朝鮮から「分断」韓国への歴史的経路を探る』（東京大学出版会、2005年）

竹内祐介（たけうち・ゆうすけ）
1980年生まれ
京都大学大学院経済学研究科博士課程修了、博士（経済学）
現在、首都大学東京都市教養学部経営学系准教授
主要業績：「穀物需給をめぐる日本帝国内分業の再編成と植民地朝鮮――鉄道輸送による地域内流通の検討を中心に」（『社会経済史学』第74巻第5号、2009年1月）

渡邉恵一（わたなべ・けいいち）
1964年生まれ
立教大学大学院経済学研究科博士後期課程単位取得退学、博士（経済学）
現在、駒澤大学経済学部教授
主要業績：『浅野セメントの物流史――近代日本の産業と輸送』（立教大学出版会、2005年）

谷ヶ城秀吉（やがしろ・ひでよし）
1975生まれ
早稲田大学大学院アジア太平洋研究科博士後期課程研究指導終了退学、博士（学術）
現在、名城大学経済学部准教授
主要業績：『帝国日本の流通ネットワーク――流通機構の変容と市場の形成』（日本経済評論社、2012年）

蔡龍保（さい・りゅうほ）
1976年生まれ
国立台湾師範大学歴史学科博士
現在、国立台北大学歴史系副教授
主要業績：『植民統治之基礎工程――日治時期台湾道路事業之研究』（台北：国立台湾師範大学、2008年）

平井健介（ひらい・けんすけ）
1980年生まれ
慶應義塾大学大学院経済学研究科博士課程修了、博士（経済学）
現在、甲南大学経済学部准教授
主要業績：「第一次大戦期～1920年代の東アジア精白糖市場」（『社会経済史学』第76巻第2号、2010年8月）

岡部桂史 （おかべ・けいし）
　　1974年生まれ
　　大阪大学大学院経済学研究科博士後期課程修了、博士（経済学）
　　現在、南山大学経営学部准教授
　　主要業績：「戦時経済統制の展開と農業機械工業」（『大阪大学経済学』第64巻第2号、2014年9月）

老川慶喜 （おいかわ・よしのぶ）
　　1950年生まれ
　　立教大学大学院経済学研究科博士課程修了、経済学博士
　　現在、立教大学経済学部教授
　　主要業績：『日本鉄道史 幕末・明治篇』（中公新書、2014年）、『井上勝――職業は唯クロカネの道作に候』（ミネルヴァ書房、2013年）

島西智輝 （しまにし・ともき）
　　1977年生まれ
　　慶應義塾大学大学院商学研究科後期博士課程単位取得退学、博士（商学）
　　現在、香川大学経済学部准教授
　　主要業績：『日本石炭産業の戦後史――市場構造変化と企業行動』（慶應義塾大学出版会、2011年）

湊　照宏 （みなと・てるひろ）
　　1974年生まれ
　　東京大学大学院経済学研究科博士課程単位取得退学、博士（経済学）
　　現在、大阪産業大学経済学部准教授
　　主要業績：『近代台湾の電力産業――植民地工業化と資本市場』（御茶の水書房、2011年）

大島久幸 （おおしま・ひさゆき）
　　1968年生まれ
　　専修大学大学院経営学研究科博士後期課程修了、博士（経営学）
　　現在、高千穂大学経営学部教授
　　主要業績：『近代製糖業の発展と糖業連合会』（共著、日本経済評論社、2009年）

【訳者紹介】

鈴木哲造 （すずき・てつぞう）（第5章）
　　1980年生まれ
　　現在、中京大学台湾総督府文書目録編纂員

【編著者略歴】

須永徳武（すなが・のりたけ）
　1956年生まれ
　日本大学大学院経済学研究科博士後期課程研究指導終了退学
　現在、立教大学経済学部教授
　主要業績：『植民地台湾の経済と社会』（共編著、日本経済評論社、
　　　　　　2011年）

植民地台湾の経済基盤と産業

2015年3月18日　第1刷発行　　　定価（本体6000円＋税）

編著者　須　永　徳　武
発行者　栗　原　哲　也
発行所　㈱　日本経済評論社
〒101-0051　東京都千代田区神田神保町3-2
電話　03-3230-1661　FAX　03-3265-2993
info8188@nikkeihyo.co.jp
URL：http://www.nikkeihyo.co.jp

装幀＊渡辺美知子　　　　　　印刷＊文昇堂・製本＊誠製本

乱丁・落丁本はお取替えいたします。　　　　Printed in Japan
Ⓒ Sunaga Noritake et al. 2015　　　ISBN978-4-8188-2371-6

・本書の複製権・翻訳権・上映権・譲渡権・公衆送信権（送信可能化権を含む）は、㈱
　日本経済評論社が保有します。

・JCOPY 〈㈳出版者著作権管理機構　委託出版物〉
　本書の無断複写は著作権法上での例外を除き禁じられています。複写される場合は、
　そのつど事前に、㈳出版者著作権管理機構（電話03-3513-6969、FAX03-3513-6979、
　e-mail：info@jcopy.or.jp）の許諾を得てください。

植民地台湾の経済と社会

老川慶喜・須永徳武・谷ヶ城秀吉・立教大学経済学部編

A5判　五六〇〇円

植民地台湾の経済発展を、社会資本の整備や制度移入、企業活動などから歴史具体的に解明し、植民地経済の多様性の実証を試みる日台共同研究の成果。

近代製糖業の発展と糖業連合会
——競争を基調とした協調の模索——

社団法人糖業協会監修／久保文克編著

A5判　七五〇〇円

近代製糖業界において競争と協調という二つの側面が共存し、カルテル機能が発揮されたのはなぜか。その構造を生産・流通・消費の観点から総合的に検証する。

グローバリゼーションと東アジア資本主義

郭洋春・關智一・立教大学経済学部編

A5判　五四〇〇円

東アジア資本主義の類似性と差異性はどこにあるのか。国際関係、産業、環境、家族経営など多角的なアプローチによりグローバリゼーション下の東アジアの多様性を解明する。

帝国日本の流通ネットワーク
——流通機構の変容と市場の形成——

谷ヶ城秀吉著

A5判　五八〇〇円

帝国日本と植民地および東アジアを結びつけるネットワークを財の移動から観察し、その担い手や取引制度が日本の帝国化を通じて変容していく過程を解明する。

南満洲鉄道会社の研究

オンデマンド版

岡部牧夫編

A5判　八五〇〇円

植民地経営体満鉄の活動を、大豆の商品化と国際競争、戦時下港湾経営の実相、企業投資の性質や業態、中央試験所の技術開発、後期調査機関の制度と実践などを軸に実証する。

（価格は税抜）　日本経済評論社